高等院校“十二五”应用型规划教材——经济管理系列

财务报表分析

夏利华　主　编
吴双双　张　超　陈鲁林　刘建鑫　副主编

清华大学出版社
北　京

内 容 简 介

本书在基础理论够用的基础上，突出创新应用能力的培养，按企业实际工作过程进行内容编排，以一套完整的模拟企业会计报告作为案例贯穿全书，使读者通过本书的学习能够完全掌握财务分析的技能，具有极强的可操作性，符合高等技术应用型人才的培养目标。

本书采取项目驱动模式，以工作过程为导向，将其整合、分解成为相关的八个工作项目，共分为三大部分，第一部分包括项目一，主要介绍财务分析的基本知识和分析方法；第二部分包括项目二至项目七，主要内容包括财务报表分析及相关的财务比率分析，分别介绍资产负债表、利润表、现金流量表、所有者权益变动表的分析方法，企业盈利能力、营运能力、偿债能力、发展能力的分析贯穿其中；第三部分包括项目八，主要介绍财务综合分析评价与应用，包括财务综合分析、财务预测、财务预警分析及企业价值评估。

本书可作为高等院校、高职院校会计专业及经济管理类其他相关专业的教材，也可作为从事会计、审计及相关经济管理工作人员的参考及培训教材，适合作为欲掌握财务分析技术人员的参考用书。

图书在版编目(CIP)数据

财务报表分析/夏利华主编. --北京：清华大学出版社，2014 (2021.3重印)
(高等院校“十二五”应用型规划教材——经济管理系列)
ISBN 978-7-302-37446-6

Ⅰ. ①财… Ⅱ. ①夏… Ⅲ. ①会计报表—会计分析—高等学校—教材 Ⅳ. ①F231.5

中国版本图书馆 CIP 数据核字(2014)第 170768 号

责任编辑： 李玉萍
装帧设计： 杨玉兰
责任校对： 周剑云
责任印制： 杨　艳

出版发行： 清华大学出版社
网　　址：http://www.tup.com.cn, http://www.wqbook.com
地　　址：北京清华大学学研大厦 A 座　　邮　　编：100084
社 总 机：010-62770175　　邮　　购：010-62786544
投稿与读者服务：010-62776969, c-service@tup.tsinghua.edu.cn
质量反馈：010-62772015, zhiliang@tup.tsinghua.edu.cn
课件下载：http://www.tup.com.cn, 010-62791865
印 装 者： 北京国马印刷厂
经　　销： 全国新华书店
开　　本： 185mm×260mm　　**印　张：** 20.75　　**字　　数：** 504 千字
版　　次： 2014 年 8 月第 1 版　　**印　　次：** 2021 年 3 月第 5 次印刷
定　　价： 58.00 元

产品编号：056919-03

前　　言

随着经济的快速发展与体制改革的不断深化，财务分析在资本市场、企业重组、绩效评价、企业评估等领域的应用越来越广泛。为适应财经类高等院校会计教学的需要，培养能满足一线需要的“以职业能力为本位，以实践为主线”的高等技术应用型专门人才，根据高等教育财经类专业人才培养方案、财务报表分析课程教学基本要求及最新企业会计制度，我们编写了本书。

本书在体例、内容、结构方面均有较大创新，具体如下。

(1) 以工作任务为导向，理、实结合。

在每个项目下，根据任务导读、任务提出和分析进行理论知识的学习，为完成项目的教学内容，科学设计了若干个典型的工作任务。

(2) 注重实践。

将理论教学融入任务的实施与解决之中，形成以财务分析工作步骤为主线，以案例企业为依托，以实际财务报表分析为驱动，让读者得到实际工作全过程的真实体验。

(3) 系统性。

围绕“案例导入——布置任务——预备知识讲解——分析并完成工作任务——总结评价”五个步骤，结构上按照财务报表分析对象的内在联系和具体会计工作的操作程序，使之更具科学性。体例上突破传统模式，形成“任务导向下的教、学、做”与“全过程体验”的立体化模式，充分体现高等院校教育“理论够用、培养技能、重在应用”的教学特点。

本书可作为高等院校、高职院校会计专业及经济管理类其他相关专业的教材，也可作为从事会计、审计及相关经济管理工作人员的参考及培训教材，适合作为欲掌握财务分析技术人员的参考用书。

本书由黑龙江伊春职业学院夏利华副教授担任主编，负责对全书初稿进行修改总纂，并编写了项目一、二；吴双双担任第一副主编，编写了项目五、八；张超担任第二副主编，编写了项目四；大庆财政局陈鲁林担任第三副主编，编写了项目三；国网黑龙江省电力有限公司伊春供电公司刘建鑫担任第四副主编，编写了项目六、七，夏利华、陈鲁林、吴双双、张超共同编写了书后的附录部分，大庆油田萨南实业公司费海新参与了本书的编写。

本书在编写过程中，得到了张先治教授等有关专家和学者的支持与帮助，另外书中借鉴了一些教材和文献，在此一并致谢。由于编者学识有限，书中难免存在疏漏和不妥之处，恳请专家和广大读者批评指正。

编　者

目　　录

项目一

财务分析基础

【知识目标】

- 了解财务分析的目的和作用
- 掌握财务分析的含义
- 熟悉财务分析的形式与要求
- 熟悉财务分析信息的渠道与种类

【技能目标】

- 掌握财务分析的基本程序与分析步骤
- 熟练运用财务分析的各种方法
- 熟练运用财务分析的各种评价技术

模块一　财务分析基础的任务设计

财务分析的产生与发展是社会经济发展对财务分析信息需求与供给共同作用的结果。会计技术与会计报表的发展为财务分析的产生与发展奠定了理论基础。财务分析的基础是财务报表，财务报表的基础是会计技术。因此，会计技术的发展影响或决定着财务分析的产生与发展。通过本项目的学习，你将掌握财务分析所必备的基础知识和基本技能。

一、财务分析基础的任务导读

岭南园林股份有限公司公开发行股票上市公告书

(一)公司股票发行上市审批情况

本上市公告书是根据《中华人民共和国公司法》、《中华人民共和国证券法》等有关法律、法规规定，旨在向投资者提供有关岭南园林股份有限公司首次公开发行股票并上市的基本情况。经中国证券监督管理委员会证监许可〔2014〕49号文核准，本公司公开发行新股不超过2 500万股，首次公开发行新股1 072万股，公开发售老股1 071万股。公司本次公开发行募集资金净额为21 000万元，发行前公司股东转让股份资金净额为22 929.41万元。本次发行后每股净资产为6.83元(按公司截至2013年6月30日经审计后的净资产值加上本次募集资金净额除以发行后总股本计算)；本次发行后每股收益为0.96元(按2012年度经审计的扣除非经常性损益前后孰低的归属于本公司股东的净利润除以本次发行后的总股本计算)。

(二)经营业绩和财务状况的简要说明

1. 资产负债情况

1) 资产

随着业务规模的不断扩大，发行人资产规模稳步增长。截至2013年年末，发行人总资产12.05亿元，同比增长38.47%。其中，流动资产同比增长36.60%，非流动资产同比增长46.11%。公司的资产以流动资产为主。公司流动资产主要由货币资金、应收账款、存货等构成。截至2013年年末，公司货币资金余额9 729.76万元，较2012年年末增加36.56%。由于业务规模不断扩大，公司应收账款相应增加。截至2013年年末，公司应收账款净额30 450.07万元，较2012年年末增加19.85%。公司存货余额主要由工程施工余额构成。工程施工余额主要是指实际发生的但尚未结算的工程支出。由于工程施工业务规模不断扩大，使得实际发生的工程支出尚未结算的金额不断扩大。截至2013年年末，公司存货余额47 337.71万元，较2012年年末增加32.10%。截至2013年年末，发行人非流动资产24 926.17万元，较2012年年末增加46.11%。发行人非流动资产主要由长期应收款构成。长期应收款是由公司以BT模式承接工程项目形成的。

2) 负债

截至2013年年末，公司总负债为77 846.72万元，较2012年年末增加44.04%。公司负债主要由流动负债构成。流动负债主要由短期借款、应付账款、应付票据等构成。截至2013

年末，发行人短期借款余额为 34 550 万元，同比增加 32.88%。发行人业务规模扩大导致资金需求相应增加，发行人借款均为短期借款。截至 2013 年年末，发行人应付账款为 28 699.75 万元，较 2012 年年末增加 34.28%。应付账款的增加主要是由于发行人业务规模扩大导致的。

3) 所有者权益

截至 2013 年年末，公司归属于母公司股东权益合计 42 613.77 万元，较 2012 年年末增加 29.33%。所有者权益的增加，主要是由公司利润留存形成的。

2. 经营业绩

2013 年发行人经营业绩继续保持稳定增长。2013 年，发行人实现营业收入 80 539.10 万元，同比增长 14.60%；实现营业利润 11 560.18 万元，同比增长 16.38%；实现利润总额 11 649.02 万元，同比增长 16.52%。实现净利润 9 663.00 万元，同比增长 17.08%。2013 年发行人加权平均净资产收益率为 25.58%，同比下降 3.05%。

3. 经营性现金流情况

2013 年，发行人加强对应收账款和工程项目结算的管理力度，发行人经营性现金流情况有较大改善。2013 年，发行人经营活动产生的现金流量净额为-3 149.72 万元，同比增加 74.04%。

(三)2014 年第一季度经营业绩预计

预计公司 2014 年第一季度营业收入为 20 937～-22 612 万元，较 2013 年同期变动幅度在 25%～35%之间；预计 2014 年第一季度净利润为 2 230～2 408 万元，较 2013 年同期变动幅度在 25%～35%。由于市场状况具有较大的不确定性，上述数据仅为初步估计，具体数据以法定时间披露的 2014 年第一季度财务报告为准。

杨先生是该股份有限公司的潜在投资者，在阅读了公司公告后，他运用高度的职业敏感度挑出了一些有用的信息进行分析以判断是否投资。如果你是杨先生，你将从哪些方面入手搜集信息，将对哪些信息进行深入分析？

(资料来源：巨潮资讯网(http://www.cninfo.com.cn)，
根据岭南园林股份有限公司公开发行股票上市公告书整理)

二、财务分析基础的任务提出

财务分析通过对实际会计报表等资料的分析，能够准确地说明企业的业绩状况，指出企业存在的问题及产生的原因，对于全面反映和评价企业的现状有重要作用。财务分析可对企业投资者和债权人的行为产生正确的影响，更重要的是它可通过对过去与现状的分析和评价，估价企业的未来发展状况与趋势，为企业未来财务预测、财务决策和财务预算指明方向。通过财务分析可准确评估企业的价值及价值创造，这对企业进行经营者绩效评价、资本经营和产权交易都是十分有益的。

通过以上引导案例，我们可提出财务分析基础的主要任务。

任务 1：从哪些渠道搜集财务分析的基础信息？

任务 2：如何确定财务分析的基本程序与步骤？

任务 3：如何运用水平分析法和垂直分析法对报表进行整体分析？

任务 4：如何运用比率分析法和因素分析法对财务效率指标进行计算和分析？
任务 5：如何运用财务分析的各种评价技术展示财务分析结论？

三、财务分析基础的任务分析

随着经济的发展及人们对会计信息的需求，会计技术不断发展，从会计余额、会计汇总到财务报表，反映了财务分析与会计发展是紧密相关的，而会计技术和财务报表的发展与完善又促进了财务分析的发展。在现代企业制度下，企业的所有者、债权人、经营者和政府经济管理者都站在各自的立场上，或从各自的目的和利益出发，关心企业的经营状况、财务状况和经济效益。国家在宏观经济政策和环境方面也为分析和掌握企业的经营和财务状况创造了条件，为财务分析的发展奠定了基础。财务分析在资本市场、企业重组、绩效评价、企业评估等市场经济中发挥着重要作用。搞好财务分析，除了必要的外部条件或信息资料外，关键还在于分析者的理论与实践水平。不断学习和掌握财务分析理论与方法，是与企业有关的所有单位或个人都需要的，特别是一些主要决策者和参谋者更应系统地学习和掌握财务分析方法。

四、预备知识

(一)财务分析的基本内涵

财务分析是以会计核算和报告资料及其他相关资料为依据，采用一系列专门的分析技术和方法，对企业等经济组织过去和现在的有关筹资活动、投资活动、经营活动的盈利能力、营运能力、偿债能力和增长能力等状况进行分析与评价，为企业的投资者、债权者、经营者及其他关心企业的组织或个人了解企业过去、评价企业现状、预测企业未来、作出正确决策与估价提供准确的信息或依据的经济应用学科。

1. 财务分析是一门综合性、边缘性学科

财务分析是在企业经济分析、财务管理和会计基础上形成的一门综合性、边缘性学科。财务分析不是对原有学科中关于财务分析问题的简单重复或拼凑，而是依据经济理论和实践的要求，综合相关学科的长处而产生的一门具有独立的理论体系和方法论体系的经济应用学科。

2. 财务分析有完整的理论体系

随着财务分析的产生与发展，财务分析的理论体系不断完善。从财务分析的内涵、目的、作用、内容到财务分析的原则、形式及组织等，都日趋成熟。

3. 财务分析有健全的方法论体系

财务分析的实践使财务分析的方法不断发展和完善，它既有一般方法或步骤，又有专门的技术方法，如水平分析法、垂直分析法、趋势分析法、比率分析法等都是财务分析的专门方法。

4. 财务分析有系统、客观的资料依据

财务分析的最基本资料是财务报表，财务报表体系及内容的科学性、系统性、客观性为财务分析的系统性与客观性奠定了坚实的基础。另外，财务分析不仅以财务报表资料为依据，而且还参考管理会计报表、市场信息及其他有关资料，使财务分析资料更加真实、完整。

5. 财务分析有明确的目的和作用

财务分析的目的受财务分析主体和服务对象的制约，不同的财务分析主体进行分析的目的是不同的。各种财务分析主体的分析目的和财务分析服务对象所关心的问题，也就构成了财务分析的目的。

(二)财务分析的目的

无论从分析主体还是从分析服务对象看，研究财务分析的目的时都可从以下几方面进行。

1. 从企业股权投资者的角度

企业的股权投资者包括企业的所有者和潜在投资者，他们进行财务分析的最根本目的是看企业的盈利能力状况，但是投资者仅关心盈利能力还是不够的，为了确保资本保值增值，他们还应研究企业的权益结构、支付能力及营运状况。只有投资者认为企业有着良好的发展前景，企业的所有者才会保持或增加投资，潜在投资者才能把资金投向该企业。另外，对企业所有者而言，财务分析也能评价企业经营者的经营业绩，发现经营过程中存在的问题。

2. 从企业经营者的角度

企业经营者主要指企业的经理以及各分厂、部门、车间等的管理人员。他们进行财务分析的目的是综合的、多方面的。他们首先也关心盈利能力，这是总体目标，此外，他们还关心盈利的原因及过程，如资产结构分析、营运状况与效率分析、经营风险与财务风险分析等，其目的是及时发现生产经营中存在的问题与不足，并采取有效措施解决这些问题，使企业盈利能力保持持续增长。

3. 从企业债权者的角度

债权者进行财务分析的目的与投资者和经营者都不同，一般来说，银行、金融机构及其他债权人不仅要求本金的及时收回，而且要得到与其承担的风险程度相适应的收益。因此，从债权人角度进行财务分析的主要目的，一是研究企业偿债能力的大小；二是看债务者的收益状况与风险程度是否相适应，为此，还应将偿债能力分析与盈利能力分析相结合。

4. 其他财务分析的目的

(1) 与企业经营有关的材料供应者、产品购买者等，他们进行财务分析的主要目的在于搞清企业的信用状况，包括商业上的信用和财务上的信用。企业信用状况分析，首先可通过对企业支付能力和偿债能力的评价进行；其次可根据对企业利润表中反映的企业交易完成情况进行分析判断来说明。

(2) 国家行政管理与监督部门，主要指工商、物价、财政、税务以及审计等部门。它们进行财务分析的目的，一是监督、检查党和国家的各项经济政策、法规、制度在企业单位的执行情况；二是保证企业财务会计信息和财务分析报告的真实性、准确性，为宏观决策提供可靠信息。

即席思考： 不同的财务分析目的对信息选取的侧重点有何区别？

(三)财务分析的作用

财务分析的作用从不同角度看是不同的。从财务分析的服务对象看，财务分析不仅对企业内部生产经营管理起着重要作用，而且对企业外部投资决策、贷款决策、赊销决策等也起着重要作用；从财务分析的职能作用看，它对于正确预测、决策、计划、控制、考核、评价都起着重要作用；从财务分析的作用实效看，财务分析可正确评价企业的过去、全面反映企业的现状、估价企业的未来。

(四)财务分析的形式

由于进行财务分析的角度不同，其形式也有所不同。明确不同的财务分析形式的特点及用途，对于准确分析企业财务状况、实现分析目标都有着重要的意义和作用。通常，财务分析的形式可从以下几方面进行划分。

1. 内部分析与外部分析

财务分析根据分析主体的不同，可分为内部分析与外部分析。

1) 内部分析

内部分析，主要指企业内部经营者对企业财务状况的分析，目的是判断和评价企业生产经营是否正常、顺利。如通过收益性分析，可评价企业的盈利能力和资本保值、增值能力，及时、准确地发现企业的问题与不足，为企业未来生产经营的顺利进行及经济效益的提高指明方向。

2) 外部分析

外部分析，主要指企业外部的投资者、债权者及政府部门等，根据各自需要或目的，对企业的有关情况进行的分析。不同的分析主体，其分析的目的也有区别，在现代企业制度条件下，外部财务分析是财务分析的重要或基本形式。

应当指出，内部分析和外部分析并不是完全孤立或隔离的，要保证财务分析的准确性，内部分析有时也应站在外部分析的角度进行，而外部分析也应考虑或参考内部分析的结论，以避免出现片面性。

2. 全面分析与专题分析

财务分析根据分析的内容与范围的不同，可分为全面分析和专题分析。

1) 全面分析

全面分析是指对企业在一定时期的生产经营各方面的情况进行系统、综合、全面的分析与评价。其目的是找出企业生产经营中带有普遍性的问题，全面总结企业在这一时期的

成绩与问题，为协调各部门关系、搞好下期生产经营安排提供依据。全面分析通常在年终进行，形成综合、全面的财务分析报告，向职工代表大会或股东代表大会汇报。

2) 专题分析

专题分析是指根据分析主体或目的的不同，对企业生产经营过程中某一方面的问题所进行的较深入的分析。专题分析能及时、深入地揭示企业在某方面的财务状况，为分析者提供详细的资料信息，对解决企业的关键性问题起重要作用。例如，当企业在某时期资金紧张时，通过财务专题分析，可从筹资结构、资产结构、现金流量及支付能力等方面，研究资金紧张的原因及找到解决的对策。

在财务分析中，应将全面分析与专题分析相结合，这样才能全面、深入地揭示企业的问题，正确地评价企业的各方面状况。

3．静态分析与动态分析

财务分析根据分析的方法与目的的不同，可分为静态分析和动态分析。

1) 静态分析

静态分析是根据某一时点或某一时期的会计报表或分析信息，分析报表中各项目或报表之间各项目关系的财务分析形式。例如，可通过某一财务比率或某几个财务比率揭示财务关系，揭示总体中各项目的水平。静态分析的目的在于找出财务活动的内在联系，揭示其相互影响与作用，反映经济效率和财务现状。

2) 动态分析

动态分析是根据几个时期的会计报表或相关信息，分析财务变动状况。例如，水平分析、趋势分析等都属于动态分析。动态分析通过对不同时期财务活动的对比分析，揭示财务活动的变动及其规律。

静态分析与动态分析各有优点与不足，要全面综合分析财务报表，这两类分析都是必需的。

【知识链接】

财务分析应用领域的发展

对财务分析的产生与发展在早期做出重要贡献的是贷款人和投资者，正是他们对财务报表信息的需求影响着财务分析的产生与发展。在近代与现代，企业经理、银行家和其他人对财务信息的需求进一步影响着财务分析的发展进程。

1. 财务分析开始于银行家

直到20世纪初，会计账簿与报表一直被当作记账员工作的证明，然而这时银行家开始要求使用资产负债表作为评价贷款是否延期的基础。财务报表大规模使用于信贷目的开始于1895年2月9日，当时纽约州银行协会的经理委员会采纳了一项决定：要求他们的机构贷款人提交书面的、有其签字的资产负债报表。从那时起，财务报表被主要银行推荐使用。1900年，纽约州银行协会发布申请贷款的标准表格，包括一部分资产负债表。尽管银行开始要求其客户提供资产负债表，但没有任何对其内容进行数量计量的尝试。资产负债表可能仅仅是被检查，然后就存档了。纽约第四国家银行副总经理杰姆斯是主张提供报表的最积极支持者，他认为扩大贷款必须预测贷款人的偿债能力，必须对报表进行分析，他设计出财务报表的比较格式，显然财务报表比较应是财务分析的内容。在接受了比较报表观点后，银行家们开始考虑什么应该比较，如有的比较速动资产与流动负债等。这可以证明，在20世纪初，比率分析已经出现并被贷款人所接受。

2. 投资领域的财务分析

从财务报表分析、观察企业财务状况的观点也应用于投资领域。1900年，汤姆斯(美国)发表了题为“铁路报告分解”的小册子，在处理各种铁路报表因素时，他使用了现代的分析方法，如经营费用、总收益比率、固定费用与净收益比率等。财务分析作为评价财务状况的基础在投资领域越来越流行。

3. 现代财务分析领域

现代财务分析领域不断扩展，早已不限于初期的银行信贷分析和一般投资分析。全面、系统的筹资分析、投资分析、经营分析是财务分析的基本领域。随着经济的发展、体制改革与现代公司制的出现，财务分析在资本市场、企业重组、绩效评价、企业评估等领域的应用也越来越广泛。

(五)财务分析的条件

明确财务分析的目的、作用，这就为进行财务分析奠定了理论基础，然而要搞好财务分析，充分发挥财务分析的作用，还必须弄清财务分析的前提条件。

1. 统一的财务会计制度

财务分析的基本资料是会计核算和报表资料。在不同的会计制度下，会计核算和报表的方法可能不同，会计报表反映的内容可能不同，这将给财务分析，尤其给外部财务分析带来极大困难。我国会计准则的颁布施行，为财务分析创造了必要和有利的条件。会计人员可按照统一的概念基础和程序编制会计报表，而会计报表使用者也有了阅读和分析会计报表的统一尺度。

2. 产权清晰的企业制度

财务分析之所以引起越来越多人的重视，是因为它能服务于企业利益的各个方面。在传统的计划经济体制下，企业投资者、经营者、债权者等关系模糊，产权不清、责任不明，人们不会关心和重视财务分析。而在市场经济条件下，随着现代企业制度的建立，企业产权逐渐清晰起来，投资者、经营者、债权者、宏观经济管理者各站在不同角度关心企业的生产和经营，从而形成财务分析主体的多元化，促进和完善了财务分析的内容与方法。

3. 完善的信息披露体制

企业信息是进行财务分析的基础，完善信息披露体制是搞好财务分析的重要前提条件。为此，企业在会计报表中不仅要按会计准则要求，全面、系统地反映企业的经营和财务状况，而且对会计程序和方法的变动也必须予以充分披露，以便会计报表的使用者能正确分析其对企业财务状况和财务成果的影响。另外，要建立和健全信息市场，完善信息网络，使财务分析者能充分、及时地取得各种分析信息。

(六)财务分析的要求

在搞清财务分析条件的基础上，为健全与完善财务分析理论，搞好财务分析实务，要注意做好以下几点。

1. 创造与完善财务分析条件

建立现代企业制度已成为我国目前企业制度改革的重点和方向，这为财务分析开阔了前景，但是要建成现代企业制度，还必须注重对现有企业的改制，以建立适应财务分析要求的产权清晰的企业制度。信息披露问题是财务分析条件中的最关键问题，也是财务分析能否积极有效开展起来的主要问题。目前，我国的信息披露体制还不够健全，渠道还不够畅通，这就要求我们在制度上对信息披露的完整性、时效性、准确性作出具体规定，为财务分析提供有用信息。

2. 学习与掌握财务分析方法

财务分析是一门新的学科，而且在不断完善和发展之中，企业的投资者、债权者、经营者、主要决策者、宏观管理者等有关单位和个人都需要系统地学习和掌握财务分析方法。

3. 建立与健全财务分析组织

随着现代企业制度的建立，企业的财务分析工作将逐步走上制度化、规范化的道路。这就要求企业必须建立与健全完善的财务分析组织体系，及时、系统、全面地分析企业的经营状况和财务状况。财务分析组织应以财务部门为核心，建立与健全各级分析组织，才能保证财务分析工作的顺利、有效进行。应当指出，在现代企业制度下，企业不仅仅关心自身经营，而且可能作为投资者、债权者与其他企业发生交易和往来，因此，对其他企业的财务状况进行分析，也是财务分析组织的一项重要任务。

模块二　财务分析基础的工作任务

【工作任务一　搜集财务分析信息工作】

财务分析信息是财务分析的基础和不可分割的组成部分。它对于保证财务分析工作的顺利进行、提高财务分析的质量与效果都起着重要的作用。财务分析信息是财务分析的根本依据，没有财务分析信息，财务分析如“无米之炊”。财务分析实际上就是对财务信息的分析，如要分析企业的资产、负债和所有者权益状况，就必须有资产负债表的信息；而要分析企业的盈利状况，则需要有利润表的信息。

一、搜集财务分析信息工作的流程

搜集财务分析信息工作的步骤如下：

第一步：明确财务分析信息的要求。

第二步：掌握财务分析信息的种类和来源渠道。

第三步：根据分析的特定目的搜集对象企业的政策市场信息。

第四步：搜集整理企业的财务报告信息。

二、技能导航

(一)财务分析信息的作用

(1) 搜集和整理财务分析信息是财务分析的重要步骤和方法之一。从一定意义上说，财务分析信息的搜集与整理过程，就是财务分析的过程。不同的分析目的和分析要求所需要的信息是不同的，包括信息来源、内容和形式不同等。因此，财务分析信息的搜集与整理是财务分析的基础环节。

(2) 财务分析信息的数量和质量决定着财务分析的质量与效果。正因为财务分析信息是财务分析的基本依据和基础环节，因此，财务分析信息的准确性、完整性、及时性，对提高财务分析的质量和效果是至关重要的。若使用错误的、过时的或不规范的财务分析信息，就无法保证财务分析的准确性。

(二)财务分析信息的要求

为了保证财务分析的质量与效果，财务分析信息必须满足以下要求。

1. 财务分析信息的完整性

财务分析信息必须在数量上和种类上满足财务分析目的的需要。缺少分析所需要的某方面信息，势必影响分析结果的正确性。例如，要进行投资收益率分析，仅有利润表的信息，而缺少资产负债表的信息是不行的；在通货膨胀情况下，缺少通货膨胀率的信息也会影响投资收益率分析的准确性。

2. 财务分析信息的系统性

财务分析信息的系统性一方面是指财务分析信息要具有连续性，尤其是对定期财务分析信息，不能当期分析结束后就将其丢掉，而应保持信息的连续性，为趋势分析奠定基础；另一方面是指财务分析信息的分类和保管要有科学性，以方便不同目的的财务分析需要。

3. 财务分析信息的准确性

财务分析信息的准确性是保证财务分析结果正确性的关键。它既受信息本身正确性的影响，又受资料整理过程准确性或信息使用准确性的影响。尤其对企业外部信息的范围、计算方法等要有全面准确的了解，在分析时应结合企业具体情况进行数据处理，否则可能影响分析的质量。

4. 财务分析信息的及时性

财务分析信息的及时性是指根据不同的分析目的和要求，能及时提供所需的信息。定期财务分析信息的及时性决定着定期分析的及时性，对于不定期的财务分析信息也要及时注意搜集和整理，以备在需要时能及时提供，保证临时财务分析的要求。对于一些有关决策性的分析，财务分析信息的及时性尤其重要，因为错过了时机，就失去了分析的意义。

5. 财务分析信息的相关性

相关性包含两层含义，一是知道各种财务分析信息的用途，如资产负债表能提供哪些信息，用它可进行什么分析等；二是知道一定的分析目的需要什么信息。只有明确了这两点，才能保证财务分析信息搜集与整理的准确性、及时性。

(三)财务分析信息的种类

进行财务分析的信息是多种多样的，不同的分析目的、分析内容，所使用的财务分析信息是不同的。因此，从不同角度看，财务分析信息的种类是不同的。

1. 内部信息与外部信息

财务分析信息按信息来源可分为内部信息和外部信息两类。内部信息是指从企业内部可取得的财务分析信息。外部信息则是指从企业外部取得的财务分析信息。

1) 企业的内部信息

(1) 会计信息。会计信息又可分为财务会计信息和管理会计信息。财务会计信息主要指财务报告，包括资产负债表、利润表、所有者权益变动表及现金流量表等国家财务会计制度规定企业编制的各种报表以及有关附表等。管理会计信息主要包括责任会计核算信息、决策会计信息和企业成本报表等信息。

(2) 统计与业务信息。统计信息主要指各种统计报表和企业内部统计信息。业务信息则指与各部门经营业务及技术状况有关的核算与报表信息。

(3) 计划及预算信息。计划及预算信息是企业管理的目标或标准，包括企业的生产计划、经营计划、财务计划、财务预算，以及各种消耗定额、储备定额、资金定额等。

2) 企业的外部信息

(1) 国家经济政策与法规信息。国家的宏观经济信息主要指与企业财务活动密切相关的信息，如物价上涨率或通货膨胀率、银行利息率、各种税率等；有关法规包括会计法、税法、会计准则、审计准则、会计制度等。

(2) 综合部门发布的信息。综合部门发布的信息包括国家统计局定期公布的统计报告和统计分析，国家经贸委的经济形势分析，国家发改委的国民经济计划及有关部门的经济形势预测，各证券市场和资金市场的有关股价、债券利息等方面的信息等。

(3) 政府监管部门的信息。政府监管部门的信息包括企业或公司的直接或者间接主管部门提供的信息，这些信息来自政府部门或者准政府部门性质的机构，更能反映政府作为经济管理者所发挥的作用，披露的信息通常与具体的企业密切相关。

(4) 中介机构的信息。中介机构的信息指会计师事务所、资产评估事务所等提供的企业资产评估报告和审计报告等。

(5) 报纸杂志的信息。报纸杂志的信息指各种经济著作、报纸及杂志的科研成果、调查报告、经济分析中所提供的与企业财务分析有关的信息。

(6) 企业间交换的信息。企业间交换的信息指企业与同行业其他企业或有业务往来的企业间相互交换的报表及业务信息等。

(7) 国外有关信息。国外有关信息指从国外取得的各种经济信息。取得的渠道有出国考察访问、购买国外经济信息报纸杂志、国际会议交流等。

2. 定期信息与不定期信息

财务分析信息根据取得的时间的确定性程度可分为定期信息和不定期信息。定期信息是指企业经常需要，可定期取得的信息。不定期信息则是根据临时需要搜集的信息。

1) 定期信息

(1) 会计信息。会计信息，尤其是财务会计信息是以会计制度规定的时间，按月度和年度核算和编报的，是企业财务分析中可定期取得的信息。

(2) 统计信息。企业的统计月报、季报和年报信息也是财务分析的定期信息之一。

(3) 综合经济部门的信息。综合经济部门的信息有的按月公布，有的按季公布，有的按年公布，也有一些市场信息是按日或按旬公布的。

(4) 中介机构信息。定期财务分析信息为企业定期财务分析提供了可能，奠定了基础。

2) 不定期信息

(1) 宏观经济政策信息。

(2) 企业间不定期交换的信息。

(3) 国外经济信息。

(4) 主要报纸杂志信息等。

不定期的经济信息，有的是因为信息不能定期提供形成的，有的是因为企业不定期分析需要形成的。企业在财务分析中，应注重定期信息的搜集与整理，同时也应及时搜集不定期信息。

3. 实际信息与标准信息

财务分析信息根据实际发生与否可分为实际信息和标准信息。实际信息是指反映各项经济指标实际完成情况的信息。标准信息是指用于作为评价标准而搜集与整理的信息，如预算信息、行业信息等。财务分析通常是以实际信息为基础进行的，但标准信息对于评价企业财务状况也是不可缺少的。

【知识链接】

财务分析评价标准信息

确立财务分析评价标准是财务分析的一项重要内容。不同的财务分析评价标准，会对同一分析对象得出不同的分析结论。正确确定或选择财务分析评价标准，对于发现问题、找出差距、正确评价起着十分重要的作用。通常，财务分析评价标准有经验标准、历史标准、行业标准、预算标准等。

1. 经验标准

经验标准是在财务比率分析中经常采用的一种标准。所谓经验标准，是指这个标准的形成依据大量的实践经验的检验。例如，流动比率的经验标准为 2∶1，速动比率的经验标准为 1∶1 等。也有人将这种经验标准称为绝对标准，认为它们是人们公认的标准，但是实

际上，经验标准只针对一般情况而言，并不是适用于一切领域或一切情况的绝对标准。例如，假设一家公司的流动比率大于 2∶1，但其信用政策较差，存在大量应收账款和许多积压物资与产品；另一家公司的流动比率可能低于 2∶1，但在应收账款、存货及现金管理方面非常成功，这时并不能根据经验标准认为前一家公司的流动性或偿债能力好于后一家公司。因此，人们在应用经验标准时，必须非常仔细，不能生搬硬套。

2. 历史标准

历史标准是指以企业过去某一时间的实际业绩为标准。这种标准对于评价企业自身经营状况和财务状况是否改善是非常有益的。历史标准可选择企业历史最高水平，也可选择企业正常经营条件下的业绩水平。另外，在财务分析中，经常将本年的财务状况与上年进行对比，此时，企业上年的业绩水平实际上也可看作是历史标准。应用历史标准的优点，一是比较可靠，是企业曾达到的水平；二是具有较高的可比性。但历史标准也有其不足，一是比较保守，因为现时要求与历史要求可能不同；二是适用范围较窄，只能说明企业自身的发展变化，不能全面评价企业在同行业中的地位与水平。尤其对于外部分析，仅用历史标准是远远不够的。

3. 行业标准

行业标准是财务分析中广泛采用的标准，它是按行业制定的，用于反映行业财务状况和经营状况的基本水平。行业标准也可指同行业某一比较先进的企业的业绩水平。企业在财务分析中运用行业标准，可说明企业在行业中所处的地位与水平。假设行业的投资收益率标准为 10%，那么，企业的投资收益率如果为 8%，就是投资者所不能接受的。行业标准还可用于判断企业的变动趋势。假如在一个经济萧条时期，企业的利润率从 13%下降为 8%，而同行业其他企业的利润率则从 13%下降为 5%，这时则可认为企业的盈利状况是相当好的。

应当指出，运用行业标准有三个限制条件：第一，同行业内的两家公司并不一定是可比的。例如，同是石油行业的两家企业，一家可能从市场购买原油生产石油产品，另一家则集开采、生产、提炼到销售石油产品为一体，这两家公司的经营就是不可比的。第二，对于跨行业经营的集团公司，公司的不同经营业务可能有着不同的盈利水平和风险程度，这时用行业统一标准进行评价显然是不合适的。第三，应用行业标准还受企业采用的会计方法的限制，同行业企业如果采用不同的会计方法，也会影响评价的准确性。

4. 预算标准

预算标准是指企业根据自身经营条件或经营状况所制定的目标标准。预算标准通常在一些新的行业、新建企业，以及垄断性企业应用较多。对于其他行业和企业，运用预算标准其实也是有益的，因为预算标准可将行业标准与企业历史标准相结合，比较全面地反映企业的状况。尤其对于企业内部财务分析，预算标准更具有优越性，可考核、评价企业各级、各部门经营者的经营业绩，以及对企业总体目标实现的影响。但是，预算标准对于外部财务分析的作用不明显。另外，预算标准的确定也受人为因素影响，缺乏客观依据。

可见，各种财务分析评价标准都有其优点与不足。在财务分析中不应孤立地选用某一种标准，而应综合应用各种标准，从不同角度对企业经营状况和财务状况进行评价，这样才有利于得出正确结论。

(四)政策与市场信息

企业的投资者或债权人为保证其投资的收益性和安全性，不仅要分析企业的盈利能力、支付能力，而且必须掌握市场上的无风险投资收益率水平及其他企业的投资收益率水平；不仅要看企业目前的生产经营状况，而且应根据国家的产业政策信息，预测企业未来的发展前景；不仅要了解企业的名义产出和盈利水平，而且要依据通货膨胀率分析确定企业的实际产出和盈利水平；等等。这些都离不开政策与市场信息。

企业的经营者要不断提高企业经济效益，保证企业经营状况和财务状况不断改善，必须面向市场、进入市场。例如，企业可根据市场利率信息确定企业的负债结构，根据市场的需求信息确定产品的品种和产量，根据国家的产业政策与技术政策确定企业的发展目标等。

1. 政策法规信息

政策法规信息主要指国家为加强宏观管理所制定的各项与企业有关的政策、法规、制度等。

1) 经济体制方面的政策

经济体制方面的政策是指涉及国家经济体制方面变化的政策，如我国从实行计划经济体制向有计划商品经济体制的转变，从有计划商品经济体制向社会主义市场经济体制的转变，从封闭的经济体制向开放的经济体制的转变等，都属于体制方面的政策变动。财务分析中能明确企业所处的体制环境，尤其是能预测到体制的变动，势必对企业的投资和经营产生积极的影响。

2) 宏观经济政策

宏观经济政策主要指财政政策、金融政策、货币政策等。这些政策对于企业财务分析是至关重要的。一个企业经营者如果不了解税率、利率的水平及其变动，不掌握通货膨胀率的水平及变动趋势，搞好这个企业是不现实的；投资者或债权者如果不掌握宏观经济政策的变动，也必将作出错误的决策。

3) 产业政策与技术政策

产业政策是指导国家产业发展的政策性文献，它规定了哪些产业是基础产业，哪些产业是支柱产业，并相应地对产业组织、产业技术和产业布局作出规划。技术政策规定了国家鼓励创新和推广的技术，以及相应的鼓励措施。投资者和经营者掌握产业政策和技术政策，对于保证企业持续、健康发展有着重要作用。

2. 市场信息

市场信息包括除政策信息之外的所有企业外部信息，主要有以下几方面。

1) 综合部门发布的信息

综合部门发布的信息主要指国家统计局定期公布的统计报告和统计分析、国家经贸委的经济形势分析、国家发改委的国民经济计划、有关部门和专家的经济形势预测等。

2) 证券市场的信息

证券市场的信息主要指各证券市场和资金市场的有关股价、债券利息等方面的信息，如上市公司的每日股市行情；中国人民银行每日公布的人民币汇率；证券报纸杂志刊登的有关股价、利率等方面的信息，以及国外证券市场的信息等。

3) 其他市场的信息

其他市场的信息指生产市场信息、物资市场信息、劳动力市场信息，以及有关信息市场或信息部门提供的各种信息，包括一些中介机构提供的公证信息。

4) 企业间交流的信息

企业间交流的信息指企业与同行业其他企业或有业务往来的企业间相互交换的报表及业务信息等信息。

5) 其他有关信息

其他有关信息指除以上市场信息之外的与企业财务分析有关的信息，如通过购买国外经济信息报纸杂志、国际会议交流等方式从国外取得的各种经济信息资料，以及国内有关部门的评比、会议交流信息等。

【知识链接】

巨潮上市公司行业分类标准

巨潮上市公司行业分类标准是一种服务于投资需要的行业分类标准，它借鉴国内外主要行业分类标准的成功经验，充分考虑中国经济的发展阶段及中国证券市场的结构特点而建立，可反映上市公司的行业发展现状和趋势，促进行业指数体系和指数化产品的发展，满足投资者进行资产配置、业绩评价和上市公司价值分析的需要。

1. 巨潮行业分类标准的原则

1) 服务投资

以市场为导向，重视产品和服务的市场需求和消费特征，考虑行业投资价值的同一性，为投资者的投资分析、业绩评价、资产配置服务。

2) 立足现实

立足我国国情，根据我国经济发展和证券市场的特点，结合我国工业化发展的阶段特征，力求准确反映我国产业形态和上市公司的构成。兼顾未来可能的行业变化，使分类具有稳定性与延续性。

3) 接轨国际

跟踪产业发展的国际化和全球化趋势，借鉴国际主流行业分类标准，实现与国际市场的有效衔接和兼容，满足国际行业比较与资产配置的需要。

4) 动态调整

中国正处于经济快速发展，产业结构变化较快的时期。自主行业分类标准将随着社会经济和上市公司行业结构的演变进行动态调整，以持续有效地反映经济或公司的行业结构。

2. 巨潮行业分类标准的特色

1) 参考国际主流标准划分一级、二级行业

在行业大类划分中借鉴国际主流标准，并保持基本一致。国际主要投资型行业分类对行业大类划分的理解基本相同，并在应用领域取得了广泛认可，具有较高的科学性和实用性。一级、二级大类行业的划分集中体现了投资型行业分类的特点，突出了产品服务的市场需求和消费特征，可以较好地反映经济发展的新特点，同时兼顾了分类标准的前瞻性。

2) 根据我国产业发展阶段设置细分行业

(1) 细化工业相关子行业。我国处于工业化中期向后期迈进的阶段，遵循立足现实的原则，对部分较为笼统的子行业进行细化。例如，将“机械制造”拆分为“通用机械制造”和“专用设备制造”，“通用机械制造”下又设机床、发动机与涡轮机等6个四级子行业，“专用设备制造”下设农业与林业机械、建筑工程与运输机械等5个四级子行业。

(2) 提炼服务业相关子行业。我国服务业发展水平和分工细化程度与发达国家尚有较大差距，参考国际主流标准对服务业相关子行业进行提炼。如精简了“医药卫生”行业中的保健护理和服务类子行业、“金融地产服务”细分行业等。

(3) 增设细分战略性新兴行业。参照国家对战略性新兴产业的范畴界定，结合国内上市公司的实际情况，适当增设代表行业内公司发展趋势的新兴行业，以反映经济发展的新特征。如在能源板块下设置“可替代能源”三级行业，在电信业务下增设“通信技术服务”三级、四级细分行业。

3) 考虑我国证券市场结构设置细分行业

(1) 突出中国市场特有行业。中国特有的“中药”、“白酒”等子行业上市公司较多，关注度也较高，反映了我国特有的行业结构特色，巨潮行业分类标准在相关行业下增设或单列此类子行业。

(2) 关注公司数量较多行业。对上市公司分布较为集中的行业，以清晰界定细分行业为原则，进行子行业的拆分。如针对中国电气设备类上市公司数量多、种类丰富的特点，将国际分类标准中处于四级的“电气部件与设备”、“重型电气设备”提升至三级；又如将“煤炭”单独设置为一个三级行业，突出中国煤炭大国的产业特征。

4) 兼顾中国证券市场的行业认知习惯

国内券商研究机构建立的行业分类标准在国内证券市场具有一定的影响力，部分行业设置已为投资者所熟悉。遵循服务投资和立足现实原则，对国际主流标准中部分不符合中国市场特点的三级、四级行业，借鉴券商机构的行业分类标准进行设置，以符合投资研究人员和投资者对该类行业的使用习惯。

3. 巨潮行业分类标准的分类依据

以上市公司营业收入为划分行业的主要标准和依据，所采用财务数据为经会计师事务所审计的合并报表数据。上市公司行业归类的方法具体如下。

(1) 当公司某类业务的营业收入比重大于或等于50%时，将其划入该业务相对应的类别；

(2) 当公司没有一类业务的营业收入比重大于或等于50%，但某项业务的收入和营业利润均在所有业务中最高，而且均占到公司总收入和总营业利润的30%以上时，该公司归属该业务对应的行业类别。

(3) 当公司没有一项业务的营业收入占到30%以上时，综合考虑公司的发展规划、控股股东的情况、行业的相对稳定性等，进一步研究和分析以确定行业归属，最后由行业分类专家组进行确认。

4. 巨潮行业分类标准的调整与维护

为及时反映公司行业变动，依据上市公司公开披露的公告信息进行行业分类维护，分为实时调整和定期维护两种方式，具体如下。

(1) 对于新上市公司，在上市日依据上市公告书或招募说明书中的主营构成说明，按照行业分类依据确定其行业归属。

(2) 当上市公司因重组、合并、分拆、收购等重大事件发生并影响其行业归属时，根据重组实施完成公告的内容对行业分类进行实时评估与调整。

(3) 除以上需实时调整的公司外，其余上市公司在每年年报披露结束后一个月内，对其进行定期维护，依据最新年报数据对上市公司进行重新评估，并决定是否调整其行业分类。

5. 巨潮行业分类标准的结构与编码

巨潮行业分类标准为四级分类，包括：一级行业 10 个、二级行业 28 个、三级行业 78 个，四级行业 152 个。

(资料来源：巨潮资讯网(http://www.cninfo.com.cn))

(五)财务报告信息

财务报告是企业对外提供的反映某一特定日期的财务状况和某一会计期间的经营成果、现金流量等会计信息的文件。财务报告包括财务报表和其他应当在财务报告中披露的相关信息和资料。其中，财务报表由报表及其附注两部分构成，附注是财务报表的有机组成部分。

在现代企业制度下，企业的所有者或投资者、债权者和经营者，以及政府管理部门和社会监督部门的官员等，要与企业发生投资、借贷、交易、管理、监督等活动，都需要依据财务报告信息对企业状况进行分析。因此，每个分析者都必须了解财务报告的结构、内容及可提供的信息。

1. 财务报表的种类

企业财务报表按照不同的划分标准或从不同的角度划分，可分为以下几类。

(1) 按会计报表反映的经济内容可分为资产负债表、利润表、现金流量表和所有者权益变动表。

① 资产负债表主要是反映企业在一定日期的资产、负债和所有者权益状况的会计报表。

② 利润表主要是反映企业在某一时期内经营成果的会计报表。

③ 现金流量表主要是反映企业在某一时期内现金取得、流出以及流向状况的会计报表。

④ 所有者权益变动表主要是反映构成所有者权益的各组成部分当期的增减变动情况的会计报表。

了解财务报表的经济内容，对于准确搜集与整理分析信息、实现分析目的是十分有益的。

(2) 按会计报表编制范围可分为企业会计报表和合并会计报表。

① 企业会计报表是指独立法人企业编制的反映本单位情况的财务报表。

② 合并会计报表是指反映母公司和其全部子公司形成的企业集团整体财务状况、经营成果和现金流量的财务报表。

了解和掌握企业会计报表和合并会计报表的内容及特点，对于分析不同类型的企业财务状况是有益的。如果对一个母子公司进行分析，而不明确合并会计报表的基本内容和特点，那么是很难得出正确结论的。

(3) 按会计报表的使用对象可分为对外会计报表和对内会计报表。

① 对外会计报表是指根据国家有关法规，企业定期向其利益关系人(如投资者、债权人、

政府部门等)报送的会计报表，如资产负债表、利润表、现金流量表、所有者权益变动表及相关附表等。

② 对内会计报表，亦称管理报表，是根据内部经营管理的需要，企业自行设计与填制的会计报表，如成本费用报表、管理费用报表等。

(4) 按会计报表的编制时期可分为年度报表、季度报表和月度报表。

2. 会计报表附注

附注是财务报表不可或缺的组成部分。报表使用者要了解企业的财务状况、经营成果和现金流量，应当全面阅读附注。附注相对于报表而言，具有重要作用。报表的附注提供会计报表信息生成的依据，并提供无法在报表上列示的定性信息和定量信息，从而使得报表中数据的信息更加完整，为财务分析奠定良好的信息基础。根据会计准则规定，附注应当按照一定的结构进行系统合理的排列和分类，有顺序地披露信息。

1) 会计报表附注的基本内容

会计报表附注主要包括企业的基本情况、财务报表的编制基础、遵循企业会计准则的声明、重要会计政策和会计估计、会计政策和会计估计变更以及差错更正的说明、重要报表项目的说明以及重要事项揭示等内容。

2) 各主要会计报表附注

(1) 资产负债表附注。资产负债表附注是为了帮助分析者理解财务报表有关项目所做的进一步解释。例如，对抵押资产等的说明；对资产负债表有关会计政策变化的说明，如存货计价政策变化等。

(2) 利润表附注。利润表附注主要对利润表中重要项目及相关问题进行说明，以便于正确理解与分析利润表。利润表附注通常说明以下问题：有关收入与成本费用的会计政策变化，如收入的确认、成本核算方法改变等；利润表中具体项目的补充说明，如营业外收支项目的说明、投资收益项目的说明等；利润表外有关项目的说明，如对其他业务收入与支出的说明等；未经批准的利润分配方案的说明。

(3) 现金流量表附注。现金流量表附注包括以下内容：不涉及现金收支的投资和筹资活动；将净利润调节为经营活动现金流量；现金及现金等价物净增加情况。

财务分析作为对企业财务活动及其效率与结果的分析，其目标必然与企业的财务目标相一致。企业追求财务目标的过程正是企业进行财务活动的过程，企业的各项财务活动都直接或间接地通过财务报表来体现。财务报表从静态到动态，从权责发生制到收付实现制，不仅对企业财务活动中的筹资活动、投资活动、经营活动和分配活动进行全面、系统、综合的反映，而且可间接揭示或通过财务分析揭示财务活动的效率或能力，包括盈利能力、营运能力、偿债能力和增长能力。

【知识链接】

财务会计报表的局限性

1. 财务会计报表计量的局限性

财务报表都是以货币为计量单位计量的，不能反映企业经营中的非货币性事项。货币计量虽然有其重要意义与作用，但企业经营中的非货币性事项，如产量、质量、劳动力及

设备状况等对分析企业财务状况和经营状况也是非常必要的。另外，以货币为计量手段，在物价变动较大情况下，特别是在通货膨胀情况下，会对分析数据的准确性产生不利影响，甚至产生歪曲，导致分析结果的错误。

2. 财务会计报表内容的局限性

财务报表内容的局限性主要体现在：第一，财务报表由于制度原因、保密原因或规范原因等，不能提供详尽的因素分析数据，如各成本项目数据，材料消耗、人工消耗数据等；第二，财务报表不能反映企业未来将要发生的事项，只是对历史情况的反映；第三，财务报表不能表明企业采用的具体会计原则和会计方法，如在存货计价方法方面和折旧方法方面，不同的企业可根据要求采用不同的方法，而不同的方法对其计量结果是有影响的。

3. 财务会计报表时间的局限性

财务报表的编报通常是按月进行的，有些报表是按年进行的，且报表形成或报出时间与报表内容反映的时间之间又存在一段距离，因此，财务报表信息并不能反映分析时企业的真实情况。尤其在当今市场竞争激烈、情况瞬息万变的时代，明确报表时间上的局限性是十分重要的。

三、完成工作任务评价

(一)完成搜集财务分析信息工作任务

请根据工作任务要求，按照工作任务操作流程，结合完成工作任务所需要的技能导航，来帮助杨先生完成对岭南园林股份有限公司财务分析的基础信息整理工作。

(二)完成工作任务结果评价

按照要求和规程完成了对岭南园林股份有限公司财务分析的基础信息整理工作后，参照老师给出的评价标准，任务的完成者与老师共同来评价工作任务的完成情况。

评价标准：

(1) 财务分析的目的是否明确；

(2) 所搜集财务分析的信息种类和来源渠道是否合理；

(3) 搜集分析对象企业的政策市场信息是否完整；

(4) 搜集整理企业的财务报告信息是否齐全。

(三)完成工作任务收获

按照要求和规程完成了工作任务后，结合老师对完成工作任务结果的评价，你认为自己完成此项工作任务有什么收获？请将你的收获写出来，与老师和同学们一起交流和分享。

【工作任务二　设计财务分析的程序与方法】

财务分析的程序，是指进行财务分析所应遵循的一般规程。研究财务分析的程序是进行财务分析的基础与关键，它为开展财务分析工作、掌握财务分析技术指明了方向。会计分析是财务分析的基础，会计分析是财务报表分析的重要步骤之一，综合运用各种财务分析方法是完成财务分析工作的重要保障。

一、制定财务分析的程序与方法流程

进行财务分析的程序与方法的步骤如下。

第一步：明确财务分析的基本程序与步骤。

第二步：运用会计分析技术进行财务分析。

第三步：综合运用多种财务分析方法进行分析。

二、技能导航

(一)财务分析的基本程序与步骤

财务分析的程序与步骤可以归纳为四个阶段十个步骤。

1. 财务分析信息搜集整理阶段

财务分析信息搜集整理阶段主要由以下三个步骤组成。

1) 明确财务分析目的

进行财务分析，首先必须明确为什么要进行财务分析，是要评价企业经营业绩，进行投资决策，还是要制定未来经营策略？只有明确了财务分析的目的，才能正确地搜集整理信息，选择正确的分析方法，从而得出正确的结论。

2) 制订财务分析计划

在明确财务分析目的的基础上，应制订财务分析计划，包括财务分析的人员组成及分工、时间进度安排、财务分析内容及拟采用的分析方法等。财务分析计划是财务分析顺利进行的保证。

3) 搜集整理财务分析信息

财务分析信息是财务分析的基础，信息搜集整理的及时性、完整性、准确性，对分析的正确性有着直接的影响。信息的搜集整理应根据分析的目的和计划进行。但平时要注意经常性、一般性的信息搜集与整理，这样才能根据不同的分析目的及时提供所需信息。

2. 战略分析与会计分析阶段

战略分析与会计分析阶段主要由以下两个步骤组成。

1) 企业战略分析

企业战略分析通过对企业所在行业或企业拟进入行业的分析，明确企业自身地位及应采取的竞争战略。企业战略分析通常包括行业分析和企业竞争策略分析。行业分析的目的在于分析行业的盈利水平与盈利潜力。企业战略分析的关键在于企业如何根据行业分析的结果，正确选择企业的竞争策略，使企业保持持久竞争优势和高盈利能力。企业进行竞争的策略有许多，最重要的竞争策略主要有两种，即低成本竞争策略和产品差异策略。

企业战略分析是会计分析和财务分析的基础和导向，通过企业战略分析，分析人员能

深入了解企业的经济状况和经济环境，从而能进行客观准确的会计分析与财务分析。

2) 财务报表会计分析

会计分析的目的在于评价企业会计所反映的财务状况与经营成果的真实程度。会计分析有两方面的作用，一方面通过对会计政策、会计方法、会计披露的评价，揭示会计信息的质量；另一方面通过对会计灵活性、会计估价的调整，修正会计数据，为财务分析奠定基础，并保证财务分析结论的可靠性。

3. 财务分析实施阶段

财务分析实施阶段是在战略分析与会计分析的基础上进行的，它主要包括以下两个步骤。

1) 财务指标分析

对财务指标进行分析，特别是进行财务比率指标分析，是财务分析的一种重要方法或形式。财务指标能准确反映某方面的财务状况。进行财务分析，应根据分析的目的和要求选择正确的分析指标。债权人要进行企业偿债能力分析，他必须选择反映偿债能力的指标或反映流动性情况的指标进行分析，如流动比率指标、速动比率指标、资产负债率指标等。正确选择与计算财务指标是正确判断与评价企业财务状况的关键所在。

2) 基本因素分析

财务分析不仅要解释现象，而且应分析原因。因素分析法就是要在报表整体分析和财务指标分析的基础上，对一些主要指标的完成情况，从其影响因素角度，进行深入定量分析，确定各因素对其影响的方向和程度，为企业正确进行财务评价提供最基本的依据。

4. 财务分析综合评价阶段

财务分析综合评价阶段是财务分析实施阶段的继续，具体又可分为三个步骤。

1) 财务综合分析与评价

财务综合分析与评价是在应用各种财务分析方法进行分析的基础上，将定量分析结果、定性分析判断及实际调查情况结合起来，以得出财务分析结论的过程。得出财务分析结论是财务分析的关键步骤，结论的正确与否是判断财务分析质量的唯一标准。一个正确分析结论的得出，往往需要经过几次反复分析。

2) 财务预测与价值评估

财务分析既是一个财务管理循环的结束，又是另一个财务管理循环的开始。应用历史或现时财务分析结果预测未来财务状况与企业价值，是现代财务分析的重要任务之一。因此，财务分析不能仅满足于事后分析原因，得出结论，而且要对企业未来发展及价值状况进行分析与评价。

3) 财务分析报告

财务分析报告是财务分析的最后步骤。它将财务分析的基本问题、财务分析结论，以及针对问题提出的措施建议以书面的形式表示出来，为财务分析主体及财务分析报告的其他受益者提供决策依据。财务分析报告可作为对财务分析工作的总结，还可作为历史信息，以供后来的财务分析参考，保证财务分析的连续性。

(二)会计分析技术

会计分析的目的在于评价企业会计所反映的财务状况与经营成果的真实程度。

会计分析一般可按以下步骤进行。

1．阅读会计报告

阅读会计报告是会计分析的第一步，在全面阅读会计报告的基础上应注意以下几点。

(1) 注册会计师审计意见与结论。

(2) 企业采用的会计原则、会计政策及其变更情况。

(3) 会计信息披露的完整性、真实性。

(4) 财务情况说明书。

2．比较会计报表

在阅读会计报告的基础上，重点对会计报表进行比较。比较的方法包括水平分析法、垂直分析法和趋势分析法。通过各种比较，揭示财务会计信息的差异及变化，找出需要进一步分析与说明的问题。

3．解释会计报表

解释会计报表是指在比较会计报表的基础上，考虑企业采取的会计原则、会计政策、会计核算方法等，说明会计报表差异产生的原因，包括会计原则变化影响、会计政策变更影响、会计核算失误影响等，特别重要的是要发现企业经营管理中存在的潜在“危险”信号。

4．修正会计报表信息

会计分析是财务分析的基础，通过会计分析，对发现的由于会计原则、会计政策等原因引起的会计信息差异，应通过一定的方式加以说明或调整，消除会计信息的失真问题。

(三)水平分析法

水平分析法，是将反映企业报告期财务状况的信息(特别指会计报表信息资料)与反映企业前期或历史某一时期财务状况的信息进行对比，研究企业各项经营业绩或财务状况的发展变动情况的一种财务分析方法。水平分析法所进行的对比，一般不是指单指标对比，而是对反映某方面情况的报表进行全面、综合对比分析，尤其在对会计报表分析中应用较多。因此，通常也将水平分析法称为会计报表分析方法。

水平分析法的基本要点是，将报表资料中不同时期的同项数据进行对比，对比的方式有以下几种。

(1) 绝对值增减变动，其计算公式是：

$$\text{绝对值变动数量}=\text{分析期某项指标实际数}-\text{基期同项指标实际数}$$

(2) 增减变动率，其计算公式是：

$$\text{变动率}=\frac{\text{变动绝对值}}{\text{基期实际数量}}\times 100\%$$

(3) 变动比率值，其计算公式是：

$$变动比率值=\frac{分析期实际数值}{基期实际数值}$$

式中所说的基期，可指上年度，也可指以前某年度。关于水平分析法的实例，参见项目二。

应当指出，水平分析法通过将企业报告期的财务会计资料与前期对比，揭示各方面存在的问题，为全面深入分析企业财务状况奠定基础。因此水平分析法是会计分析的基本方法。另外，水平分析法可用于一些可比性较高的同类企业之间的对比分析，以找出企业间存在的差距。但是，水平分析法在不同企业应用中，一定要注意其可比性问题，即使在同一企业应用中，对于差异的评价也应考虑其对比基础。

(四)垂直分析法

垂直分析法是通过计算报表中各项目占总体的比重或结构，反映报表中的项目与总体关系情况及其变动情况。会计报表经过垂直分析法处理后，通常称为总体结构报表。垂直分析法的一般步骤如下。

(1) 确定报表中各项目占总额的比重或百分比，其计算公式是：

$$某项目的比重=\frac{该项目金额}{各项目总金额}\times 100\%$$

(2) 通过各项目的比重，分析各项目在企业经营中的重要性。一般项目比重越大，说明其重要程度越高，对总体的影响越大。

(3) 将分析期各项目的比重与前期同项目的比重进行对比，研究各项目的比重变动情况。也可将本企业报告期项目比重与同类企业的可比项目比重进行对比，研究本企业与同类企业的不同，以及成绩和存在的问题。关于垂直分析法的应用实例，参见项目二。

(五)趋势分析法

趋势分析法是根据企业连续几年或几个时期的分析资料，运用指数或完成率的计算，确定分析期各有关项目的变动情况和趋势的一种财务分析方法。趋势分析法既可用于对会计报表的整体分析，即研究一定时期报表各项目的变动趋势，也可对某些主要指标的发展趋势进行分析。趋势分析法的一般步骤如下。

(1) 计算趋势比率或指数。通常，指数的计算有两种方法，一是定基指数；二是环比指数。定基指数就是各个时期的指数都是以某一固定时期为基期来计算的。环比指数则是各个时期的指数是以前一期为基期来计算的。趋势分析法通常采用定基指数。

(2) 根据指数计算结果，评价与判断企业各项指标的变动趋势及其合理性。

(3) 预测未来的发展趋势。根据企业以前各期的变动情况，研究其变动趋势或规律，从而可预测出企业未来发展变动情况。

(六)比率分析法

比率分析法是财务分析的最基本、最重要的方法。比率分析法实质上是将影响财务状况的两个相关因素联系起来，通过计算比率，反映它们之间的关系，借以评价企业财务状况和经营状况的一种财务分析方法。比率分析的形式有：①百分率，如流动比率为200%；②比率，如速动比率为1∶1；③分数，如负债为总资产的1/2。

比率分析以其简单、明了、可比性强等优点在财务分析实践中被广泛采用。

由于财务分析的目的不同、分析的角度不同等，比率分析法中的比率有许多分类形式。按财务分析主体或目的不同，财务分析的比率可分别从投资者、债权者、经营者及政府管理者角度进行划分；按分析内容划分的比率，是站在企业经营者的立场上，根据不同的管理目的和要求，主要划分为盈利评价比率、流动性评价比率、偿债评价比率、成长性比率等；按财务报表划分的比率，主要可从资产负债表比率、利润表比率、现金流量表比率以及资产负债表与利润表和现金流量表结合比率等几方面加以说明。

在比率分析中，分析师往往对比率进行各种各样的比较，如时间序列比较、横向比较和依据一些绝对标准比较。不同的比较有着不同的评价目的和作用。标准比率是比率分析法中最常用的比较标准。

虽然比率分析法被认为是财务分析的最基本或最重要的方法，但应用比率分析法时必须了解其不足：比率的变动可能仅仅被解释为两个相关因素之间的变动，很难综合反映比率与计算它的会计报表的联系，给人们不保险的最终印象。

(七)因素分析法

因素分析法是依据分析指标与其影响因素之间的关系，按照一定的程序和方法，确定各因素对分析指标差异影响程度的一种技术方法。因素分析法是经济活动分析中最重要的方法之一，也是财务分析的方法之一。

1. 因素分析法的步骤

(1) 确定分析指标与其影响因素之间的关系。通常采用指标分解法，即将经济指标在计算公式的基础上进行分解或扩展，从而得出各影响因素与分析指标之间的关系式。分析指标与影响因素之间的关系式，既说明哪些因素影响分析指标，又说明这些因素与分析指标之间的关系及顺序。

(2) 根据分析指标的报告期数值与基期数值列出两个关系式或指标体系，确定分析对象。

(3) 连环顺序替代，计算替代结果。以基期指标体系为计算基础，用实际指标体系中每一因素的实际数顺序地替代其相应的基期数，每次替代一个因素，替代后的因素被保留下来。计算替代结果，就是在每次替代后，按关系式计算其结果。有几个因素就替代几次，并相应确定计算结果。

(4) 比较各因素的替代结果，确定各因素对分析指标的影响程度。比较替代结果是连环进行的，即将每次替代所计算的结果与这一因素被替代前的结果进行对比，二者的差额就是替代因素对分析对象的影响程度。

(5) 检验分析结果。检验分析结果是将各因素对分析指标的影响额相加，其代数和应等于分析对象。如果二者相等，说明分析结果可能是正确的；如果二者不相等，则说明分析结果一定是错误的。

因素分析法的步骤是紧密相连、缺一不可的，尤其是前四个步骤，任何一个步骤出现错误，都会出现错误结果。下面举例说明连环替代法的步骤和应用。

例 1-1　AF 企业 2011 年和 2012 年有关总资产报酬率、总资产产值率、产品销售率和销售利润率的资料见表 1-1。

表 1-1　财务指标表

指　标	2012 年	2011 年
总资产产值率/%	70	75
产品销售率/%	95	93
销售利润率/%	28	25
总资产报酬率/%	18.62	17.44

要求：分析各因素变动对总资产报酬率的影响程度。

总资产报酬率的因素分解式如下：

$$总资产报酬率=\frac{息税前利润}{平均资产总额}\times 100\%$$

$$=总资产产值率\times产品销售率\times销售(息税前)利润率$$

根据因素分析法的步骤和上述对总资产报酬率的因素分解式，可得出以下结果。

实际指标体系：70%×95%×28%=18.62%

基期指标体系：75%×93%×25%=17.44%

分析对象：18.62%−17.44%=+1.18%

在此基础上，按照第二步骤的做法进行连环顺序替代，并计算每次替代后的结果。

基期指标体系：75%×93%×25%=17.44%

替代第一因素：70%×93%×25%=16.28%

替代第二因素：70%×95%×25%=16.63%

替代第三因素(或实际指标体系)：70%×95%×28%＝18.62%

根据第四步骤，确定各因素对总资产报酬率的影响程度。

总资产产值率的影响：16.28%−17.44%=−1.16%

产品销售率的影响：16.63%−16.28%=+0.35%

销售利润率的影响：18.62%−16.63%=+1.99%

最后检验分析结果：−1.16%+0.35%+1.99%=+1.18%

2. 应用因素分析法应注意的问题

因素分析法在实践中应用比较广泛，但是，在应用连环替代法过程中必须注意以下几个问题。

(1) 因素分解的相关性问题。分析指标与其影响因素之间必须真正相关，即有实际经济意义。各影响因素的变动确实能说明分析指标差异产生的原因。

(2) 分析前提的假定性。分析某一因素对经济指标差异的影响时，必须假定其他因素不变，否则就不能分清各单一因素对分析对象的影响程度。但是实际上，有些因素对经济指标的影响是共同作用的结果，如果共同影响的因素越多，那么这种假定的准确性就越差，分析结果的准确性也就会降低。因此，在因素分解时，并非分解的因素越多越好，而应根据实际情况，尽量减少对相互影响较大的因素进行再分解。

(3) 因素替代的顺序性。因素分解不仅要因素确定准确，而且因素排列顺序也不能交换。一般来说，替代顺序在前的因素对经济指标影响的程度不受其他因素影响或影响较小，排列在后的因素中含有其他因素共同作用的成分。为分清责任，将对分析指标影响较大并能明确责任的因素放在前面要好一些。

(4) 顺序替代的连环性。在确定各因素变动对分析对象的影响时，是将某因素替代后的结果与该因素替代前的结果进行对比，一环套一环。这样才既能保证各因素对分析对象影响结果的可分性，又便于检验分析结果的准确性。

三、完成工作任务评价

(一)完成制定财务分析程序与方法的工作任务

请根据工作任务要求，按照工作任务操作流程，结合完成工作任务所需要的技能导航，来完成对岭南园林股份有限公司财务分析的程序与方法的分析和评价。

(二)完成工作任务结果评价

按照要求和规程完成了对岭南园林股份有限公司财务分析的程序与方法的分析和评价后，参照老师给出的评价标准，任务的完成者与老师共同来评价工作任务的完成情况。

评价标准：

(1) 所确定的财务分析基本程序与步骤是否合理；

(2) 会计分析技术在财务分析中的应用是否正确；

(3) 财务分析方法的选取与应用是否正确。

(三)完成工作任务收获

按照要求和规程完成了工作任务后，结合老师对完成工作任务结果的评价，你认为自己完成此项工作任务有什么收获？请将你的收获写出来，与老师和同学们一起交流和分享。

【工作任务三　运用财务分析评价技术展示财务分析结论】

财务分析的结论可以通过一定的财务分析评价技术手段来展示，文字形式主要是编写财务分析报告，此外还有多种图解分析法，也可以把两者结合起来使用。

一、制定运用财务分析的评价技术展示财务分析结论流程

运用财务分析的评价技术展示财务分析结论的步骤如下。

第一步：掌握财务分析报告的编写要求。

第二步：确定财务分析报告的内容和结构。

第三步：运用各种财务分析评价手段对分析结果进行评价。

二、技能导航

(一)财务分析报告

财务分析报告是指财务分析主体对企业一定时期的筹资活动、投资活动、经营活动中的盈利状况、营运状况、偿债状况等进行分析与评价所形成的书面文字报告。

1．财务分析报告写作的意义

(1) 财务分析报告为企业外部投资者、债权人、政府有关部门评价企业经营状况提供参考。企业外部的相关利益主体从各自分析目的出发，经常进行企业财务分析。他们分析的直接依据就是企业的财务报表，而企业财务分析报告能提供更多财务会计报表所不能提供的资料，因此企业财务分析报告成为企业外部分析者的重要的参考资料。

(2) 企业财务分析报告为企业改善与加强生产经营管理提供重要依据。

企业财务分析全面揭示了企业的盈利能力、运营效率、偿债能力、发展能力等方面取得的成绩和存在的问题或不足，为企业改善经营管理指明了方向，提供了信息依据。企业可以针对财务分析报告中提出的问题和建议，积极采取相应措施加以解决，这对于改善企业经营管理、提高财务运行质量和经济效益起到重要的作用。

财务报告全面总结了企业一定时期内的生产经营业绩，说明了企业经营目标的实现程度或完成情况，揭示了企业生产经营过程中存在的问题，提出了解决问题的措施和未来的打算。

2．财务分析报告的内容和结构

1) 财务分析报告的分类

财务分析报告从编写的时间来划分，可分为两种：一是定期分析报告；二是非定期分析报告。定期分析报告又可以分为每日、每周、每旬、每月、每季、每年报告，具体根据公司管理要求而定，有的公司还要进行特定时点分析。从编写的内容来划分可分为三种，一是综合性分析报告；二是专项分析报告；三是项目分析报告。综合性分析报告是对公司整体运营及财务状况的分析评价；专项分析报告是针对公司运营的一部分，如资金流量、销售收入变量的分析；项目分析报告是对公司的局部或一个独立运作项目的分析。

2) 财务分析报告的格式

严格来讲，财务分析报告没有固定的格式和体裁，但要求能够反映要点、分析透彻、有实有据、观点鲜明、符合报送对象的要求。一般来说，财务分析报告均应包含以下几个方面的内容：提要段、说明段、分析段、评价段和建议段，即通常说的五段论式。但在实际编写分析报告时要根据具体的目的和要求有所取舍，不一定要囊括这五部分内容。

此外，财务分析报告在表达方式上可以采取一些创新的手法，如可采用文字处理与图表表达相结合的方法，使其易懂、生动、形象。

3) 财务分析报告的内容

财务分析报告主要包括四个方面的内容，具体说明如下。

第一部分为基本财务情况反映，即概括公司综合情况，让财务报告接受者对财务分析说明有一个总括的认识，包括企业盈利能力情况、企业营运状况、企业权益状况、企业偿债能力状况等。

第二部分为主要成绩和重大事项说明。这是对公司运营及财务现状的介绍。该部分要求文字表述恰当、数据引用准确。对经济指标进行说明时可适当运用绝对数、比较数及复合指标数。特别要关注公司当前运作上的重心，对重要事项要单独反映。公司在不同阶段、不同月份的工作重点有所不同，所需要的财务分析重点也不同。如果公司正进行新产品的投产、市场开发，则公司各阶层需要对新产品的成本、回款、利润数据进行分析的财务分析报告。

第三部分为存在问题分析，是对公司的经营情况进行分析研究。在说明问题的同时还要分析问题，寻找问题的原因和症结，以达到解决问题的目的。财务分析一定要有理有据，要细化分解各项指标，因为有些报表的数据是比较含糊和笼统的，要善于运用表格、图示，突出表达分析的内容。分析问题一定要善于抓住当前要点，多反映公司经营焦点和易于忽视的问题。作出财务说明和分析后，对于经营情况、财务状况、盈利业绩，应该从财务角度给予公正、客观的评价和预测。

第四部分提出改进措施和意见，即财务人员在对经营运作、投资决策进行分析后形成的意见和看法，特别是对运作过程中存在的问题所提出的改进建议。如对于企业资产结构失衡问题，解决的措施或减少固定资产，或增加固定资产。值得注意的是，财务分析报告中提出的建议不能太抽象，而要具体化，最好有一套切实可行的方案。

即席思考：财务分析报告的结构和内容不是固定不变的，根据不同的分析目的或针对不同的财务分析报告使用者，分析报告的内容侧重点可以不同。试从不同分析者角度思考各自分析的侧重点的不同之处。

3. 财务分析报告的编写要求

1) 要有精确的数据和量化分析

财务分析报告不同于其他报告，它是以财务数据为基础，并在各种财务数据的基础上，进一步进行统计、对比的量化分析，然后，从中考察分析各种财务活动状况、各项经济指标完成得好坏等，从而得出科学结论。

2) 注重实效，及时编报

财务分析报告具有很强的时效性，尤其对决策者而言，及时的财务分析报告意味着决策成功了一半，过时的财务分析报告将失去意义，甚至产生危害。

3) 要深入分析，突出关键问题

财务分析的目的在于考察整个经济运转和经营管理的效果，要抓住主要矛盾，突出关键性的问题。这里，财务收支的分析可以说是企事业单位经营管理的晴雨表，应加以重视。

4) 分析判断的观点要鲜明，文字要简要

财务分析报告要从分析中明确是非，应有鲜明的判断、观点。文字表述要条理清楚、简要、明白。

【知识链接】

财务分析报告实例

2012 年度，我所属企业在全市经济持续稳步发展的形势下，坚持以提高效益为中心，以搞活经济、强化管理为重点，深化企业内部改革，深入挖潜，调整经营结构，扩大经营规模，进一步完善了企业内部经营机制，努力开拓，奋力竞争。销售收入实现 52 800 万元，比去年增加 33.68%，在取得较好经济效益的同时，取得了良好的社会效益。

(一)主要经济指标完成情况

本年度营业收入为 52 800 万元，比上年增加 1 778 万元。其中，一公司销售实现 32 800 万元，比上年增加 35.5%；二公司产品销售 16 000 万元，比上年减少 5%；其他企业营业收入实现 4 000 万元，比上年增加 43%。全年毛利率达到 14.82%，比上年提高 0.52%。费用占营业收入的比重本年实际为 7.7%，比上年升高 0.63%。全年实现利润 1 266.8 万元，比上年增长 4.68%。其中，一公司利润 950 万元，比上年增长 12.5%，二公司利润 316.8 万元，比上年下降 8.87%。销售利润率本年为 23.99%，比上年下降 0.05%。其中，一公司为 24.81%，上升 0.3%。全部流动资金周转天数为 128 天，比上年的 110 天慢了 18 天。

(二)主要财务情况分析

1. 销售收入情况

通过强化竞争意识，调整经营结构，增设经营网点，扩大销售范围，促进了销售收入的提高。如南一百货商店销售收入比去年增加 296.4 万元；古都五交公司比上年增加 396.2 万元。

2. 费用水平情况

企业的费用总额比上年增加 576.1 万元，费用水平上升 0.82%，其中：①运杂费增加 113.1 万元；②保管费增加 54.5 万元；③工资总额 253.1 万元；④房屋租赁费增加 130.2 万元；⑤低值易耗品摊销增加 25.2 万元。

从变化因素看，主要是由于政策因素影响：①调整了“三资”、“一金”比例，使费用绝对值增加了 12.8 万元；②调整了房屋租赁价格，使费用增加了 130.2 万元；③企业普调工资，使费用相对增加 80.9 万元。扣除这三种因素影响，本期费用绝对额为 905.6 万元，比上年相对减少 10.2 万元。费用水平为 6.7%，比上年下降 0.4%。

3. 资金运用情况

年末，全部资金占用额为 7 286.8 万元，比上年增加 28.7%。其中：商业资金占用额 886 万元，占全部流动资金的 55%，比上年下降 6.87%。结算资金占用额为 1 206 万元，占 31.8%，比上年上升了 8.65%。其中：应收货款和其他应收款比上年增加 548.1 万元。从资金占用情况分析，各项资金占用比例严重不合理，应继续加强“三角债”的清理工作。

4. 利润情况

企业利润比上年增加 56 万元，主要因素如下。

(1) 增加因素：①由于销售收入比上年增加 1778 万元，利润增加了 82 万元；②由于毛利率比上年增加 0.52%，使利润增加 80 万元；③由于其他各项收入比同期多收 43 万元，使利润增加 42.7 万元；④由于支出额比上年少支出 6.1 万元，使利润增加 6.1 万元。

(2) 减少因素：①由于费用水平比上年提高 0.82%，使利润减少 105.6 万元；②由于税率比上年上浮 0.04%，使利润少实现 5 万元；③由于财产损失比上年多 44.2 万元，使利润减少 44.2 万元。

以上两种因素相抵，本年度利润额多实现56万元。

(三)存在的问题和建议

(1) 资金占用增长过快，结算资金占用比重较大，比例失调。特别是其他应收款和销货应收款大幅度上升，如不及时清理，对企业经济效益将产生很大影响。因此，建议各企业领导要引起重视，应收款较多的单位，要领导带头，抽出专人，成立清收小组，积极回收。也可将奖金、工资同回收货款挂钩，调动回收人员的积极性。同时，要求企业经理要严格控制赊销商品管理，严防新的“三角债”产生。

(2) 经营性亏损单位有增无减，亏损额不断增加。全局企业未弥补亏损额高达188.2万元，比同期大幅度上升。建议各企业领导要加强对亏损企业的整顿、管理，做好扭亏转盈工作。

(3) 各企业程度不同地存在潜亏行为。全局待摊费用高达26.8万元，待处理流动资金损失为18.5万元。建议各企业领导要真实反映企业经营成果，该处理的处理，该核销的核销，以便真实地反映企业经营成果。

AX公司财会处

2012年12月31日

(二)图解分析法

图解分析法，亦称图解法，是财务分析中经常应用的方法之一。图解分析法并不是一种独立的财务分析方法，而是上述财务分析方法的直观表达形式。例如，对比分析法、结构分析法、趋势分析法、因素分析法等都可用图解分析法来表达。图解分析法的作用在于能形象、直观地反映财务活动的过程和结果，将复杂的经济活动及其效果以通俗、易懂的形式表现出来。图解分析法应用十分广泛，人们经常可在证券交易场所、报纸杂志等媒体看到财务分析图。目前，随着计算机及网络技术的普及与发展，图解分析法的应用基础、应用范围和种类及形式得到了空前的发展。

1. 对比分析图解法

对比分析图解法，是指用图形的形式，将某一指标的报告数值与基准数值进行对比，以揭示报告数值与基准数值之间的差异。对比分析图解法是实践中广泛应用的图解分析法之一，其形式多种多样。常见的对比分析柱形图，如图1-1所示。

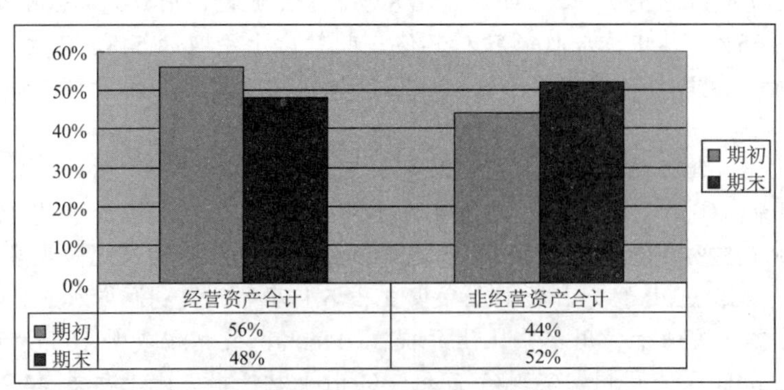

图1-1　对比分析柱形图

图 1-1 可直观反映年度内经营资产与非经营资产与上年对比的情况。经营资产期末比期初有所下降，表明公司实际经营能力有所下降。

2．结构分析图解法

结构分析图解法，实际上是垂直分析法的图解形式。它是以图形的方式表示在总体中各部分所占的比重。结构分析图的形式有很多种，较常见的为饼形图。图 1-2 反映了某企业的流动资产内部结构，从图中可见，其中存货的比重最高，达到 48.77%，其次为其他应收款，达到 36.09%。

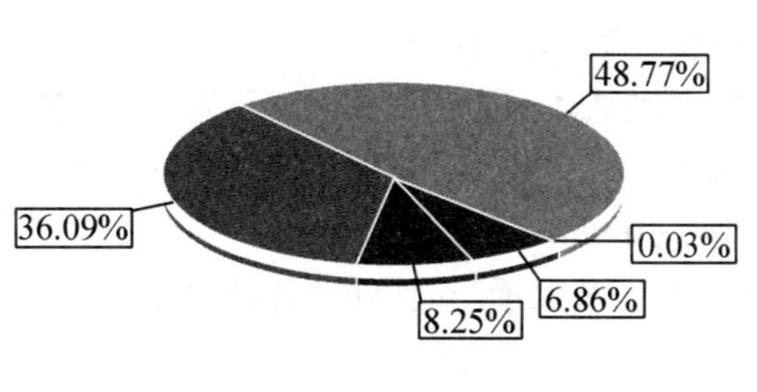

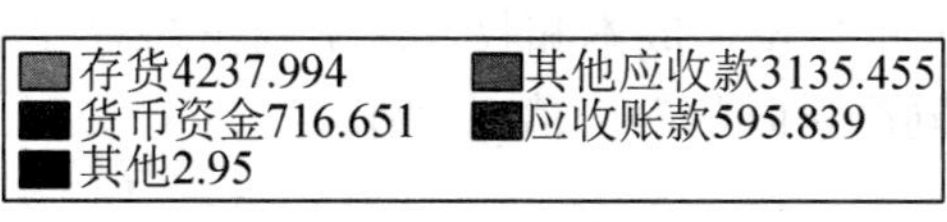

图 1-2　流动资产构成图

3．趋势分析图解法

趋势分析图解法，通常是用坐标图反映某一个或某几个指标在一个较长时期内的变动趋势。坐标图的横轴往往表示时期，纵轴表示指标数值，将不同时期的指标数值用线连接起来就形成了反映指标变动趋势的曲线，或称折线图。图 1-3 所示的销售收入变动趋势图可用于反映销售收入在第三、四季度的变动趋势。

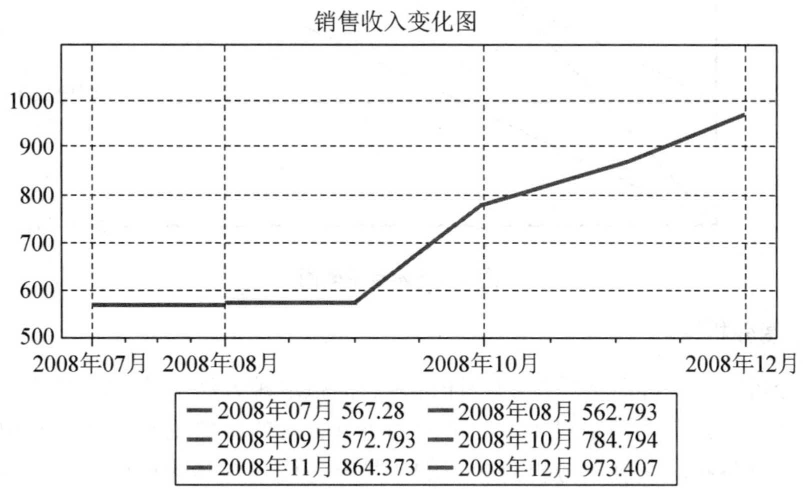

图 1-3　销售收入变动趋势图

从图 1-3 中可以得出如下结论：企业销售收入在第三季度呈平稳态势，第四季度经历了快速、大幅的增长过程，到 2008 年年末收入增长幅度近似达到 100%。

4．盈亏平衡点图解法

盈亏平衡分析是财务分析的一个重要部分，进行盈亏平衡分析的目的是寻找盈亏平衡点，据此判断项目风险大小及对风险的承受能力，为投资决策提供科学依据。

盈亏平衡点又叫作盈亏临界点，就是盈利与亏损的分界点，在平衡点上，项目总收益 = 项目总成本。所谓盈亏平衡点产量，就是指当销售收入等于产品总成本时的产品产量(销售税额计入产品的变动成本)。

一般来说，平衡点产量计算方法如下。

产品销售收入=产量×单价，表示为 $Q \times P$

产品总成本=产量×单位变动成本+固定成本，表示为 $Q \times V + F$

令两者相等：$Q \times P = Q \times V + F$

可求出盈亏平衡点产量：$Q1 = F/(P-V)$

式中：Q 表示产量或销售量；P 表示产品单位销售价格；V 表示单位产品变动成本；F 表示固定成本。

图 1-4 是根据某企业销售量、成本和收入水平制作的盈亏平衡图，横坐标为产品产量，纵坐标为各个变量于不同产量时的对应值(金额)。

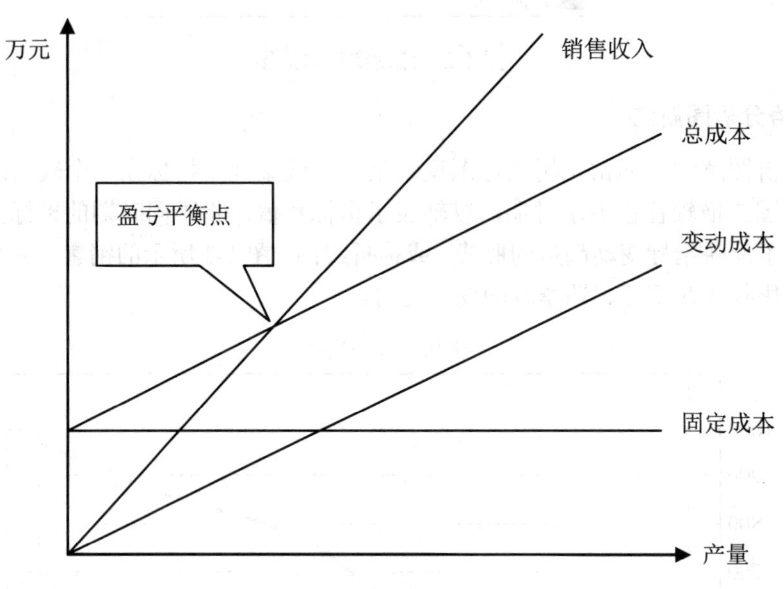

图 1-4　盈亏平衡图

5．雷达图分析法

雷达图分析法是一种财务状况综合评价方法，按这种方法所绘制的财务比率综合图状似雷达，故得此名。雷达图是对企业财务能力进行分析的重要工具，从动态和静态两个方面分析企业的财务状况。静态分析将企业的各种财务比率与其他相似企业或整个行业的财务比率作横向比较；动态分析把企业现时的财务比率与先前的财务比率作纵向比较，就可

以发现企业财务及经营情况的发展变化方向。雷达图把纵向和横向的分析比较方法结合起来，计算综合企业的收益性、成长性、安全性、流动性及生产性这五类指标。

1) 雷达图的绘制方法

(1) 画出三个同心圆，同心圆的最小圆圈代表同行业平均水平的 1/2 值或最低水平；中间圆圈代表同行业平均水平，又称标准线；最大圆圈代表同行先进水平或平均水平的 1.5 倍。

(2) 把这三个圆圈的 360 度分成五个扇形区，分别代表收益性、安全性、流动性、成长性和生产性指标区域。

(3) 从五个扇形区的圆心开始以放射线的形式分别画出相应的财务指标线，并标明指标名称及标度，财务指标线的比例尺及同心圆的大小由该经营比率的量纲与同行业的水平来决定。

(4) 把客户同期的相应指标值用点标在图上，以线段依次连接相邻点，形成的多边形折线闭环，就代表了客户的现时财务状况，如图 1-5 所示。

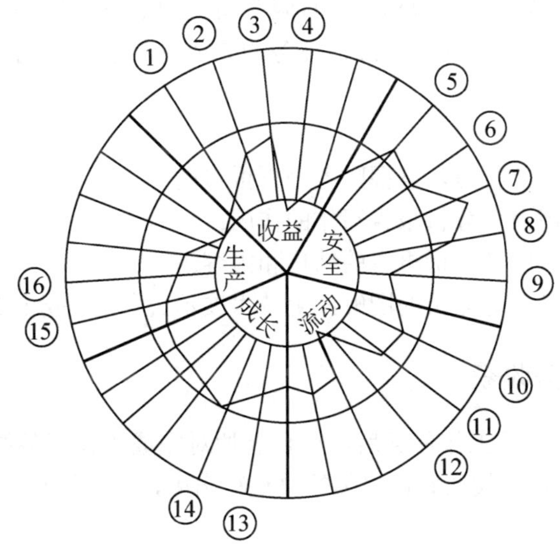

图 1-5　综合分析雷达图

图 1-5 中各比率指标的具体含义如下。

收益性：①资产报酬率；②所有者权益报酬率；③销售利润率；④成本费用率。

安全性：⑤流动比率；⑥速动比率；⑦资产负债率；⑧所有者权益比率；⑨利息保障倍数。

流动性：⑩总资产周转率；⑪应收账款周转率；⑫存货周转率。

成长性：⑬销售收入增长率；⑭产值增长率。

生产性：⑮人均工资；⑯人均销售收入。

依据图 1-5 可以看出，当指标值处于标准线以内时，说明该指标低于同行业水平，需要加以改进；若接近最小圆圈或处于其内，说明该指标处于极差状态，是客户经营的危险标志；若处于标准线外侧，说明该指标处于较理想状态，是客户的优势所在。当然，并不是所有指标都处于标准线外侧就是最好，还要具体指标具体分析。

2) 雷达图解决的问题

雷达图可用于综合分析和评价企业经营状况，寻找企业的优势和弱势。在经理人的日常管理中，也可以用雷达图来分析其所在部门的工作业绩处于什么水平。

三、完成工作任务评价

(一)完成运用财务分析评价技术展示财务分析结论的工作任务

请根据工作任务要求，按照工作任务操作流程，结合完成工作任务所需要的技能导航，来学习运用财务分析的评价技术展示岭南园林股份有限公司的财务分析结论。

(二)完成工作任务结果评价

按照要求和规程完成了岭南园林股份有限公司运用财务分析评价技术展示财务分析结论的任务后，参照老师给出的评价标准，任务的完成者与老师共同来评价工作任务的完成情况。

评价标准：

(1) 是否能根据企业的特点，掌握财务分析报告的重点；

(2) 是否能充分考虑财务分析报告写作的作用；

(3) 是否能全面理解财务分析报告的结构和内容；

(4) 是否能运用多种财务分析的图解评价技术展示公司财务分析结论。

(三)完成工作任务收获

按照要求和规程完成了工作任务后，结合老师对完成工作任务结果的评价，你认为自己完成此项工作任务有什么收获？请将你的收获写出来，与老师和同学们一起交流和分享。

小　　结

本项目主要阐述了财务分析的基础知识，具体包括财务分析的内涵，财务分析的目的、作用和形式，以及财务分析的条件及要求；介绍了财务分析信息的作用、要求，财务分析信息的种类，重点阐述了政策市场信息及财务报告信息；明确了财务分析的基本程序与步骤，详细介绍了会计分析技术及财务分析各种方法的运用，具体包括水平分析法、垂直分析法、趋势分析法、比率分析法、因素分析法等的应用；学习了通过编写财务分析报告和图解法等评价技术展示财务分析结论的方法。

思　考　题

1. 财务分析的基本内涵是什么？

2. 财务分析的目的和作用是什么?
3. 财务分析的形式有哪些?
4. 财务分析的基本要求有哪些?
5. 财务分析的信息种类有哪些?
6. 财务分析的政策与市场信息包括哪些?
7. 财务报告信息包括哪些内容?
8. 财务分析的基本程序与步骤是什么?
9. 财务分析的方法有哪些?

案例分析

金阳公司的财务状况分析

三年前，孙庆和陈鹏创办了金阳服装公司。两人最初的合作关系非常融洽。孙庆极富创造力，在产品和潮流预测方面很有天赋，正由于他的天才，金阳商标已成为高质量和时尚服装的代名词。陈鹏善于交际，性格坚强，主要负责生产和销售策划，已成为公司的实际领导者。

孙庆本来对公司的财务没有兴趣，他更乐于设计新款服装。然而几个月前，他觉得有必要更多地了解公司的财务状况。

首先，孙庆考虑卖掉他在金阳公司百分之五十的股份。尽管他非常喜欢这份富有创造性的工作，但已被公司近年来遭遇的现金困难搞得疲惫不堪。金阳公司的零售商周期性地面临财务困难，此时，他们纷纷推迟货款的支付，从而导致金阳公司的现金短缺。孙庆知道，如果要卖掉股份，一定会卷入关于公司价值的烦琐谈判。尽管他已经聘请了一个财务顾问帮他谈判，但他觉得最好还是亲自了解一下公司的财务状况。

孙庆对公司财务感兴趣的另一个原因是他想更好地评价陈鹏的管理技巧。当金阳规模很小时，孙庆认为陈鹏做得很好，但随着金阳规模的扩大，他怀疑陈鹏是否具有足够的能力管理这样一家大公司。事实上，如果他认为陈鹏是一个能干的管理者，他不会考虑卖掉股份，因为他还是非常希望做一家服装公司的股东的。但是，孙庆认为服装业在未来的几年中将面临更加严峻的形势，他怀疑陈鹏是否能够成功地迎接挑战。

1. 关于借款

陈鹏事实上制定了公司的全部经营和财务决策。由于对公司经营风险上升的担心，陈鹏三年前决定收回全部长期欠款。他把这一决定通知了那些顽固的零售商，希望他们支持他的要求。陈鹏还担心像金阳这样的公司在保持与银行的稳固关系上存在困难。由于日益严格的产业政策，一些银行已经开始收回在制衣这些低技术行业的贷款，许多新贷款的发放也要仔细检查。陈鹏认为银行贷款“不可靠”，并且觉得负责贷款的银行职员简直是在浪费他的时间。

孙庆并不确切了解这些财务问题，但他担心过分逃避债务筹资会明显地降低公司经营的灵活性，因为这意味着所有的投资需求都要由所有者提供。事实上，过去三年里公司从未发放过任何股利，所有的利润都用于再投资。两年前，两位股东还各自贡献了15万元的现金以满足公司的现金需求。按照历史标准，公司目前的现金状况依旧比较糟糕，需要注入新的股本。

然而更为重要的是，孙庆认为公司没有充分利用负债的财务杠杆效应，这损害了公司两位股东的获利能力。

2. 关于营运资本

孙庆怀疑金阳公司的存货过多，没有必要把资本都挂在存货上。陈鹏则认为高水平的存货对于迅速满足顾客的要求是必要的。

孙庆对此表示怀疑，他想知道是否还有其他办法来实现对顾客的快捷服务。一位部门经理提出，建立一个服装潮流发布中心。这个机构可以使金阳减少存货占用，而且能够获得许多大零售商的大笔订单。但陈鹏拒绝了这个建议，他认为 50 万元到 80 万元的投资成本太高了。

孙庆还向陈鹏询问了公司的信用标准和收账政策。他认为陈鹏在延期付款方面过于大方，公司几乎百分之四十的应收账款均已经过期九十天以上，而且陈鹏仍向那些显然没有支付能力的零售商供货。陈鹏认为这样做的目的是不想减少销售额，而零售商面临的困境只是暂时的。

孙庆还怀疑公司在采购时拒绝现金折扣是否明智。通常的信用条件为 1/10，*n*/30，就是说，十天内付款可以享受百分之一的现金折扣，三十天内付款则要支付全部款项。陈鹏很少获得现金折扣，因为他总想“尽可能长时间地控制现金”，并且认为这一折扣条件并不慷慨，因为百分之九十九的货款仍然要支付出去。

3. 最终意见

尽管孙庆有如此多的担心，两位股东的关系总的来看还是比较融洽的，孙庆想也可能是自己低估了陈鹏的管理能力，毕竟他们有过非常良好的合作。

另外，孙庆已和他的财务顾问讨论过卖掉股份的问题。由于金阳公司没有公开上市，因此公司的股票价值必须经过评估。财务顾问评估的结果是每股价值在 55 元到 65 元之间。孙庆对此表示满意。

思考：孙庆对于陈鹏的质疑是否合理？请你协助孙庆设计财务分析的程序和方法对金阳公司的财务状况进行深入分析。

项目二

资产负债表分析

【知识目标】

- 了解资产负债表分析的目的及内容
- 理解资产负债表分析的意义
- 掌握偿债能力分析的目的及内容
- 理解影响偿债能力的因素

【技能目标】

- 资产负债表水平结构分析
- 资产负债表垂直结构分析
- 资产负债表主要项目分析
- 短期偿债能力的分析方法
- 长期偿债能力的分析方法

模块一　资产负债表分析的任务设计

企业的所有资本活动及其结果，最终会通过资产负债表全面、系统、综合地反映出来。但是，通过阅读资产负债表，仅能了解企业在某个特定时期所拥有或控制的资产、承担的经济义务以及所有者对净资产的要求权。而对报表使用者而言，通过对资产负债表数据进行分析来获取所需要的信息，最大限度地满足其决策需要，是非常重要的。通过本项目的学习，你将掌握资产负债表分析的技术和方法。

一、资产负债表分析的任务导读

CX股份有限公司(以下简称“CX公司”)是一家以生产销售家电产品为主的制造企业，公司于2009年成立，建立之初公司经营状况正常，获利能力比较强。随着行业竞争的加剧，材料和人工成本的不断提高，在过去一年的经营中，陈总经理感到老产品已经开始滞销，新产品开发与生产均需大量投入资金，资金供应出现危机。为此他准备在对企业目前筹资状况、资金使用结果及经营状况进行深入分析的前提下，拟订一份投资计划，希望自己的计划能得到董事会的批准。

为使分析工作全面、专业，陈总经理找到了财务分析部部长夏露。夏露提出了自己的分析思路，她认为资产负债表是第一财务报表，分析应该从资产负债表开始，此外还要结合着利润表和现金流量表进行分析，而分析的第一步是要编制资产负债表水平和垂直分析表。通过分析企业当前的资本结构、资产配置状况，揭示企业目前资产结构和资本结构的合理程度；根据新项目投资所需的项目资金及流动资金，结合财务风险和资金成本，分析企业偿债能力的信息，提出合理的筹资渠道和方式。陈总经理感觉比较满意，又提出了两点补充意见。

(1) 在资产结构方面要注意分析经营资产与非经营资产的比例关系、固定资产与流动资产的比例关系，以提高资产使用的合理性和有效性。

(2) 分析的过程要注意与同行业的先进水平及平均水平的对比，以减少差距，降低经营和财务风险。

如果你是夏露，你将如何具体完成这项任务呢？

二、资产负债表分析的任务提出

资产负债表是反映企业在某一时点财务状况的会计报表，它提供了企业变现能力、资产结构及资产管理水平的信息。通过资产负债表的分析，可将企业财务状况信息传达给企业利益相关人(如股东、经营者、债权人、客户、政府及相关部门、社会公众、公司员工等)。企业的利益相关人借此了解企业经营信息，并以各自的利益出发来分析与评价企业的经营状况。为制定筹措资金进行新项目投资的方案，陈总经理在经过不断地与夏露探索之后，他们共同提出了进行资产负债表分析的主要任务。

任务 1：如何进行资产负债表水平分析，揭示企业筹资与投资过程的差异？
任务 2：如何进行资产负债表垂直分析，揭示企业资产、负债和所有者权益构成？
任务 3：如何进行资产负债表主要项目分析？
任务 4：如何进行短期偿债能力指标的计算和分析？
任务 5：如何进行长期偿债能力指标的计算和分析？

三、资产负债表任务分析

在进行资产负债表的分析时，要关注企业相关人的不同利益。通过资产负债表分析了解企业财务状况的变动情况及变动原因，分析与揭示企业生产经营活动、经营管理水平、会计政策及会计变更对筹资与投资的影响，探索企业资产、资本结构优化及资产与资本结构适应程序优化的思路，为改善与加强生产经营管理提供重要依据。

四、预备知识

(一)资产负债表

企业的基本财务报表由资产负债表、利润表、现金流量表和所有者权益变动表组成。企业的各项财务活动都直接或间接地通过财务报表来体现。资产负债表是反映企业在某一时点财务状况的会计报表，它是企业筹资活动和投资活动的具体体现。

1. 基本结构与内容

我国会计制度规定的企业资产负债表的结构是左右平衡式的，依照一定的分类标准和次序，把企业一定日期的资产、负债和所有者权益项目予以适当安排，根据“资产=负债+所有者权益”的会计等式编制而成。

2. 资产项目的构成及作用

资产是企业拥有或者控制的能以货币计量的经济资源，包括企业的各种财产、债权和其他权利。资产按其流动性状况，一般分为流动资产和非流动资产，各类资产的特点和组成项目不同，在企业生产经营中的作用也不同。

1) 提供了企业变现能力的信息

一般来说，流动资产的变现能力较强，而非流动资产的变现能力则较差。在流动资产中，还可提供速动资产的信息。这些无论是对债权人，还是对经营者、投资者都是有用的。

2) 提供了企业资产结构的信息

这有利于反映企业的经营状况和资源配置与使用的合理性程度，如有形资产与无形资产的结构合理性、流动资产与固定资产的结构合理性等。

3) 提供了反映企业资产管理水平的信息

如资产负债表中的应收账款等项目的状况，可在一定程度上反映企业应收账款管理的水平。

3. 负债项目的构成及作用

负债是企业所承担的能以货币计量的，将以资产或劳务偿付的债务。它是企业资金来源的重要组成部分。负债项目是按到期日的远近顺序排列的，分为流动负债和非流动负债，为财务分析提供了以下有用信息。

1) 提供了反映企业总体债务水平的信息

企业的负债水平问题是关系到企业经营战略、经营状况和效果的一个重要问题。企业债务规模的大小，反映了风险的大小，而且这种风险对于企业的债权者、投资者和经营者都是存在的。

2) 提供了反映企业债务结构的信息

企业经营者通过合理调整负债结构，一方面保证正常经营的资金需要；另一方面降低资金成本，提高经济效益。而对于企业的债权人，通过对债务结构的分析，可判断企业的偿债能力，特别是能分清企业的短期偿债能力和长期偿债能力。

4. 所有者权益项目的构成及作用

所有者权益是指企业投资者对企业净资产的所有权，它是企业资金来源的主要部分。所有者权益包括实收资本、资本公积、盈余公积和未分配利润四大项目。资产负债表中的所有者权益项目是按权益的永久程度高低排列的，永久程度高的在前，低的在后。资产负债表对所有者权益项目的划分，为财务分析提供了如下信息。

1) 提供了反映企业所有者权益内部结构的信息

企业自有资金的来源构成的合理性对于企业投资者或所有者的利益有着重要的影响。

2) 提供了企业收益分配情况的信息

企业收益的分配主要指利润的分配，其程序和方法应按国家的有关规定进行。盈余公积和未分配利润等项目的变动可反映出利润分配的状况。

5. 其他作用

除上述资产、负债、所有者权益项目各自提供的分析信息外，资产负债表还综合提供了以下信息。

1) 提供了分析企业偿债能力的信息

分析企业偿债能力实际上是将企业的债务状况与相应的资产保证相比较。资产负债表完整地提供了这方面的信息，包括短期偿债能力分析和长期偿债能力分析的信息。

2) 提供了分析企业权益结构的信息

所谓权益，是负债与所有者权益的统称，权益结构就是指负债或所有者权益在总资产或在权益中的比重，它对于研究企业的财务风险以及长期偿债能力都是有益的。

(二)资产负债表分析的目的

资本是企业产生、生存与发展的原动力。企业的资本运动是通过资本筹集、资本运用和资本收益分配等一系列资本活动来实现的。筹资活动作为资本运动的起点，是企业生存和发展的基本条件。企业取得资本后，必须将资本有目的地投放使用，使其转化为相应的资产，以谋取资本收益，资本运用是企业资本运动的中心环节。资本收益分配既是企业前期资本运动的终点，也是下期资本运动的起点。资产负债表分析的目的，具体体现在以下方面。

1．了解企业财务状况的变动情况及变动原因

企业在经营过程中，企业资产规模及各项资产会不断发生变动，与之相适应的资金来源也会发生相应变动，资产负债表只是静态地反映出变动之后的结果。具体变动的原因只有通过对资产负债表进行分析才能知道，并且只有通过分析，才能对财务状况的变动原因作出合理的解释和评价。

2．评价会计对企业经营状况的反映程度

资产负债表是否充分反映了企业的经营状况，其真实性如何，资产负债表本身不能说明这个问题。有时，企业管理者出于某种需要，可能隐瞒了某些重大事项。因此，对于那些不了解企业真实经营状况的外部投资者来讲，单纯依靠资产负债表来了解企业经营状况的难度很大，而通过资产负债表分析可实现此重要目标。

3．评价企业的会计政策

企业的会计核算必须在企业会计准则指导下进行，但企业在会计政策选择和会计处理方法上也具有相当的灵活性，如存货计价方法、坏账准备政策等。不同的会计政策和会计处理方法，体现在资产负债表上的结果往往不同。某种会计处理的背后，总是代表着企业的不同目的。了解企业会计政策选择的动机，可以揭示出企业的倾向，评价企业的会计政策，消除会计报表外部使用者对企业会计信息的疑惑。

4．修正资产负债表的数据

资产负债表是进行财务分析的重要基础资料，即使企业不是出于某种目的进行调整，数据的变化也不完全是企业经营影响的结果。会计政策变更、会计估计变更等企业经营以外的因素对资产负债表数据也有一定的影响，通过资产负债表分析，要揭示出资产负债表数据所体现的财务状况与真实财务状况的差异，通过差异调整，修正资产负债表数据，尽可能消除会计信息失真，以保证财务分析结论的可靠性。

(三)资产负债表分析的内容

资产负债表分析主要包括以下内容。

1．资产负债表水平分析

资产负债表水平分析，就是通过对企业各项资产、负债和所有者权益的对比分析，揭示企业筹资与投资过程的差异，从而分析与揭示企业生产经营活动、经营管理水平、会计政策及会计变更对筹资与投资的影响。

2．资产负债表垂直分析

资产负债表垂直分析，就是通过将资产负债表中各项目与总资产或总权益进行对比，分析企业的资产构成、负债构成和所有者权益构成，揭示企业资产结构和资本结构的合理

程度，探索企业资产结构优化、资本结构优化及资产结构与资本结构适应程度优化的思路。

3．资产负债表项目分析

资产负债表项目分析，就是在资产负债表全面分析的基础上，对资产负债表中资产、负债和所有者权益的主要项目进行深入分析，包括会计政策、会计估计等变动对相关项目影响的分析。

4．偿债能力分析

偿债能力分析，就是通过对反映短期偿债能力和长期偿债能力指标的分析，了解企业偿债能力的高低及其变动情况，说明企业的债务负担和风险程度。

长期偿债能力分析，就是通过对反映长期偿债能力指标的分析，了解企业长期偿债能力的高低及其变动情况，说明企业整体财务状况和债务负担及偿债能力的保障程度。

【知识链接】

资产负债观在新会计准则中的体现

2007 年开始实施的新会计准则由 1 项基本会计准则和 38 项具体会计准则组成，基本涵盖了我国企业经济活动中的各类经济业务，在诸多方面有所创新和突破，基本上构建了完整的会计准则框架，并在极大程度上实现了与国际会计准则的趋同。新企业会计准则总体上贯彻资产负债观的思想，公允价值的广泛应用、利得与损失的确认、所得税核算方法的改变等都从不同的侧面反映了这一点。这表明我国会计准则的制定由收入费用观向资产负债观过渡。

所谓资产负债观，是指会计准则的制定机构在制定规范某类交易或事项的会计准则时，首先定义并规范由该类交易或事项产生的相关资产和负债或其对相关资产和负债造成影响的确认和计量，然后再根据资产和负债的变化来确认收益。收益的确定不需要考虑实现问题，只要净资产增加，就作为收益确认。在资产负债观下，会计准则制定重在规范资产和负债的定义、确认和计量，利润表成为资产负债表的附属产物。

收入费用观则要求在准则制定中，首先考虑与某类交易相关的收入和费用的直接确认和计量，重点关注利润表的要素，资产负债表只是为了确认与合理计量收益的跨期摊配中介，是利润表的附属。收入费用观坚持必须按实现原则确认收入和费用，根据配比原则和其经济性质上的相关性来确认收益。经历了安然、世通等一系列会计丑闻，越来越多的人认识到资产负债观优于收入费用观，只有资产、负债才是真实的存在，是企业真正拥有的资源，是企业未来发展的源泉。为此，美国证券交易委员会(SEC)在其针对会计准则改革的报告中呼吁，美国财务会计准则委员会(FASB)在制定会计准则时应以资产负债观全面取代收入费用观。资产负债观的采用，突破了在传统的历史成本下受实现原则和配比原则限制而不能进行确认的多个内容，进而使会计收益的概念更加接近真实收益，提供的信息也更加有利于使用者的决策。

(四)偿债能力分析的目的

偿债能力是指企业偿还各种债务的能力。根据负债偿还期的长短，反映企业偿付流动负债能力的是短期偿债能力，反映企业偿付非流动负债能力的是长期偿债能力。

偿债能力是企业经营者、投资人、债权人都十分关心的重要问题。站在不同的角度，分析目的也有区别。

投资人更重视企业的盈利能力，但同时他们认为，如果企业的偿债能力发生问题，就会使企业的经营者花费大量精力去筹措资金以应付还债，这会增加筹资难度和成本，并会影响企业经营管理者的管理，使企业盈利受到影响，最终影响到投资人的利益。

债权人对企业偿债能力的分析，目的在于作出正确的借贷决策，保证其资金安全。债权人可通过对企业资金的来源、用途、资本结构及企业过去盈利能力的分析和未来盈利能力的预测，判断企业的偿债能力。

商品和劳务供应商最关心的是能否尽快安全地收回资金。他们对企业偿债能力的分析和债权人类似，判断企业能否及时支付商品和劳务的价款。

对企业来说，要想维持正常的生产经营活动，必须持有足够的现金或者随时变现的流动资产，以支付各种到期的费用账单和其他债务。偿债能力分析的目的包括如下几方面。

1. 了解企业的财务状况

企业的财务状况可从偿债能力、企业发展的稳定性和企业近期增长状况等方面来体现，其中偿债能力的强弱是反映企业财务状况的重要标志。大企业由于经营业务繁杂多样，就更加突出了偿债能力分析的重要性。

2. 揭示企业所承担的财务风险程度

企业承担的财务风险与负债筹资直接相关，只要通过举债筹集资金，就可能会出现债务到期不能按时偿付的可能，这就是财务风险的实质所在。而且，企业的负债比率越高，到期不能按时偿付的可能性越大，企业所承担的财务风险越大。如企业偿债能力较强时，其财务风险就相对较小。

3. 预测企业筹资前景

当企业偿债能力较强时，债权人愿意将资金借给企业。否则，企业筹资前景不容乐观，除非企业愿以较高的筹资成本，才有可能筹措到所需资金，但同时会使企业承担更高的财务风险。

4. 为企业进行各种理财活动提供重要参考

企业的理财活动集中表现在筹资、用资和资金分配三个方面。如果企业偿债能力不强，就必须及早地筹措资金，以便在债务到期时能够偿付。如果企业偿债能力较强，有充裕的现金或其他能随时变现的资产，企业就可以利用暂时闲置的资金进行其他投资活动，以提高资产的利用效果。

可见，企业偿债能力如何，不仅是企业自身关心的问题，也是各方利益相关者都非常重视的问题。

(五)偿债能力分析的内容

偿债能力分析主要包括以下两方面内容。

1. 短期偿债能力分析

通过对反映短期偿债能力的主要指标和辅助指标的分析，了解企业短期偿债能力的高低及其变动情况，说明企业的财务状况和风险程度。

2. 长期偿债能力分析

通过对反映长期偿债能力指标的分析，了解企业长期偿债能力的高低及其变动情况，说明企业整体财务状况和债务负担及偿债能力的保障程度。

即席思考：企业不同的利益相关主体在进行资产负债表分析时侧重点有何区别？

模块二　资产负债表分析的工作任务

【工作任务一　进行资产负债表水平分析评价】

资产负债表水平分析的目的就是从总体上了解资产、权益的变动情况，揭示出资产、负债和所有者权益变动的差异，分析其差异产生的原因。通过采用水平分析法，将资产负债表的实际数与选定的标准进行比较，编制出资产负债表水平分析表，在此基础上进行分析评价。

一、制定资产负债表水平分析流程

进行资产负债表水平分析的步骤如下。

第一步：计算资产负债表中各项目的变动额和变动率。

第二步：计算该项目变动对总资产或权益总额的影响程度。

第三步：确定影响总资产或权益总额的重点项目，为进一步分析指明方向。

第四步：分析评价筹资与投资过程和结果。

二、技能导航

(一)资产负债表水平分析表的编制

资产负债表水平分析法，是将资产负债表的实际数与选定的标准进行比较，研究企业财务状况的发展变动情况的一种财务分析方法。

资产负债表水平分析要根据分析的目的来选择比较的标准(基期)，当分析的目的在于揭示资产负债表实际变动情况，分析产生实际差异的原因时，比较标准应选择资产负债表的上年实际数；当分析的目的在于揭示资产负债表预算或计划执行情况时，比较标准应选择资产负债表的预算数或计划数。

对比的方式有以下几种。

(1) 绝对值增减变动，其计算公式是：

$$变动额=分析期某项指标实际数-基期同项指标实际数$$

(2) 增减变动率，其计算公式是：

$$变动率=\frac{变动绝对值}{基期实际数量}\times 100\%$$

(3) 项目变动对总资产或权益总额的影响程度，其计算公式是：

$$某项目变动对总资产(权益总额)的影响=\frac{某项目的变动额}{基期总资产(权益总额)}$$

为了便于阐释资产负债表的分析方法，本章将使用CX公司的财务报表数据作为举例，CX公司是一家以生产销售家电产品为主的制造企业，为计算简便，这些数据都是假设的。

根据资产负债表的资料，编制CX公司资产负债表水平分析表，见表2-1。

表2-1　资产负债表水平分析表

编制单位：CX公司　　　　2012年12月31日　　　　单位：万元

项　目	期　末	期　初	变动情况		对总资产影响/%
			变动额	变动/%	
流动资产：					
货币资金	15 577	13 076	2 501	19.12	0.84
交易性金融资产					
应收票据	27 530	38 581	−11 051	−28.64	−3.73
应收账款	97 427	84 214	13 213	15.69	4.46
预付款项	5 741	4 783	958	20.03	0.32
应收关联公司款					
应收利息					
应收股利					
其他应收款	977	1 468	−491	−33.46	−0.17
存货	71 625	66 352	5 272	7.95	1.78
其中：消耗性生物资产					
一年内到期的非流动资产					
其他流动资产					
流动资产合计	218 877	208 474	10 402	4.99	3.51
非流动资产：					
可供出售金融资产					
持有至到期投资					
长期应收款					
长期股权投资	1 131	919	212	23.01	0.07
投资性房地产					

续表

项　目	期　末	期　初	变动情况		对总资产影响/%
			变动额	变动/%	
固定资产	75 282	73 766	1 516	2.05	0.51
在建工程	2 385	2 050	335	16.33	0.11
工程物资					
固定资产清理					
生物性资产					
油气资产					
无形资产	6 127	8 327	−2 200	−26.42	−0.74
开发支出					
商誉					
长期递延资产	296	318	−22	−6.85	−0.01
递延所得税资产	2 535	2 318	217	9.37	0.07
其他非流动资产					
非流动资产合计	87 756	87 699	58	0.07	0.02
资产合计	306 633	296 173	10 460	3.53	3.53
流动负债：					
短期借款	42 968	44 842	−1 874	−4.18	−0.63
交易性金融负债					
应付票据	20 104	4 981	15 123	303.61	5.11
应付账款	41 231	34 228	7 003	20.46	2.36
预收款项	3 912	3 894	18	0.46	0.01
应付职工薪酬	325	509	−184	−36.15	−0.06
应缴税费	4 097	655	3 442	525.50	1.16
应付利息					
应付股利	292	336	−44	−13.10	−0.01
其他应付款	10 991	9 648	1 343	13.92	0.45
一年内到期的非流动负债	14 701	38 668	−23 967	−61.98	−8.09
其他流动负债	2 156	1 001	1 155	115.38	0.39
流动负债合计	140 777	138 762	2 015	1.45	0.68
非流动负债：					
长期借款	34 442	25 603	8 839	34.52	2.98
应付债券					
长期应付款	345	436	−91	−20.87	−0.03
专项应付款					
预计负债					

续表

项　目	期　末	期　初	变动情况		对总资产影响/%
			变动额	变动/%	
递延所得税负债	557	3121	−2 568	−82.28	−0.87
其他非流动负债					
非流动负债合计	35 344	29 160	6 180	21.19	2.09
负债合计	176 121	167 922	8 199	4.88	2.77
所有者权益(或股东权益)					
实收资本(或股本)	45 354	45 354	0	0	0
资本公积	46 896	46 896	0	0	0
盈余公积	8 588	8 378	210	2.51	0.07
未分配利润	29 674	27 622	2 052	7.43	0.69
减：库存股					
外币折算价额					
少数股东权益					
所有者权益合计	130 512	128 250	2 262	1.76	0.76
负债和所有者合计	306 633	296 173	10 460	3.53	3.53

(二)资产负债表变动情况的分析评价

企业总资产表明企业资产的存量规模，随着经营规模的变动，资产存量规模也处在经常变动之中。资产作为保证企业经营活动正常进行的物质基础，它的获得必须有相应的资金来源。企业通过举债或吸收投资人投资来满足企业资金融通，从而产生债权人、投资人对企业资产的两种不同要求权，即权益。对资产负债表变动情况的分析也应当从这两方面进行。

1. 从投资或资产角度进行分析评价

投资或资产角度的分析评价主要从以下几方面进行。

(1) 分析总资产规模的变动状况以及各类、各项资产的变动状况，从总体上揭示出企业经过一定时期经营后资产的变动情况。

(2) 发现变动幅度较大或对总资产变动影响较大的重点项目和异常变动的项目。该项目变动对总资产的影响，不仅取决于该项目本身的变动程度，还取决于其在总资产中所占的比重，当某项目本身变动幅度较大时，如果该项目在总资产中所占比重较小，则该项目变动对总资产的变动就不会有太大影响。反之，即使某个项目本身变动幅度较小，如果其比重较大，则其对总资产变动的影响程度也很大。如表 2-1 中，其他应收款项目，在所有资产项目中变动幅度最大，本期减少 33.46%，但由于该项目仅占总资产的 0.496%(1 468÷296 173)，所以仅使总资产减少 0.17%(33.46%×0.496%)；相反，应收账款虽然只增加 15.69%，增长比重小于其他应收款，但由于其所占比重较大，对总资产的影响却达到 4.46%。分析时只有注意到这一点，才能抓住关键问题进行深入分析，而且能减轻分析工作量。

(3) 注意考察资产规模变动与所有者权益总额变动的适应程度，进而评价企业财务结构的稳定性和安全性。在资产负债表中，资产总额等于负债与所有者权益总额之和，如果资产总额的增长幅度大于所有者权益总额的增长幅度，表明企业债务负担加重，可能引起偿债保证程度下降。为了保证企业财务结构的稳定性和安全性，资产规模变动应与所有者权益总额变动相适应。

(4) 注意分析会计政策变动的影响。企业资产的变动主要受生产经营规模的影响，但财务人员在进行会计核算和编制财务报表时所采用的会计政策和会计方法等，对企业资产变动的影响也不容忽视，企业管理人员可以通过会计政策变更，或灵活地选用会计方法对资产负债表的数据作出调整。例如，改变固定资产折旧方法，就会引起资产负债表上固定资产的变化。因此，分析时首先要了解企业所采用的会计政策，对会计政策变更或会计随意性所造成的影响要充分地揭示出来，以便纠正失真的会计数据，使财务分析能够依据真实可靠的会计资料进行，保证财务分析结论的正确性。

根据表 2-1，可以对 CX 公司总资产变动情况作出以下分析评价。

总体上，CX 公司总资产本期增加 10 460 万元，增长幅度为 3.53%，说明该公司本年资产规模有较小幅度的增长，进一步分析可以发现以下几点。

(1) 固定资产净值增加 1 516 万元，增长幅度为 2.05%，使总资产规模增长 0.51%。固定资产规模体现了一个企业的生产能力，但仅仅根据固定资产净值的变动并不能得出企业生产能力上升或下降的结论，固定资产净值反映出企业占用的固定资产项目上的资金，既受到固定资产原值变动的影响，也受到固定资产折旧的影响。

(2) 在建工程增加 335 万元，增长幅度为 16.33%，对总资产的影响为 0.11%。在建工程项目的增加虽然对本年度的经营成果没有太大影响，但随着在建工程在今后的陆续完工，有助于扩张该公司的生产能力。

(3) 流动资产增加 10 402 万元，增长幅度为 4.99%，使总资产规模增长了 3.51%。如果仅就这一变化来看，该公司资产的流动性有所增强，特别是货币资金的大幅度增加，对增强企业的偿债能力、满足资金流动性需要都是有利的。当然，对于货币资金的这种变化，还应结合该公司现金需要量，从资金利用效果方面进行分析，作出是否合适的评价。应收账款增加 13 213 万元，增长幅度为 15.69%，对此应结合该公司销售规模变动、信用政策和收账政策进行评价。本年存货增加 5 272 万元，增长幅度为 7.95%，结合固定资产的变动情况，可以认为这种变动有助于形成现实的生产能力。

(4) 无形资产有所减少，结合利润表可知是由摊销造成的，对总资产的影响为 0.74%，分析时可不作为重点。长期股权投资有所增加，但对总资产影响仅为 0.07%，说明该企业无意大举对外扩张。

2. 从筹资或权益角度进行分析评价

筹资或权益角度的分析评价主要从以下几方面进行。

(1) 分析权益总额的变动状况以及各类、各项筹资的变动状况，从总体上揭示企业经过一定时期经营后权益总额的变动情况。

(2) 发现变动幅度较大或对权益总额变动影响较大的重点类别和重点项目，为进一步分析指明方向。

(3) 注意分析评价表外业务的影响。例如，按目前会计准则规定，资产负债表仅反映了企业按历史成本原则核算的现时负债，或有负债并不反映在资产负债表上，而这种可能成为企业现时负债的事项及其对企业财务状况可能产生的影响，也是分析评价时要特别关注的。

根据表 2-1，可以对 CX 公司权益总额变动情况作出以下分析评价。

CX 公司权益总额较上年同期增加 10 460 万元，增长幅度为 3.53%，说明该公司本年权益总额有较小幅度的增长，进一步分析可以发现以下几点。

(1) 本年度负债增加了 8 199 万元，增长幅度为 4.88%，使权益总额增长了 2.77%。其中流动负债增长幅度为 1.45%，主要表现为应付账款和应付票据的大幅度增长，公司巨额的应付款项对偿债能力的影响值得关注。非流动负债增长幅度为 21.19%，使权益总额增长了 2.09%，主要表现为长期借款的大幅度增长，是负债增长的主要原因。

(2) 本年度所有者权益增加了 2 262 万元，增长幅度为 1.76%，对权益总额的影响为 0.76%，主要是由本年未分配利润大幅度增长引起的。

值得注意的是，权益各项目的变动既可能是企业经营活动造成的，也可能是企业会计政策变更造成的，或者是由会计的灵活性、随意性造成的，因此，只有结合权益各项目变动情况的分析，才能揭示权益总额变动的真正原因。

另外，对资产负债表水平分析表的分析评价还应结合资产负债表垂直分析、资产负债表附注分析和资产负债表项目分析进行，同时还应注意与利润表、现金流量表的结合。

即席思考：在对资产变动合理性与效率性分析时，应关注利润表和现金流量表中的哪些内容？

(三)分析资产变动的合理性和效率性

对总资产变动情况进行分析，不仅要考察其增减变动额和变动幅度，还要对其变动的合理性与效率性进行分析。特别是企业经营者在进行分析时，更要注意这一点。企业取得资产的目的是运用资产进行经营活动以实现企业的目标。资产变动是否合理，直接关系到资产生产能力的形成与发挥，并通过资产的利用效率体现出来。因此，对资产变动合理性与效率性的分析评价，可借助企业产值、营业收入、利润和经营活动现金净流量等指标。通过资产变动与上述指标变动的比较，对其合理性与效率性作出评价。比较的结果可能有以下几种情况。

(1) 增产、增收、增利或增加经营活动现金净流量的前提下。

① 资产增加，但增资的幅度小，表明企业资产利用效率提高，形成资金相对节约。

② 不增资，表明企业资产利用效率提高，形成资金相对节约。

③ 资产减少，表明企业资产利用效率提高，形成资金绝对节约和相对节约。

④ 资产增加，且资产增加幅度大于增产、增收、增利或增加经营活动现金净流量的幅度，表明企业资产利用效率下降，资产增加不合理。

(2) 产值、收入、利润、经营活动现金净流量持平，资产减少，表明企业资产利用效率提高，形成资金绝对节约。

(3) 减产、减收、减利或减少经营活动现金净流量的前提下。

① 资产不减或资产减少比率低于减产、减收、减利或减少经营活动现金净流量的比率，表明企业资产利用效率下降，资产调整不合理。

② 资产增加，必然造成资产大量闲置，生产能力利用不足，资产利用效率大幅度下降。

需要注意的是，在全部资产中，有些资产会随产量或销售规模变动而变动；有些资产与产销规模变动没有直接联系，在产销规模发生变动时，这些资产基本不变或变动很小，如固定资产等。分析时，可将随产销规模变动的资产项目与产销变动情况进行单独比较，以准确评价资产变动的合理性。

(四)资产负债表变动原因的分析评价

前面所作的分析，仅限于某项目本身变动，以及该项目变动对资产负债表中资产、权益总额影响的分析，是同类项目相互关系的一种分析。如果从资产负债表左、右两方的对应关系方面分析，对资产负债表变动原因的解释更具说服力。概括起来，引起资产负债表发生变动的原因可归纳为以下几种类型。

1. 负债变动型

负债变动型是指在其他权益项目不变时，由于负债变动引起资产发生变动。其典型形式见表 2-2。

表 2-2 负债变动型 单位：万元

资　产	期　末	期　初	负债及股东权益	期　末	期　初
流动资产			负债	1 100	800
			股本	700	700
非流动资产			盈余公积	300	300
			未分配利润	200	200
总计	2 300	2 000	总计	2 300	2 000

该种类型下，尽管企业的经营规模扩大了，但这并不代表企业经营出色，对于这种变化，是不能作出良好评价的，只能说是企业理财的结果，对企业未来经营的影响可能体现在以下方面：负债比重提高，债务负担加重；利息支出增加，财务成果减少；财务杠杆作用加大。

2. 追加投资变动型

追加投资变动型是指在其他权益项目不变时，由于投资人追加投资或收回投资引起资产发生变动。其典型形式见表 2-3。

表 2-3 追加投资变动型 单位：万元

资　产	期　末	期　初	负债及股东权益	期　末	期　初
流动资产			负债	800	800
			股本	1 000	700
非流动资产			盈余公积	300	300
			未分配利润	200	200
总计	2 300	2 000	总计	2 300	2 000

该种类型下，本期总资产增加是由投资人追加投资引起的，并不是企业主观努力，搞好经营活动引起的。当一个企业不是依靠自身努力经营，而是依靠投资人追加投资扩大经营规模时，很难对其作出良好评价。

3. 经营变动型

经营变动型是指在其他权益项目不变时，由于企业经营原因引起资产发生变动。其典型形式见表 2-4。

表 2-4　经营变动型　　单位：万元

资　产	期　末	期　初	负债及股东权益	期　末	期　初
流动资产			负债	800	800
			股本	700	700
非流动资产			盈余公积	600	300
			未分配利润	200	200
总计	2 300	2 000	总计	2 300	2 000

从表 2-4 可以看出，本期盈余公积增加，导致资产增加，其根本原因是企业当年盈利，从而通过提取盈余公积扩大企业经营规模。这种变化是企业主观努力的结果，应给予良好评价。如果情况相反，则会因企业经营失败导致企业经营规模缩减。

4. 股利分配变动型

股利分配变动型是指在其他权益项目不变时，由于股利分配原因引起资产发生变动。其典型形式见表 2-5。

表 2-5　股利分配变动型　　单位：万元

资　产	期　末	期　初	负债及股东权益	期　末	期　初
流动资产			负债	800	800
			股本	700	700
非流动资产			盈余公积	300	300
			未分配利润	500	200
总计	2 300	2 000	总计	2 300	2 000

由于本期从当年盈利中留用 300 万元利润，导致资产增加 300 万元，这表明企业当年经营还是有成效的。实际上，当企业盈利时，盈余公积也会相应增加，这里仅为说明这一类型而假定盈余公积不变。相反，如果股利分配总额超过当年扣除各项提取后的净利润，将会使资产规模缩小，但这并不说明企业经营失败，而是企业实行某种股利政策的结果，是企业财务运作行为，这和企业因经营失败而亏损造成资产减少不能相提并论。

实务中，一个企业资产负债表的变动很难与上述几种典型情况之一相一致，但任何一个企业资产负债表的变动都可以通过以上几种类型的组合来说明。

【知识链接】

账面价值与市场价值

资产负债表各项目的金额反映的是账面价值，因为各项目的金额大多是按历史成本计价原则确定的。因此，决策者难以通过财务报表本身直接判断公司价值。公司市场价值是各项资产内在价值的总额，或者是外在化的各项资产或负债的市场交易价格。所以，账面价值与市场价值二者之间总是存在差异的。

三、完成工作任务评价

(一)完成资产负债表水平分析工作任务

请根据工作任务要求，按照工作任务操作流程，结合完成工作任务所需要的技能导航，来完成项目一中所收集的岭南园林股份有限公司资产负债表水平分析任务。

(二)完成工作任务结果评价

按照要求和规程完成了项目一中所收集的岭南园林股份有限公司资产负债表水平分析与评价任务后，参照老师给出的评价标准，任务的完成者与老师共同来评价工作任务的完成情况。

评价标准：

(1) 是否从投资与筹资等不同角度进行全面评价；

(2) 尽可能完整揭示本年财务状况与上年对比产生差异的原因；

(3) 资产变动合理性与效率性评价是否合理；

(4) 资产负债表变动原因评价是否合理。

(三)完成工作任务收获

按照要求和规程完成了工作任务后，结合老师对完成工作任务结果的评价，你认为自己完成此项工作任务有何收获？请将你的收获写出来，与老师和同学们一起交流和分享。

【工作任务二　进行资产负债表垂直分析评价】

资产负债表结构反映出资产负债表各项目的相互关系及各项目所占的比重。资产负债表垂直分析是通过计算资产负债表中各项目占总资产或权益总额的比重，分析评价企业资产结构和权益结构变动的合理程度，进一步研究资产结构与资本结构的适应程度。资产负债表经过垂直分析法处理后，通常称为同度量资产负债表。

一、制定资产负债表垂直分析流程

进行资产负债表垂直分析的步骤如下。

第一步：确定资产负债表中各项目占总额的比重或百分比。

第二步：通过各项目的比重，分析各项目在企业经营中的重要性。

第三步：将分析期各项目的比重与评价标准进行对比，研究各项目的比重变动情况。

第四步：分析评价企业资产结构及资本结构的变动情况及合理性。

二、技能导航

(一)资产负债表垂直分析表的编制

资产负债表垂直分析可以从静态角度和动态角度两方面进行。从静态角度分析就是以本期资产负债表为分析对象，分析评价其实际构成情况。从动态角度分析就是将资产负债表的本期实际构成与选定标准进行对比分析，对比的标准可以是上期实际数、预算数和同行业的平均数或可比企业的实际数。其选择视分析目的而定。确定报表中各项目占总额的比重或百分比，其计算公式是：

$$\text{某项目的比重}=\frac{\text{该项目金额}}{\text{各项目总金额}}\times 100\%$$

根据 CX 公司资产负债表，编制资产负债表垂直分析表，见表 2-6。

表 2-6　资产负债表垂直分析表

编制单位：CX 公司　　　　2012 年 12 月 31 日　　　　单位：万元

项　目	期　末	期　初	期末/%	期初/%	变动情况/%
流动资产：					
货币资金	15 577	13 076	5.08	4.42	0.66
交易性金融资产					
应收票据	27 530	38 581	8.98	13.03	-4.05
应收账款	97 427	84 214	31.77	28.43	3.34
预付款项	5 741	4 783	1.87	1.61	0.26
应收关联公司款					
应收利息					
应收股利					
其他应收款	977	1 468	0.32	0.50	-0.18
存货	71 625	66 352	23.36	22.40	0.96
其中：消耗性生物资产					
一年内到期的非流动资产					
其他流动资产					
流动资产合计	218 877	208 474	71.38	70.39	0.99
非流动资产：					
可供出售金融资产					

续表

项　目	期　末	期　初	期末/%	期初/%	变动情况/%
持有至到期投资					
长期应收款					
长期股权投资	1 131	919	0.37	0.31	0.06
投资性房地产					
固定资产	75 282	73 766	24.55	24.91	-0.36
在建工程	2 385	2 050	0.78	0.69	0.09
工程物资					
固定资产清理					
生物性资产					
油气资产					
无形资产	6 127	8 327	2.00	2.81	-0.81
开发支出					
商誉					
长期递延资产	296	318	0.10	0.11	-0.01
递延所得税资产	2 535	2 318	0.83	0.78	0.04
其他非流动资产					
非流动资产合计	87 756	87 699	28.62	29.61	-0.99
资产合计	306 633	296 173	100	100	0
流动负债:					
短期借款	42 968	44 842	14.01	15.14	-1.13
交易性金融负债					
应付票据	20 104	4 981	6.56	1.68	4.87
应付账款	41 231	34 228	13.45	11.56	1.89
预收款项	3 912	3 894	1.28	1.31	-0.04
应付职工薪酬	325	509	0.11	0.17	-0.07
应缴税费	4 097	655	1.34	0.22	1.11
应付利息					
应付股利	292	336	0.10	0.12	-0.02
其他应付款	10 991	9 648	3.58	3.26	0.33
一年内到期的非流动负债	14 701	38 668	4.79	13.06	-8.26
其他流动负债	2 156	1 001	0.70	0.34	0.37
流动负债合计	140 777	138 762	45.91	46.85	-0.94
非流动负债:					
长期借款	34 442	25 603	11.23	8.64	2.59
应付债券					

续表

项　目	期　末	期　初	期末/%	期初/%	变动情况/%
长期应付款	345	436	0.11	0.15	−0.03
专项应付款					
预计负债					
递延所得税负债	557	3 121	0.18	1.05	−0.87
其他非流动负债					
非流动负债合计	35 344	29 160	11.53	9.85	1.68
负债合计	176 121	167 922	57.44	56.70	0.74
所有者权益(或股东权益)					
实收资本(或股本)	45 354	45 354	14.79	15.31	−0.52
资本公积	46 896	46 896	15.29	15.83	−0.54
盈余公积	8 588	8 378	2.80	2.83	−0.03
未分配利润	29 674	27 622	9.68	9.33	0.35
减：库存股					
外币折算价额					
少数股东权益					
所有者权益合计	130 512	128 250	42.56	43.30	−0.74
负债和所有者合计	306 633	296 173	100	100	0

(二)资产结构的具体分析评价

资产结构分析评价思路是：从静态角度观察企业资产的配置情况，特别关注流动资产和非流动资产的比重以及其中重要项目的比重，分析时可通过与行业的平均水平或可比企业的资产结构进行比较，对企业资产的流动性和资产风险作出判断，进而对企业资产结构的合理性作出评价；从动态角度分析企业资产结构的变动情况，对企业资产结构的稳定性作出评价，进而对企业资产结构的调整情况作出评价。

从静态方面分析，就一般意义而言，流动资产变现能力强，其资产风险较小；而非流动资产变现能力较差，其资产风险较大。所以，流动资产比重较大时，企业资产的流动性强而风险小；非流动资产比重较大时，企业资产弹性较差，不利于企业灵活调度资金，风险较大。从表 2-6 可以看出，该公司本期流动资产比重高达 71.38%，非流动资产比重仅为 28.62%。根据该公司的资产结构，可以认为该公司资产的流动性较强，资产风险较小。从动态方面分析，该公司流动资产比重上升了 0.99%，非流动资产比重下降了 0.99%，结合各资产项目的结构变动情况来看，变动幅度很小，说明该公司的资产结构比较稳定。

企业资产结构的具体分析评价应特别关注以下几方面。

1. 经营资产与非经营资产的比例关系

企业占有的资产是企业进行经营活动的物质基础，但并不是所有的资产都是用于企业自身经营的。其中有些资产被其他企业所运用，如一些债权类资产和投资类资产；有些资产已转化为今后的费用，如长期递延资产、开发支出和递延所得税资产等。这些资产尽管是企业的资产，但无助于企业自身经营。如果这些非经营资产所占比重过大，企业的经营能力就会远远小于企业总资产所表现出来的经营能力。当企业资产规模扩大时，从表面上看，似乎是企业经营能力增强了，但如果仅仅是非经营资产比重上升，经营资产比重反而下降了，是不能真正增强企业的经营能力的。

根据表 2-6 可编制 CX 公司经营资产与非经营资产结构分析表，见表 2-7。

表 2-7 经营资产与非经营资产结构分析表

单位：万元

项 目	期 末	期 初	期末/%	期初/%	变动情况/%
经营资产：					
货币资金	15 577	13 076	5.08	4.42	0.66
预付款项	5 741	4 783	1.87	1.61	0.26
存货	71 625	66 352	23.36	22.40	0.96
固定资产	75 282	73 766	24.55	24.91	−0.36
在建工程	2 385	2 050	0.78	0.69	0.09
无形资产	6 127	8 327	2.00	2.81	−0.81
经营资产合计	176 736	168 355	57.64	56.84	0.79
非经营资产：					
应收票据	27 530	38 581	8.98	13.03	−4.05
应收账款	97 427	84 214	31.77	28.43	3.34
其他应收款	977	1 468	0.32	0.50	−0.18
其他流动资产					
长期股权投资	1 131	919	0.37	0.31	0.06
开发支出					
长期递延资产	296	318	0.10	0.11	−0.01
递延所得税资产	2 535	2 318	0.83	0.78	0.04
非经营资产合计	129 897	127 818	42.36	43.16	−0.79
资产总计	306 633	296 173	100.00	100.00	0

根据表 2-7 可以看出，虽然 CX 公司的经营资产与非经营资产都有所增长，但由于经营资产的增长速度高于非经营资产的增长速度，经营资产的比重还是增加了 0.79%，表明该公司的实际经营能力有所增长。

2. 固定资产与流动资产的比例关系

一般而言，企业固定资产与流动资产之间只有保持合理的比例结构，才能形成现实的生产能力，否则，就有可能造成部分生产能力闲置或加工能力不足。以下三种固流结构政策可供企业选择：①适中型的固流结构政策。采取这种策略，就是将固定资产存量与流动资产存量的比例保持在平均水平。这种情况下，企业的盈利水平一般，风险程度一般。

②保守型的固流结构政策。这种情况下，流动资产的比例较高，由于增加了流动资产，企业资产的流动性提高，资产风险会因此降低，但导致盈利水平下降。③激进型的固流结构政策。采取这种策略，固定资产的比例较高，由于增加了固定资产，会相应提高企业的盈利水平，同时可能导致企业资产的流动性降低，资产风险会因此提高。

根据表 2-6 分析可以知道，该公司期末流动资产比重为 71.38%，固定资产比重为 24.55%，固流比例大致为 1∶2.91；期初流动资产比重为 70.39%，固定资产比重为 24.91%，固流比例大致为 1∶2.83。如果说该公司期初是适中型的固流结构政策，那么期末则正向保守型的固流结构转变。

3. 流动资产的内部结构

流动资产的内部结构指组成流动资产的各个项目占流动资产的比重。分析流动资产结构，可以了解流动资产的分布情况、配置情况、资产的流动性及支付能力。根据表 2-6 可编制 CX 公司流动资产结构分析表，见表 2-8。

表 2-8　流动资产结构分析表

项　目	金额/万元		结构/%		
	本　年	上　年	本　年	上　年	差　异
货币资产	15 577	13 076	7.47	6.27	1.20
债权资产	131 675	129 046	63.16	61.90	1.26
存货资产	71 625	66 352	34.36	31.83	2.53
其他	0	0	0	0	0
合计	218 877	208 474	104.99	100.00	4.99

从表 2-8 可以看出，货币资产比重上升，有助于提高该公司的即期支付能力；债权资产比重继续提高，应当引起注意；存货资产比重上升，应与固定资产变动情况联系起来进行分析。企业流动资产结构是否合理，没有一个绝对的判断标准，仅仅通过前、后两期的对比，只能说明流动资产结构的变动情况，而不能说明这种变动是否合理。如本例，货币资产比重上升 1.20%，债权资产比重上升 1.26%，存货资产比重上升 2.53%，只能说明企业的即期支付能力增强了，但这种变化是使流动资产结构更加趋于合理还是变得更不合理，以上分析不能说明这一点。为此，企业应首先选择一个标准，然后将流动资产结构的变动情况与选定的标准进行比较，以反映流动资产结构变动的合理性。一般来说，选择同行业的平均水平或财务计划中确定的目标为标准还是比较合适的。

(三)资本结构的分析评价

企业资本结构分析评价的思路是：从静态角度观察资本的构成，衡量企业的财务实力，评价企业的财务风险，同时结合企业的盈利能力和经营风险，评价其资本结构的合理性；从动态角度分析企业资本结构的变动情况，对资本结构的调整情况及对股东收益可能产生的影响作出评价。

从表 2-6 可以看出，从静态方面看，该公司所有者权益比重为 42.56%，负债比重为

57.44%，资产负债率较高，财务风险相对较大。这样的财务结构是否合适，仅凭以上分析难以作出判断，必须结合企业盈利能力，通过权益结构优化分析才能予以说明。从动态方面分析，所有者权益比重下降了0.74%，负债比重上升了0.74%，表明该公司资本结构还是比较稳定的，财务实力略有下降。

(四)负债结构的具体分析评价

1. 负债结构分析应考虑的因素

负债结构是由于企业采用不同负债筹资方式所形成的，是负债筹资的结果，因此，负债结构分析必须结合其他有关因素进行，具体包括：负债结构与负债规模，负债结构与负债成本，负债结构与债务偿还期限，负债结构与财务风险，负债结构与经济环境，负债结构与筹资政策。

2. 负债结构分析评价

负债的不同分类方式，可以形成不同的负债结构，因此，对负债结构的分析，可以从以下几个方面进行。

1) 负债期限结构分析评价

负债按期限长短分为流动负债和非流动负债，负债的期限结构可以用流动负债比率和非流动负债比率来表示。根据表2-6，编制负债期限结构分析表，见表2-9。

表2-9　负债期限结构分析表

项　目	金额/万元		结构/%		
	本　年	上　年	本　年	上　年	差　异
流动负债	140 777	138 762	79.93	82.63	−2.70
非流动负债	35 340	29 160	20.07	17.37	2.70
负债合计	176 117	167 922	100.00	100.00	0

负债期限结构更能说明企业的负债筹资政策。从表2-9可以看出，CX公司本年流动负债的比率虽然有所降低，但其比重仍然较高，表明该公司在使用负债资金时，以短期资金为主。由于流动负债对企业资产流动性要求较高，因此，该公司所奉行的负债筹资政策虽然会增加公司的偿债压力，承担较大的财务风险，但同时也会降低公司的负债成本。

2) 负债方式结构分析评价

负债按其取得方式可以分为银行信用、商业信用、应交款项、内部结算款项、债券、应付股利和其他负债。根据表2-6，将负债按取得来源和方式汇总整理后，编制负债方式结构分析表，见表2-10。

表2-10说明，本期银行信用的比重虽然下降，但银行信用仍然是该公司负债资金的最主要来源。由于银行信贷资金的风险要高于其他负债方式所筹资金的风险，因此，随着银行信贷资金比重的下降，其风险也会相应地有所降低。负债方式结构的这种变化还将对该公司的负债成本产生影响。同时还应看到，商业信用筹资的比重从上年的31.41%上升到本年的43.29%，逐渐成为企业负债筹资的主要来源渠道。

3) 负债成本结构分析评价

各种负债由于其来源渠道和取得方式不同，成本也有较大差异。有些负债，如应付账款等，基本属于无成本负债；有些负债，如短期借款，则属于低成本负债；长期借款、应付债券等则属于高成本负债。根据对各种负债成本的划分，然后进行归类整理，就会形成负债成本结构。根据表 2-6，经整理后编制负债成本结构分析表，见表 2-11。

表 2-10　负债方式结构分析表

项　目	金额/万元		结构/%		
	本　年	上　年	本　年	上　年	差　异
银行信用	92 111	109 113	52.30	64.98	−12.68
商业信用	76 238	52 751	43.29	31.41	11.87
应交款项	4 650	3 776	2.64	2.25	0.39
内部结算款项	325	509	0.18	0.30	−0.12
应付股利	292	336	0.17	0.20	−0.03
其他负债	2 501	1 437	1.42	0.86	0.57
负债合计	176 117	167 922	100.00	100.00	0

表 2-11　负债成本结构分析表

项　目	金额/万元		结构/%		
	本　年	上　年	本　年	上　年	差　异
无成本负债	84 006	58 809	47.70	35.02	12.68
低成本负债	42 968	44 842	24.40	26.70	−2.31
高成本负债	49 143	64 271	27.90	38.27	−10.37
负债合计	176 117	167 922	100.00	100.00	0

从表 2-11 可以看出，CX 公司本年全部负债中，无成本负债比重为 47.70%，比上年提高 12.68%，导致高成本负债的比重下降了 10.37%，其结果必然使企业负债成本下降，利息负担减轻。由此可见，合理地利用无成本负债，是降低企业负债资金成本的重要途径之一。

(五)股东权益结构的具体分析评价

1．股东权益结构分析应考虑的因素

股东权益是指所有者在企业资产中享有的经济利益，其金额为资产减去负债后的余额。股东权益是由企业投资人投资和企业生产经营所得净收益的积累组成的，在企业生产经营期间不需返还，是可供企业长期使用的永久性资金，而且没有固定的利息负担。所以，权益资金越多，企业的财务实力越雄厚，财务风险越小，如果企业的资金全部是权益资金，则无财务风险可言。

股东权益结构是由于企业采用产权筹资方式形成的，是产权筹资的结果。对股东权益结构进行分析，必须考虑以下因素：股东权益结构与股东权益总量；股东权益结构与企业

利润分配政策；股东权益结构与企业控制权；股东权益结构与权益资金成本；股东权益结构与经济环境。股东权益虽然由股东、资本公积、盈余公积、未分配利润四个部分组成，实质上却可以分为两类：投资人投资和生产经营活动形成的积累。一般来说，投资人投资不是经常变动的，因此，由企业生产经营获得的利润积累而形成的股东权益数量的多少，就会直接影响股东权益结构，而这完全取决于企业的生产经营业绩和利润分配政策。

2. 股东权益结构分析评价

股东权益结构变动情况分析依据资产负债表提供的资料，采用垂直分析法进行。根据表 2-6 提供的资料，编制股东权益结构变动情况分析表，见表 2-12。

表 2-12　股东权益结构变动情况分析表

项　目	金额/万元		结构/%		
	期　末	期　初	期　末	期　初	差　异
股本	45 354	45 354	34.75	35.36	−0.61
资本公积	46 896	46 896	35.93	36.57	−0.63
投入资本合计	92 250	92 250	70.68	71.93	−1.25
盈余公积	8 588	8 378	6.58	6.53	0.05
未分配利润	29 674	27 622	22.74	21.54	1.20
内部形成权益资金合计	38 262	36 000	29.32	28.07	1.25
股东权益合计	130 512	128 250	100.00	100.00	0

从表 2-12 可以看出，如果从静态方面分析，投入资本仍然是该公司股东权益的最主要来源。从动态方面分析，虽然投入资本几乎没有发生变化，但由于本年留存收益的增加，使投入资本的比重下降了 1.25%，内部形成权益资金的比重相应上升了 1.25%，说明该公司股东权益结构的变化是生产经营上的原因引起的。

(六)资产结构与资本结构适应程度的分析评价

企业的资产结构受制于企业的行业性质，不同的资产性质，其融资方式也有差异。因此，尽管总资产与总资本在总额上一定相等，但由不同投资方式产生的资产结构与不同筹资方式产生的资本结构却不完全相同。资产结构与资本结构的适应形式归纳起来可以分为稳健结构、平衡结构和风险结构三种类型。

1．稳健结构

在稳健结构形式中，长期资产的资金需要依靠长期资金来解决，短期资产的资金则需要使用长期资金和短期资金共同解决。

稳健结构的主要标志是企业流动资产的一部分资金需要使用流动负债来满足；另一部分资金则需要由非流动负债来满足。其结果是：①企业风险较小，通过流动资产的变现足以满足偿还短期债务的需要；②企业可以通过调整流动负债与非流动负债的比例，使负债成本达到企业目标标准，这一形式的负债成本相对要低，并具有可调性；③无论是资产结构还是资本结构，都具有一定的弹性，特别是当临时性资产需要降低或消失时，可通过偿还短期债务或进行短期证券投资来调整。

这是一种被所有企业普遍采用的资产与权益对称结构。

2. 平衡结构

在平衡结构形式中，以流动负债满足流动资产的资金需要，以非流动负债及所有者权益满足长期资产的资金需要。

平衡结构的主要标志是流动资产的资金需要全部依靠流动负债来满足。其结果是：①同样高的资产风险与筹资风险中和后，使企业风险均衡；②负债政策要依据资产结构变化进行调整，资产结构制约负债成本；③存在潜在的风险，这一形式以资金变现时间和数量与偿债时间和数量相一致为前提，一旦两者出现时间上的差异和数量上的差异，如营业收入未能按期取得现金、应收账款未能足额收回等，就会使企业产生资金周转困难，并有可能陷入财务危机。

这一结构形式只适用于经营状况良好、具有较好成长性的企业，要特别注意这一结构形式的非稳定性特点。

3. 风险结构

在风险结构形式中，流动负债不仅用于满足流动资产的资金需要，而且还用于满足部分长期资产的资金需要。

风险结构的主要标志是以短期资金来满足部分长期资产的资金需要。其结果是：①财务风险较大，较高的资产风险与较高的筹资风险不能匹配，流动负债和长期资产在流动性上并不对称，如果通过长期资产的变现来偿还短期内到期的债务，必然给企业带来沉重的偿债压力，从而要求企业极大地提高资产的流动性；②相对于其他结构形式，其负债成本最低；③企业存在“黑字破产”的潜在危险，由于企业时刻面临偿债的压力，一旦市场发生变动或有意外事件发生，就可能引发企业资产经营风险，使企业资金周转不灵而陷入财务困境，造成企业因不能偿还到期债务而“黑字破产”。

这一结构形式只适用于处在发展壮大时期的企业，而且只能在短期内采用。

根据CX公司的资产负债表可以发现，该公司本年流动资产的比重为71.38%，流动负债比重为45.91%，属于稳健型结构。该公司上年流动资产比重为70.39%，流动负债比重为46.85%。从动态方面看，相对于上年，虽然该公司本年的资产结构和资本结构都有所改变，但资产结构与资本结构适应程度的性质并未改变。

【知识链接】

如何利用Excel进行财务分析

目前，在进行财务分析时，财务人员多数都是利用手工计算财务指标，其计算工作量较大。另外，企业都是按照上级要求计算财务指标，很少有自行设计的，因而很难更全面、更系统地进行财务分析，难以充分发挥本身的积极性和主动性，不利于管理水平的提高。一些已实现会计电算化的企业，其会计软件中可能有一些可自动生成的财务分析指标。但这些指标如果不能增加或修改，往往就难以充分满足企业各种不同的需要。利用Excel(电子表格)进行分析，其优点是准确、方便、快捷，具体操作步骤如下。

第一步：设计报表格式。设计报表格式要以现行财务报表为基础，然后在项目上进行一些必要的调整。需要注意，如果采用自动填列财务数据的方法，调整的项目必须列于会计软件或Excel模板提供的报表之下，以免自动填列财务数据时对不上行次。

第二步：针对主栏，增设必要栏目。增设栏目包括本期数栏、上期数或计划数栏、行业平均数栏、比较栏。比较栏可分绝对数与相对数，即差额和百分比。当然，为了清晰起见，栏目也不要设置过多，可以将不同的比较内容置于同一工作簿的不同工作表中。

第三步：针对主栏，确定分析指标。在这一步，首先要注意指标的内容，可以根据企业的具体需要确定；其次应注意指标的位置，必须是在给定的报表格式之下。

第四步：录入计算公式。要迅速、及时地计算财务指标，就要事先将每个计算公式录入到某一个单元格中。这里需要注意两个问题：一是公式的位置，必须与要计算的指标在同一行；二是公式的写法，如果引用其他单元格的资料，要用该单元格的地址来表示，至于用绝对单元格还是用相对单元格则视需要而定，一般来说用相对单元格即可。

第五步：填列报表数据。填列报表数据有两种方法，即手工录入和自动生成。其中自动生成又分两种情况，一是利用电算会计报表，其基本做法是：首先调出电算会计报表文件；然后另存为“.Excel”文件，接着保存、关闭；最后再用Excel调出所另存的文件即可。二是利用数据库，其基本做法是：首先在Excel下调出数据库文件；然后输入分析内容；最后另存下来。

需要说明的是，在Excel程序中，一般装有工业、商业、旅游业、运输业、金融业等几个行业财务报表模板，包括资产负债表、利润表、财务状况变动表等。如果手工输入，应该先打开某报表模板，然后录入原始数据，生成报表后，再复制到分析文件中。这种方法的特点是无须计算流动资产、固定资产净值、资产总值、负债总额等合计栏，由系统自动生成。但是由于财务状况变动表已被现金流量表所取代，故现金流量表需自行编制或自制模板。如果是施工、房地产、外商投资等企业，由于系统未提供各种报表模板，企业只能自制。

第六步：生成分析结果。当完成了上述步骤后，各分析指标的结果就自动生成了。如果为了直观，还可以将结构分析、趋势分析的结果在图表中反映出来。

第七步：采取保护措施。为了防止已输入单元格中的公式被误删、误改，或人为篡改，为了防止报表数据的泄密和修改，同时为了工作表下次继续使用，可以将分析表的格式即各项目单元格和带有公式的单元格设定密码保护，还可将公式予以隐藏。具体做法是：首先，将某些单元格(主栏项目和宾栏项目之外而又不带有公式的单元格)排除在保护范围之外，即在“格式——单元格——保护”中对上述单元格不选择为“锁定”；然后，再对拟保护的带有公式的单元格设定为“锁定”、“隐藏”，方法同上；最后，再对工作表进行保护，即在“工具——保护——保护工作表”中选定对话框的“内容”等项，然后设定密码，这样就实现了保护。当下次使用时，必须输入密码才能打开。当然，对整个分析文件还可设定打开口令和修改权口令保护。需要注意的是，如果原来设计的栏次、指标不再应用，则可对财务报表进行调整，增加主栏或增加宾栏，追加分析项目。但设定保护后，必须撤销对工作表的保护，才能修改，修改后应对文件重新命名。

三、完成工作任务评价

(一)完成资产负债表垂直分析工作任务

请根据工作任务要求，按照工作任务操作流程，结合完成工作任务所需要的技能导航，来完成项目一中岭南园林股份有限公司资产负债表垂直分析与评价任务。

(二)完成工作任务结果评价

按照要求和规程完成了项目一中岭南园林股份有限公司资产负债表垂直分析与评价任务后，参照老师给出的评价标准，任务的完成者与老师共同来评价工作任务的完成情况。

评价标准：

(1) 是否从总资产或总权益的变动、各类资产的变动、负债与所有者权益的变动、各类资产与各类权益的相对变动等方面进行全面评价；

(2) 能否准确揭示企业筹资与投资活动的状况和特征。

(三)完成工作任务收获

按照要求和规程完成了工作任务后，结合老师对完成工作任务结果的评价，你认为自己完成此项工作任务有什么收获？请将你的收获写出来，与老师和同学们一起交流和分享。

【工作任务三　进行资产负债表主要项目分析评价】

本任务在对资产负债表进行水平与垂直全面分析的基础上，对资产负债表中资产、负债和所有者权益中变动较大的重点项目和异常变动项目进行深入分析，包括会计政策、会计估计等变动对相关项目影响的分析。抓住关键问题才能突出分析重点，而且能减轻分析工作量。

一、制定资产负债表主要项目分析流程

进行资产负债表主要项目分析的步骤如下。

第一步：确定变动幅度较大或对总资产变动影响较大的重点项目。

第二步：确定异常变动项目。

第三步：分析评价变动原因及影响。

二、技能导航

(一)主要资产项目分析

1. 货币资金

货币资金包括现金、银行存款和其他货币资金。货币资金是企业流动性最强的资产，同时又是获利能力最低，或者说几乎不产生收益的资产，其拥有量过多或过少对企业生产经营都会产生不利影响。

1) 影响货币资金变动的因素

企业货币资金变动的主要原因可能是：销售规模的变动；信用政策的变动；为大笔现金支出做准备，如偿还将要到期的银行贷款，或集中购货等；资金调度；所筹资金尚未使用等。

2) 分析货币资金规模及变动情况是否合理

企业货币资金存量及比重是否合理应结合以下因素进行分析：第一，企业融资能力。如果企业有良好信誉，融资渠道畅通，就没有必要持有大量的货币资金，其货币资金的存量与比重就可以低些。第二，资产规模与业务量。一般来说，企业资产规模越大，业务量越大，处于货币资金形态的资产就可能越多。第三，企业货币资金的目标持有量。企业货币资金目标持有量是指既能满足企业正常经营需要，又避免现金闲置的合理存量。第四，企业运用货币资金的能力。如果企业运用货币资金的能力较强，能灵活进行资金调度，则货币资金的存量与比重可维持较低水平。第五，行业特点。处于不同行业的企业，由其行业性质所决定，其货币资金存量与比重会有差异。

根据表 2-1 可以对 CX 公司的货币资金存量规模、比重及变动情况作如下分析评价：①从存量规模及变动情况看，该公司本年货币资金比上年增长了 2 501 万元，增长了 19.12%，变动幅度较大，但结合营业收入增长 33.33%，应付票据和应付账款分别增长了 15 123 万元和 7 003 万元综合判断，其货币资金的存量规模和增长幅度是比较合适的。②从比重及变动情况看，该公司期末货币资金比重为 5.08%，期初比重为 4.42%，尽管货币资金比重上升了 0.66%，但按一般标准判断，其实际比重并不算高，结合公司货币资金的需求来看，其比重比较合理。

2. 应收账款

应收账款是因为企业提供商业信用产生的。单纯从资金占用角度讲，应收账款的资金占用是一种最不经济的行为，但这种损失往往可以通过扩大销售而得到补偿。对应收账款的分析，应从以下几方面进行。

(1) 关注企业应收账款的规模及变动情况。企业销售产品是形成应收账款的直接原因，应收账款会随销售规模的增加而同步增加。如果企业的应收账款增长率超过营业收入、流动资产和速动资产等项目的增长率，就可以初步判断其存在不合理增长的倾向，对此，应分析应收账款增加的具体原因是否正常。从经营角度讲，应收账款的变动可能出于以下原因：企业销售规模变动导致应收账款变动；企业信用政策改变；企业收账政策改变；应收账款质量不高，存在长期挂账且难以收回的账款，或因客户发生财务困难，暂时难以偿还所欠货款。

(2) 分析会计政策变更和会计估计变更的影响。在涉及应收账款方面的会计政策如果变更，应收账款就会发生变化。例如，提高坏账准备计提比例，应收账款余额就可能因此而降低。

(3) 分析企业是否利用应收账款进行利润调节。企业利用应收账款进行利润调节的案例屡见不鲜，因此，分析时要特别关注：不正常的应收账款增长，特别是会计期末突发性产生的与营业收入相对应的应收账款；应收账款中关联方应收账款的金额与比例，如果一个企业应收账款中关联方应收账款的金额增长异常或所占比例过大，应视为企业利用关联方交易进行利润调节的信号。

(4) 要特别关注企业是否有应收账款巨额冲销行为。一个企业巨额冲销应收账款，特别是其中的关联方应收账款，通常是不正常的，或者是在还历史旧账，或者是为今后进行盈余管理扫清障碍。

CX 公司本期坏账准备的计提比例为 5%，该公司本年应收账款余额为 97 427 万元，上年应收账款余额为 84 214 万元，本年应收账款增加了 13 213 万元，增长率为 15.69%。另根据该公司会计报表附注提供的应收账款账龄表得知，虽然该公司不同期限的应收账款的余额有所增长，但其比重基本未变，从本年营业收入增长 29%来看，可以认为是由营业收入增长造成的，应收账款的增长幅度低于营业收入的增长幅度，可以认为该公司的信用政策和收账政策有所加强。

可以从会计政策变更和会计估计变更方面，对该公司应收账款的变动情况作出如下分析：该公司上年应收账款平均计提比例为 2%，本年度提高了计提比例为 5%。该公司本年应收账款期末余额为 102 555 万元，计提坏账准备 831 万元。如果该公司仍按上年规定计算，本年应计提坏账准备只有 332 万元(16 622×2%)，实际提取数比按上年规定计算多提 499 万元。假如会计政策不变，本年应收账款期末净值应该是 97 926 万元，而不是资产负债表上所列的 97 427 万元。

3．其他应收款

其他应收款的发生通常是由企业间或企业内部往来事项引起的。实务中，一些上市公司为了某种目的，常常把其他应收款作为企业调整成本费用和利润的手段，分析时对其他应收款项目应予以充分的注意。其他应收款分析应关注以下几方面。

(1) 其他应收款的规模及变动情况。分析时应注意观察其他应收款增减变动趋势，如果其他应收款规模过大，或有异常增长现象，就应注意分析是否有利用其他应收款进行利润操纵的行为。

(2) 其他应收款包括的内容。一些企业常常把其他应收款项目当成蓄水池，任意调整成本费用，进而达到调节利润的目的。通过分析要注意是否存在将应计入当期成本费用的支出或其他项目的内容计入其他应收款的情况。

(3) 关联方其他应收款余额及账龄。近年来大股东巨额占用上市公司资金的事例已严重威胁到上市公司的正常经营。分析时应结合会计报表附注，观察是否存在大股东或关联方长期、大量占用上市公司资金，造成其他应收款余额长期居高不下的现象。

(4) 是否存在违规拆借资金。上市公司以委托理财等名义违规拆借资金往往借助其他应收款来实现。

(5) 分析会计政策变更对其他应收款的影响。

4. 坏账准备

坏账准备作为应收款项的备抵科目，也被经常用来进行费用调整，以致对资产负债表和利润表产生影响。坏账准备的分析应注意以下几方面。

(1) 分析坏账准备的提取方法、提取比例的合理性。按会计制度规定，企业可以自行确定计提坏账准备的方法和计提的比例，这可能导致一些企业出于某种动机，利用会计估计的随意性选择提取比例，造成人为地调节应收款项净额和当期利润。

(2) 比较企业前后会计期间坏账准备提取方法、提取比例是否改变。一般来说，企业坏账准备的提取方法和提取比例一经确定，就不能随意变更。企业随意变更坏账准备的提取方法和提取比例，往往隐藏着一些不可告人的目的。分析时应首先查明当企业坏账准备提取方法和提取比例变更时，企业是否按照信息披露制度规定，对其变更原因予以说明。然后分析企业这种变更的理由是否充分合理，是正常的会计估计变更还是为了调节利润。

(3) 区别坏账准备提取数变动的原因。坏账准备提取数发生变动，既可能是应收款项变动引起的，也可能是会计政策或会计估计变更引起的，分析时应加以区别。

5. 存货

存货是企业最重要的流动资产之一，通常占流动资产的一半以上。存货核算的准确性对资产负债表和利润表有较大的影响，因此，应特别重视对存货的分析。存货分析主要包括存货构成分析和存货计价分析。

1) 存货构成

企业存货资产遍布于企业生产经营全过程，种类繁多，按其性质可分为材料存货、在产品存货和产成品存货。存货构成分析既包括各类存货规模与变动情况分析，也包括各类存货结构与变动情况分析。

(1) 存货规模与变动情况分析。

它主要是观察各类存货的变动情况与变动趋势，分析各类存货增减变动的原因。

根据 CX 公司财务报表及附注提供的资料，如果按存货资产总值计算，本年度存货资产增加了 5 272 万元，增长比率为 7.95%，表明存货资产实物量的绝对增加。如果按其净值计算，存货资产增加了 5 048 万元，其增长比率为 7.63%。虽然存货净值的变动额和变动比率低于存货总值的变动，但这只是存货资产因计提跌价准备而造成的价值量减少，这种变动对生产经营活动本身不会产生实质影响。分析时，还应依据存货资产总值变动评价其对生产经营活动的影响，从各类存货的变动情况分析存货增加的主要方面。

企业各类存货规模及其变动是否合适，应结合企业具体情况进行分析评价。材料存货和在产品存货是保证生产经营活动连续进行必不可少的条件。一般来说，随着企业生产规模的扩大，材料存货和在产品存货相应增加是正常的，它们的非正常减少会对企业今后生产的连续性产生影响。本例中，CX 公司本年度营业收入增长了 29%，材料存货增长了 43%，相比于营业收入的增长速度，材料存货增长幅度显得过高，公司应注意查明是否存在超储

积压现象。在产品存货增长了 20%，其增长比率低于销售收入的增长比率，如果是因为公司效率提高，缩短生产周期而减少在产品占用，则予以肯定，否则，公司应对在产品存货增长速度低于营业收入增长速度可能影响生产的连续性加以关注。产成品存货不是为了保证生产经营活动正常进行的必需存货，所以应尽可能压缩到最低水平。该公司产成品存货增长率为 14%，远远低于营业收入的增长速度，表明公司产品销路顺畅。

(2) 存货结构与变动情况分析。

存货资产结构指各种存货资产在存货总额中的比重。各种存货资产在企业再生产过程中的作用是不同的。其中产成品存货不是保证再生产过程不间断进行的必要条件，必须压缩到最低水平。材料存货是维持再生产活动的必要物质基础，应把它限制在能够保证再生产正常进行的最低水平上。在产品存货是保证生产过程连续性的存货，应保持一个稳定的比例。

企业生产经营的特点决定了企业存货资产的结构，在正常情况下，存货资产结构应保持相对稳定性。分析时，应特别注意对变动较大的项目进行重点分析，任何存货资产比重的剧烈变动，都表明企业生产经营过程中有异常情况发生，因此应深入分析其原因，以便采取有针对性的措施加以纠正。

根据 CX 公司财务报表附注提供的资料，该公司本年材料存货所占比重提高，说明材料存货管理应该是公司存货管理的重心。公司在产品存货虽然总额有所增长，但因增长速度低于材料存货增长速度，因此其比重仍然表现为下降，应关注这种变化可能会对公司下期生产经营产生的不利影响。产成品存货所占比重较小，应当给予肯定。

2) 存货计价

存货资产的变动，不仅对流动资产的资金占用产生极大的影响，而且对生产经营活动也有重大影响。存货变动主要受到企业生产经营方面的影响，但存货的计价方法、盘存制度和跌价准备的计提等因素的影响也不容忽视。要注意以下几点。

(1) 分析企业对存货计价方法的选择与变更是否合理。

价格的变动、存货的不同计价方法会导致不同的结果。分析时应结合企业的具体情况、行业特征和价格变动情况，评价其存货会计政策选择的合理性，同时结合财务报表附注对存货会计政策变更的说明，判断其变更的合理性。

(2) 分析存货的盘存制度对确认存货数量和价值的影响。

当企业采用定期盘存法进行存货数量核算时，资产负债表上存货项目反映的就是存货的实有数量。如果采用永续盘存法，存货项目所反映的只是存货的账面数量。两种不同的存货数量确认方法会造成资产负债表上存货项目的差异，这种差异不是存货数量本身变动引起的，而是存货数量的会计确认方法不同造成的。

(3) 分析期末存货价值的计价原则对存货项目的影响。

期末存货价值的确定通常采用历史成本原则，但会计制度也允许企业采用“成本与可变现净值孰低法”来确定。当企业改变存货价值的计价原则时，就会引起资产负债表上存货项目的变动，但这种变动只是一种价值变动，存货数量并不因计价方法变更而改变。对报表使用者来说，按“成本与可变现净值孰低法”对期末存货计价，其资产价值更真实可信。

根据 CX 公司的财务报表附注可知，该公司本年和上年存货的计价原则都是在决算日按

“成本与可变现净值孰低法”确定期末存货价值，对存货提取存货跌价准备。存货跌价准备反映了企业存货的质量，本例存货跌价准备所占比例仅为1%，说明该公司存货的质量还是比较高的。

6. 固定资产

固定资产是企业最重要的劳动手段，对企业的盈利能力有重大影响，固定资产分析主要从以下四个方面展开。

1) 固定资产规模与变动情况分析

固定资产规模与变动情况分析分别从固定资产原值变动情况和固定资产净值变动情况两个方面来进行。

固定资产原值是表示固定资产占用量的指标，如果剔除物价变动的影响，也可以说固定资产原值是以价值形式表示固定资产实物量的指标。固定资产原值反映了企业固定资产规模，其增减变动受当期固定资产增加和减少的影响。下面以CX公司为例对其固定资产规模与变动情况进行分析。

从表2-1可以看出，该公司本期固定资产原值增加了1 516万元，增长率为2.05%，可以从三个不同角度分析：一是增长原因，是自行购入、接受投资或在建工程项目本期完工转入等；二是增长结果，分析是否属于生产用固定资产增加，从而有利于提高企业的生产能力；三是本期固定资产减少的主要原因，此项减少是否影响企业的生产能力。

其次分析固定资产净值变动情况。根据该公司财务报表附注的相关资料，结合本期计提折旧情况，对CX公司固定资产净值变动情况进行分析。

2) 固定资产结构与变动情况分析

固定资产结构反映固定资产的配置情况，合理配置固定资产，既可以在不增加固定资金占用量的同时提高企业生产能力，又可以使固定资产得到充分利用。在各类固定资产中，生产用固定资产与企业生产经营直接相关，在固定资产中占较大比重。非生产用固定资产应在发展生产的基础上，根据实际需要适当增加，但增长速度一般低于生产用固定资产的增长速度，其比重的降低应属正常现象。未使用和不需用固定资产对固定资金的有效使用是不利的，应该查明原因，采取措施，积极处理，将其压缩到最低限度。

固定资产结构分析应注意从以下三个方面进行：一是注意分析生产用固定资产与非生产用固定资产之间的比例变化情况；二是注意考察未使用和不需用固定资产比率的变化情况，查明企业在处置闲置固定资产方面的工作是否得当；三是考察生产用固定资产内部结构是否合理。

3) 固定资产折旧分析

不同的折旧方法会引起固定资产价值发生不同的变化。固定资产折旧方法的选择对固定资产的影响还隐含着会计估计对固定资产的影响。

固定资产折旧分析应注重以下几方面：分析固定资产折旧方法的合理性，合理选择固定资产折旧方法，分析企业固定资产折旧政策的连续性，分析固定资产预计使用年限和预计净残值确定的合理性。

CX公司提供的财务报表表明，该公司采取直线法按固定资产类别计提折旧，预计净残值、折旧年限都符合会计制度规定。对照上年的财务报表附注，可以发现公司本年的固定资产折旧方法、预计净残值、折旧年限均未发生变化。由此可以判断该公司资产负债表所列示的固定资产折旧比较可靠。

4) 固定资产减值准备分析

固定资产减值准备分析主要从以下两方面进行：固定资产可回收金额的确定，这是确定固定资产减值准备提取数的关键；固定资产发生减值对生产经营的影响，固定资产减值是因为有形损耗或无形损耗造成的，如因技术进步已不能使用或已遭毁损不再具有使用价值和转让价值等，虽然固定资产的实物数量并没有减少，但其价值量和企业的实际生产能力都会相应变动。如果固定资产实际上已发生了减值，企业不提或少提固定资产减值准备，不仅虚夸了固定资产价值，同时也虚夸了企业的生产能力。

(二)主要负债项目变动情况分析

1. 短期借款

短期借款数量的多少，往往取决于企业生产经营和业务活动对流动资金的需要量、现有流动资产的沉淀和短缺情况等。短期借款适度与否，可以根据流动负债的总量、当前的现金流量状况和对未来会计期间现金流量的预期来确定。短期借款发生变化，其具体变动的原因可归纳为以下几方面。

(1) 临时性占用流动资产需要发生变化。当季节性或临时性需要产生时，企业就可能通过举借短期借款来满足其资金需要，当这种季节性或临时性需要消除时，企业就会偿还这部分短期借款，从而造成短期借款的变化。

(2) 节约利息支出。一般来讲，短期借款的利率较低，举借短期借款相对于长期借款来说，可以减少利息支出。

(3) 调整负债结构和财务风险。企业增加短期借款，就可以相对减少对非流动负债的需求，使企业负债结构发生变化。短期借款具有风险大、利率低的特点，负债结构变化会引起负债成本和财务风险发生相应的变化。

(4) 增加企业资金弹性。短期借款可以随借随还，有利于企业对资金存量进行调整。

表 2-1 显示，CX 公司本年度短期借款减少 1 874 万元，降低率为 4.18%，联系该公司流动资产比重和流动负债比重进行分析，其原因可能是为了减轻偿债压力，降低风险，以维护公司的良好信誉。

2. 应付账款及应付票据

应付账款及应付票据因商品交易产生，其变动原因有以下几方面。

(1) 企业销售规模的变动。当企业销售规模扩大时，会增加存货需求，使应付账款及应付票据等债务规模扩大；反之，会使其降低。

(2) 充分利用无成本资金。应付账款及应付票据是因商业信用产生的一种无资金成本或资金成本极低的资金来源，企业在保持信誉的条件下充分加以利用，可以减少其他筹资方式的筹资数量，节约利息支出。

(3) 提供商业信用的企业的信用政策发生变化。如果其他企业放宽信用政策和收账政策，企业应付账款及应付票据的规模就会大些；反之，就会小些。

(4) 企业资金的充裕程度。企业资金相对充裕，应付账款及应付票据的规模就小些；当企业资金比较紧张时，就会影响到应付账款及应付票据的清欠。

表 2-1 显示，CX 公司本年应付票据增加了 15 123 万元，增长率为 303.61%；应付账款增加了 7 003 万元，增长率为 20.46%，无论是从增长金额还是从增长比率看，两者的变动都是非常大的，公司应特别注意其偿付时间，以便做好资金方面的准备，避免出现到期支付能力不足影响公司信誉的情况。

3. 应缴税费和应付股利

应缴税费反映企业应交未交的各种税金和附加费，包括流转税、所得税和各种附加费。缴纳税金是每个企业应尽的法定义务，企业应按有关规定及时、足额缴纳。应纳税金的变动与企业营业收入、利润的变动相关，分析时应注意查明企业是否有拖欠国家税款的现象。本年 CX 公司应交税费增加了 3 442 万元，增长率为 525.50%，是否有拖欠税费情况，应引起公司注意。

应付股利反映企业应向投资者支付而未付的现金股利，是因企业宣告分派现金股利而形成的一项负债。支付股利需要大量现金，企业应在股利支付日之前做好支付准备。本例应付股利金额较小，对公司的支付能力不会造成太大的压力。

4. 其他应付款

其他应付款分析的重点是：①其他应付款规模与变动是否正常；②是否存在企业长期占用关联方企业资金的现象。分析应结合财务报表附注提供的资料进行。本例中，CX 公司本年其他应付款余额高达 10 991 万元，较上年增加了 1 343 万元，增长率为 13.92%，应对其合理性作进一步分析。

5. 长期借款

影响长期借款变动的因素有：银行信贷政策及资金市场的资金供求状况；满足企业对资金的长期需要，保持企业权益结构的稳定性，调整企业负债结构和财务风险。

根据表 2-1 提供的资料，CX 公司本年长期借款增加了 8 839 万元，增长率为 34.52%。公司长期借款增加一方面表明其在资本市场上的信誉良好；另一方面预示公司的负债政策可能发生变化。结合公司非流动负债增长率大于流动负债增长率、长期借款增长而短期借款下降来综合判断，可以得出公司负债筹资政策正在发生变动的结论。

即席思考：在资产负债表分析过程中如何消除有关项目会计信息失真的问题？

三、完成工作任务评价

(一)完成资产负债表主要项目分析工作任务

请根据工作任务要求，按照工作任务操作流程，结合完成工作任务所需要的技能导航，来完成项目一中岭南园林股份有限公司资产负债表主要项目分析与评价任务。

(二)完成工作任务结果评价

按照要求和规程完成了项目一中岭南园林股份有限公司资产负债表主要项目分析与评价任务后，参照老师给出的评价标准，任务的完成者与老师共同来评价工作任务的完成情况。

评价标准：

(1) 是否抓住主要项目进行深入分析，如流动资产、固定资产、所有者权益等重点项目；

(2) 是否进行会计政策及估计变动对企业投资活动和筹资活动的影响分析。

(三)完成工作任务收获

按照要求和规程完成了工作任务后，结合老师对完成工作任务结果的评价，你认为自己完成此项工作任务有什么收获？请将你的收获写出来，与老师和同学们一起交流和分享。

【工作任务四　对短期偿债能力进行分析评价】

企业债务或负债，是指企业所承担的能以货币计量，将以资产或劳务偿付的债务。不同的负债其偿还所需要的资产不同，偿债能力是指企业偿还本身所欠债务的能力。能否及时偿还到期债务，是反映企业财务状况好坏的重要标志。通过对偿债能力的分析，可以考察企业持续经营的能力和风险，有助于对企业未来收益进行预测。企业偿债能力如何，是企业自身及各方利益相关者都非常重视的问题

由于企业的负债有流动负债和长期负债之分，因此，偿债能力分析通常被分为短期偿债能力分析和长期偿债能力分析。短期偿债能力是反映企业偿付日常到期债务的能力，是衡量企业当前财务能力，特别是流动资产变现能力的重要指标。短期偿债能力的高低，通常是以比率确定的，由于比率本身的缺陷以及时空条件的变化，各种比率所反映的偿债能力只是综合的、大致的、仅供参考的信息，并非绝对的准确，这在分析时应特别注意。

一、制定短期偿债能力分析流程

制定短期偿债能力分析的流程如下：

第一步：分析企业内部、外部影响短期偿债能力的因素。

第二步：获取企业资产负债表、利润表和现金流量表，作为辅助分析资料。

第三步：短期偿债能力指标计算与分析。

二、技能导航

(一)影响短期偿债能力的因素

短期偿债是指通过流动资产的变现，来偿还到期的短期债务。短期偿债能力的高低对

企业的生产经营活动和财务状况有重要影响，一个企业如果营运能力和盈利能力较强，但短期偿债能力较弱，就会因资金周转困难影响正常的生产经营，降低盈利能力，严重时会出现财务危机，甚至导致“黑字破产”。企业短期偿债能力不足的影响还表现在：无法取得购货折扣；不能按期支付货款而使材料供应不能保证；影响职工收入，降低企业人才竞争力；造成企业信誉下降，这是一种无法估计的损失。

从短期偿债能力对企业的影响可以看出，企业必须重视短期偿债能力的分析和研究。了解影响短期偿债能力的因素，对于分析企业短期偿债能力的变动情况、变动原因及促进企业短期偿债能力的提高是十分有用的，下面分别加以说明。

1. 影响企业短期偿债能力的内部因素

1) 企业的资产结构

如果流动资产所占比重较大，则企业短期偿债能力相对大些，因为流动负债一般要通过流动资产变现来偿还。如果流动资产所占比重较高，但其内部结构不合理，其实际偿债能力也会受到影响，如存货资产占较大比重，其变现速度通常低于其他类流动资产。因此，流动资产中应收账款、存货资产的周转速度也是反映企业偿债能力强弱的辅助性指标。

2) 流动负债的结构

企业的流动负债有些必须以现金偿付，如短期借款、应交款项等；有些则用商品或劳务来偿付，如预收货款等。需要用现金偿付的流动负债对资产的流动性要求更高；此外，流动负债中各种负债的偿还期限是否集中，也会对企业偿债能力产生影响。

3) 企业的融资能力

单凭各种偿债能力指标，还不足以判断企业的实际偿债能力。有些企业各种偿债能力指标都很好，但却不能按期偿付到期的债务；而另一些企业，因为有较强的融资能力，随时能够筹集到大量的资金，即使各种偿债能力指标不高，却总能按期偿付其债务和支付利息。可见，企业的融资能力也是影响偿债能力的一个重要因素。

4) 企业的经营现金流量水平

企业的短期债务通常是用现金进行偿付的，因此，现金流量是决定企业短期偿债能力的重要因素。企业现金流量状况，主要受企业的经营状况和融资能力两方面影响。如果没有充足的现金流量，即使是盈利企业也可能因无法及时偿还到期债务而导致信用危机，甚至被迫破产。

2. 影响企业短期偿债能力的外部因素

1) 宏观经济形势

宏观经济形势是影响企业短期偿债能力的重要外部因素。当一国经济持续稳定增长时，社会的有效需求会随之增长，产品畅销，企业的产品可以较容易地通过销售转化为货币资金，从而提高企业短期偿债能力。否则，就会使企业产品积压，企业资金周转不灵，企业间货款相互拖欠，企业的偿债能力就会受到影响。

2) 证券市场的发育与完善程度

在企业的流动资产中，常常会包括一定比例的有价证券，在分析企业偿债能力时，是把有价证券视为等量现金的，这样计算的偿债能力与企业的实际偿债能力是有区别的。这是因为，如果证券市场发达，企业随时可将手中持有的有价证券转换为现金；如果证券市场不发达，企业转让有价证券就很困难，或者不得不以较低的价格出售。这些都会对企业的短期偿债能力产生影响，特别是当企业把投资有价证券作为资金调度手段时，证券市场的发育与完善程度对企业的短期偿债能力的影响就更大。

3) 银行的信贷政策

国家为保证整个国民经济的健康发展，采取宏观调控方法，利用金融、税收等宏观经济政策的制定，调整国家的产业结构和经济发展速度。如果企业产品是国民经济急需的，发展方向是属于国家政策鼓励的，就会较容易地取得银行借款，其偿债能力也会提高。此外，当国家采取较宽松的信贷政策时，企业会在需要资金时较容易地取得银行信贷资金，其实际偿债能力就会提高。

除以上主要因素外，企业的财务管理水平、母公司与子公司之间的资金调拨以及非数量因素等也会影响到企业的短期偿债能力。

(二)短期偿债能力的分析

根据资产负债表，可以了解一个企业的流动资产规模和流动负债规模。最能反映企业短期偿债能力的流动性比率，是建立在对企业流动资产和流动负债关系的分析基础之上的，主要有营运资本、流动比率、速动比率和现金比率。

1．营运资本的计算与分析

营运资本是指流动资产总额减去流动负债总额后的剩余部分，也称净营运资本，它是一个绝对数指标。其计算公式是：

$$营运资本=流动资产-流动负债$$

如果流动资产高于流动负债，表示企业具有一定的短期偿付能力。该指标越高，表示企业可用于偿还流动负债的资金越充足，短期偿付能力越强，企业所面临的短期流动性风险越小，债权人安全程度越高。对营运资本指标进行分析，可以从静态上评价企业当期的偿债能力状况，也可以结合企业规模等因素，评价企业不同时期的偿债能力变动情况。

根据 CX 公司资产负债表资料，可以计算出 CX 公司的营运资本指标如下：

期初营运资本=208 474-138 762=69 712(万元)

期末营运资本=218 877-140 777=78 100(万元)

CX 公司期初、期末流动资产抵补流动负债后都有一定剩余，从营运资本角度来看，说明公司的短期偿债能力有一定的保证，而且期末营运资本比期初有所提高，表示短期偿债能力有所增强。

2．流动比率的计算与分析

流动比率是指流动资产与流动负债的比率，表示每一元的流动负债，有多少流动资产作为偿还保证。其计算公式是：

$$流动比率=\frac{流动资产}{流动负债}$$

一般认为，流动比率应达到 2∶1 以上。该指标越高，表明企业的偿付能力越强，企业所面临的短期流动性风险越小，债权人安全程度越高。20 世纪初，美国一些银行在向企业提供贷款时，均以流动比率作为判断企业信用的标准，认为流动比率达到 2∶1 以上，企业的偿债能力才是充足的。理由是：流动资产中变现能力最差的存货金额约占流动资产总额的一半，剩下的流动性较好的流动资产至少要等于流动负债，才能保证企业最低的短期偿债能力。因此也把流动比率叫作银行家比率。

(1) 流动比率能被普遍采用作为衡量企业短期偿债能力高低的标准，主要因为该指标有以下优点。

① 流动比率可以揭示企业用流动资产抵补流动负债的程度，流动比率越大，对流动负债的保证程度越高，就越能保证债权人的权益。

② 流动比率可以揭示一个企业所拥有的营运资本与短期负债之间的关系，使用者可以了解企业的营运资本是否充足，也可据以判断企业抵抗经营中发生意外风险的能力。

③ 流动比率超过 1 的部分，可以对流动负债的偿还提供一项特殊的保证，显示出债权人安全边际的大小。由于交易性金融资产和存货资产等在变现时可能会发生损失，所以，债权人的安全边际越大，全额收回的可靠程度越高。

④ 流动比率的计算方法简单，资料来源比较可靠，即使是企业外部关系人也能很容易地计算出企业的流动比率，以对企业的偿债能力作出判断。

(2) 流动比率指标也存在一些问题，主要有以下几点。

① 流动比率所反映的是企业某一时点上可以动用的流动资产存量与流动负债的比率关系，而这种静止状态的资产与未来的资金流量并没有必然联系。流动负债是企业今后短时期内要偿还的债务，而企业现存的流动资产能否在较短时期内变成现金却难以保证。所以，流动比率只反映了企业短期内由流动资产和流动负债产生的现金流入量与流出量的可能途径，企业的经营、产品的销售、利润的取得与分配也与现金流入和流出有直接关系，但在计算流动比率时未加以考虑。

② 企业应收账款规模的大小，受企业销售政策和信用条件的影响。信用条件越是宽松，销量越大，应收账款规模就越大，发生坏账损失的可能性也越大。因此，不同的主观管理方法，会影响应收账款的规模和变现程度，使指标计算的客观性受到损害，容易导致计算结果的误差。

③ 企业现金储备的目的在于防止出现现金流入量小于现金流出量的现象，而现金又是不能带来收益的资产，故企业应尽可能减少现金持有量，至于其他存货也应尽可能降低到保证生产正常需要的最低水平。显然，增强企业的偿债能力与节约使用资金、减少流动资产上的资金占用的要求相矛盾。

④ 存货资产在流动资产中占较大比重，而企业又可以通过变更存货的计价方法，对存货的金额产生影响，这会使流动比率的计算带有主观色彩。同时，如果企业存货积压或在管理方面存在问题，反而会表现出较高的流动比率。

⑤ 企业的债务并不是全部反映在资产负债表上，如企业支付的工资是经常发生的，但却没有列入资产负债表中。只以资产负债表上的流动资产与流动负债相比较，来判断企业的偿债能力是不全面的。

尽管流动比率存在上述缺点，但在没有更好的指标取代它时，其仍是目前应用的最重

要的判断企业短期偿债能力的指标。

(3) 流动比率分析。

根据 CX 公司资产负债表的资料，可以计算出 CX 公司的流动比率指标如下。

期初流动比率=208 474÷138 762=1.50

期末流动比率=218 877÷140 777=1.55

CX 公司期初流动比率为 1.50，短期偿债还是存在压力的。这种现象在期末稍稍得到一点缓解。如果按照经验标准来判断，该公司无论是期初还是期末，流动比率都低于 2∶1 的水平，表明该公司的短期偿债能力较弱。

需要指出的是，最近几十年，企业的经营方式和金融环境发生很大变化，流动比率有降低的趋势，许多成功企业的流动比率都低于 2。因此，是否仍以 2∶1 的水平作为判断企业偿债能力高低的标准，值得探讨。如果这一标准发生变化，对企业的评价也会随之改变。

如果就 CX 公司流动比率变动的原因进行分析，就会发现：尽管该公司本年流动资产增长了 4.99%，但由于流动负债只增长了 1.45%，其增长速度远远小于流动资产的增长速度，所以使期末流动比率高于期初的水平。

(4) 运用流动比率指标分析评价企业的短期偿债能力，应注意以下几个问题。

① 不存在统一的、标准的流动比率数值。不同行业的流动比率，通常有明显差别。营业周期越短的行业，合理的流动比率越低。例如，商业企业销售商品的绝大部分可以收回现金，其应收账款和存货相对较小，而占负债绝大部分的可能是赊购债务，所以比率就很低，但不能因此说其偿债能力不强。而工业企业有较多存货，其应收账款也占相当大的比例，所以流动资产规模较大，流动比率就会高一些。

② 对企业偿债能力的判断必须结合其他有关因素。即使在同行业内，流动比率较低的企业，不一定表示其偿债能力较低。如果企业有大量充裕的现金，或随时能变现的有价证券，或具有相当强的融资能力等，企业实际偿债能力要比流动比率所表示的偿债能力强得多；反之，如果一个企业的流动比率超过 2∶1 的标准，但流动资产中存货占相当大比例，也不能说明其偿债能力很强。所以，分析时一定要结合各种因素作出综合评价。

③ 要注意人为因素对流动比率指标的影响。流动比率是根据资产负债表的资料计算出来的，体现的仅仅是账面上的支付能力，企业管理人员出于某种目的，可以运用各种方式进行调整，使以流动比率表现出来的偿债能力与实际偿债能力有较大差异。例如，企业可以通过期末还贷，下期期初再举借的方式调低期末流动负债余额，掩盖企业真实财务状况。分析时应注意联系流动资产和流动负债的变动情况及原因，对企业偿债能力的真实性作出判断。

3. 速动比率的计算与分析

速动比率又称酸性试验比率，是指企业的速动资产与流动负债的比率，用来衡量企业流动资产中可以立即变现偿付流动负债的能力。该指标是从流动比率演化而来的，所以常常和流动比率一起使用，用来判断和评价企业的短期偿债能力。该指标的计算公式是：

$$速动比率=\frac{速动资产}{流动负债}$$

构成流动资产的各个项目的流动性有很大差别。其中的货币资金、交易性金融资产和各种应收、预付款项等，可以在较短时间内变现，称之为速动资产。另外一些流动资产，包括存货、待摊费用、一年内到期的非流动资产及其他流动资产等，称为非速动资产。

非速动资产的变现时间和数量具有较大的不确定性：①存货的变现速度比应收款项要慢得多；部分存货可能已损失报废还没做处理，或者已抵押给某债权人，不能用于偿债；存货估价有多种方法，可能与变现金额相差悬殊。②待摊费用不能出售变现。③一年内到期的非流动资产和其他流动资产的数额有偶然性，不代表正常的变现能力。因此，将可偿债资产定义为速动资产，计算出来的短期债务存量比率更令人可信。

用速动比率来评价企业的短期偿债能力，消除了存货等变现能力较差的流动资产项目的影响，可以部分地弥补流动比率指标存在的缺陷。当企业流动比率较高时，如果流动资产中可以立即变现用来支付债务的资产较少，其偿债能力也是较差的；反之，即使流动比率较低，但流动资产中的大部分都可以在较短的时间内转化为现金，其偿债能力也很强。所以用速动比率来评价企业的短期偿债能力相对更准确一些。

一般认为，在企业的全部流动资产中，存货大约占 50%，所以，速动比率的一般标准为 1∶1，如果速动比率低于该标准，一般认为偿债能力较差，但分析时还要结合其他因素进行评价。

根据 CX 公司资产负债表提供的资料，公司速动比率计算如下：

期初流动比率=(13 076+38 581+84 214+1 468)÷138 762=0.99

期末流动比率=(15 577+27 530+97 427+977)÷140 777=1.01

从计算结果看出，CX 公司期末短期偿债能力高于期初，联系到公司的流动比率综合分析会发现，该公司的偿债能力并不像流动比率指标所显示的那样弱。这是因为在该公司的流动资产中，速动资产占有较大比重，期初的速动资产如果能够及时变现，可以偿还现有流动负债的 99%；而且在期末，更能偿还流动负债的 101%。

影响速动比率可信性的重要因素是应收账款的变现能力。账面上的应收账款不一定都能变成现金，实际坏账可能比计提的准备要多；季节性的变化，可能使报表上的应收账款数额不能反映平均水平。这些情况，外部分析人员不易了解，而内部人员却有可能作出估计。按全部应收账款计算的速动比率含有一定的水分，不能真实地反映出企业的偿债能力。为此，有必要将可能形成坏账损失的应收账款金额从速动资产中剔除，对速动比率进行适当调整。

同流动比率一样，不同行业的速动比率有很大差别。例如，采用大量现金销售的商店，几乎没有应收账款，速动比率大大低于 1；相反，一些应收账款较多的企业，速动比率可能要大于 1。

需要强调的是，一个企业的流动比率和速动比率较高，虽然能够说明企业有较强的偿债能力，但过高的流动比率和速动比率则会影响企业的盈利能力。当企业大量储备存货时，特别是有超储积压物资时，流动比率就会较高，但存货的周转速度会降低，影响流动资产的利用效率。过高的货币资金存量能使速动比率提高，但同时会使企业丧失许多获利的投资机会。所以，对流动比率和速动比率需进行风险和收益的权衡。

4．现金比率的计算与分析

现金比率是指现金类资产对流动负债的比率，该指标有两种表示方式。

(1) 现金类资产仅指货币资金。根据这一定义，现金比率的计算公式是：

$$现金比率=\frac{货币资金}{流动负债}\times100\%$$

(2) 现金资产包括货币资金、交易性金融资产等。它们与其他速动资产有区别，其本身就是可以直接偿债的资产，而非速动资产需要等待不确定的时间，才能转换为不确定数额的现金。按这种理解，现金比率的计算公式是：

$$现金比率=\frac{货币资金+有价证券}{流动负债}\times100\%$$

现金比率可以准确地反映企业的直接偿付能力，所以，对于应收账款和存货变现存在问题的企业，这一指标尤为重要。

现金比率越高，表示企业可立即用于支付债务的现金类资产越多。由于企业现金类资产的盈利水平较低，企业没有必要过多保留。如果这一比率过高，表明企业通过负债方式所筹集的流动资金没有得到充分的利用，所以并不鼓励企业保留更多的现金类资产，一般认为这一比率应在 20%左右。

根据 CX 公司资产负债表的资料，按第一种方法计算 CX 公司的现金比率如下：

期初现金比率=(13 076÷138 762)×100%=9.42%

期末现金比率=(15 577÷140 777)×100%=11.07%

从计算结果看出，CX 公司期末现金比率比期初现金比率增长了 1.65%，这种变化表明企业的直接支付能力有小幅提高。但和经验标准相比，该公司期初、期末现金比率都没有达到 20%，尤其是期初现金比率比较低。如果按现金比率来评价，CX 公司的短期偿债能力较弱。结合该公司的期末流动比率和速动比率综合分析可以发现：由于该公司流动资产结构中，期末速动资产、现金类资产比例相对较大，公司期末的短期偿债能力有所提高，但相对于各指标的评价标准还存在一定的差距。

5．流动比率、速动比率、现金比率相互关系分析

流动比率、速动比率、现金比率是以流动资产和流动负债的相互关系，反映企业短期偿债能力的主要指标，三者之间的相互关系如下：①流动比率包括了变现能力较差的存货和基本不能变现的预付费用，如果存货中有超储积压物资，会造成企业短期偿债能力较强的假象；②速动比率以扣除变现能力较差的存货和预付费用作为偿付流动负债的基础，它弥补了流动比率的不足；③现金比率以现金类资产作为偿付流动负债的基础，该比率不宜过大，这一指标相对流动比率和速动比率来说，其作用程度较小。在分析企业短期偿债能力时，流动负债是计算以上三个指标的基础，流动负债的结构、规模对企业流动资产需要程度的影响是不一致的。例如，预收账款比重较大时，对流动比率的要求就相对高些；短期借款和应付账款比重较大时，对速动比率和现金比率的要求就相对高些。从以上三个指标的计算中可以看出，流动负债结构对偿债能力的影响在这三个指标中并未反映出来，所以分析评价企业偿债能力时，还要结合负债的规模和结构来进行。

【知识链接】

短期偿债能力的辅助指标

流动比率、速动比率和现金比率都是以企业某一时点上的流动资产存量与流动负债相比较，来反映企业的短期偿债能力，对各项流动资产和流动负债的流动和周转等动态变化没有加以反映。所以，通过对各项流动资产和流动负债周转和流动情况的分析，进一步反映企业短期偿债能力的动态变化，可以弥补流动比率、速动比率和现金比率的不足。

(1) 应收账款周转率和应付账款周转率的比较分析。流动资产中的应收账款(包括应收票据)，是因为企业赊销商品产生的，其占用额不仅取决于企业的销售政策，而且取决于企业的信用政策和收账政策。在销售政策既定的情况下，企业采取较宽松的信用政策和收账政策，其应收账款占用额就比较大，周转速度就比较缓慢。利用应收账款周转率指标可以反映企业应收账款转化为现金的速度。

流动负债中的应付账款(包括应付票据)，是因为企业赊购商品产生的，其占用额的大小，取决于企业支付货款的速度和企业赊购金额。赊购的金额越大，支付货款的速度越慢，其占用额就越大。利用应付账款周转率指标可以反映企业以现金支付应付账款的速度。

流动比率实际上是企业流动资产和流动负债周转速度的函数。流动资产周转速度越快，企业流动资产规模越小，流动比率就越低。流动负债的周转速度越慢，企业的流动负债规模越大，流动比率就越低。在流动资产中，应收账款占有相当的比例；在流动负债中，应付账款也占有相当的比例，所以将二者联系起来进行比较分析是很有意义的。企业购入材料等物资的目的，在于通过企业的加工制成产品，然后通过销售收回现金，并实现价值的增值。从这个意义上讲，由赊购商品所产生的应付账款应用赊销商品回收的现金来偿付，在资金周转上，二者与资金周转期有关，而且必须相互配合。应收账款与应付账款这种相互关系会对企业的短期偿债能力产生如下影响。

① 应收账款与应付账款的周转期相同。在这种情况下，通过赊销商品所回收的现金恰好能偿付因赊购业务而产生的债务，不需动用其他流动资产来偿还，企业的短期偿债能力指标不会因应收账款和应付账款的存在而改变。

② 应收账款的周转速度快于应付账款的周转速度。假定企业应收账款的平均收账期为30天，而应付账款的平均付款期为60天，在这种情况下，企业的流动比率就会降低，以流动比率反映的企业静态短期偿债能力就相对差一些。但是由于流动资产中的应收账款周转速度快，而流动负债中的应付账款周转速度慢，从动态上看，企业的实际偿债能力是较强的，因为在企业的应收账款回收两次的情况下，才支付现金一次去偿付应付账款。

③ 应收账款的周转速度慢于应付账款的周转速度。假定企业应收账款的平均收账期为60天，应付账款的平均付款期为30天，在这种情况下，企业的流动比率就会升高，以流动比率反映的企业静态短期偿债能力就比较强。如果从动态上看，企业的实际短期偿债能力是要低于以流动比率表示的企业短期偿债能力水平的。这是因为，每当企业将其赊销商品所产生的应收账款转化为现金一次，就要两次支付现金去偿付因赊购业务产生的应付账款，这样，只有在动用其他流动资产的情况下，才能按期偿付其因赊购而形成的债务。

以上仅就周转速度进行了分析，当营运资金规模不同时，也会相对增强或减弱因周转速度不同对短期偿债能力的影响。这种对比不仅可以就流动资产与流动负债之间的对应项目进行分析，也可以就流动资产和流动负债整体进行分析，因为短期偿债能力分析本身就是建立在流动资产与流动负债的关系基础上的。

(2) 存货周转率分析。存货周转率是反映企业存货资产利用效率的一个指标，同时也能从动态方面反映企业的短期偿债能力，项目七对存货周转率本身作了分析，这里仅就存货周转率对短期偿债能力的影响进行分析。

存货周转速度对存货规模有较大影响，当其他条件不变时，存货周转速度越快，存货规模越小；反之，存货规模越大。流动比率是按流动资产在某一时点上的规模计算的，当存货规模较大时，其流动比率指标也较大，从静态方面反映的短期偿债能力也较强，实际上这很可能是因为存货周转速度偏低引起的假象。结合存货周转速度对企业短期偿债能力进行评价，就需要对按流动比率作出的评价加以修正。在流动比率一定的情况下，如果企业预期存货周转速度将加快，则企业的短期偿债能力将会因此而提高；相反，如果预期存货周转速度将减慢，则企业的短期偿债能力将会出现下降趋势。

流动比率是在某一时点上，按既定的流动资产存量和流动负债计算的，这里也包括了一个隐含条件，即存货周转率也是既定的。存货周转率的变化在该时点之后，所以，它对短期偿债能力的影响是反映在动态上的，是企业短期偿债能力今后可能会发生的变化。换言之，对短期偿债能力的分析，不仅要从静态上反映企业某一时点上的偿债能力，还要分析可能发生的变化及其趋势，而应收账款周转率、应付账款周转率和存货周转率的分析就为反映偿债能力的动态变化提供了重要的参考。

三、完成工作任务评价

(一)完成短期偿债能力分析工作任务

请根据工作任务要求，按照工作任务操作流程，结合完成工作任务所需要的技能导航，来完成项目一中岭南园林股份有限公司短期偿债能力的分析与评价。

(二)完成工作任务结果评价

按照要求和规程完成了项目一中岭南园林股份有限公司短期偿债能力的分析与评价后，参照老师给出的评价标准，任务的完成者与老师共同来评价工作任务的完成情况。

评价标准：

(1) 短期偿债能力分析与评价的内容是否全面；

(2) 短期偿债能力分析与评价的指标计算是否准确；

(3) 短期偿债能力分析与评价的结论是否正确。

(三)完成工作任务收获

按照要求和规程完成了工作任务后，结合老师对完成工作任务结果的评价，你认为自己完成此项工作任务有什么收获？请将你的收获写出来，与老师和同学们一起交流和分享。

【工作任务五　对长期偿债能力进行分析评价】

长期偿债能力是指企业有无足够的能力偿还长期负债的本金和利息。资产是清偿债务的最终物质保障，盈利能力是清偿债务的经营收益保障，现金流量是清偿债务的支付保障。只有将这些因素加以综合分析，才能真正揭示企业的长期偿债能力。

一、制定长期偿债能力分析流程

进行长期偿债能力分析步骤如下。

第一步：分析企业内部、外部影响长期偿债能力的因素。

第二步：获取企业资产负债表、利润表和现金流量表，作为辅助分析资料。

第三步：长期偿债能力指标计算与分析。

二、技能导航

(一)影响长期偿债能力的因素

长期偿债能力是指企业偿还非流动负债的能力。企业的非流动负债包括长期借款、应付债券、长期应付款、专项应付款、递延所得税负债及其他非流动负债。影响企业长期偿债能力的主要因素有以下几方面。

1．企业的盈利能力

企业的非流动负债大多用于非流动资产投资，在企业正常生产经营条件下，不可能以出售资产作为偿债的资金来源，而只能依靠企业生产经营所得。从举借债务的目的来看，企业使用资金成本较低的负债资金是为了获取财务杠杆利益，增加企业收益，其利息支出从所融通资金创造的收益中予以偿付。所以说企业的长期偿债能力是与企业的盈利能力密切相关的。就一般情况而言，企业的盈利能力越强，长期偿债能力越强；反之，则长期偿债能力越弱。如果企业长期亏损，则必须通过变卖资产才能清偿债务，最终要影响投资人和债权人的利益。因此，企业的盈利能力是影响长期偿债能力的最重要因素。

2．投资效果

企业举借长期债务，主要用于固定资产等方面进行长期投资，投资的效果决定了企业是否有能力偿还长期债务。当然，作为对债权人的一种保障，企业必须有相当比例的权益资金，不能因为某项投资的效果不佳而损害债权人利益。但如果企业每一项投资都不能达到预期目标时，即使有相当比例的权益资金做保证，其偿债能力也会受到相当程度的影响。

3．权益资金的增长和稳定程度

尽管企业的盈利能力是影响长期偿债能力最重要的因素，但如果企业将绝大部分利润都分配给投资者，权益资金很少增长，就会降低偿还债务的可靠性。对于债权人来说，将

利润的大部分留在企业，会使权益资金增加，增加偿还债务的可靠性，从而提高企业的长期偿债能力。

4．权益资金的实际价值

这是影响企业最终偿债能力的最重要因素。当企业结束经营时，最终的偿债能力取决于企业权益资金的实际价值。如果资产不能按其账面价值处理时，就有可能损害债权人利益，使债务不能全部清偿。

5．企业经营现金流量

企业的债务主要还是用现金来清偿，虽然盈利是偿还债务的根本保证，但是盈利毕竟不等同于现金。企业只有具备较强的变现能力，有充裕的现金，才能保证具有真正的偿债能力。因此，企业现金流量状况决定了偿债能力的保证程度。

(二)长期偿债能力的分析

负债表明一个企业的债务负担，资产则是偿债的物质保证，单凭负债或资产不能说明一个企业的偿债能力，企业的偿债能力体现在资产与负债的对比关系上。由这种对比关系反映出来的企业长期偿债能力的指标主要有资产负债率、股东权益比率、产权比率(净资产负债率)、固定长期适合率等。

1．资产负债率的计算与分析

资产负债率是综合反映企业偿债能力的重要指标，它通过负债与资产的对比，反映出在企业总资产中，有多少是通过举债取得的。其计算公式是：

$$资产负债率=\frac{负债总额}{资产总额}\times100\%$$

资产负债率可以衡量企业在清算时保护债权人利益的程度。资产负债率越低，企业偿债越有保证，贷款越安全。资产负债率还代表企业的举债能力。一个企业的资产负债率越低，举债越容易。如果资产负债率高到一定程度，没有人愿意提供贷款了，则表明企业的举债能力已经用尽。

对企业来说则希望该指标大些，虽然会使企业债务负担加重，但企业也可以通过扩大举债规模获得较多的财务杠杆利益。如果该指标过高，该企业的财务风险加大，会影响企业的筹资能力。

通过对不同时期该指标的计算和对比分析，可以了解企业债务负担的变化情况。任何企业都必须根据自身的实际情况，确定一个适度的标准。当企业债务负担持续增长并超过这个适度标准时，企业应注意加以调整，不能只顾获取杠杆利益而不考虑可能面临的财务风险。通常，资产在破产拍卖时的售价不到账面价值的 50%，因此资产负债率高于 50%则债权人的利益就缺乏保障。各类资产变现能力有显著区别，房地产变现的价值损失小，专用设备则难以变现。不同企业的资产负债率不同，与其持有的资产类别有关。

根据 CX 公司资产负债表的资料，对公司的资产负债率计算如下：

期初资产负债率=167 922÷296 173×100%=56.70%

期末资产负债率=176 121÷306 633×100%=57.44%

通过比较可知，CX 公司期末资产负债率比期初增加了 0.74%，表明该企业债务负担略有加重。这一比率相对较高，长期偿债能力风险较大。

从稳健原则出发，特别是考虑到企业在清算时的偿债能力，该指标可以保守些计算，即从资产中扣除无形资产等，计算有形资产负债率。其计算公式是：

$$有形资产负债率=\frac{负债总额}{资产总额-无形资产}\times 100\%$$

根据 CX 公司资产负债表的资料，对公司的有形资产负债率计算如下：

期初有形资产负债率=167 922÷(296 173−8 327)×100%=58.34%

期末有形资产负债率=176 121÷(306 633−6 127)×100%=58.61%

通过计算可以看出，该公司期初、期末有形资产负债率与资产负债率相差不大，说明在总资产中未来变现能力较差的无形资产所占比例较小。

2．股东权益比率的计算与分析

股东权益比率是所有者权益同资产总额的比率，反映企业全部资产中有多少是投资人投资形成的。其计算公式是：

$$股东权益比率=\frac{股东权益}{总资产}\times 100\%=1-资产负债率$$

这是企业长期偿债能力保证程度的重要指标，该指标越高，说明企业资产中由投资人投资所形成的资产越多，偿还债务的保证越大。从“股东权益比率=1−资产负债率”来看，该指标越大，资产负债率越小。当债权人将其资金借给股东权益比率较高的企业时，由于有较多的自有资产做保证，债权人全额收回债权就不会有问题，即使企业清算时资产不能按账面价值收回，债权人也不会有太大损失。股东权益比率高低能够明显说明企业对债权人的保护程度。如果企业处于清算状态，该指标对偿债能力的保证程度就显得更为重要。

CX 公司资产的近 58%是通过各种负债资金融通的，期末权益资金率为 42.56%，债权人利益的保障程度偏低。

实务中，可将该指标以倒数的形式列示，称为权益乘数。其计算公式是：

$$权益乘数=\frac{总资产}{股东权益}$$

该指标表示企业的股东权益支撑多大规模的投资，该指标越大，说明企业对负债利用得越充足，财务风险也就越大。

3．产权比率(净资产负债率)的计算与分析

将负债总额与股东权益直接对比，称为产权比率。其计算公式是：

$$产权比率=\frac{负债总额}{股东权益}\times 100\%$$

根据 CX 公司资产负债表的资料，公司期末产权比率为 135%，资产负债率是反映企业债务负担的指标，股东权益比率是反映偿债保证程度的指标，产权比率则是反映债务负担与偿债保证程度相对关系的指标。它和资产负债率、股东权益比率具有相同的经济意义，但该指标更直观地表示出负债受股东权益的保护程度。

即席思考：根据以上负债比率，思考有形净值负债率的含义及其计算公式是什么？

4. 固定长期适合率的计算与分析

固定长期适合率是指固定资产净值与股东权益和非流动负债之和的比率。其计算公式是：

$$固定长期适合率=\frac{固定资产净值}{股东权益+非流动负债}\times 100\%$$

就大多数企业来说，其固定资产方面的投资都希望用权益资金来解决，这样就不会因为固定资产投资回收期长而影响企业短期偿债能力。当企业固定资产规模较大，而权益资金规模较小，难以满足固定资产投资的需要时，可以通过举借长期债务来解决。一般的标准认为，该指标必须小于1。就是说，当该指标超过1时，说明企业使用了一部分短期资金进行固定资产投资，这对企业短期偿债能力是一个十分危险的信号。当企业的固定长期适合率小于1时，表明企业有一部分长期资金用于流动资产投资，这可以减轻企业短期偿债的压力。

根据CX公司资产负债表的资料，公司的固定长期适合率计算如下：

期初固定长期适合率=73 766÷(128 250+29 160)×100%=46.86%

期末固定长期适合率=75 282÷(130 512+35 344)×100%=45.39%

从计算结果上看，CX公司的长期资金能够满足固定资产的投资需要，而且回旋余地比较大，从期末看，有54.61%的长期资金用于其他方面，进而可以推断出，企业除固定资产的资金需要外，其他方面的资金需要基本上靠长期资金来满足，短期偿债的压力较小。

【知识链接】

影响长期偿债能力的其他因素

上述衡量长期偿债能力的财务比率是根据财务报表数据计算的，还有一些表外因素影响企业的长期偿债能力，必须引起足够的重视。

1. 长期租赁

当企业急需某种设备或厂房而又缺乏足够的资金时，可以通过租赁的方式解决。财产租赁的形式包括融资租赁和经营租赁。融资租赁形成的负债大多会反映于资产负债表，而经营租赁则没有反映于资产负债表。当企业的经营租赁量比较大、期限比较长或具有经常性时，就形成了一种长期性筹资，这种长期性筹资，到期时必须支付租金，会对企业的偿债能力产生影响。因此，如果企业经常发生经营租赁业务，应考虑租赁费用对偿债能力的影响。

2. 债务担保

担保项目的时间长短不一，有的涉及企业的长期负债，有的涉及企业的流动负债。在分析企业长期偿债能力时，应根据有关资料判断担保责任带来的潜在长期负债问题。

3. 未决诉讼

未决诉讼一旦判决败诉，便会影响企业的偿债能力，因此在评价企业长期偿债能力时要考虑其潜在影响。

(三)盈利能力对长期偿债能力影响的分析

资产可以作为偿债的保证，但企业取得资产的目的并不是为了偿债，而是利用资产进行经营以获取收益，所以债务的清偿要依赖于资产变现，资产变现更主要的是要通过产品销售来实现。因此，盈利能力对偿债能力的影响更为重要。从盈利能力角度分析，评价企业长期偿债能力的指标主要有销售利息比率、利息保证倍数、债务本息保证倍数和固定费用保证倍数。

1．销售利息比率的计算与分析

销售利息比率是指一定时期的利息费用与营业收入的比率。其计算公式是：

$$销售利息比率=\frac{利息费用}{营业收入}\times 100\%$$

这一指标可以反映企业销售状况对偿付债务的保证程度。企业如果经营状况不佳，在其经营期间偿付债务就缺少根本的保证，而企业权益资金的多少对偿债的保证只有在企业处于清算状态时才真正发挥作用。在企业负债规模基本稳定的情况下，销售状况越好，偿还到期债务可能给企业造成的冲击越小。根据 CX 公司资产负债表和利润表的资料，公司 2012 年年末销售利息比率为 2.5%(6 000/240 000×100%)，该指标越小，说明通过销售所得现金用于偿付利息的比例越小，企业的偿债压力越小。

2．利息保证倍数的计算与分析

任何企业为了保证再生产的顺利进行，在取得营业收入后，都需要首先补偿企业在生产经营中的耗费。所以，营业收入虽然是利息支出的资金来源，但利息费用的真正资金来源是营业收入补偿生产经营耗费之后的余额，若其余额不足以支付利息费用，企业的再生产就会受到影响。因此，利息保证倍数比销售利息比率更能反映出企业偿债率。其计算公式是：

$$利息保证倍数=\frac{息税前正常营业利润}{利息费用}=\frac{营业利润+利息费用}{利息费用}$$

式中的利息费用，包括财务费用中的利息支出和资本化利息。

该指标是反映企业偿付债务利息的保证程度指标，其数值越高，说明企业支付利息的能力越强，债权人按期取得利息越有保证。如果利息保证倍数小于 1，表明自身产生的经营收益不能支持现有的债务规模。利息保证倍数等于 1 也是很危险的，因为息税前利润受经营风险的影响，是不稳定的，而利息的支付却是固定数额。该指标究竟达到什么水平并没有具体的标准，应根据历史经验结合行业特点判定，也可以结合同行业标准来评价。

3．债务本息保证倍数的计算与分析

根据企业的经营状况来反映偿债能力的保证程度，债务本息保证倍数比利息保证倍数更精确。对债权人来说，如果连本金都不能收回，更不敢奢求利息了。债权人借款给企业，目的虽然是获取利息收入，但基本前提是能够按期收回本金。而企业的偿债义务是按期支付利息和到期归还本金，所以其偿债能力的高低更重要的还是要看其偿还本金的能力。在企业正常经营条件下，本金的偿还必须以企业经营所赚取的利润来支付。

债务本息保证倍数是指企业一定时期息税前利润与还本付息金额的比率，它反映出现金流入量对财务需要(现金流出)的保证程度，通常用倍数来表示。其计算公式是：

$$债务本息保证倍数=\frac{息税前正常营业利润}{利息费用+\dfrac{年度还本额}{1-所得税率}}$$

企业偿还本金与支付利息是有区别的，利息是所得税前开支项目，支付 1 元的利息，只需减少 1 元的利润额；偿还本金则需动用企业的净收入，即企业偿还 1 元的本金将需要更多的税前利润，所以要将偿还的本金数还原到所得税前的水平。

该指标最低标准为 1，该指标越高，表明企业偿债能力越强。如果该指标低于 1，说明企业偿债能力较弱，企业会因为还本付息造成资金周转困难，支付能力下降，使企业信誉受损。

4．固定费用保证倍数的计算与分析

固定费用是指类似利息费用的固定支出，是企业必需的固定开支。任何企业，如果不能按期支付这些费用，就会发生财务困难。固定费用保证倍数就是企业息税前利润与固定费用的比率，通常用倍数表示，该指标是利息保证倍数的演化，是一个比利息保证倍数更严格的衡量企业偿债能力的保证程度的指标。该指标的计算公式是：

$$固定费用保证倍数=\frac{息税前正常营业利润}{利息+租金+\dfrac{优先股利}{1-所得税率}+\dfrac{偿债基金}{1-所得税率}}$$

固定费用保证倍数必须超过 1，而且越高越好。分析时，可以采用前后期对比的方式，考察其变动情况，也可以同其他同行业企业进行比较，或与同行业的平均水平进行比较，以了解企业偿债能力的保证程度如何。该指标没有一个固定的判断标准，可根据企业的实际情况来掌握，评价时还应结合其他指标进行。

三、完成工作任务评价

(一)完成长期偿债能力分析工作任务

请根据工作任务要求，按照工作任务操作流程，结合完成工作任务所需要的技能导航，来完成项目一中岭南园林股份有限公司长期偿债能力的分析与评价。

(二)完成工作任务结果评价

按照要求和规程完成了项目一中岭南园林股份有限公司长期偿债能力的分析与评价后，参照老师给出的评价标准，任务的完成者与老师共同来评价工作任务的完成情况。

评价标准：

(1) 长期偿债能力分析与评价的内容是否全面；

(2) 长期偿债能力分析与评价的指标计算是否准确；

(3) 长期偿债能力分析与评价的结论是否正确。

(三)完成工作任务收获

按照要求和规程完成了工作任务后，结合老师对完成工作任务结果的评价，你认为自己完成此项工作任务有什么收获？请将你的收获写出来，与老师和同学们一起交流和分享。

小　　结

本项目阐述了资产负债表分析的意义与内容，全面、系统地介绍了资产负债表分析的基本内容与方法，主要包括资产负债表的水平分析与垂直分析方法及应用，资产负债表的趋势分析及主要项目分析。通过进行资产负债表水平分析，揭示企业筹资与投资过程的差异；通过进行资产负债表垂直分析，揭示企业资产、负债和所有者权益构成及资产与资本的适应程度。同时还阐述了会计法规、准则等变动对资产负债表的影响。此外，本项目阐述了偿债能力分析的目的、内容及影响短期偿债能力和长期偿债能力的具体因素；系统地介绍了短期偿债能力静态与动态分析指标和方法，包括流动比率分析、速动比率分析、现金比率分析及相应的辅助指标体系等；全面地介绍了长期偿债能力分析指标与方法，主要包括资产负债率、产权比率、固定长期适合率等指标对长期偿债能力的影响。

思　考　题

1. 资产负债表分析的目的是什么？
2. 如何对资产负债表的变动情况进行分析？
3. 如何评价资产负债表变动的几种类型？
4. 怎样进行资产负债表结构分析？
5. 不同负债结构分析有什么意义？
6. 存货会计政策分析应从哪些方面进行？
7. 应收账款分析应侧重哪几方面？
8. 固定资产会计政策分析应侧重哪几方面？
9. 流动比率与速动比率的优点与不足分别是什么？
10. 如何对资产负债率进行评价？
11. 资产负债率与权益乘数之间有什么关系？
12. 结合应收账款与应付账款的关系，分析其对企业短期偿债能力的影响。

案 例 分 析

警惕企业流动资产结构性恶化所隐藏的潜在风险

一、案例资料

某家电上市公司，其本年的年报中与经营活动有关的信息为：主营业务收入较上年增长 18%，应收票据较年初下降 51%，应收账款较年初增加 43%，存货较年初增加 43%(其中原材料较年初增加了 83%，产成品较年初增加了 30%)，并使存货占总资产的比重由年初的 45%上升到年末的 49%。公司对此的解释是：应收票据比年初减少，是因为上年年底有大量分公司汇入在途资金；应收账款增加，是因为本期销售规模扩大，年底赊销较上年有所增加；原材料增加，是由于上年年底购入较多原材料储备；产成品增加，是由于分支机构的大规模扩展，铺底占用的产成品较多。

二、案例分析

从上述资料来看，在该上市公司的主要流动资产中，除了质量较高的应收票据在企业营业收入有较大增长的情况下不但不增加，反而比年初有较大下降外，其他经营性流动资产均比年初有较大增长，其增长幅度远远超过了企业营业收入的增长幅度。在本案例中，企业原材料的巨幅增加，既可能是企业为明年的生产做必要的储备，也可能是年底以前企业的供货商促销，企业集中购入价格较低的原材料所致。因此，我们的主要关注点可以集中在应收账款和产成品存货。一般而言，在赊销政策保持稳定的情况下，企业的营业收入、商业债权(应收账款和应收票据等)和存货之间应该有较为稳定的关系。但是，在企业面临营业利润下降、急需通过经营活动的扩张来提升其财务业绩的条件下，企业就有可能改变其较为严格的赊销政策，转而采用较为宽松的赊销政策。从营销学的角度来看，产品的可替换性越强，营销策略的宽与严对销售规模的影响也就越大。本案例中，从企业的解释“应收账款增加,是因为本期销售规模扩大，年底赊销较上年有所增加”中的“年底”足以看出企业在会计年度结束以前为通过赊销来提升其财务业绩所作的努力。但是，在为了增加营业收入而主动放松赊销政策的条件下，企业的应收账款质量极有可能下降。因此，我们有理由怀疑，企业的应收账款在规模增加的同时，其质量在恶化。另外，企业关于产成品存货增加的原因解释值得思考。在家电业存货普遍积压较为严重的情况下，我们一般很难将企业产成品存货的增加理解为“由于分支机构的大规模扩展，铺底占用的产成品较多”而使得企业增加生产所致，而应该考虑为：由于企业对市场容量以及企业的市场份额估计出现严重偏差，错误地增加产品产量所致；或者是企业为了提升其财务业绩、降低产品的单位生产成本而增加产量所致(这是因为，在企业生产能力、市场容量、产品价格和会计政策的选择已经确定的条件下，企业增加生产数量，导致存货积压，不但不会恶化其财务业绩，反而会在营业额一定的情况下由于产品单位生产成本的降低而提升企业的财务业绩)。不论什么原因引起的存货积压,都将在企业未来的岁月里进行“消化吸收”。

考虑到本案例企业所在的行业处于家电业，其流动资产的主要项目又由于应收账款和存货的超常增加而质量下降，且存货占总资产的比重约为 50%等因素，我们有理由说，该企业本年度财务业绩的辉煌是建立在企业账面流动资产实际质量恶化的基础之上的。如果不能在近期内将资产质量恶化的因素消除，该企业经营业绩全面下滑的时期将必然到来。

思考：对于本案例的分析你认为是否全面合理，是否有所补充？你从本案例中得到哪些启示？

项目三

利润表分析

【知识目标】

- 掌握利润表分析的目的及内容
- 理解利润表分析的意义及分析方法
- 了解企业盈利能力指标的构成要素
- 理解盈利能力的衡量标准

【技能目标】

- 对企业的利润表进行结构分析
- 对企业的利润表进行趋势分析
- 对企业利润表的主要项目进行综合分析
- 掌握不同盈利能力指标的计算方法
- 熟练掌握及运用盈利能力指标对企业盈利能力作出判断

模块一　利润表分析的任务设计

利润表反映企业一定会计期间的经营成果。经营活动的目的在于以较低的成本费用，取得较多的收入，实现更多的利润。利润表全面综合地反映了企业的经营活动状况及其结果，是解释、评价和预测企业经营成果、获利能力、偿债能力及增长潜力的重要报表，也是投资人投资决策的重要依据。利润分析是经营活动分析的核心。通过利润表分析，可为成本控制和改进管理提供有效信息。

一、利润表分析的任务导读

CX 公司是一家以生产销售家电产品为主的制造企业，今年，该企业的订单大增，尤其是出口订单在增加，企业的交易量在提高，今年每个月的营业额增长在 20%左右，与去年同期相比经济形势较好，企业经营者对经济形势持乐观态度。但是年度企业财务会计报告中显示企业的利润却减少了，利润率也降低了。面对这样的问题，企业高层领导请财务部门负责人老刘来介绍企业的利润情况。

为了说明企业的利润情况，老刘做了精心的准备，充分分析了企业利润表，将其原因概括为三个方面：一是部分原材料价格上涨了一半；二是人民币升值的影响；三是企业科技含量还未达到理想化的水平，企业同质化竞争多了，互相之间压价和相互排斥的情况，导致传统产品价格越来越低、利润越来越薄的情况难以避免。企业只会越来越多，竞争越来越激烈，为了抢占市场份额，大家竞相压价导致利润变薄。为了确保利润稳定，老刘建议对内加强管理提升效益、对外争取定价权。老刘从企业利润的形成过程、利润的构成、利润的结构分析等角度介绍了该企业的利润情况。企业高层领导听后，感觉很满意，并接受老刘的建议。

如果你是老刘，你将如何对利润表进行分析呢？

二、利润表分析的任务提出

利润表反映企业一定期间内实现的利润，可进一步分析企业发生盈亏的原因，是反映企业一定期间生产经营成果的财务报表。通过对利润表的分析，可以评价企业的经营成果和获利能力，有利于投资者保护权益并进行投资决策，有利于债权人衡量资金投入的安全性，更有利于企业管理者更好地管理企业，有利于政府部门评价企业并行使管理职能。

为了向公司领导层介绍公司的利润情况，老刘在认真分析了企业的经营特点后，提出了进行利润表分析的主要任务。

任务 1：如何进行利润表综合分析？

任务 2：如何进行利润表分部分析？

任务 3：如何进行利润表主要项目分析？

任务 4：如何进行盈利能力的分析？

三、利润表分析的任务分析

在进行利润表的分析时，利润表直接揭示了企业一定会计期间经营成果的形式，经营成果是一定期间营业收入扣抵相关成本费用后的余额，体现着企业财富增长的规模。根据利润表提供的经营成果数据，报表使用者通过比较企业在不同时期的有关指标，或同一行业中企业在相同时期的有关指标，就可以评价、预测企业的获利能力，并据以作出相关决策。

对多数人而言利润表就像一个复杂的迷宫，就让我担任这个迷宫的向导吧。以下内容是完成利润表分析任务所必须掌握的知识。下面我们就开始预备知识的学习吧！

四、预备知识

(一)利润表的项目构成

利润表是反映企业在一定时期经营成果的会计报表，属于动态报表。它是依据“收入-费用=利润”的关系，按照重要性，将收入、费用和利润项目依次排列。运用利润表可以分析、预测企业的经营成果和获利能力。

利润表的列报必须充分反映企业经营业绩的主要来源和构成，有助于使用者判断利润的质量及其风险，有助于使用者预测净利润的持续性，从而作出正确的决策。通过利润表，可以反映企业一定会计期间的收入实现情况；可以反映一定会计期间的费用耗费情况；可以反映企业生产经营活动的成果，即净利润的实现情况，据以判断资本保值、增值情况。将企业在一定期间因销售商品、提供劳务和对外投资等所取得的各种收入，和与各种收入相对应的费用、损失，加以对比，结出当期净利润，充分体现了会计的配比原则。再者，将利润表中的信息与资产负债表中的信息相结合，还可以提供进行财务分析的基本资料，如将净利润与资产总额进行比较，计算出资产收益率等，可以表现企业资金周转情况以及企业的盈利能力和水平，便于报表使用者判断企业未来的发展趋势，作出经济决策。

1. 构成营业利润的各项要素

从营业收入出发，减去为取得营业收入而发生的相关成本和税金后，再减去销售费用、管理费用和财务费用，加上投资收益(或减去投资损失)后得出营业利润。

2. 构成利润总额(或亏损总额)的各项要素

在营业利润的基础上，加上(减去)营业外收支后得出利润总额(或亏损总额)。

3. 构成净利润(或净亏损)的各项要素

在企业当期利润总额的基础上，减去向国家缴纳的所得税后的余额，即企业的税后利润。

即席思考：利润表中的利润包括哪几个层次，应如何理解？

(二)利润表的结构

常见的利润表结构主要有单步式和多步式两种。

单步式利润表的项目没有根据经济性质进行分类，虽然比较简单直观，但是对一切收入和费用同样对待，不利于分析利润的构成情况，也不利于进行时间序列的比较。

在我国，企业利润表采用的基本上多是多步式结构，即通过对当期的收入、费用与支出项目按性质加以分类，按利润形成的主要环节列示一些中间性利润指标，分步计算当期净损益，见表 3-1。

表 3-1　利润表

编制单位：CX 公司　　　　2012 年 12 月 31 日　　　　单位：万元

项　目	本期发生额	上期发生额
一、营业收入	240 000	180 000
减：营业成本	185 574	133 822
营业税金及附加	24 748	20 500
销售费用	7 756	7 200
管理费用	10 899	9 000
财务费用	6 044	5 105
资产减值损失	2 390	2 260
加：公允价值变动净收益		
投资净收益	207	160
二、营业利润	2 796	2 273
加：营业外收入	520	394
减：营业外支出	300	30
三、利润总额	3 016	2 637
减：所得税费用	754	659
四、净利润	2 262	1 978
五、每股净收益		
(一)基本每股收益	0.30	0.26
(二)稀释每股收益	0.30	0.26

【知识链接】

德国的利润表

德国的利润表非常有特色，它是采用总费用式进行编制的，在总费用式利润表中，收益与费用的定义与我国有着很大的不同，我国的利润是面向销售的，而德国是面向生产的，因此，在报告的范围上也比我国要广泛，其“收益”是一种“总收益”观念；不仅要包括按销售收入反映的销售业绩，还应该包括已完成部分生产过程但尚未发售的产品以及企业制造的供自己使用的机器设备和配件等的生产业绩，同时在费用部分则应扣除这一期间所发生的所有费用，即“总费用”。

这样做隐藏了企业的会计信息，但有利于对中小企业的保护。德国1985年实行新的报表法后，也采取了国际流行的销售成本法，销售成本法的运用主要是立法机构鉴于盎格鲁撒克逊法律体系在世界各国的广泛应用。然而在实际操作当中，除非迫不得已，例如少数跨国经营的大企业为了与国际接轨而必须采用销售成本法外，其他企业一般仍是采用总费用式。

(三)利润表的作用

利润表又称为收益表或损益表，是反映企业一定期间生产经营成果的财务报表。利润表的基本功能是计算企业一定期间内实现的利润或分析企业发生盈亏的原因。

利润表的背后存在着相当多的经济利益关系，有关数据所反映的是企业利益相关者的直接利益。对企业利益相关者或报表使用者来说，利润表在以下几方面发挥着重要的作用。

1. 为企业分配经营成果提供依据

企业是不同利益相关者缔结的一组合约，这些利益相关者如投资者、债权人、企业经营者、员工和客户等，分别以不同形式的专用性资本向企业做出贡献，主要目的是为了能够分享企业的经营成果。利润表反映了可以向利益相关者分配的经营成果的形成和数额，因而利润表是企业分配经营成果的基本依据。国家的税收、管理人员的奖励、员工的薪资、股东的股利、债权人的利息以及企业自身的留存收益等，这些利益关系项目的确定，均以利润表提供的数据为基础。

2. 可据以评价企业的经营业绩

现代企业的基本特征是两权分离。资源特别是财务资本的所有者将资本委托给企业的经营者来经营管理，经营者因此便承担着受托经管的责任，即所谓的受托责任。一段时期以后，经营者受托责任的完成情况如何，如何考核和评价，便成为摆在所有者面前的一个十分重要而现实的问题。利润表中的各种数据，实际上体现了企业在生产、经营和理财等方面的管理效率和效益，是对企业经营绩效的直接反映，因而是所有者考评经营者受托责任履行情况的重要依据。

3. 可据以作出合理的经济决策

决策是利益相关者管理和控制企业的基本工具。投资者要进行投资决策，如资本是否投入、是否继续持有、是否修改代理契约等；债权人要进行信贷决策，如是否发生借贷关系、信贷资金是否继续保留等；经营者要进行经营决策，如如何生产和经营、是否筹资或投资等；国家要进行宏观经济决策，如是否让企业上市发行债券或股票、是否降低利率、是否限制某种产品的生产等；员工要进行就业决策等。所有这些经济决策，信息都是基本的要素或依据，而利润表无疑就是进行这些经济决策的基本信息依据之一。

即席思考：企业不同的利益相关主体在进行利润表分析时侧重点有何区别？

【知识链接】

2012年世界500强企业利润情况

2012年世界500强企业排行榜是由美国《财富》杂志评选的“全球最大五百家公司”排行榜。《财富》世界500强排行榜一直是衡量全球大型公司的最著名、最权威的榜单，由《财富》杂志每年发布一次。《财富》的500强以销售收入为依据进行排名，比较重视企业规模。

2012年世界500强企业排行榜按照截止日不晚于2012年3月31日的财务年度的营业收入对公司进行排名。所有上榜公司必须公布其财务数据并将部分或全部数字提交政府机构。数字以各公司报告为准，比较对象为最初报告的上一年数字。

2012年世界500强企业表现亮眼，业绩逆市上扬。根据《财富》杂志的统计数据，新一期500强企业的总收入达29.5万亿美元，比上年增长13%；总利润达1.6万亿美元，比上年增长7%；入围门槛也相应提高了25.2亿美元，为全年营业收入220.06亿美元。

世界500强企业的这种经营状况与眼下全球宏观经济形势偏离的主要原因在于，这些企业大多是全球性公司，坚持把全球化作为企业配置全球资源的最佳手段。它们在全球吸纳资源，在全球布局价值链，在全球市场经营，从而大大提高了生产要素的效用，同时有效规避了在一个或几个国家市场经营的风险。联合国贸易和发展组织的最新统计数据显示，2011年，跨国公司的外国分支机构在世界各地雇用的员工总数约为6900万，创造销售额28万亿美元，附加值为7万亿美元，比2010年高出9%。

国际金融危机爆发以来，世界经济格局发生了深刻而复杂的变化，其中很重要的一点就是经济全球化的主体日益多元化，新兴经济体的地位明显上升。过去，发达经济体是旺盛的消费需求、充裕的资本、创新理念和产品的主要发源地。它们作为热门的投资地点，可以为执行力强的企业提供安全而稳定的回报。与此同时，新兴经济体的优势则是提供廉价的劳动力和丰富的资源。而如今，随着经济实力的不断增强，新兴经济体在人才、资本、资源、消费者(贸易)、创新等领域都展现出强大的竞争优势，进而为企业，特别是跨国企业挖掘新增长点带来了难得的机遇。新一期世界500强的出色表现预示着，世界经济将继续保持复苏态势，增长前景将继续改善。

中国企业上榜数量“超日赶美”。国际金融危机爆发以来，中国经济率先实现企稳回升，成为世界经济复苏增长的引擎。受此影响，这次中国的上榜企业达到79家，连续第九年增加，并超过日本(68家)，仅次于美国(132家)，而美国上榜企业则比上年减少了1家，这是美国上榜企业连续第十年减少。《财富》杂志表示，新一期世界500强榜单最显著的一个变化就体现在上榜中国企业的数量上，2002年时还只有11家中国企业跻身世界500强。

尤其值得一提的是，中国企业在世界500强排行榜上不仅仅是数量增加了，它们的业绩也比其他国家和地区的企业更加出色，因此排名也随之攀升。比如中国平安保险(集团)股份有限公司的排名上升了86位至第242位，联想集团的排名则上升了80位至第370位。排名上升最快的还要算新上榜的浙江吉利控股集团，其排名从去年的第688位上升213位至第475位。

毋庸置疑，中国企业群体在全球化潮流中异军突起令人欢欣鼓舞。但与此同时，也应当清醒地看到，同许多老牌跨国公司相比，中国的企业规模虽然赶上来了，但多数还不是

真正的跨国公司，更算不上全球公司。中国的企业大多还缺乏在全球市场布局，吸纳整合全球资源的能力，实现真正崛起还有较长的路要走。

(四)利润表分析的意义

1. 分析与评价企业的经营成果和获利能力

企业的经营成果是指企业在其拥有或控制的经济资源上取得的报酬，它直接体现为企业一定会计期间的利润总额。经营成果通常是一个绝对指标，是一定期间营业收入扣抵相关成本费用后的余额，体现着企业财富增长的规模。获利能力作为一个相对指标，是企业运用一定的经济资源获得经营成果的能力。利润表直接揭示了企业一定会计期间经营成果的形式，而获利能力的信息则需要根据利润表和其他会计报表资料计算而得出。根据利润表提供的经营成果数据，报表使用者通过比较企业在不同时期的有关指标，或同一行业中企业在相同时期的有关指标，就可以评价、预测企业的获利能力，并据以作出相关决策。

2. 有利于投资者保护权益并进行投资决策

企业投资者不仅关心企业一定时期盈利能力的大小，而且更关心企业获利能力的稳定性、持久性以及资本的保全程度和可靠程度。企业只有具备一定的获利能力时，才可能实现资本的保值增值。

一般来说，投资者往往认为企业的获利能力要比企业的财务状况和营运能力更重要。他们的直接目的就是获得更多的利润，而利润在一定程度上是衡量投资效果的重要依据，投资者经常会通过判断企业的获利能力来预测未来收益或估计投资风险，进而进行投资决策。此外，企业获利能力的增加还会使股票价格上升，从而使投资者获得资本收益。

3. 有利于债权人衡量资金投入的安全性

债权人可以通过分析企业的获利能力来衡量收回本息的安全程度，从而使借贷资金流向具有较高安全性和利润率的社会生产部门。企业短期债权人关注的是在短期内企业能否按时还本付息，因此主要分析企业当期的盈利水平，在短期借款时期内企业的盈利水平高，短期债权人的利益就有较好保障，他们较少关心企业盈利水平的稳定性和持久性。另外，短期债权人是否能收回其借款本息，还常常取决于企业的现金净流量，因此，短期债权人还特别关心企业盈利情况下的现金支付能力。企业长期债权人关注的是企业在长期债务到期时能否及时足额还本付息。长期债务的偿还要以企业高水平且持久稳定的获利能力为基础，因此，长期债权人侧重于分析企业长期获利水平的高低、获利的稳定性和持久性，并以此预期在长期借款到期后他们能否及时足额收回本金和利息。

4. 有利于企业管理者更好地管理企业

企业从事生产活动的根本目的是最大限度地获取利润并维持企业持续稳定地经营和发展。只有不断获取利润，不断充实企业的资本和总资产，企业才能不断做大做强。因此，对企业经理人员来说，分析企业的获利能力具有十分重要的意义。

一方面，获利能力分析反映了企业的经营业绩，用已达到的获利能力指标与标准、基期、同行业平均水平以及其他企业相比较，能够较好地衡量出企业管理者的工作业绩；另一方面，通过对获利能力的深入分析或因素分析，还可以发现经营管理中存在的不足和缺陷乃至重大问题，进而采取措施有针对性地解决问题，提高企业未来的盈利水平。

5. 有利于政府部门评价企业并行使管理职能

政府部门通过考察分析企业的获利能力，能够评价企业的经营管理水平及其对社会的贡献能力。企业获利能力越强，就意味着实现利润越多，对政府税收的贡献越大，政府就能有更多的财政资金用于基础建设、科技、教育、环境保护以及其他各项公益事业，更好地行使社会管理职能，为国民经济和社会发展提供充足的保障。

(五)利润表分析的内容

在明确利润表分析作用的基础上，利润表分析应依据利润表及相关信息进行，主要包括以下内容。

1. 利润表综合分析

(1) 利润额增减变动分析。通过对利润表的水平分析，反映利润额的变动情况，揭示企业在利润形成过程中的成果及存在的问题。

(2) 利润结构变动情况分析。通过对利润表的垂直分析，揭示各项利润指标及成本费用与收入的关系，反映企业各层次的利润构成。

2. 利润表分部分析

利润表分部分析主要是对分部报告和产品销售利润的变动情况进行分析。

(1) 分部报告分析。通过对分部报告的分析，反映企业在不同行业、不同地区的经营状况和经营成果，为企业优化产业结构、进行战略调整指明方向。

(2) 产品销售利润分析。通过对影响产品销售利润的因素进行分析，揭示各因素变动对产品销售利润的影响，从而分清生产经营中的成绩与问题。

3. 利润表主要项目分析

根据利润表及附注等详细信息，进一步分析说明企业利润表中重要项目的变动情况，深入揭示利润形成及变动的原因，具体包括企业收入分析、成本费用分析等。

(1) 企业收入分析。收入是影响利润的重要因素。收入分析的内容包括收入的确认与计量分析、影响收入的价格因素与销售量因素分析、企业收入的构成分析等。

(2) 成本费用分析。成本费用分析包括产品销售成本分析和期间费用分析两部分。期间费用分析包括销售费用分析、财务费用分析和管理费用分析。

此外，还可以根据企业利润表的资料，对一些重要项目进行深入分析，如对资产减值损失、投资收益与营业外收支等变动情况的分析。

模块二　利润表分析的工作任务

【工作任务一　进行利润表综合分析】

利润表的综合分析可以采用水平分析法和垂直分析法进行。水平分析表的编制采用增减变动额和增减变动率两种形式，通过利润表的水平分析，可以帮助报表使用者认清利润增减变动的原因，在一定程度上可以衡量投资效果及企业发展情况。

一、制定利润表综合分析流程

进行利润表综合分析的步骤如下。

第一步：收集分析资料，选择分析方法。

第二步：编制利润表水平分析表，进行分析评价。

第三步：编制利润表垂直结构分析表，进行分析评价。

二、技能导航

(一)利润表水平分析

利润表水平分析法，是将利润表的实际数与选定的标准进行比较，研究企业利润发展变动情况的一种财务分析方法。

利润表水平分析要根据分析的目的来选择比较的标准(基期)，当分析的目的在于揭示利润表实际变动情况，分析产生实际差异的原因时，比较标准应选择上年实际数；当分析的目的在于揭示利润预算或计划执行情况时，比较标准应选择利润表的预算数或计划数。

1. 对比方式

对比的方式有以下两种。

(1) 增减变动额，其计算公式是：

$$\text{变动额}=\text{分析期某项指标实际数}-\text{基期同项指标实际数}$$

(2) 增减变动率，其计算公式是：

$$\text{变动率}=\frac{\text{变动绝对值}}{\text{基期实际数量}}\times 100\%$$

2. 利润表水平分析表的编制

CX 公司 2012 年利润表数据如表 3-1 所示，根据该公司报表及披露信息完成水平分析表的编制任务，见表 3-2。

表 3-2 利润表水平分析表

编制单位：CX 公司　　2012 年 12 月 31 日　　单位：万元

项　目	2012 年度	2011 年度	增减额	增减率/%
一、营业收入	240 000	180 000	60000	33.33
减：营业成本	185 574	133 822	51 752	38.67
营业税金及附加	24 748	20 500	4248	20.72
销售费用	7 756	7 200	556	7.72
管理费用	10 899	9 000	1 899	21.10
财务费用	6 044	5 105	939	18.39
资产减值损失	2 390	2 260	130	5.75
加：公允价值变动净收益				
投资净收益	207	160	47	29.38
二、营业利润	2 796	2 273	523	23.01
加：营业外收入	520	394	126	31.98
减：营业外支出	300	30	270	900.00
三、利润总额	3 016	2 637	379	14.37
减：所得税费用	754	659	95	14.37
四、净利润	2 262	1 978	284	14.37
五、每股净收益				
(一)基本每股收益	0.30	0.26	0.04	15.38
(二)稀释每股收益	0.30	0.26	0.04	15.38

3. 利润增减变动水平分析评价

利润表分析应从以下几个关键利润指标的变动情况入手。

1) 净利润分析

净利润是指企业所有者最终取得的财务成果，是可供企业所有者分配或使用的财务成果。本例中 CX 公司 2012 年实现净利润 2 262 万元，比上年增长了 284 万元，增长率为 14.37%，增长幅度较高。从水平分析表看，公司净利润增长主要是由利润总额比上年增长 379 万元引起的；由于所得税比上年增长 95 万元，二者相抵，导致净利润增长了 284 万元。

2) 利润总额分析

利润总额是反映企业全部财务成果的指标，它不仅反映企业的营业利润，而且反映企业的营业外收支情况。本例中公司利润总额增长 379 万元，关键是营业利润增长导致利润总额的增长，营业利润比上年增长了 523 万元，增长率为 23.01%，公司营业外收入增长 126 万元，增长率为 31.98%，也是利润总额增长的主要原因；同时因营业外支出的不利影响，使利润总额减少 270 万元。增减因素相抵，利润总额增加了 379 万元。

3) 营业利润分析

营业利润是指企业营业收入与营业成本、营业税金及附加、期间费用、资产减值损失、资产变动净收益之间的差额。它既包括企业的主营业务利润和其他业务利润，又包括企业公允价值变动净收益和对外投资的净收益，它反映了企业自身生产经营业务的财务成果。本例中公司营业利润增加主要是营业收入以及投资净收益的增加所致。营业收入比上年增加 60 000 万元，增长率为 33.33%。根据该公司年报，其营业收入大幅增长，主要原因在于公司不断调整产品结构，增加产量，不断满足市场需求，从而造成主营业务收入大幅上升；但由于营业成本、营业税费、销售费用、管理费用、财务费用、资产减值损失的增加，减利 59 477 万元，增减相抵，营业利润增加 523 万元，增长 23.01%。

(二)利润表垂直结构分析

采用垂直分析法，即根据利润表中的资料，通过计算各因素或各种财务成果在营业收入中所占的比重，分析说明财务成果的结构及其增减变动的合理程度。

1. 计算公式

确定报表中各项目占总额的比重或百分比，其计算公式是：

$$某项目的比重=\frac{该项目金额}{营业收入}\times 100\%$$

将利润表的本期实际构成与选定标准进行对比分析，对比的标准可以是上期实际数、预算数和同行业的平均数或可比企业的实际数，其选择视分析目的而定。

2. 利润表垂直结构分析表的编制

CX 公司 2012 年利润表数据如表 3-1 所示，根据该公司报表及披露信息完成垂直结构分析表的编制任务，见表 3-3。

表 3-3　利润表垂直结构分析表

编制单位：CX 公司　　　　2012 年 12 月 31 日　　　　单位：万元

项　目	2012 年度	2011 年度	2012 年度/%	2011 年度/%
一、营业收入	240 000	180 000	100.00	100.00
减：营业成本	185 574	133 822	77.32	74.35
营业税金及附加	24 748	20 500	10.31	11.39
销售费用	7 756	7 200	3.23	4.00
管理费用	10 899	9 000	4.54	5.00
财务费用	6 044	5 105	2.52	2.84
资产减值损失	2 390	2 260	1.00	1.26
加：公允价值变动净收益				
投资净收益	207	160	0.09	0.09
二、营业利润	2 796	2 273	1.17	1.27
加：营业外收入	520	394	0.22	0.22
减：营业外支出	300	30	0.13	0.02

续表

项　目	2012 年度	2011 年度	2012 年度/%	2011 年度/%
三、利润总额	3 016	2 637	1.26	1.47
减：所得税费用	754	659	0.32	0.37
四、净利润	2 262	1 978	0.94	1.10

3. 利润表垂直分析评价

对利润表垂直结构分析表进行评价可按以下思路进行。

第一，通过对净利润、利润总额、营业利润占营业收入比重的相关分析，明确百元收入净利润形成各环节的贡献或影响程度。

第二，通过对销售成本占业务收入的比重分析评价，揭示企业成本水平。

第三，通过对期间费用占业务收入的比重分析评价，揭示企业期间费用管理水平。

从表 3-3 可看出企业 2012 年度各项财务成果的构成情况。营业利润占营业收入的比重为 1.17%，比上年度的 1.26%降低了 0.09%；2012 年度利润总额的比重为 1.26%，比上年度的 1.47%降低了 0.21%；2012 年度净利润的比重为 0.94%，比上年的 1.10%降低了 0.16%。可见，从企业利润的构成情况上看，盈利能力比上年度都有所下降。各项财务成果结构降低的原因，从营业利润结构降低看，主要是营业成本、资产减值损失结构上升所致，其中营业成本从 2011 年度的 74.35%上升为 2012 年度的 77.32%，是降低营业利润比重的主要原因。除此之外，还在于营业外支出的比重提高了 0.11%。另外，管理费用、销售费用、财务费用和所得税结构的降低，对营业利润、利润总额和净利润结构都带来有利影响，增加和降低相抵后，最终使得净利润降低 0.16%，降低幅度不大。

三、完成工作任务评价

(一)完成利润表综合分析的工作任务

请根据工作任务要求，按照工作任务操作流程，结合完成工作任务所需要的技能导航，来完成项目一中岭南园林股份有限公司利润表分析任务。

(二)完成工作任务结果评价

按照要求和规程完成了项目一中岭南园林股份有限公司利润表综合分析与评价任务后，参照老师给出的评价标准，任务的完成者与老师共同来评价工作任务的完成情况。

评价标准：

(1) 是否能根据公司的特点，掌握利润表分析的重点；

(2) 是否进行利润表水平分析与评价；

(3) 是否进行利润表垂直结构分析与评价。

(三)完成工作任务收获

按照要求和规程完成了工作任务后，结合老师对完成工作任务结果的评价，你认为自

已完成此项工作任务有什么收获？请将你的收获写出来，与老师和同学们一起交流和分享。

【工作任务二　进行利润表分部分析】

一、制定利润表分部分析流程

利润表分部分析的步骤如下。

第一步：收集分析资料，选择分析方法。

第二步：编制利润表分部分析表，进行分析评价。

第三步：进行产品销售利润因素分析，进行评价。

二、技能导航

(一)分部报告

为了规范分部报告的编制和相关信息的披露，中华人民共和国财政部根据《企业会计准则——基本准则》，制定《企业会计准则第 35 号——分部报告》。企业存在多种经营或跨地区经营的，应当按照规定披露分部信息。企业应当以对外提供的财务报表为基础披露分部信息，对外提供合并财务报表的企业，应当以合并财务报表为基础披露分部信息。

1. 分部分类

企业披露分部信息，应当区分业务分部和地区分部。

1) 业务分部

业务分部是指企业内可区分的、能够提供单项或一组相关产品或劳务的组成部分。该组成部分承担了不同于其他组成部分的风险和报酬。

2) 地区分部

地区分部是指企业内可区分的、能够在一个特定的经济环境内提供产品或劳务的组成部分。该组成部分承担了不同于在其他经济环境内提供产品或劳务的组成部分的风险和报酬。

【知识链接】

确定分部报告时应考虑的因素

企业在确定业务分部时，应当结合企业内部管理要求，并考虑下列因素。

(1) 各单项产品或劳务的性质，包括产品或劳务的规格、型号、最终用途等。

(2) 生产过程的性质，包括采用劳动密集或资本密集方式组织生产、使用相同或者相似设备和原材料、采用委托生产或加工方式等。

(3) 产品或劳务的客户类型，包括大宗客户、零散客户等。

(4) 销售产品或提供劳务的方式，包括批发、零售、自产自销、委托销售、承包等。

(5) 生产产品或提供劳务受法律、行政法规的影响，包括经营范围或交易定价限制等。

企业在确定地区分部时，应当结合企业内部管理要求，并考虑下列因素。

(1) 所处经济、政治环境的相似性，包括境外经营所在地区经济和政治的稳定程度等。

(2) 在不同地区经营之间的关系，包括在某地区进行产品生产，而在其他地区进行销售等。

(3) 经营的接近程度大小，包括在某地区生产的产品是否需在其他地区进一步加工生产等。

(4) 与某一特定地区经营相关的特别风险，包括气候异常变化等。

(5) 外汇管理规定，即境外经营所在地区是否实行外汇管制。

(6) 货币风险。

2. 分部的确定原则

(1) 两个或两个以上的业务分部或地区分部同时满足下列条件的，可以予以合并。

- 具有相近的长期财务业绩，包括具有相近的长期平均毛利率、资金回报率、未来现金流量等。
- 确定业务分部或地区分部所考虑的因素类似。

(2) 企业应当以业务分部或地区分部为基础确定报告分部。业务分部或地区分部的大部分收入是对外交易收入，且满足下列条件之一的，应当将其确定为报告分部。

- 该分部的分部收入占所有分部收入合计的百分之十或者以上。
- 该分部的分部利润(亏损)的绝对额，占所有盈利分部利润合计额或者所有亏损分部亏损合计额的绝对额两者中较大者的百分之十或者以上。
- 该分部的分部资产占所有分部资产合计额的百分之十或者以上。
- 报告分部的对外交易收入合计额占合并总收入或企业总收入的比重未达到百分之七十五的，应当将其他的分部确定为报告分部(即使它们未满足分部报告准则规定的条件)，直到该比重达到百分之七十五。
- 企业的内部管理按照垂直一体化经营的不同层次来划分的，即使其大部分收入不通过对外交易取得，仍可将垂直一体化经营的不同层次确定为独立的报告业务分部。

3. 分部报告信息披露

企业应当区分主要报告形式和次要报告形式披露分部信息。

(1) 风险和报酬主要受企业的产品和劳务差异影响的，披露分部信息的主要形式应当是业务分部，次要形式是地区分部。

(2) 风险和报酬主要受企业在不同的国家或地区经营活动影响的，披露分部信息的主要形式应当是地区分部，次要形式是业务分部。

(3) 风险和报酬同时较大地受企业产品和劳务的差异以及经营活动所在国家或地区差异影响的，披露分部信息的主要形式应当是业务分部，次要形式是地区分部。

4. 在附注中披露信息

对于主要报告形式，企业应当在附注中披露分部收入、分部费用、分部利润(亏损)、分部资产总额和分部负债总额等。

(1) 分部收入，是指可归属于分部的对外交易收入和对其他分部交易收入。分部的对外

交易收入和对其他分部交易收入，应当分别披露。

(2) 分部费用，是指可归属于分部的对外交易费用和对其他分部交易费用。分部的折旧费用、摊销费用以及其他重大的非现金费用，应当分别披露。

(3) 分部利润(亏损)，是指分部收入减去分部费用后的余额。在合并利润表中，分部利润(亏损)应当在调整少数股东损益前确定。

(4) 分部资产，是指分部经营活动使用的可归属于该分部的资产，不包括递延所得税资产。分部资产应当按照扣除相关累计折旧或摊销额以及累计减值准备后的金额确定。

披露分部资产总额时，当期发生的在建工程成本总额、购置的固定资产和无形资产的成本总额，应当单独披露。

(5) 分部负债，是指分部经营活动形成的可归属于该分部的负债，不包括递延所得税负债。

(二)分部报表分析

通过对分部报表的分析，可反映企业在不同行业、不同地区的经营状况和经营成果，为企业优化产业结构、进行战略调整指明方向。

分部报表分析可从业务分部报表分析和地区分部报表分析两方面进行。

1. 业务分部报表分析

业务分部增减变动分析，可运用水平分析法，也可以运用垂直结构分析法，分析评价的主要内容包括以下两方面。

1) 业务分部的增减变动分析

业务分部的增减变动分析主要通过营业收入、销售成本和期间费用的增减变动寻找引起营业利润增减变动的原因。

下面以 CX 公司的业务 1 和业务 2 为例，编制业务分部水平分析表，见表 3-4。

表 3-4　业务分部水平分析表

编制单位：CX 公司　　2012 年 12 月 31 日　　单位：万元

项　目	业务 1			业务 2			本　年		
	本年	上年	差额	本年	上年	差额	业务 1	业务 2	差额
一、营业收入合计	39 535	38 024	1 511	79 380	50 699	28 681	39 535	79 380	-39 845
其中：对外营业收入	26 675	22 814	3 861	66 947	33 215	33 732	26 675	66 947	-40 272
分部间营业收入	12 860	15 210	-2 350	12 433	17 484	-5 051	12 860	12 433	427
二、销售成本合计	24 757	28 312	-3 555	50 217	35 129	15 088	24 757	50 217	-25 460
其中：对外销售成本	20 000	23 000	-3 000	40 000	30 000	10 000	20 000	40 000	-20 000
分部间销售成本	4 757	5 312	-555	10 217	5 129	5 088	4 757	10 217	-5 460
三、期间费用合计	8 097	4 445	3 652	17 453	12 188	5 265	8 097	17 453	-9 356

续表

项　目	业务 1			业务 2			本　年		
	本年	上年	差额	本年	上年	差额	业务 1	业务 2	差额
四、营业利润合计	6 681	5 267	1 414	11 710	3 382	8 328	6 681	11 710	-5 029
五、资产总额	425 272	438 989	-13 717	467 030	485 320	-18 290	425 272	467 030	-41 758
六、负债总额	107 705	117 156	-9 451	180 274	254 875	-74 601	107 705	180 274	-72 569

根据表 3-4 进行分析评价如下。

业务 1 本年实现的营业利润为 6 681 万元，比上年增长 1 414 万元。从水平分析表来看，本年营业利润增长主要是由营业收入增长引起的。业务 1 本年营业收入比上年增长 1 511 万元，本年成本费用比上年增长 97 万元，增减相抵后，使本年营业利润净增长 1 414 万元。

业务 2 本年实现的营业利润为 11 710 万元，比上年增长 8 328 万元。从水平分析表来看，业务 2 本年营业收入比上年增长 28 681 万元，本年成本费用比上年增长 20 353 万元，增减相抵后，使本年营业利润净增长 8 328 万元。从负债总额来看，业务 2 本年负债要比上年减少 74 601 万元，很可能是财务费用的下降造成的。

本年度业务 1 的营业利润为 6 681 万元，比业务 2 少 5 029 万元，从资产总额和负债总额来看，业务 2 的资产、负债都比业务 1 高，可以推断业务 2 的经营规模较大，创利能力也较强。

2) 业务分部的结构变动分析

业务分部的结构变动分析，可运用垂直分析法进行。通过计算各因素在销售收入中所占的比重，分析各业务分部的财务成果的结构及其增减变动的原因，比较各业务分部的盈利能力；通过计算资产负债率的增减变动，分析各业务分部的资本结构及财务费用的增减变化。

下面以 CX 公司的业务 1 和业务 2 为例，编制业务分部垂直分析表，见表 3-5。

表 3-5　业务分部垂直分析表

编制单位：CX 公司　　　　2012 年 12 月 31 日　　　　单位：%

项　目	业务 1		业务 2	
	本　年	上　年	本　年	上　年
一、营业收入合计	100.00	100.00	100.00	100.00
其中：对外营业收入	67.47	60.00	84.34	65.51
分部间营业收入	32.53	40.00	15.66	34.49
二、销售成本合计	62.62	74.46	63.26	69.29
其中：对外销售成本	50.59	60.49	50.39	59.17
分部间销售成本	12.03	13.97	12.87	10.12
三、期间费用合计	20.48	11.69	21.99	24.04
四、营业利润合计	16.90	13.85	14.75	6.67
五、资产总额	100.00	100.00	100.00	100.00
六、负债总额	25.33	26.69	38.60	52.52

根据表 3-5 进行分析评价如下。

业务 1 本年的营业利润占营业收入的比重为 16.9%，比上年度的 13.85%增长了 3.05%；业务 2 本年的营业利润占营业收入的比重为 14.75%，比上年度的 6.67%增长了 8.08%。由此可见，业务 1 和业务 2 本年的盈利能力比上年都有所增加，业务 1 中本年度成本费用占业务收入的比重为 83.10%(62.62%+20.48%)，比上年度的 86.15%下降了 3.05%；业务 2 中本年度成本费用占业务收入的比重为 85.25%(63.26%+21.99%)，比上年度的 93.33%下降了 8.08%。

从资产负债率来看，业务 2 本年的资产负债率为 38.6%，比上年度的 52.52%下降了 13.92%，所以业务 2 本年度利润提高的主要原因在于期间费用中财务费用的下降。此外，无论是本年度还是上年度，在营业利润占营业收入的比重中，业务 1 均高于业务 2，可见业务 1 的盈利能力高于业务 2。

2. 地区分部报表分析

地区分部的增减变动分析仍采用水平分析法。分析评价内容如下。

(1) 各地区分部营业利润的增减变动情况及其原因分析。主要通过营业收入、销售成本和期间费用的增减变动寻找引起营业利润增减变动的原因。

(2) 地区分部间营业利润的增减变动分析及资产与负债的比较分析。

地区分部结构变动分析，运用垂直分析法进行。通过计算各因素在销售收入中所占的比重，分析各地区分部的财务成果的结构及其增减变动的原因，比较各地区分部的盈利能力；通过计算资产负债率的增减变动，分析各地区分部的资产、负债差异及财务费用的增减变化。

(三)产品销售利润因素分析

产品销售利润是企业主营业务产品或劳务而取得的利润，是企业主营业务财务成果的具体体现，产品销售利润的高低，直接反映了企业生产经营状况和经济效益状况。

进行产品销售利润因素项目分析，应按照以下顺序进行。

第一步：找出影响产品销售利润的因素。

第二步：确定各因素变动对产品销售利润的影响程度。

第三步：对产品销售利润完成情况进行分析评价。

产品销售利润应是企业利润形成的主要渠道，一个企业产品销售利润的大小与其是否有好的产品以及与业务规模、成本、费用控制程度紧密相连。如果主营业务利润很大，一般说明企业产品主营业务情况良好，具有一定的销货规模和市场占有率，主营业绩较突出。

进行产品销售利润分析时，要进行因素分析：首先应找出影响产品销售利润的因素；其次确定各因素变动对产品销售利润的影响程度；最后对产品销售利润完成情况进行分析评价。

1. 影响产品销售利润的因素

产品销售利润，也称主营业务利润，是综合反映企业主营业务最终财务成果的指标。

产品销售利润的高低，直接反映了企业生产经营状况和经济效益状况。因此，对产品销售利润进行因素分析是十分必要的。

影响产品销售利润最基本的因素，可从它的计算公式中找出，即：

$$\text{产品销售利润}=\sum[\text{产品销售量}\times(\text{产品单价}-\text{单位销售成本})]$$

从上式可以看出，影响产品销售利润的基本因素是产品销售量、产品单价和单位销售成本。对于生产多种产品的企业，它还受产品销售品种构成的影响；对于生产等级品的企业，由于优质优价，它又受产品等级的影响。

2. 产品销售利润因素分析方法

1) 销售量变动对利润的影响分析

$$\text{销售量变动对利润的影响}=\text{产品销售利润基期数}\times(\text{产品销售量完成率}-1)$$

其中：产品销售量完成率的计算公式是：

$$\text{产品销售量完成率}=\frac{\sum[\text{产品实际销量}\times\text{基期单价}]}{\sum[\text{产品基期销量}\times\text{基期单价}]}\times 100\%$$

2) 销售品种构成变动对利润的影响分析

各种产品的利润率高低不同。企业多生产利润率水平高的产品，少生产利润率水平低的产品，必然引起综合利润率或企业平均利润率的提高，使企业利润额增加；反之，则会使利润额下降。确定品种构成变动对利润影响的方法主要有以下两种。

第一种方法：

$$\text{品种构成变动对利润的影响}=\sum\left[\text{产品实际销量}\times\text{产品基期单位利润}\right]-\text{基期产品销售利润}\times\text{产品销售量完成率}$$

第二种方法：

$$\text{品种构成变动对利润的影响}=\sum\left[\text{产品实际销量}\times\text{产品基期单价}\right]\times\left[\text{实际品种构成}-\text{基期产品构成}\right]\times\text{基期销售利润率}$$

3) 销售价格变动对利润的影响分析

价格与销售利润成正比，即在其他条件不变的情况下，价格越高，利润越多。价格变动对利润的影响一般可用下式计算：

$$\text{价格变动对销售利润的影响}=\sum[\text{产品实际销售量}\times(\text{实际价格}-\text{基期价格})]$$

如果属于等级品的价格变动，则应按下式进行计算：

$$\text{价格变动对销售利润的影响}=\text{等级产品实际销量}\times(\text{实际等级实际平均单价}-\text{实际等级基期平均单价})$$

其中：

$$\text{实际等级实际平均单价}=\frac{\sum(\text{各等级实际销量}\times\text{该等级实际单价})}{\text{各等级实际销量之和}}$$

$$\text{实际等级基期平均单价}=\frac{\sum(\text{各等级实际销量}\times\text{该等级基期单价})}{\text{各等级实际销量之和}}$$

4) 等级构成变动对利润的影响分析

产品等级构成是指在等级产品总产销量中，各等级品产销量所占的比重，它是反映等级品质量的重要指标。由于不同等级的产品其价格不同，因此，等级构成变动必然引起等级品平均价格的变动，从而引起产品销售利润的变动。确定等级品质量变动对利润的影响，可用下式计算：

质量变动对销售利润的影响=等级产品实际销售量×(实际等级基期平均单价−基期等级基期平均单价)

$$\text{其中：基期等级基期平均单价}=\frac{\sum(\text{各等级基期销量}\times\text{该等级基期单价})}{\text{各等级基期销量之和}}$$

5) 销售成本变动对利润的影响分析

销售成本变动对利润有着直接影响，在其他因素不变的情况下，销售成本降低多少，利润就会增加多少，即销售成本与利润成反比。因此，计算成本变动对利润的影响的公式是：

成本变动对销售利润的影响=本产品实际销售量×(单位产品基期成本－单位产品实际成本)

6) 税率变动对利润的影响分析

在现行税收体制下，企业缴纳的税金主要有增值税、消费税等。由于产品销售价格中不含产品销项税金在内，产品成本中也不含进项税，因此，增值税对产品销售利润没有直接影响。但城市建设维护税和教育费附加的计税依据与增值税有关，因此，增值税变动对销售利润有间接影响，因为其影响较小，分析时通常将其作为期间费用处理。

消费税率变动对产品销售利润影响的计算公式是：

消费税率对润的影响=产品实际销售额×(基期消费税率－实际消费税率)

该式主要适用于企业实行从价定率法计算消费税额的情况。如果企业实行从量定额法计算消费税额，则单位消费税额变动对利润影响的计算公式为：

消费税额对利润的影响=产品实际销售量×(基期消费税额－实际消费税额)

在实行从价定率计税时，前述价格和质量变动对利润影响的计算公式后都应乘以(1−基期消费税率)。

3. 产品销售利润因素分析案例①

下面以 CX 公司 2012 年和 2011 年主要产品销售利润明细资料为例进行分析，见表 3-6 和表 3-7。

① 案例来源：张先治，陈友邦. 财务分析. 东北财经大学出版社。

表 3-6　2012 年产品销售利润明细表　　单位：千元

产品名称	销售数量/台	单位产品销售价格	单位产品销售成本	单位产品销售利润	产品销售利润
甲	250	50	40	10	2 500
乙	450	248	186	62	27 900
丙	100	1 200	840	360	36 000
合计					66 400

表 3-7　2011 年产品销售利润明细表　　单位：千元

产品名称	销售数量/台	单位产品销售价格	单位产品销售成本	单位产品销售利润	产品销售利润
甲	200	50	42	8	1 600
乙	500	240	190	50	25 000
丙	80	1 200	830	370	29 600
合计					56 200

要求：根据表 3-6 和表 3-7 的资料对企业产品销售利润进行因素分析。

首先，确定分析对象：66 400−56 200＝+10 200(千元)。

因素分析：

(1) 销售量变动对利润的影响。

$$产品销售量完成率=\frac{250\times50+450\times248+100\times1200}{200\times50+500\times240+80\times1200}\times100\%$$

$$=108.01\%$$

销售量变动对利润的影响=56 200×108.01%−56 200

=60 701.62−56 200

=+4501.62(千元)

(2) 销售品种构成变动对利润的影响。

250×8+450×50+100×370−60701.62=61 500−60701.62=+798.38(千元)

(3) 单位价格变动对利润的影响。

450×(248−240)=+3 600(千元)

(4) 销售成本变动对利润的影响。

250×(42−40)+450×(190−186)+100×(830−840)=+1 300(千元)

可见，企业主要产品销售利润比上年增加 1 020 万元，是各因素共同作用的结果，其中增加销售量、降低成本是利润增加的主要原因。品种结构变动也给利润增长带来了有利影响。

应当注意，假如上述乙产品是等级产品，其有关补充资料如表 3-8 所示。

表 3-8 乙产品有关等级及销售资料表 单位：千元

等　级	销售量/台		价　格		2011 年销售额	2012 年销售额	
	2011 年	2012 年	2011 年	2012 年		2011 年价	2012 年价
一等品	350	360	249	252	87 150	89 640	90 720
二等品	150	90	219	232	32 850	19 710	20 880
合计	500	450			120 000	109 350	111 600

根据表 3-8 的资料可确定等级品质量变动对利润的影响。

第一步：计算等级品平均单价。

$$上年等级构成的上年平均单价=\frac{120\ 000}{500}=240(千元)$$

$$本年等级构成的上年平均单价=\frac{109\ 350}{450}=243(千元)$$

$$本年等级构成的本年平均单价=\frac{111\ 600}{450}=248(千元)$$

第二步：确定等级品价格变动对利润的影响。

$$450\times(248-243)=+2\ 250(千元)$$

第三步：确定等级构成变动对利润的影响。

$$450\times(243-240)=+1\ 350(千元)$$

可见，价格变动对利润的影响数 225 万元和质量变动对利润的影响数 135 万元之和，正是上例中价格变动对利润的影响数 360 万元。说明上例中的价格变动对利润的影响，实质上受到了纯价格因素和质量因素的影响。

4. 产品销售利润完成情况评价

产品销售利润分析评价，应在确定各因素对利润影响程度的基础上，从以下几方面进行。

(1) 分清影响产品销售利润的有利因素与不利因素。一般来说，凡是使利润增加的因素都被看作有利因素，使利润减少的因素都被看作不利因素。从上例中，影响企业利润的各种因素都是有利因素。

(2) 分清影响产品销售利润的主观因素与客观因素。通常，把销售量、成本、质量因素等看作主观因素。在市场经济条件下，通常企业自行安排产品生产品种和确定价格，则品种构成因素和价格因素也可看作主观因素。税率因素属于客观因素。评价中，应排除客观因素，抓住主观因素。上例中利润增加主要是受到销售量、成本、价格等主观因素的影响。

(3) 分清生产经营中的成绩与不足。一般来说，企业的成绩与不足都应从主观因素来看。凡是经过主观努力产生的对利润的有利影响，属于企业成绩；凡主观不努力产生的对利润的不利影响属于企业的不足。上例中，销售量增加、成本下降、质量和价格提高等使利润增加，应看作企业的成绩；对于品种构成，要将其与相应的资产投入结合起来分析，因为在某些情况下，品种构成变动使销售利润增加，但可能会使总资产报酬率下降。

三、完成工作任务评价

(一)完成利润表分部分析的工作任务

请根据工作任务要求，按照工作任务操作流程，结合完成工作任务所需要的技能导航，来完成项目一中岭南园林股份有限公司利润表分部分析任务。

(二)完成工作任务结果评价

按照要求和规程完成了项目一中岭南园林股份有限公司利润表分部分析与评价任务后，参照老师给出的评价标准，任务的完成者与老师共同来评价工作任务的完成情况。

评价标准：

(1) 是否能根据公司的特点，掌握利润表分部分析的重点；

(2) 是否进行利润表分部报告的分析与评价；

(3) 是否进行产品销售利润的分析与评价。

(三)完成工作任务收获

按照要求和规程完成了工作任务后，结合老师对完成工作任务结果的评价，你认为自己完成此项工作任务有什么收获？请将你的收获写出来，与老师和同学们一起交流和分享。

【工作任务三　进行利润表的主要项目分析】

项目分析是财务报表分析的重要手段，通过利润表重点项目的分析，可以具体了解企业利润形成的主要因素、影响利润额的主要原因，从而进一步分析企业的利润结构，为经营管理和决策提供依据。

一、制定利润表主要项目分析流程

利润表主要项目分析的步骤如下。

第一步：确定利润项目的构成，并进行有重点的分析。

第二步：收集分析资料，选择分析方法。

第三步：关注利润表附注的项目构成。

二、技能导航

(一)收入分析

1. 企业收入特征

收入是指企业在日常活动中形成的、会导致所有者权益增加的、与所有者投入资本无关的经济利益的总流入。其中“日常活动”是指企业为完成其经营目标所从事的经常性活动以及与之相关的活动。一般认为，收入是企业在销售商品、提供劳务和提供他人使用本企业资产等日常经营活动中产生的经济利益的总流入。

从概念中可以看出收入具有以下特征。

(1) 收入形成于企业的日常业务，包括销售商品、提供劳务和提供他人使用本企业资产(如租赁资产、对外投资)三个方面，这也是收入形成的三个原因。

(2) 收入的实质或结果是经济利益的流入，包括资产增加、负债减少和二者兼有三种形式，最常见的形式是资产增加的流入。但是，收入又与产生于偶然事项的营业外收入或利得不同，收入体现的是经济利益的总流入。

(3) 收入及与其相关联的费用之间存在内在联系或因果联系，收入只在扣除了与其相关联的费用之后的净额，才是企业经济利益的净流入；而利得一般没有与其相联系的费用或损失，因此，利得直接体现经济利益的净流入。

2. 企业收入确认原则

1) 销售商品

当商品所有权的主要风险和报酬转移给购货方，且企业不再对该商品实施继续管理权和实际有效控制权时，相关的收入已经收到或取得了收款凭证，并且与销售该商品相关的已发生或将发生的成本能够可靠地计量时，确认销售收入的实现。

2) 提供劳务

企业在资产负债表日提供劳务交易的结果能够可靠估计时，应按完工百分比法确认收入的实现；当交易的结果不能可靠估计时，按预计能够获得补偿的劳务成本金额确认收入，并将已经发生的成本计入当期损益。

3) 让渡资产使用权

企业因让渡资产使用权而发生的利息收入、使用费收入和现金股利收入按有关合同或协议规定的收费时间和方法确认，并同时满足相关的经济利益很可能流入企业及收入的金额能够可靠计量这两个条件时才予以确认收入。

3. 企业收入分析的重点

企业收入的确认在明确收入内涵的基础上，应着重进行以下几方面内容的分析。

(1) 收入确认时间合法性分析，即分析本期收入与前期收入或后期收入的界限是否分清。

(2) 营业收入计量分析，确认销售退回、折扣与折让的计量是否准确。根据会计准则规定，销售退回与折让的计量比较简单，而销售折扣问题相对较复杂，应作为分析重点。

(3) 特殊情况下企业收入确认的分析，如商品需要安装或检验时收入的确认、买主有退货权时收入的确认、建造合同收入的确认等，其收入的确认与一般性收入确认不同。

(4) 收入确认方法合理性的分析，如对采用完工百分比法的条件与估计方法是否合理等的分析。

即席思考：在对利润表进行分析时，对收入指标进行分析应重点考虑哪些因素？

【知识链接】

收入的作用

首先，收入是判断企业规模和经营能力的重要标志。世界500强的排名，主要就是依据销售收入的数量。我国大、中、小企业的划分标准中，也有销售额一项。在企业的经营策略中，常见的现象是宁可亏损也要保市场或销售，之所以如此，皆因销售能体现出一个企业的经营能力。

主营业务收入直接体现企业的市场占有情况。对一个国家来说，特定时期的特定产品或劳务市场容量大致是一个确定的数量，在市场容量一定的情况下，一个企业的主营业务收入或产品销售规模越大，其产品的市场占有份额就越高，则经营和竞争能力就越强。市场占有状况又直接影响甚至决定着该企业的生存和发展能力，从这个意义上说，企业必须把稳定和持续扩展市场作为维持其生存的重要保障。对企业来说，丧失经营能力，其危险程度显然要超过暂时出现的亏损。

4. 收入变动分析

虽然净利润是最为引人注目的利润表项目，但精明的报表使用者在关注净利润的同时，还十分重视营业收入。作为利润表的首行项目，营业收入的重要性一点也不逊色于净利润。因为营业收入的规模及其成长性是评价上市公司财务业务的关键所在。营业收入既是上市公司创造经营活动现金流量的根本源泉，也是衡量上市公司核心竞争力，评价其核心盈利质量的最重要的指标之一。在有效资本市场环境下，营业收入及其成长性直接关系到上市公司的证券估值。

1) 收入的结构项目

(1) 收入的稳定性结构。

收入的稳定性主要是看经常性收入比重。经常性收入主要就是主营业务收入，一般具有持续再生的特性，因而其“预测价值”和对决策的意义更大。而基于偶发事项或间断性的业务引起的非经常性收入，即使在性质上是营业性的，其决策意义也较小。因此，对企业来说，使再生的经常性收入始终保持一个较高的比例是必要的。借助这个指标，可以观察企业持续经营能力的大小，而且，将本企业的主营业务收入与同行业的相同业务收入进行比较，还可以观察企业的地位和对行业的影响及控制力。

主营业务收入，在制造业企业是产品销售收入，在商品流通企业就是商品销售收入，在其他类型企业就是营业收入等。销售商品收入的金额应按照企业与购货方签订的已收或应收的合同或协议价款的公允价值确定。销售商品涉及现金折扣的，应当按照扣除现金折扣前的金额来确认销售商品收入金额，现金折扣在实际发生时应计入当期损益；销售商品涉及商业折扣的，应当按照扣除商业折扣后的金额来确认销售商品收入的金额；企业已经确认销售商品收入的售出商品发生销售折让的，应当在发生时，冲减当期销售商品收入；企业已经确认销售商品收入的售出商品发生销售退回的，应当在发生时，冲减当期的销售商品收入；而资产负债表日以前售出的商品在资产负债表日至财务会计报告批准报出之间退回的，应当冲减报告年度的收入。

(2) 收入的有效性结构。

收入的有效性主要是看有效收入比重，这是一个很有现实意义的概念。有效收入与无效收入的判断标志，主要是看收入是否能最终给企业带来经济利益，主要形式是带来现金净流入。在市场经济条件下，无效收入的发生是不可避免的。因为，会计上收入是按照权责发生制的原则核算的。根据这个原则，只要收入实现了，不管货款是否收到，都要作为收入确认。而在市场经济条件下，信用制度的广泛运用使得企业的相当一部分收入与货款的回笼发生了时间上的分离，甚至有部分货款可能最终也无法收回，产生坏账。但是，对企业来说，较高的无效收入比重将意味着企业有较大的利益损失。因此，一个经营业绩良好的企业，应当是能够通过有效的措施，将无效收入的比重降低到最低限度。在进行收入结构分析时，经常性收入和无效收入等数据，可以通过会计人员的有效职业判断合理估计。

(3) 收入的品种结构。

财务报表有两类：一是对外报表；二是内部报表。利润表只能反映企业全部营业收入的总体获利水平，至于每种产品或每类业务的获利情况，从报表中是看不出来的。但这方面的信息对于了解企业的经营结构是否合理，特别是评估企业经营的未来发展前景，又是十分必要的。按行业分布编制的分部报表虽能反映企业的业务经营结构，但不完善。所以，企业内部报表中有“主营业务收支明细表”，供企业内部管理使用。根据主营业务明细表、销售明细表计算的各种产品或业务在总的销售收入中的比重，可以观察企业多元化经营战略的实施情况及与之相关的经营风险情况。一般情况下，如果企业某一种产品或业务的收入所占比重较大，说明该企业的经营较为集中或单一；反之，说明企业经营多元化的水平较高。

(4) 收入的行业结构。

收入的行业结构主要是指根据分部报告来计算企业总的营业收入中各行业营业收入的比重。行业收入比重不同，企业所面临的经营风险也就不同。比如，有甲、乙两家企业，销售收入都是 10 亿元，但甲企业 10 亿元的销售收入来自轻工、纺工、电子三个行业，而乙企业 10 亿元的销售收入来自信息技术、生物工程和石化三个行业，则甲、乙两家企业所面临的经营风险和未来的发展前景是完全不同的。

经营多元化是企业发展进入新阶段的一个标志。从国外成功企业的发展经验看，均经历过从经营单一化到经营多元化的演进过程；并且从现实看，经营多元化企业一般都具有明显的规模优势。由于受市场环境变化、参与国际竞争等因素的影响，国内企业规模扩张的速度较快，规模较大的企业纷纷制定和实施经营多元化的战略和策略，有些企业已经取得了明显的成效。

经营多元化是企业合理配置内部资源和防范经营与理财风险的有效途径。但是，经营从单一化到多元化是有条件的，至少应包括：第一，主导产品或业务的竞争优势已经形成；第二，有足够的自有资金保证：第三，有相适应的管理控制能力；第四，有理想的投资和未来经营的方向等。在条件不具备时过早进入多元化，有可能不是降低风险而是转嫁风险。因此，多元化实际上是一把“双刃剑”，它可以降低风险也可以增加风险，关键是条件是否具备及企业如何运作。对一个企业来说，与其奉行“东方不亮西方亮”的经营理念，不如按照“亮了东方再亮西方”的思路开展自己的经营活动，这可以说是所有成功企业的共同经验。

(5) 收入的地区结构。

收入的地区结构主要是指根据分部报告来计算企业的营业收入中每个地区营业收入的比重。地区收入比重不同，企业所面临的经营风险也就不同。

2) 收入增减变动分析

收入增减变动分析，是将主营业务收入的结构及其变动与收入规模及其变动相结合的分析。它是以企业连续数年的主营业务收入的数据为基础，通过计算每一期各项主营业务收入占企业收入总额的比率，了解企业主营业务收入的结构比重及其逐年变动差异，找出具有重要影响的主要项目，推测其变动对企业主营业务收入规模的增减变动趋势和方向的影响，评估其变动对企业主营业务收入规模的发展是有利还是不利，并在此基础上提出管理建议。

由于其他业务收入在整个企业收入中比重不大，因此在进行收入分析时，应重点把握主营业务收入情况。对主营业务收入情况的分析，可以从主营业务收入构成、主营业务收入变动、主营业务收入增长情况几个方面进行。

CX 企业收入类项目增减变动情况分析如表 3-9 所示，请分析该企业营业增减变动趋势。

表 3-9 收入类项目增减变动情况分析表

项目	上年		本年		差异	
	金额/万元	比重/%	金额/万元	比重/%	金额/万元	比重/%
主营业务收入	150 000	83.1	220 000	91.4	70 000	8.3
其他业务收入	30 000	16.6	20 000	8.3	−10 000	−8.3
投资收益	160	0.1	207	0.1	47	0
补贴收入	0	0	0	0	0	0
营业外收入	394	0.2	520	0.2	126	0
合计	180 554	100	240 727	100	60 173	0

分析：从表 3-9 中可以看出，CX 企业主营业务收入比上年增加了 70 000 万元，主营业务收入比重本年比上年增加了 8.3%，并占到了总收入的 91.4%，说明该企业主营业务收入的经营处于良好的成长发展期；其他业务收入比上年降低了 10 000 万元，所占比重仅下降了 8.3%，因此，总体上营业收入仍然是增加的；另外该企业对外投资也取得了较好收益，总额有所增加。总体来说，CX 企业外部经营状况较好，内部管理有成效，企业的盈利能力不断增强，经营收入是稳定的。

3) 收入变动趋势分析

在进行营业收入变动趋势分析时，资料的时间年度至少应是 3 年，一般以 5 年左右为宜。比较计算各年相同项目的增减差异和变化幅度时，既可以采用环比法，也可以采用定基方法。CX 公司营业收入增长变动趋势分析如表 3-10 所示。

表 3-10　营业收入增长变动趋势分析表

年　度	营业收入/万元	定基增长速度/%	环比增长速度/%
2008	53 996	—	—
2009	111 593	106.67	106.67
2010	140 395	160.01	25.81
2011	180 000	233.36	28.21
2012	240 000	344.48	33.34

通过编制企业的营业收入增长变化趋势分析表，可以很明显地看出企业营业收入连续几年的变化趋势，以便判断企业的未来发展。

一般来说，较好的趋势走向往往表明企业可能处于成长期，走向成熟期；反之，则可能正从成熟期迈向衰退期。如果趋势走向不定，首先要寻找自身原因，如是否因计划不周、决策失误、规章制度不健全或执行不严、管理制度和监督不力等原因导致损失浪费、成本费用上升、坐失销售良机；其次，还应从外部环境角度加以分析，如是否属于市场需求发生变化、国家宏观政策调整或产品本身的生命周期等原因。在对原因进行全面分析的基础上，寻找解决问题的途径。

即席思考：收入在企业的利润中扮演怎样的角色，起到了什么样的作用？

【知识链接】

收入指标的局限性

收入及由此派生的市场占有率是衡量企业经营能力的重要指标。但是，在使用会计上的收入指标时，应当充分注意报表上收入指标的局限性。因为，财务报表上的收入是依据权责发生制原则来核算或确认的。所谓权责发生制，是指收入或费用在其发生时确认，而不是在款项收付时确认。在市场经济条件下，按照这个原则确认收入，就有可能出现这样一种情况：收入已经确认或体现在报表上了，但货款未收到甚至出现坏账。一旦与收入相关的款项成为坏账，则这种收入就不能为企业带来实际的经济利益，就不再符合收入的定义，这种收入，实际上就是虚的收入或无效的收入。无效收入不仅不能为企业带来实际经济利益，而且会给企业带来经济损失，至少是损失了企业销售发生的存货价值。因此，企业还必须把开拓市场和有效理财结合在一起。企业的销售存在发生坏账的风险，坏账越多，无效销售越多，损失越多。这是当前企业开拓市场、扩大销售时应当特别注意的问题。如果企业能够有效地控制坏账风险，则较高的市场份额就能给企业带来更多的实际利益。而有效地控制和防范坏账风险，就必须充分地发挥理财的功能，因为，从理论上说，防范信用风险是理财的功能。从实践看，国外大、中型企业在内部理财组织体系中一般均设有专门的信用管理部门。例如，我国香港地区的公司理财，一般就设有规划部(负责投资项目的可行性研究和编制投资预算等)、信贷部(负责信用调查、信用政策的设计和组织收款等)和经营部(负责筹措资金和组织资金的运用等)。从外部环境看，当前我国企业的销售收款风险较大，主要原因是多数企业资金短缺、信用观念较差等。而企业内部信用组织不健全和信用制度不完善，会使潜在的信用风险转化为现实，结果在相当一部分企业，销售的坏账损失较多。

有效地控制销售信用风险，从企业内部来说，当前重点要做好以下工作：一是完善内部控制制度，尤其是要解决销货和收款一揽子承包的销售体制。这种销售体制虽已实行了多年，但在理论上并不符合内部牵制制度的原理。从实践看，由于销货和收款一肩挑，舞弊现象也经常发生。从理论和实践两方面来说，收款是企业财务的职能，销售是营销部门的职能。二是健全内部信用管理制度，包括信用调查、信用政策的设计和组织催款的制度等。

4) 收入操纵的案例分析①

【案例一】IX 公司寅吃卯粮，提前确认收入

IX 公司是设在硅谷的一家从事数据库管理的高科技公司，以高速成长著称，如 2010 年该公司对外报告的销售收入达 9.178 亿美元，比上一年增长了 62%，2011 年销售收入进一步增至 13.393 亿美元，比 2010 年增长了 46%。证券市场对 IX 销售收入的高速成长给予了应有的礼遇：2011 年，IX 的股票市值高至 64 亿美元。然而，好景不长。2012 年 4 月，IX 宣布了两条令证券市场十分震惊的消息：开始使用以物易物的方式与其客户进行账款结算，许多经销商向 IX 购买的软件无法出售给最终用户。IX 披露的信息表明，因为经销商的购货承诺已荡然无存，2012 年第一季度的销售收入比 2011 年同期减少了 6 100 万美元。证券市场对这些重大利空迅速作出反应：IX 的股票市值跌至 28 亿美元，跌幅高达 56%。

IX 从辉煌灿烂到声名狼藉，所运用的主要收入操纵伎俩就是隐瞒与其经销商签订的补充协议。其主要条款包括：①允许经销商将无法出售的软件退回；②承诺用自己的营销力量为经销商寻找最终用户；③承诺将自己获得的最终用户订单分配给经销商；④将赊销期限延长至 24 个月(软件收入确认的相关规则是不得超过 12 个月)；⑤将其为最终用户提供维护服务所获得的收入秘密转给经销商或最终用户，作为对它们向 IX 购买软件的补偿；⑥向经销商或最终用户支付虚构的咨询费用，再由它们以专利权使用费的名义支付给 IX。上述条款表明，IX 在确认软件销售时，风险和报酬尚未发生实质性的转移。通过这种手法，IX 在 2011 年和 2012 年分别虚增了 9 250 万美元和 33 500 万美元，虚增收入占这两个年度对外报告收入的比例高达 10%和 25%。

【案例二】美国在线时代华纳公司——拆东墙补西墙的杰作

美国在线与时代华纳合并后，急不可待地吹嘘合并的协同效应，不失时机利用一切机会夸大在线广告收入，以掩饰其在线业务江河日下的窘境。一个典型的例子就是发生在时代华纳有线电视部门与高尔夫频道之间的交易。高尔夫频道是有线电视巨头康卡斯集团控制的一个体育节目频道。2001 年 6 月，高尔夫频道拟与时代华纳签署一项协议，同意支付 2 亿美元以便在未来 5 年利用时代华纳有线电视网播发其录制的体育节目。

正当时代华纳与高尔夫频道快要达成这项交易之际，美国在线中途介入，要求从时代华纳手中分一杯羹。迫于压力，时代华纳只得通知高尔夫频道变更已草签的协议，在不改

① 案例来源：黄世忠. 收入操纵的九大陷阱及其防范对策. 教育部资助课题“证券市场舞弊审计技术及规范研究”的阶段性成果。

变合同性质和条件的情况下，将原先商定的 2 亿美元体育节目播发合同分拆为两份，一份为与时代华纳签订的 1.85 亿美元节目播放合同；另一份为与美国在线签订的 1 500 万美元广告合同。高尔夫频道欣然接受这一新的安排，因为这对高尔夫频道非但没有坏处(合同总金额并没有改变)，反而有好处(可利用美国在线做免费广告)。通过这项合同变更，美国在线顺理成章地将这1 500万美元确认为广告收入，在2001年第三季度报出较好的广告收入数字。

表面上看，此项合同变更既没有改变美国在线时代华纳的收入总额，也没有增加其利润总额，但实际这是极其精明的操纵收入和利润的高招。首先，它改变了收入结构，使投资者难以判断在线广告业务的恶化程度；其次，它加速了收入确认时间，使美国在线时代华纳 2001 年度的收入多增加了 1 425 万美元；最后，它没有产生额外的现金流量，由于高尔夫频道支付的合同总金额仍为 2 亿美元，美国在线实际上是在为它做免费广告，时代华纳既没有因合同金额的变更而减少体育节目的播放时间，也没有向高尔夫频道索取额外的补偿。严格地说，这是一项附带的无偿捐赠行为，而不是广告销售行为。从这个意义上说，一分钱的广告收入都不应当确认。

(二)成本费用分析

收入是企业获得净收益或净利润的基础。一般情况下，收入越多，净利润也就越多。但在费用的增长超过收入增长的情况下，收入的增加就未必一定能带来净利润的增长。这正是当前企业存在的问题。有些企业，销售收入增长较快，但经济效益却未增加甚至下降，问题就在与收入相关联的成本费用上。因此，企业应正确认识收入及其增长，应当在收入增长的同时，降低成本费用水平。

费用是企业在生产经营中发生的各种耗费。由于费用与收入有内在的因果联系或关联性，因此，一般情况下，费用也由三种原因引起：一是生产和销售商品；二是加工和提供劳务；三是提供给他人使用本企业资产发生的损失等。报表分析应当充分关注企业的费用水平及其变化，并透视企业利润变化的原因。

费用是导致企业经济利益的总流出。由于费用是企业产生收入引起的，费用与收入之间具有一定的因果联系，因此，费用只有在得到收入补偿后的净额，才体现企业经济利益的净流出。费用是企业获得经济利益所必须付出的代价。当然，代价越小，则净收益就越大。因此，企业应当加强内部管理，有效控制费用的发生和费用水平，力争用较小的代价获得较高的回报。一般情况下，与费用相关联的收入是能够补偿费用的，但在有些情况下，也会出现得不偿失的情况，这就是企业经营亏损。

在会计上，费用一般按其性质分为以下三大类。①直接费用就是需要直接计入有关成本计算的对象，如产品的费用，包括直接材料、直接人工和其他直接费用等。在发生时，按一定的方法直接计入产品的成本。②间接费用，如产品的制造费用等，发生时不能直接辨明是哪一种产品发生的，只能在计算产品成本时按一定的方法分配计入成本。③期间费用包括销售费用、管理费用和财务费用等。这类费用由于与特定会计期间相关联，所以不管数额有多少，均计入发生期间的利润表，均可以从本期收入中得到补偿。在产品产销衔接不好的情况下，直接费用和间接费用部分要递延到以后会计期间，而期间费用不管什么情况均不递延。因此，如果企业在核算时混淆费用的分类，就会影响利润计算的正确性。

1. 全部销售成本完成情况分析

全部销售成本分析，是根据产品生产、销售成本表的资料，对企业全部销售成本的本年实际完成情况与上年度实际情况进行对比分析，从产品类别角度找出各类产品或各主要产品销售成本升降的幅度，以及对全部销售成本的影响程度。全部销售成本分析的一般步骤如下。

第一，将本年度全部产品销售总成本与按本年实际销售量计算的上年实际销售总成本进行对比，求出销售成本的增减额和增减率。计算公式是：

$$\text{全部销售成本降低额}=\text{本年实际销售总成本}-\text{按本年实际销售量计算的上年实际销售总成本}$$

$$\text{全部销售成本降低率}=\frac{\text{全年销售成本降低额}}{\text{按本年实际销售量计算的上年销售总成本}}$$

第二，计算主要产品和非主要产品的销售成本降低额和降低率，以及对全部销售成本降低率的影响。它们对全部销售成本降低率影响的计算公式是：

$$\text{主要产品销售成本降低对全部销售成本降低率的影响}=\frac{\text{主产品销售成本降低额}}{\text{按本年实际销售量计算的上年销售总成本}}$$

$$\text{非主要产品销售成本降低对全部销售成本降低率的影响}=\frac{\text{非主产品销售成本降低额}}{\text{按本年实际销售量计算的上年销售总成本}}$$

第三，计算各主要产品销售成本降低额和降低率，以及它们对全部产品销售总成本降低率的影响。计算方法可采用上述全部销售成本降低额和降低率的计算公式，以及主要产品降低对全部销售成本降低率影响的公式。

2. 主营业务成本

主营业务成本，在制造业企业就是已经销售的产品的制造成本。对这个项目，比较有意义的分析方法是计算“主营业务成本对主营业务收入的比率”，并在不同会计期间进行比较，观察其变化的趋势。一旦企业的这个比率是呈上升趋势的，在其他费用条件一定的情况下，企业的经营获利能力将出现下降的态势，说明企业的内部管理出了问题。值得注意的是，会计在为计算主营业务成本而对发出材料计价时，有多种方法可供选择，如先进先出法、移动平均法、加权平均法和个别计价法等，不同的计价方法对主营业务成本的影响是不同的。分析该项目的变化时，要注意到这个变化是否受成本计算方法变化的影响及影响的程度。

在营业成本的分析过程中，要注意成本的确认问题，即成本要与其取得的收入进行配比，一是当收入已经确认，相应的成本也必须结转；二是如果收入没有确认，则有关的商品即使已经发出，相应的成本也不能结转；三是商品采取实际成本计价的，应注意结转商品成本的计价方法是否合理。商品采用计划成本或售价核算的，在结转计划成本和售价的同时，还应结转售出商品应负担的成本差异和进销存等情况，将计划成本和售价调整为实际成本。

企业增加利润应做到对内强化管理和对外扩大销售同时抓，并高度重视企业的内部管理。对管理的重视，将带来企业成本费用水平的降低。优化成本费用的结构与降低成本费

用同等重要。在实务中，对主营业务成本比重的分析通常要借助于“主营业务成本率”指标。计算方法是：

$$主营业务成本率=\frac{主营业务成本}{主营业务收入}\times100\%$$

3. 期间费用完成情况分析

销售费用、管理费用和财务费用是特别值得关注的数字。因为，从现实情况看，期间费用的上升是影响企业利润下降的主要原因之一。

销售费用是企业在销售商品(商品流通企业在购入商品)等过程中发生的费用，如销售人员的工资及福利费、佣金、广告费等。这项费用在性质上属于期间费用，全部数额均要从本期的产品销售利润中扣除，因此其对企业当期净利润的影响程度要比直接费用更大。尽管企业比较重视对销售费用的控制，但实际上销售费用的增长仍很快。可见，控制销售费用的任务依然十分艰巨。

管理费用是指企业行政管理部门为组织和管理生产经营活动而发生的各项费用。管理费用属于期间费用，在发生的当期就计入当期的损益。

财务费用是企业在融资过程中的支出，如结算的手续费、借款的利息支出等。利息负担沉重，直接和主要的原因是企业资产负债率过高。

对各项费用进行分析可采用水平分析法和垂直分析法。运用水平分析法可将各费用项目的实际数与上期数或预算数进行对比，以揭示各项费用的完成情况及产生差异的原因。运用垂直分析法则可揭示各项费用的构成变动，说明费用构成变动的特点。

CX 公司期间费用比重分析如表 3-11 所示，管理费用明细分析表如表 3-12 和表 3-13 所示。

表 3-11　期间费用构成分析表

编制单位：CX 公司　　　　2012 年 12 月 31 日　　　　单位：万元

项　目	本期发生额	上年发生额	本期所占比重/%	上期所占比重/%	差异/%
管理费用	10 899	9 000	44.13	42.24	1.88
财务费用	6 044	5 105	24.47	23.96	0.51
销售费用	7 756	7 200	31.40	33.79	−2.39
合　计	24 699	21 305	100.00	100.00	0

从表 3-11 可以看出，本期与上期比较，管理费用比重从 42.24%提高到 44.13%，财务费用的比重从 23.96%提高到 24.47%，销售费用比重有所下降。

从表 3-12 可看出，企业管理费用本年比上年度提高 1 899 万元，增长率为 21.10%。管理费用变动的主要原因，一是折旧比上年增长了 69.14%；二是差旅费增长 39.71%；其次是工资和业务招待费增幅也较大，分别是 28.01%和 15.73%，应当看到，企业在办公费、差旅费和业务费等方面的开支还有待于进一步控制。

表 3-12　管理费用水平变动分析表

编制单位：CX 公司　　2012 年 12 月 31 日　　单位：万元

项　目	本期发生额	上年同期	增减幅度	增减率/%
工资	5 255.00	4 105	1 150.00	28.01
办公费	3 060.00	2 900	160.00	5.52
差旅费	285.00	204	81.00	39.71
业务招待费	1 604.00	1 386	218.00	15.73
折旧	685.00	405	280.00	69.14
其他	10.00	6	4.00	66.67
合　计	10 899.00	9 000	1 899.00	21.10

表 3-13　管理费用垂直变动分析表

编制单位：CX 公司　　2012 年 12 月 31 日　　单位：万元

项　目	本期发生额	上年发生额	本期所占比重/%	上期所占比重/%	差异/%
工资	5 255.00	4 105.00	48.22	45.61	2.60
办公费	3 060.00	2 900.00	28.08	32.22	−4.15
差旅费	285.00	204.00	2.61	2.27	0.35
业务招待费	1 604.00	1 386.00	14.72	15.40	−0.68
折旧	685.00	405.00	6.28	4.50	1.78
其他	10.00	6.00	0.09	0.07	0.03
合　计	10 899.00	9 000.00	100.00	100.00	0

从表 3-13 可看出，2012 年管理费用结构中工资及办公费所占的比重较大，超过管理费用的 70%。另外，业务招待费也占较大比重。从动态上看，本年度工资比重上升较快，增长了 2.60%，折旧费用上升 1.78%，而办公费和业务招待费比重则有所下降，至于各项费用增减变动的具体原因，应结合附注资料进一步分析。可以依据表 3-12 和表 3-13，再设计销售费用及财务费用明细分析表，可采用相同的分析方法。

在成本费用的总水平降低的情况下，研究开发费用的比重却应进一步提高，这是科技进步和知识经济发展及提高企业综合竞争力的要求，也是国内外企业发展的共同经验和趋势。在美国，多数企业的研究开发费用占销售额的比重在 5%左右，1995 年福特汽车公司的研究开发费用达 70 亿元，占销售的 5%，相当于我国大中型工业企业研究开发费用总投入的 0.61 倍。与国外比较，目前我国企业的研究开发投入水平明显偏低。

4. 营业税金及附加

企业在生产销售过程中产生的相关税费是企业获得收益所付出的代价，也需要在收入中获得补偿。在进行营业税费及附加的过程中，要注意税率变动对企业利润所产生的影响。

【知识链接】

分析期间费用时的注意事项

分析管理费用时，应注意管理费用与营业收入、财务预算的配比。要根据企业当前财务状况和以前各期的收入水平来评价管理费用的支出情况。此外，从费用的特性角度来看，企业的管理费用基本属于固定性开支，在企业业务量和收入量一定的情况下，有效地控制与压缩固定性行政管理费用，将会给企业带来更多的收益。

分析销售费用时，应注意销售费用与营业收入的比较。采用比率分析法，通过与行业水平、本企业历史水平和当期计划水平作比较，考察其合理性。由于销售费用是来自企业市场拓展的费用开支，在企业业务正常发展的情况下，片面追求一定时期内销售费用的降低，有可能会对企业的长期发展产生不利影响。

分析财务费用时，应注意企业的利息费用构成了企业财务费用的主要方面。进一步对企业贷款规模、贷款利息率和贷款期限进行考察，分析企业贷款规模、机构和融资成本的合理性。对于有大量外汇业务的企业，要通过分析汇兑损益掌握外汇市场风险对企业的影响程度。另外，还要注意财务费用赤字问题，当企业利息收入大于利息费用时(这种情况通常会出现)，如数额过大应引起关注。

应根据营业成本和三项费用的规模金额、结构变化和实际趋势变化，分析企业费用管理的有效性和合理性。如营业收入与成本费用呈现同比例增长，导致利润增长，就说明企业经营处于一种稳定成熟的状态，实现利润有保障。

(三)资产减值损失

资产减值是指资产的可收回金额低于其账面价值而产生的损失，具体包括坏账准备、存货跌价准备、持有至到期投资减值准备、可供出售金融资产减值、短期投资跌价准备、长期股权投资减值准备、投资性房地产减值准备、固定资产减值准备、在建工程(工程物资)减值准备、生产性生物资产减值准备、无形资产减值准备、商誉减值准备、贷款损失准备等，包括单项资产和资产组的损失。资产减值损失科目核算的是企业根据资产减值等准则计提各项资产减值准备所形成的损失。

利润表资产减值损失项目分析要注意：应当在资产负债表日判断资产是否存在可能发生减值的迹象；对于存在减值迹象的资产，应当进行减值测试，计算可收回金额，可收回金额低于账面价值的，应当按照可收回金额低于账面价值的金额，计提减值准备。

(四)公允价值变动损益

公允价值变动损益是指资产或负债因公允价值变动所形成的损益。资产在取得时应确认是否以公允价值计量，如果选择以公允价值计量并且将公允价值变动计入当期损益，则不能够随意变更，如以公允价值计量且将其变动计入当期损益的金融资产，则金融资产可以进一步划分为交易性金融资产和直接指定为以公允价值计量且其变动计入当期损益的金融资产。

交易性金融资产主要是指企业为了近期内出售的金融资产。例如，企业以赚取差价为目的从二级市场购入的股票、债券和基金等，就属于交易性金融资产。衍生工具不作为有效套期工具的，也应当划分为交易性金融资产或金融负债。直接指定为以公允价值计量且其变动计入当期损益的金融资产，主要是指企业基于风险管理和战略投资需要等，将其直接指定为以公允价值计量且将其公允价值变动计入当期损益的金融资产。

(五)投资收益

投资收益是指企业进行投资所获得的经济利益。投资收益包括对外投资所分得的股利和收到的债券利息，以及投资到期收回或在到期前转让债权所得款项高于账面价值的差额等。投资活动也可能会遭受损失，如投资到期收回的或到期前转让所得款低于账面价值的差额，即为投资损失。投资收益减去投资损失则为投资净收益。

对多数企业来说，投资的主要目的都是为了获利，它增加了企业利润，增强了企业利润分配能力。但是，在目前条件下，投资还未成为企业经常化的行为，因此如果这部分收益占总利润的比率过大的话，也说明盈利的不稳定和风险增大。

随着企业管理和运用资金权力的日益增大、资本市场的逐步完善，投资活动中获取收益或承担亏损的那部分资金，虽不是企业通过自身的生产或劳务供应活动所得，却是企业利润总额的重要组成部分，并且其比重发展呈越来越大的趋势，因而，公允价值变动和投资收益两项作为企业利润所占的份额也将会越来越大，值得关注，可以采用水平分析和垂直分析法，具体可参考期间费用的分析。

(六)营业外收支与所得税费用

营业外收入是指与企业营业活动无直接联系的各种能导致经济利益净流入的事项，如固定资产盘盈、处理固定资产净收益、非货币性交易收益、出售无形资产收益、罚款收入、无法支付的应付款项和教育费附加返还等。这部分收入的数额较大并不是坏事，可使企业净利润增加，因而也增加了企业利润分配的能力。但是，营业外收入的稳定性较差，企业不能根据这部分收益预测将来的净收益水平。而且，如果营业外收入占利润总额的比例过大，说明企业的盈利结构出了问题，甚至是增加了不稳定的因素。值得注意的是，如果营业外收入中的技术转让收入保持一个较大的数额和持续的增长，则反映企业的研究与开发工作做得较好，而这正是将来企业发展所必需的。

营业外支出是指不属于企业生产经营的费用，与企业生产经营活动没有直接联系，但按规定应从企业实现的利润中扣除的各种支出，如固定资产盘亏、处理固定资产净损失、出售无形资产损失、债务重组损失、罚款支出、捐赠支出和非常损失等。对于这些损失，企业应力争控制到最低限度。

企业的所得税支出不是利润分配的一种形式，而是一种费用。由于会计对收入和费用的确认与税法的规定在某些方面不相同，这使得会计所反映的利润与税法规定的计税利润之间不一致，两者之间的差额表现为时间性差异和永久性差异。因此，利润表上反映的所得税费用，通常与企业实际缴纳的所得税不一致。这是在阅读利润表时应注意的问题。

(七)营业利润分析

营业利润是企业的营业收入与营业成本、营业税金及附加、相关期间费用等的配比结果，是利润表项目分析的第一个层次。营业利润与利润总额对比，传统意义上认为比率在60%甚至70%以上较理想。现代企业管理和经营模式的创新，创造了很多新的盈利模式，并且，新的会计准则把资产减值损益、公允价变动收益和投资收益并入营业利润中，使得营业利润的内涵和总量都有了扩张，所以，要想分析和评价企业的现有盈利能力、持久盈利能力以及企业当期利润的质量，还要对企业所在行业水平、企业历史水平以及利润构成因素的具体项目进行进一步分解和评价。

营业利润的多少，代表了企业的总体经营管理水平和效果。通常，营业利润越大的企业效益越好。

1. 营业利润较大

一般来说，企业营业利润较大，说明该企业的经营管理水平和效果好。但在分析中，应注意如下问题。

(1) 营业利润包括了其他业务利润，当企业多元化经营、多种经营业务开展得较好时，其他业务利润会弥补主营业务利润低的缺陷，如果企业其他业务利润长期高于主营业务利润，企业应适当考虑产业结构调整问题。

(2) 应考虑其他业务利润的用途，是用来发展主营业务，还是用于非生产经营性消费，如果是前者，企业的盈利能力会越来越强；反之，则企业缺乏长远盈利能力。

2. 营业利润较小

当营业利润较小时，企业应着重分析主营业务利润、多种经营的发展情况和期间费用的多少；如果主营业务利润和其他业务利润均较大，但其期间费用较高，而使营业利润较小，则要重点分析企业销售费用、管理费用和财务费用，找出期间费用居高的原因，严格控制和管理，通过降低费用，提高营业利润率。

如果一个企业利润总额和净利润主要是由非营业利润获得，则该企业报表分析人员应重视利润实现的真实性和持续性。如果企业营业利润亏损，而投资收益盈利，则企业应首先肯定以前的投资决策是正确的，但要分析内部经营管理存在的问题，提高企业内部生产经营活动的创新能力。同时，企业分析人员还应当谨防有关人员通过公允价值变动和投资收益项目对营业利润进行人为操纵。

即席思考：在利润表中各项目有什么特点和作用？分析时应该如何考虑侧重点？

【知识链接】

解读会计利润

会计利润是根据企业实际发生的经济业务所获得的各种收入和所付出的相关成本费用进行计算的，因而具有较高的可验证性，相对比较客观。会计利润是分期计算出来的，建立在分期假设的基础上，因而会计利润是企业某一既定期间的经营成果。会计利润是依据权责发生制原则来确认收入的，收入或收益只有在实现以后才体现在利润表上，未实现的收益不管其发生的可能性程度有多大，均不包括在利润表之中。会计利润是按历史成本原则计算出来的，不考虑物价变动的影响。这样，在物价持续上升的情况下，按历史成本计算出来的账面利润有可能会高估企业的净收益水平，导致账面利润与实际利润脱节或虚盈实亏。长此以往，企业的实物资本或生产经营能力就会受到侵蚀。

(八) 利润结构类型

参照国外做法可将我国利润表分成3类6种，见表3-14。

表3-14 利润表结构类型图示

类型 / 项目	A		B		C	
	1	2	3	4	5	6
主营业务利润	盈利	盈利	盈利	盈利	亏损	亏损
营业利润	盈利	亏损	亏损	亏损	亏损	亏损
利润总额	亏损	盈利	盈利	亏损	盈利	亏损
状态说明	正常状况且盈利水平越高，经营状况越好	根据产生亏损情况处理	此种状况如果继续下去将会导致破产		接近破产状态	

A型企业属于正常状态的利润表要素构成状况。A1类企业最好，属于正常企业的经营状况。A2类企业往往是由于非正常性的特殊情况发生损失而造成亏损，通过采取措施，加强经营管理，有望迅速好转。

B型企业属于危险状态的利润表要素构成状况。B3类企业虽有盈利，但非营业所得，而是靠非正常经营业务所得，故既不能持久，也不会过多。B4类企业在不能获得非营业利润情况下必导致亏损，该类型企业产品销售获得毛利已不能弥补期间费用的支出，产生营业亏损，继续下去亏损越多，亏损比例越高，导致破产速度越快。

C型企业属于濒临破产状态的利润表要素构成状况。C5类企业虽然最终盈利，但非正常经营业务所得，既不会多，也不会持久，是一种偶然性所得，最终还是不能维持企业支出。C6类企业难以维持下去，如果亏损累计数额达到实收资本时，即为资不抵债，导致破产。

一个合理的利润结构，应当是经常性业务利润占绝大比重的结构。因为，只有经常性业务的利润，才是具有持续不断的再生特征的利润，才对预测和决策具有价值。非经常性业务的利润如营业外收支净额等，不具有再生的性质，持续性和稳定性较差，不能成为企业持续发展的基础，也不具备预测和决策价值。另外，无效利润和有效利润的比重也应当成为利润结构分析的重要内容。人们已习惯将“利润最大化”表述为企业经营的主要或基本目标，然而实际上，企业按照权责发生制原则核算出来的利润，其中或多或少地有一定的“水分”，即无效利润。

关于企业利润的形成结构，当前存在的主要问题是不合理，盈利的稳定性和持久性较差。从利润的形成来源和增量构成看，当一个企业的主营业务的获利能力和盈利比重都在下降时，若这种下降成为长期趋势，就意味着企业的盈利结构由相对稳定性向不稳定、不

持久的偶发项目转移，企业盈利的风险将会增加。这种趋势若长期持续下去，对于改善企业的财务状况，提高经济效益，都是不利的。

随着市场经济特别是资本市场的发展，企业的对外投资行为会越来越经常化，数量会越来越多，相应的投资收益的数量也会持续增加，并且投资收益的稳定性也在增强。这时即使企业的营业外收支净额不变，营业利润的比重也会不断下降。所以在分析企业的利润结构时，要根据具体情况分析判断，不能一概而论。

【知识链接】

会计利润指标的作用

首先，净利润是衡量企业经营目标实现程度的一个重要指标。一般认为，企业是营利性组织，获利是企业的主要经营目标。这个目标的实现程度，要根据利润表中提供的净利润数字来考察。获利越多，其目标的实现程度就越好。不过，我们还不能把净利润作为衡量企业目标实现的唯一指标，因为，在可持续发展的社会里，企业的经营在力求获利的同时，还应当履行好社会责任，如环境保护、就业和开发人力资源、自然资源的有效利用、维护消费者利益等。将社会责任纳入企业经营的目标体系，也是西方国家企业的普遍做法。

其次，根据净利润计算的销售利润率指标还是反映企业经营能力的重要指标。企业的经营不是为经营而经营，企业经营的主要目的是为了获利。因此，只有将主营业务收入与获利结合起来才能更准确地反映企业的经营能力或经营实力。稳定市场和开拓市场的目的还是获利，只有利润随市场的扩展增加，才可以说企业的经营实力增强了。因此，不能只注意主营业务收入的增长，更应当关心利润的增长。在对企业持续发展的贡献方面，利润总是胜于毛收入。

最后，根据净利润计算的利润增长率指标还是观察企业经营成长性和发展能力的重要依据，企业还可以将利润增长率与主营业务收入增长率进行比较分析。如果主营业务收入增长率高于利润增长率特别是主营业务利润增长率，说明企业成本费用的上升超过了主营业务收入的增长，这是值得注意的事项。

三、完成工作任务评价

(一)完成利润表主要项目分析工作任务

请根据工作任务要求，按照工作任务操作流程，结合完成工作任务所需要的技能导航，来完成项目一中岭南园林股份有限公司利润表主要项目分析与评价任务。

(二)完成工作任务结果评价

按照要求和规程完成了项目一中岭南园林股份有限公司利润表主要项目分析与评价后，参照老师给出的评价标准，任务的完成者与老师共同来评价工作任务的完成情况。

评价标准：

(1) 是否从收入的构成项目入手，分析收入的变动情况和趋势及对利润的影响情况；

(2) 是否以优化成本费用的结构与降低成本费用同等重要为切入点，对费用的构成及结构的变化进行全面评价；

(3) 能准确揭示营业利润的形成过程及结构变化情况。

(三)完成工作任务收获

按照要求和规程完成了工作任务后，结合老师对完成工作任务结果的评价，你认为自己完成此项工作任务有什么收获？请将你的收获写出来，与老师和同学们一起交流和分享。

【工作任务四　进行盈利能力分析】

盈利能力通常是指企业在一定时期内赚取利润的能力。盈利能力的大小是一个相对的概念，即利润相对于一定的资源投入、一定的收入而言。利润率越高，盈利能力越强；利润率越低，盈利能力越差。

企业的盈利能力对企业的所有利益关系人来说都非常重要。企业的盈利能力强，能够赚取丰厚的利润，债权人的利息和本金才有偿还的保障，经营管理者才能凭借良好的业绩获得相应的奖励，投资人才有分配股利的基础，国家才有征收所得税的依据，企业职工才有望增加劳动收入和改善福利待遇。因此，盈利能力是任何利益关系人在任何情况下都非常关心的。

一、制定企业盈利能力分析流程

制定企业盈利能力分析的步骤如下：

第一步：确定影响企业盈利能力的指标；

第二步：分析各盈利指标对企业盈利能力的影响程度；

第三步：计算各项盈利指标数值；

第四步：分析评价企业盈利能力。

二、预备知识

(一)企业盈利能力分析的目的

企业从事经营活动，其直接目的是最大限度地赚取利润并维持企业持续稳定地经营和发展。持续稳定地经营和发展是获取利润的基础；而最大限度地获取利润又是企业持续稳定发展的目标和保证。只有在不断地获取利润的基础上，企业才可能发展；同样，盈利能力较强的企业比盈利能力较弱的企业具有更大的活力和更好的发展前景。

1. 利用盈利能力的有关指标反映和衡量企业经营业绩

企业经理人员的根本任务，就是通过自己的努力使企业赚取更多的利润。各项收益数据反映了企业的盈利能力，也反映了经理人员工作业绩的大小。用已达到的盈利能力指标与标准、基期、同行业平均水平、其他企业相对比，则可以衡量经理人员工作业绩的优劣。

2．通过盈利能力分析发现经营管理中存在的问题

盈利能力是企业各环节经营活动的具体表现，企业经营得好坏，都会通过盈利能力表现出来。通过对盈利能力的深入分析，可以发现经营管理中的重大问题，进而采取措施解决问题，提高企业收益水平。

3. 是债权人评价企业偿债能力的重要依据

对于债权人来讲，利润是企业偿债的重要来源，特别是对长期债务而言。盈利能力的强弱直接影响企业的偿债能力。企业举债时，债权人势必审查企业的偿债能力，而偿债能力的强弱最终取决于企业的盈利能力。因此，分析企业的盈利能力对债权人也是非常重要的。

4. 是股东投资决策的依据

对于股东(投资人)而言，企业盈利能力的强弱更是至关重要的。在市场经济条件下，股东往往会认为企业的盈利能力比财务状况、营运能力更重要。股东们的直接目的就是获得更多的利润，因为对于信用相同或相近的多个企业，人们总是将资金投向盈利能力强的企业。股东们关心企业赚取利润的多少并重视对利润率的分析，是因为他们的股息与企业的盈利目的是紧密相连的。此外，企业盈利能力增强还会使股票价格上升，从而使股东们获得更多的资本收益。

(二)企业盈利能力的影响因素

盈利能力受经营能力、成本水平、财务状况及风险等因素影响，这些因素对盈利能力有利有弊。分析和研究这些因素的影响对准确评价企业的盈利能力是非常重要的。

1．经营能力

经营能力决定企业的盈利能力，具体表现在：企业经营能力强，其资产在一定期间内的周转次数就多，资产的盈利机会就多。因此，在资产每次周转的盈利水平一定的情况下，必然使该期间的利润额增加，进而使得据以计算的利润率指标相对较高，即反映出来的盈利能力较强。反之，若企业经营能力差，意味着其资产周转缓慢，盈利机会少，在此情况下，企业的利润水平及据以计算的盈利能力指标会相对较低，即反映出来的盈利能力不佳。

2．成本水平

企业成本水平对盈利能力产生反方向的影响，在企业经营能力一定的情况下，其成本水平越高，企业的盈利能力越低，抵御市场风险的能力越弱，则市场竞争能力越低：反之，当企业的经营成果一定时，成本水平越低，则盈利空间越大，企业抵御市场风险的能力和市场竞争能力就越强。因此，企业的利润率越高，从某一侧面表明企业对成本费用的控制能力和管理水平越高，即说明企业为取得收益而付出的代价越小，企业盈利能力越强。

3．财务状况及风险

一个企业的财务状况的稳定性及风险的高低对其盈利能力有着极其重要的影响。财务状况的稳定性取决于资本结构，而资本结构对盈利能力产生着重要影响。资本结构是风险与收益在融资环节相权衡的结果，它对企业经营具有重要影响。负债的利息在税前列支，发挥着财务杠杆作用，即当长期资本报酬率高于长期负债利息率时，净资本报酬率随着负债率的增加而增加；反之则净资本报酬率随着负债率的增加而减少，甚至由正值变为负值，欲增强企业的盈利能力，既要尽可能地减少资本占用，又要妥善安排资本结构。

【知识链接】

资产的配置对企业盈利能力的影响分析

各项资产的平均占用额对盈利能力的影响。各项资产的平均占用额是相应的资产报酬率的负影响因素，即在息税前利润一定的情况下，各项资产的平均占用额越大，相应的资产报酬率越低，说明企业的盈利能力越弱。资产是盈利的物质基础，没有资产的运动，盈利就无从谈起。无论是资产占用数额的大小还是资产占用结构状况均会对企业经营产生非常重要的影响，它不仅影响着收益，而且影响着企业的经营风险、资产的流动性及其弹性等，因而影响着企业的盈利能力。

经营杠杆对企业盈利能力的影响。在存在固定成本的情况下，利润的变动率必然大于产销量的变动率，这种现象即为经营杠杆。经营杠杆对盈利能力的影响主要表现在，经营杠杆意味着营业利润变动相当于产销量变动的倍数。因此，当其他因素不变时，经营杠杆系数越大，意味着营业利润的波动幅度越大，产销量增加时，营业利润将以更大倍数增加；产销量减少时，营业利润也将以更大倍数减少。这表示在企业盈利能力增强的同时，也意味着企业经营风险的增大。所以，我们一方面可以通过分析研究经营杠杆来探究增加营业利润、提高盈利能力的途径；另一方面，还可以通过经营杠杆分析研究探求降低经营风险的途径。

(三)盈利能力分析的角度

1．短期债权人的分析

短期债权人在企业中的直接利益是企业在短期内对短期债务本息的归还，如果短期债权人不能收回到期债权，其利益就会受到损害。因此，短期债权人把分析的焦点集中在企业当期会计年度盈利水平的高低上。只要短期借款期间的盈利水平高，短期债权人较多的利益就比较有保障。这也是通常短期债权人较多关心当期盈利水平，而较少关心未来盈利水平的稳定性和持久性的原因。

此外，短期债权人有时不仅仅局限于企业盈利能力的分析，而是深入到企业盈利内部，对支出和收入、现金的流出和流入进行分析。通过分析，以准确判断企业是否有足够的现金偿债能力。

2．长期债权人的分析

长期债权人的直接利益是关注债务企业能在长期债务到期时，可以及时足额地还本付息。一般而言，长期债务比短期债务的偿还更需要以稳定和持久的盈利能力为基础。这主要基于以下两点考虑。

其一，长期债务的利率较高，从理论上讲，利息部分是要靠较强的盈利能力来保证及时足额支付的。长期负债的本息，要在较长时期内支付，只有企业经营稳定并持续发展，从而盈利能力高，才能真正地实现这种长期支付。

其二，长期负债要通过较长时期才能归还，在较长的时期内，企业面临的市场环境可能出现重大变化，企业的经营管理也可能发生巨大变化，而对它们的预测也因时期长而变得困难。长期负债的还本付息面临企业经营周期长的经营风险和市场风险，因此，一旦企业经营管理不善或市场不景气，企业将面临破产的可能，导致长期负债得不到偿还。所以，长期债权人比短期债权人更加关心企业经营的长期稳定性和持续发展性，而这主要是通过对企业盈利能力的整体分析才能把握。

3. 所有权人(股东)的分析

所有权人(股东)的直接利益是对所投资企业的资产或净资产的增值程度以及其投资的报酬的高低。可以说，所有权人(股东)比任何财务报表使用者都更加关心企业的盈利能力。因为，在市场经济条件下，投资者所拥有的资本的投资去向是由投资报酬或利益决定的。除非投资者有其他直接目的(如为取得控股权、避税等)，否则投资者是不会放弃盈利能力较强的项目，而把资本投向盈利能力较弱的项目，而这些目的的取得间接或最终也是为了投资者在今后或其他方面能获得更高的投资收益。因此，对企业的所有者而言盈利能力的分析就有着十分重要的意义。

所有者不但在决定投资时十分关心企业的盈利能力，而且在投资后仍是如此。首先，所有者一旦将资本投入企业后，所有者不仅成为产权主体，同时也成为破产主体，也就是说所有者面临的破产风险一旦成为事实，所有者的利益将严重受损。因此，只有企业的盈利是持久的、稳定的，所有者才会对其资本的保全有充分的信心，企业盈利能力越强，利润越稳定、越持久，资本保全就越有保障。

(四)盈利能力分析的内容

盈利能力的分析是企业财务分析的重点，财务结构分析、偿债能力分析等的根本目的是通过分析及时发现问题，改善企业财务结构，提高企业偿债能力、经营能力，最终提高企业的盈利能力，促进企业持续稳定地发展。对企业盈利能力的分析主要指对利润率的分析。因为尽管利润额的分析可以说明企业财务成果的增减变动状况及其原因，为改善企业经营管理指明了方向。但是，由于利润额受企业规模或投入总量的影响较大，一方面使不同规模的企业之间不便于对比；另一方面它也不能准确地反映企业的盈利能力和盈利水平。因此，仅进行利润额分析一般不能满足各方面对财务信息的要求，还必须对利润率进行分析。

利润率指标从不同角度或从不同的分析目的看，可有多种形式。在不同的所有制企业中，反映企业盈利能力的指标形式也不同。在这里，我们对企业盈利能力的分析从以下几方面进行。

(1) 资本经营盈利能力分析，资本经营盈利能力分析主要对净资产收益率指标进行分析与评价；

(2) 资产经营盈利能力分析，资产经营盈利能力分析主要对全部资产报酬率指标进行分析和评价；

(3) 商品经营盈利能力分析，即利用利润表资料进行利润率分析，包括收入利润率分析和成本利润率分析两方面内容。为了搞好利润率因素分析，有必要对销售利润进行因素分析；

(4) 上市公司盈利能力分析，即对每股收益指标、普通股权益报酬率指标、股利发放率指标以及价格与收益比率指标进行分析。

即席思考：企业不同的利益相关主体在进行企业盈利能力分析时侧重点有何区别？

三、技能导航

(一)资本经营盈利能力分析

1. 资本经营盈利能力内涵与指标计算

资本经营盈利能力是指企业的所有者通过投入资本经营所取得的利润的能力。反映资本经营盈利能力的基本指标是净资产收益率，指企业一定时期内的净利润同平均净资产的比率。它可以反映投资者投入企业的自有资本获取净收益的能力，即反映投资与报酬的关系，是评价企业资本经营效益的核心指标，其计算公式是：

$$净资产收益率=\frac{净利润}{平均净资产}\times 100\%$$

净利润是企业的税后利润，是企业利润未作任何分配的数额，受各种政策等其他人为因素影响较少，能够比较客观、综合地反映企业的经济效益，准确体现投资者投入资本的盈利能力。对于平均净资产，一般取期初与期末的平均值，但是，如果要通过该指标观察分配能力，则取年度末的净资产更为恰当。

净资产收益率是评价企业自有资本及其积累获取报酬水平的最具综合性与代表性的指标，反映企业资本运营的综合效益。评价标准通常可用社会平均利润率、行业平均利润率或资本成本率等。该指标越高，企业自有资金获取收益的能力越强，运营效益越好，对企业投资人、债权人的保证程度越高。在我国国有资本金绩效评价体系中，净资产收益率处于核心位置。

即席思考：根据以上知识，参照表 2-1、表 3-1，试计算 CX 公司 2012 年、2011 年净资产收益率变化，并分析 CX 公司哪年的盈利能力较强？如表 3-15 所示为 CX 公司的净资产收益率计算表。

表 3-15　CX 公司的净资产收益率计算表　　单位：万元

项　目	2012 年	2011 年
净利润	2 262	1 978
平均净资产(所有者权益平均余额)	129 381	118 570
净资产收益率/%	1.75	1.67

2. 资本经营盈利能力因素分析

影响净资产收益率的因素主要有总资产报酬率、负债利息率、企业资本结构和所得税税率等。下式可反映出净资产收益率与各影响因素之间的关系：

$$\text{净资产收益率}=\left[\text{总资产报酬率}+\left(\text{总资产报酬率}-\text{负债利息率}\right)\times\frac{\text{负债}}{\text{净资产}}\right]\times(1-\text{所得税率})$$

明确了净资产收益率与其影响因素之间的关系,运用连环替代法或差额计算法,可分析各因素变动对净资产收益率的影响。

3. 资本经营盈利能力的行业分析

CX 公司属于家电制造业，按照证监会的行业分类，属于家电制造业的公司共有 35 家，本项目的行业比较参照公司，是按照行业内股票价格排名顺序，分别选取高、中、低价比较有代表性的五家公司，按照新浪财经公开获得的 2012 年度报告计算整理得来。表 3-16 是同行业公司净资产收益率比较分析信息。

表 3-16 同行业公司净资产收益率比较分析

公司名称	总资产规模/万元	净资产规模/万元	净资产收益率/%
CX 公司	306 633	130 512	1.75
格力电器	10 756 700	2 758 020	40.50
青岛海尔	4 968 830	1 542 610	59.82
海信电器	1 825 140	898 165	26.89
春兰股份	277 759	188 866	17.53
四川长虹	5454 550	1 811 100	22.82

由表 3-16 可以看出，CX 公司的净资产收益率在同行业公司中处于靠后的位置，其盈利能力与同行业公司相比较，存在着很大的不足，表明其资本经营盈利能力亟待提高。

(二)资产经营盈利能力分析

企业的生产经营活动必须以拥有一定的资产为前提，资产的结构需要合理地配置并有效地运用。企业在一定会计期间占用和消耗一定的资源，获取一定的利润。利润作为资产运用的结果是由全部资产带来的，企业获取的利润越大，资产的盈利能力越强，经济效益越好。通过资产盈利能力分析可以衡量资产的运用效益，从总体上反映投资效果，这对财务会计报告使用者是非常重要的会计信息。

1. 资产经营盈利能力内涵与指标计算

资产经营盈利能力，是指企业运营资产所产生的收益的能力。反映资产经营盈利能力的指标是总资产报酬率，也称总资产息税前利润率，是企业一定时期内获得的报酬总额与企业平均资产总额的比率。它是反映企业资产综合利用效果的指标，也是企业衡量债权人和所有者权益总额所取得盈利的重要指标。其计算公式如下：

$$总资产报酬率=\frac{利润总额+利息支出}{平均总资产}\times 100\%$$

平均总资产=(期初资产总额+期末资产总额)÷2

分母是总资产，总资产由所有者和债权人共同所有，除净利润之外，利息和企业所得税也是企业资产运营产生的效益。何况从企业对社会的贡献来看，利息同利润具有同样的经济意义，因此在分子中我们将企业所得税和利息支出同净利润一并考虑。

评价总资产报酬率时，需要与企业前期的比率、同行业其他企业的这一比率等进行比较，并进一步找出影响该指标的不利因素，以利于企业加强经营管理。

即席思考：根据以上知识，参照表 2-1、表 3-1，试计算 CX 公司 2012 年、2011 年总资产报酬率变化，并分析 CX 公司哪年的盈利能力较强？如表 3-17 所示为 CX 公司的总资产报酬率计算表。

表 3-17　CX 公司的总资产报酬率计算表　　单位：万元

项　目	2012 年	2011 年
利润总额	3016	2637
所得税	754	659
净利润	2262	1978
利息支出净额	6000	5050
息税前利润	9016	7687
总资产平均余额	301402.5	291586
总资产息税前利润率/%	2.99	2.64

2. 资产经营盈利能力因素分析

影响总资产报酬率的因素有两个：一是总资产的周转率，该指标作为反映企业资本运营能力的指标，可用于说明企业资产的运用效率，是企业资产经营效果的直接体现；二是销售息税前利润率，该指标反映了企业商品生产经营的盈利能力，产品盈利能力越强，总资产周转率越高。总资产报酬率与二者关系如下：

$$\begin{aligned}总资产报酬率 &= \frac{销售收入}{平均总资产}\times\frac{利润总额+利息支出}{销售收入}\times 100\% \\ &= 总资产周转率\times 销售息税前利润率\times 100\%\end{aligned}$$

在上述总资产报酬率因素分解式的基础上，运用连环替代法或差额计算法分析总资产周转率和销售息税前利润率变动对总资产报酬率的影响。

3. 资产经营盈利能力的行业分析

仍采用前述公司选取办法，进行资产经营盈利能力的行业比较分析，具体情况见表 3-18。

表 3-18　同行业公司总资产报酬率比较分析

公司名称	总资产规模/万元	净资产规模/万元	总资产报酬率/%
CX 公司	306 633	130 512	2.99
格力电器	10 756 700	2 758 020	6.92

续表

公司名称	总资产规模/万元	净资产规模/万元	总资产报酬率/%
青岛海尔	4 968 830	1 542 610	8.78
海信电器	1 825 140	898 165	8.94
春兰股份	277 759	188 866	0.08
四川长虹	5 454 550	1 811 100	0.50

由表 3-18 可以看出，CX 公司的总资产报酬率在同行业公司中处于中等靠后的位置，其盈利能力与同行业公司相比较，还存在着一定的差距，但其总资产获利能力比净资产收益率有较大提升。

(三)商品经营盈利能力分析

1. 商品经营盈利能力内涵

商品经营盈利能力不考虑企业的筹资或投资问题，只研究利润与收入或成本之间的比率关系。因此，反映商品经营盈利能力的指标可分为两类：一类是各种利润额与收入之间的比率，统称收入利润率；另一类是各种利润额与成本之间的比率，统称成本利润率。

2. 收入利润率分析

反映收入利润率的指标主要有营业利润率、营业收入毛利率、总收入利润率、销售净利润率、销售息税前利润率等。不同的收入利润率，其内涵不同，揭示的收入与利润关系不同，分析评价中的作用也不同。

(1) 营业利润率，是营业利润与营业收入之间的比率，其计算公式为：

$$营业利润率=\frac{营业利润}{营业收入}\times 100\%$$

(2) 营业收入毛利率，是营业收入与营业成本的差额与营业收入之间的比率，其计算公式为：

$$营业收入毛利率=\frac{营业收入-营业成本}{营业收入}\times 100\%$$

(3) 总收入利润率，是利润总额与企业总收入之间的比率，企业总收入包括营业收入、投资净收益和营业外收入，其计算公式为：

$$总收入利润率=\frac{利润总额}{营业收入+投资净收益+营业外收入}\times 100\%$$

(4) 销售净利润率，是净利润与营业收入之间的比率，其计算公式为：

$$销售净利润率=\frac{净利润}{营业收入}\times 100\%$$

(5) 销售息税前利润率，是息税前利润与营业收入之间的比率，息税前利润指利润总额与利息支出之和，其计算公式为：

$$销售息税前利润率=\frac{息税前利润}{营业收入}\times 100\%$$

收入利润率指标是正指标，指标值越高越好。分析时应根据分析目的与要求，确定适当的标准值，如可用行业平均值、全国平均值、企业目标值等。

根据表 3-2 的利润表及其附表资料，结合上述收入利润率指标的计算公式，可计算 2012 年、2011 年的收入利润率及其对比变动情况，见表 3-19。

表 3-19　CX 公司收入利润率分析表

项　目	2012 年	2011 年	差　异
营业收入/万元	240 000	180 000	60 000
营业成本/万元	185 574	133 822	51 752
营业利润/万元	2 796	2 273	523
利润总额/万元	3 016	2 637	379
净利润/万元	2 262	1 978	284
利息支出/万元	6 000	5 050	950
总收入/万元	240 727	180 554	60 173
营业利润率/%	1.17	1.26	−0.10
营业收入毛利率/%	22.68	25.65	−2.97
总收入利润率/%	1.25	1.46	−0.21
销售净利润率/%	0.94	1.10	−0.16
销售息税前利润率/%	3.76	4.27	−0.51

由表 3-19 可以看出，CX 公司 2012 年与 2011 年相比较，收入利润率各项指标均有所降低，降低幅度不大，表明 CX 公司盈利能力稳中略有下降。

【知识链接】

销售毛利变动的影响因素

影响销售毛利变动的因素可分为外部因素和内部因素两大方面。外部因素主要是指市场供求变化而导致的销售数量和销售价格的变动。销售数量和销售价格的上升会导致毛利额和毛利率的上升，但销售数量和销售价格通常是此增彼减的关系，尤其是价格弹性大的产品。由于我们对外部市场的驾驭能力有限，通常应适应市场变化，从内部因素入手寻求增加毛利额和毛利率的途径，所以了解影响销售毛利变动的内部因素更为重要。通常，影响销售毛利变动的内部因素包括以下几个。

1. 开拓市场的意识和能力

开拓市场的意识和能力直接关系着销售数量的实现程度，这方面的意识和能力越强，可实现的销售数量就越多。在价格水平不变的情况下，销售数量越多，毛利总额越大，毛利率则不受此因素的影响。但是，当我们通过改变价格和数量的组合，来寻求毛利总额最大的组合方案时，则可能是在降低毛利率的前提下通过更多的销售数量来实现毛利额最大。

2. 成本管理水平(包括存货管理水平)

当外部市场价格一定时，决定毛利水平高低的关键就是成本水平。而成本水平的高低又取决于成本管理水平的好坏。成本管理理念越强，成本管理的技术、方法、手段越先进，

成本管理的效果就越显著，成本的降低或节约就越突出，毛利额和毛利率也就能更显著地提高；反之，忽视成本管理，缺乏控制成本的意识，销售成本必然增加，毛利水平当然下降。

3. 产品构成决策

不同的产品，其毛利水平会存在一定差异，因此，当企业的产品结构不同时，将会有不同的毛利率。毛利水平较高的产品的销售比重上升时，毛利率会上升；反之，毛利水平较低的产品的销售比重上升时，毛利率就会下降。所以，我们在进行产品构成决策时，首先要考虑市场的需求，其次就是在此基础上利用企业有限的资源，尽可能优先安排毛利率水平较高的产品。

4. 企业战略要求

企业战略是为了实现长远的、整体的利益最优化、最大化，而它可能会以部分短期的、局部的利益为代价。比如，为了长远的成本优势，而加大本期的成本投入；为了扩大市场占用率而采取低价渗透策略，等等，这些都可能降低毛利率水平。但这只是暂时的，紧随其后的应该是毛利的大幅上扬。

此外，影响销售毛利率指标的因素还有行业特点。一般来说，营业周期短、固定费用低的行业，其毛利率水平比较低，如商品零售行业；营业周期长、固定费用高的行业，则要求有较高的毛利率，以弥补其巨大的固定成本，如重工业企业。因此，在分析企业的毛利率时，还必须与企业的目标毛利率、同行业平均水平及具有先进水平的企业的毛利率加以比较，以正确评价本企业的盈利能力，并分析产生差距的原因，寻找提高盈利能力的途径。

3. 成本利润率分析

反映成本利润率的指标有许多形式,其主要形式有：营业成本利润率、营业费用利润率、全部成本费用利润率等。

(1) 营业成本利润率，是指营业利润与营业成本之间的比率，其计算公式是：

$$营业成本利润率=\frac{营业利润}{营业成本}\times100\%$$

(2) 营业费用利润率，是指营业利润与营业费用总额的比率，营业费用总额包括营业成本、营业税金及附加、期间费用及资产减值损失。其计算公式是：

$$营业费用利润率=\frac{营业利润}{营业费用总额}\times100\%$$

(3) 全部成本费用利润率，是指利润总额与全部成本费用总额的比率，其计算公式是：

$$全部成本费用利润率=\frac{利润总额}{营业费用+营业外支出}\times100\%$$

以上各种利润率指标反映企业投入产出水平，即所得与所费的比率，成本利润率也是正指标，即指标值越高表明劳动耗费的效益越高，所以成本利润率是综合反映企业成本效益的重要指标。分析评价时，可将各指标实际值与标准值进行对比，标准值可根据分析的目的与管理要求确定。

根据表 3-2 的利润表及其附表资料，结合上述成本利润率指标的计算公式，可计算 2012 年、2011 年的成本利润率及其对比变动情况，见表 3-20。

表 3-20　CX 公司成本利润率分析表

项　目	2012 年	2011 年	差　异
营业成本/万元	185 574	133 822	51 752
营业利润/万元	2 796	2 273	523
利润总额/万元	3 016	2 637	379
营业费用总额/万元	237 411	177 937	59 474
营业成本利润率/%	1.51	1.70	−0.18
营业费用利润率/%	1.18	1.28	−0.10
全部成本费用利润率/%	1.27	1.48	−0.21

由表 3-20 可以看出，CX 公司 2012 年与 2011 年相比较，成本利润率各项指标均有所降低，降低幅度很小，表明 CX 公司盈利能力比较稳定。

4. 商品经营盈利能力因素分析

进行商品经营盈利能力因素分析，就是要分析各因素变动对收入利润率和成本利润率的影响程度。由于影响收入利润率的因素与影响成本利润率的因素相同，而二者在评价商品经营盈利能力方面有着相同或相似的作用。

(1) 产品毛利变动分析。

对于单一产品而言，毛利额的计算公式可表述如下：

$$毛利额=销售量\times(销售单价-单位销售成本)$$

毛利率的计算公式则为：

$$毛利率=(销售单价-单位销售成本)\div销售单价\times100\%$$

可见，单一产品毛利额的变动受销售量、销售单价、单位销售成本的影响；毛利率的变动则受销售单价和单位销售成本的影响。所谓单一产品毛利变动分析，就是分别分析这些因素变动对毛利额和毛利率产生的影响。

在当今和未来经济社会中，多元化经营、多样化产品是一种越来越普遍的趋势。而在经营多种产品的企业中，其毛利的变动除了受每一种产品的销售数量、销售单价、单位销售成本的影响外，当销售总量一定时，产品的销售构成也会对企业的毛利总额产生影响。

它们之间的关系可表述为：

$$\begin{aligned}毛利额&=\sum[某产品销售数量\times(该产品销售单价-该产品单位销售成本)]\\&=\sum(企业销售总额\times各产品销售比重\times该产品毛利率)\end{aligned}$$

其中：$综合毛利率=\sum(各产品销售比重\times该产品毛利率)$

(2) 销售成本利润率分析。

根据销售成本利润率的计算公式,可推导出影响销售成本利润率的因素主要有：产品品种构成、单位产品销售价格和单位产品销售成本三个因素。

① 品种构成变动的影响。

$$\begin{matrix}品种构成\\变动的影响\end{matrix}=\frac{实际销量\times基期单位利润}{实际销量\times基期单位销售成本}\times100\%-基期销售成本利润率$$

② 产品销售价格变动的影响。

$$\text{价格变动的影响}=\frac{\text{价格变动对销售利润的影响数}}{\sum(\text{实际销量}\times\text{基期单位销售成本})}\times100\%$$

③ 产品销售成本变动的影响。

$$\text{成本变动影响}=\text{实际销售成本利润率}-\frac{\sum\left(\text{各产品实际销售量}\times\text{基期单位销售利润}\right)\pm\text{价格变动对销售利润影响数}}{\sum(\text{产品实际销售量}\times\text{基期单位成本})}\times100\%$$

税率也是影响企业利润的重要因素,但由于目前大部分企业缴纳的是增值税,其税率大小及变动不直接影响销售利润。因此，在成本利润率分析中， 我们不对税率问题作过细分析。对于缴纳营业税或消费税的企业，应考虑税率变动对利润率的影响问题。

(3) 营业成本费用利润率指标的分析

这一指标根据其内容和内在联系可作如下分解：

$$\text{营业成本费用利润率}=\frac{\text{产品销售利润}+\text{其他业务利润}-\text{管理费用}-\text{财务费用}}{\text{产品销售成本}+\text{销售费用}+\text{管理费用}+\text{财务费用}}\times100\%$$

5. 商品经营盈利能力的行业分析

仍采用前述公司选取办法，进行商品经营盈利能力的行业比较分析，具体情况见表 3-21。

表 3-21　同行业公司营业利润率比较分析

公司名称	总资产规模/万元	净资产规模/万元	营业利润率/%
CX 公司	306 633	130 512	1.17
格力电器	10 756 700	2 758 020	8.08
青岛海尔	4 968 830	1 542 610	6.60
海信电器	1 825 140	898 165	7.17
春兰股份	277 759	188 866	−2.95
四川长虹	5 454 550	1 811 100	−0.11

由表 3-21 可以看出，CX 公司的营业利润率在同行业公司中处于中等的位置，其盈利能力与同行业公司相比较，还存在着一定的差距，其原因存在于营业成本较高，收入有待于进一步提高。

(四)上市公司盈利能力分析

随着股份制企业的增多和资本市场的逐步完善，上市公司也越来越多。由于上市公司自身特点所决定，其盈利能力除了可通过一般企业盈利能力的指标分析外，还应进行一些特殊指标的分析，特别是一些与企业股票价格或市场价值相关的指标分析。股本盈利能力的高低对于股东来说，不仅关系到其目前的收益水平，而且对其所持股票的未来股价和盈利高低也会产生较大的影响。股本盈利能力的高低对于上市公司来说也关系到其财务是否稳定、发展前景是否良好等一系列问题。反映股本盈利能力的指标比较常用的有每股收益、普通股权益报酬率、股利发放率和市盈率等指标。

1．每股收益的内涵与计算

每股收益，也称每股盈余，是指净利润扣除优先股股息后的余额与发行在外的普通股的平均股数之比，它反映了每股发行在外的普通股所能分摊到的净收益额。其计算公式如下：

$$每股收益=\frac{净利润-优先股股息}{发行在外的普通股加权平均数(流通股)}$$

该比率表明在某一时期内每股普通股能获得多少净利润，反映普通股的盈利水平，是衡量股份公司(一般指上市公司)盈利能力的重要财务指标，对于公司股票市价、股利支付能力等均有重要影响。

对于投资者来说，普通股每股利润的高低比其他反映盈利能力的指标更加重要，也更为直观。投资者可以从同一公司不同时期普通股每股收益的纵向比较中，了解其投入股本盈利能力的大小及其变动情况。如果将历年普通股每股收益进行比较，可以帮助投资人进行投资决策。

为了分析企业每股收益变动的原因，应确定影响每股收益的影响因素，并对各个因素进行分析，测算各个因素的变动对每股收益的影响的程度。

依据每股收益的影响因素，对每股收益指标作如下分解：

$$每股收益=\frac{净利润-优先股股息}{流通股数}=\frac{普通股权益}{流通股数}\times\frac{净利润-优先股股息}{流通股数}$$

$$=每股账面价值\times普通股权益报酬率$$

该指标在实际运用时还应注意以下几点。

(1) 股票投资是有风险的，每股利润指标不反映股票投资的风险。

(2) 每股利润高，并不一定意味每股股利支付高。

(3) 每股利润反映的是公司过去的状况，并不代表未来的利益。

根据表 3-2 的利润表及其附表资料，结合上述计算公式，可计算 2012 年、2011 年的每股收益及其对比变动情况，见表 3-22。

表 3-22　CX 公司每股收益分析表

项　目	2012 年	2011 年	差　异
净利润/万元	2262	1978	284
优先股股息/万元	0	0	0
发行在外的普通股 加权平均数/万股	7540	7540	0
稀释效应调整后发行在外的普通股加权平均数/万股	7540	7540	0
基本每股收益/元	0.30	0.26	0.04
稀释每股收益/元	0.30	0.26	0.04

由表 3-22 可以看出，CX 公司 2012 年与 2011 年相比较，每股收益各项指标均有所提

高，增幅较小，表明CX公司盈利能力较弱。

【知识链接】

稀释每股收益

稀释每股收益又称“冲淡每股收益”，是新会计准则所引入的一个全新概念，用来评价“潜在普通股”对每股收益的影响，以避免该指标虚增可能带来的信息误导。潜在普通股是指赋予其持有者在报告期或以后期间享有取得普通股权利的一种金融工具或其他合同。目前，我国企业发行的潜在普通股主要有可转换公司债券、认股权证、股份期权等。

稀释每股收益是以基本每股收益为基础，假设企业所有发行在外的稀释性潜在普通股均已转换为普通股，从而分别调整归属于普通股股东的当期净利润以及发行在外普通股的加权平均数计算而得的每股收益。从字面理解，在基本每股收益的基础上，潜在普通股(如公司发行的可转债)转换为普通股后，使普通股总数增加，重新计算每股收益，导致每股收益被稀释。

在计算基本每股收益时，上市公司只需要考虑当期实际发行在外的普通股股份以及相应的时间权数，按照“归属于普通股股东的当期净利润”除以“当期实际发行在外普通股的加权平均数”计算确定即可。

当上市公司发行可转换公司债券以融资时，由于转股选择权的存在，这些可转换债券的利率低于正常条件下普通债券的利率，从而降低了上市公司的融资成本，在经营业绩和其他条件不变的情况下，相对提高了基本每股收益的金额。因此，考虑可转换公司债券的影响以计算和列报“稀释每股收益”，可以提供一个更可比、更有用的财务指标。

计算稀释每股收益时只考虑稀释性潜在普通股的影响，而不考虑不具有稀释性的潜在普通股。

1. 分子的调整

计算稀释每股收益时，应当根据下列事项对归属于普通股股东的当期净利润进行调整。

(1) 当期已确认为费用的稀释性潜在普通股的利息。

(2) 稀释性潜在普通股转换时将产生的收益或费用。

上述调整应当考虑相关的所得税影响。对于包含负债和权益成分的金融工具，仅需调整属于金融负债部分的相关利息、利得或损失。

2. 分母的调整

计算稀释每股收益时，当期发行在外普通股的加权平均数应当为计算基本每股收益时普通股的加权平均数与假定稀释性潜在普通股转换为已发行普通股而增加的普通股股数的加权平均数之和。

假定稀释性潜在普通股转换为已发行普通股而增加的普通股股数，应当根据潜在普通股的条件确定。当存在不止一种转换基础时，应当假定会采取从潜在普通股持有者角度看最有利的转换率或执行价格。

假定稀释性潜在普通股转换为已发行普通股而增加的普通股股数应当按照其发行在外时间进行加权平均。以前期间发行的稀释性潜在普通股，应当假设在当期期初转换为普通股；当期发行的稀释性潜在普通股，应当假设在发行日转换为普通股；当期被注销或终止的稀释性潜在普通股，应当按照当期发行在外的时间加权平均计入稀释每股收益；当期被转换或行权的稀释性潜在普通股，应当从当期期初至转换日(或行权日)计入稀释每股收益中，从转换日(或行权日)起所转换的普通股则计入基本每股收益中。

案例

AX 科技于 2009 年 8 月发行了 4.3 亿元可转换公司债券，第一年票面利率仅为 1.4%。该公司 2010 年上半年基本每股收益为 0.223 元，其 6 月末的股本总额约为 2.84 亿股，尚有 1.96 亿元可转债未转股，因此，凯诺科技“稀释后期末股本”约为 3.23 亿股，稀释每股收益相应下降到 0.196 元，可见凯诺转债的稀释作用为 12.11%。

对于盈利企业，当其发行的认股权证与股份期权的行权价格低于当期普通股平均市场价格时，便具有了稀释性。但对于亏损企业，认股权证与股份期权的假设行权一般不影响净亏损，但却会增加普通股股数，从而导致每股亏损金额的减少，实际上产生了反稀释的作用，因此，这种情况下，不应当计算稀释每股收益。

2. 普通股权益报酬率的内涵与计算

普通股权益报酬率是指净利润扣除应发放的优先股股息后的余额与普通股权益之比。其计算公式如下：

$$普通股权益报酬率=\frac{净利润-优先股股息}{普通股权益平均额}$$

该指标从普通股股东的角度反映企业的盈利能力，指标值越高，说明盈利能力越强，普通股股东可得收益也越多。

普通股权益报酬率的变化受净利润、优先股股息和普通股权益平均额三个因素影响。一般来说，优先股股息比较固定，因此应着重分析其他两个因素。

根据表 3-2 的利润表及其附表资料，结合上述计算公式，可计算 2012 年、2011 年的普通股权益报酬率及其对比变动情况，见表 3-23。

表 3-23　CX 公司普通股权益报酬率分析表

项　目	2012 年	2011 年	差　异
净利润/万元	2262	1978	284
优先股股息/万元	0	0	0
普通股权益平均额/万元	129381	118570	10811
普通股权益报酬率/%	1.75	1.67	0.08

由表 3-23 可以看出，CX 公司 2012 年与 2011 年相比较，普通股权益报酬率有所提高，增幅较小，表明 CX 公司盈利能力较弱。

3. 股利发放率的内涵与计算

股利发放率是普通股股利与每股收益的比值，反映普通股股东从每股的全部获利中分到多少。其计算公式如下：

$$股利发放率=\frac{每股股利}{每股收益}\times100\%$$

式中每股股利是指实际发放给普通股股东的股利总额与流通股数的比值。股利发放率反映了企业的股利政策，其高低要根据企业对资金需要量的具体情况而定，没有一个固定的衡量标准。

为了进一步分析股利发放率变动的原因，可按下式进行分解：

$$股利发放率=\frac{每股股利}{每股收益}\times 100\%=\frac{每股市价}{每股收益}\times\frac{每股股利}{每股市价}\times 100\%$$

$$=市盈率\times股利报偿率$$

从公式可以看出，股利发放率主要取决于市盈率和股利报偿率。一般来说，长期投资者比较注重价格与收益比率，而短期投资者则比较注重股利报偿率。

4．市盈率的内涵与计算

市盈率是指普通股每股市价与每股收益的比值，是反映普通股的市场价格与当期每股收益之间的关系，可用来判断企业股票与其他企业股票相比较潜在的价值。其计算公式如下：

$$市盈率=\frac{普通股每股市价}{普通股每股收益}\times 100\%$$

该公式表明投资人为获取公司每 1 元收益所付出的价格。式中的分子是当前的每股市价，分母可用最近一年盈利，也可用未来一年或几年的预测盈利。市盈率是估计普通股价值的最基本、最重要的指标之一。若公司在股票市场上连续维持较高的市盈率，或较其他上市公司市盈率高，则说明公司具有潜在的成长能力，公司有较高的声誉，对股东有较大的吸引力。因为股东购买股票获得的收益由两部分组成：一是股利收入；二是股票本身市价的上涨。股东会认为，虽然从目前盈利情况分析，每获得 1 元钱付出代价较高，但相信将来公司股票市价必然会上涨，股东会取得更高的差价。但过高的市盈率，风险大，对于投资者来说，购买时应谨慎。如果市盈率低，说明股价低，风险应相对较小。高市盈率的股票多为热门股，低市盈率的股票可能为冷门股。

市盈率的高低通常以金融市场当时平均市盈率为依据进行评价，而不是越低越好或越高越好。在健全而完善的金融市场中，市盈率低未必能吸引投资者，相反，市盈率高可能更具吸引力，因为市盈率高而仍销售顺畅表明投资者对该企业充满信心，将来盈利必会提高，股价必会看涨；反之，可能意味着企业后劲不足。因此，以市盈率评价企业的盈利能力时，应注意对股票市场整个形势的全面分析。

根据表 3-2 的利润表及其附表资料，结合上述计算公式，可计算 2012 年、2011 年的股利发放率、市盈率及其对比变动情况，见表 3-24。

表 3-24　CX 公司财务分析信息表

项　目	2012 年	2011 年	差　异
净利润/万元	2262	1978	284
普通股股利实发数/万元	565.5	431.29	134.21
流通在外普通股平均数/万股	7540	7540	0
基本每股收益/元	0.30	0.26	0.04
每股股利/元	0.075	0.057	0.018

续表

项 目	2012 年	2011 年	差 异
股利发放率/%	25	22	3
每股市价/元	7.20	6.80	0.40
市盈率/%	24	26	−2

由表 3-24 可以看出，CX 公司 2012 年与 2011 年相比较，每股股利和股利发放率有所增加和提高，反映企业的分配和筹资政策有所改变，每股市价提高，市盈率有所下降，表明 CX 公司投资风险降低。

5. 上市公司盈利能力的行业分析

仍采用前述公司选取办法，进行商品经营盈利能力的行业比较分析，具体情况见表 3-25。

表 3-25　同行业公司基本每股收益比较分析

公司名称	总资产规模/万元	净资产规模/万元	基本每股收益/元
CX 公司	306 633	130 512	0.30
格力电器	10 756 700	2 758 020	2.47
青岛海尔	4 968 830	1 542 610	1.22
海信电器	1 825 140	898 165	1.23
春兰股份	277 759	188 866	2.00
四川长虹	5 454 550	1 811 100	0.06

由表 3-25 可以看出，CX 公司的每股收益在同行业公司中处于中等的位置，其盈利能力与同行业公司相比较，还存在着一定的差距，基本每股收益还有待提高。

四、完成工作任务评价

(一)完成分析企业盈利能力工作任务

请根据工作任务要求，按照工作任务操作流程，结合完成工作任务所需要的技能导航，来完成项目一中岭南园林股份有限公司盈利能力分析任务。

(二)完成工作任务结果评价

按照要求和规程完成了项目一中岭南园林股份有限公司盈利能力分析与评价任务后，参照老师给出的标准，任务的完成者与老师共同来评价工作任务的完成情况。

评价标准：

(1) 是否从企业资本、资产、商品经营、上市公司盈利等不同角度对企业的盈利能力进行全面评价；

(2) 尽可能完整揭示企业盈利能力差异的原因；

(3) 企业盈利能力综合分析及评价是否合理。

(三)完成工作任务收获

按照要求和规程完成了工作任务后，结合老师对完成工作任务结果的评价，你认为自己完成此项工作任务有何收获？请将你的收获写出来，与老师和同学们一起交流和分享你的收获吧！

小　结

企业在一定期间内的生产经营成果是通过利润表反映出来的，为此企业进行利润的分析是十分必要的。本章阐述了利润表分析的意义与内容，全面、系统地介绍了利润表分析的基本内容与方法。主要包括利润表的综合分析、分部分析、主要项目分析等的方法及应用。通过对企业利润表进行综合分析，可以进一步揭示不同业务性质的收支项目的稳定性和成长性，从而更好地对企业的盈利水平作出客观的评价；通过利润表项目的分析，可以具体了解企业利润形成的主要因素，影响利润额的主要原因，从而为经营管理和决策提供依据。企业的盈利能力无论是对于企业的投资者、债权人、政府的财政收入，还是对于衡量企业的经营业绩和职工的工作效率都是至关重要的。本项目从资本能力、资产盈利能力、商品经营盈利能力和上市公司盈利能力等几个方面介绍了企业盈利能力的比率分析，并阐述了影响企业盈利能力的其他因素。

思 考 题

1. 利润表的概念和作用是什么？包括哪些基本内容？
2. 在利润表中利润包括哪几个层次？应如何理解？
3. 简述主营业务收入的来源？
4. 怎样进行营业收入变动趋势的分析？
5. 收入的品种构成有哪些？能说明哪些问题？
6. 企业的利润分配的步骤有哪些？
7. 对费用分析应侧重哪几个方面？
8. 在进行营业利润分析时，如果营业利润过大或过小，应该如何分析？
9. 公司盈利能力分析的内容包括哪些？
10. 反映上市公司盈利能力的财务指标有哪些？

案 例 分 析

伊利集团利润分析

一、企业资料

伊利集团，内蒙古伊利实业集团股份有限公司是全国乳品行业龙头企业之一，中国最具价值品牌。伊利集团下设液态奶、冷饮、奶粉和原奶、酸奶五大事业部，所属企业八十多个。伊利于 2008 年的“三聚氰胺事件”，声誉受到一定影响，但伊利以其 35 个受检样品有一例检测出了微量三聚氰胺的事实，证明其是可以依赖的国产品牌。

1996 年 3 月 12 日，“伊利股份”在上交所挂牌上市。截至 2004 年，伊利集团连续两次入围“中国企业 500 强”，并顺利成为北京 2008 年奥运会全球合作伙伴和 2010 年上海世博会乳品高级赞助商，发展形势大好。

二、利润表分析

1. 毛利润的走向

2006—2008 年度伊利集团的毛利润分别为 45 27 044 395.75 元、5 012 422 207.88 元、5 809 447 367.38 元，呈上升的趋势。虽然 2008 年受到“三聚氰胺事件”的影响，但对企业的毛利润并没有显著影响。它影响到的是企业因存货报废而产生的巨额营业外支出和巨额的资产减值损失。

2. 企业经营收入的结构分析

在主营业务分行业的情况中，液体乳及乳制品制造业的收入占主营业务收入的 97%左右，混合饲料制造业占 3%左右。主营业务收入与主营业务成本都较上一年有大幅度的提高，提高的比例基本相同。证明伊利股份在两种行业的生产中，收入与成本都是正常增长，没有不正常的成本猛增情况。分产品的情况中，液体乳的比重最大为 71.3%左右，液体乳、冷饮产品系列和奶粉及奶制品行业的主营业务利润率都很高，伊利股份在这些高主营收入利润率的产品上的投入较多，对企业的盈利有促进作用。

3. 企业各项费用的绝对额在年度间的走向及各项费用与营业收入相对比的百分比走势

各项费用在 2006—2008 年内都有增长。销售费用在几年间的比例基本相同，只是在 2008 年有所增加。管理费用的增长很明显，出现异常。财务费用在 2007 年度有明显增加。伊利股份在三年间有费用的不正常增加。究其原因，“三聚氰胺事件”的发生，对整个乳品行业造成了非常严重的负面影响，使伊利股份产品销售大幅下滑，存货积压报废严重，为恢复市场销售的促销和宣传费用增加。

4. 企业利润质量恶化的表现

坏账准备的计提在 2007 年有所减少，但在 2008 年不正常增加。存货跌价准备的境况更是异常，在 2008 年增至 238 480 707.3 元。固定资产也在 2008 年急剧增加。究其原因，是因为在 2008 年，“三聚氰胺事件”的发生导致了伊利股份的经营急剧下降，企业由盈转亏，净利润在近几年内首度出现负值。“三聚氰胺事件”的发生，使伊利股份产品销售大幅下滑，存货积压报废严重，为恢复市场销售的促销和宣传费用增加。2008 年内受“三聚氰胺事件”影响造成存货报废 88 466.60 万元，同时公司对期末存货进行核查，按成本与可变现净值孰低原则，计提跌价准备 23 848.07 万元，因此导致报告期内归属于母公司的净利润发生大幅亏损，也使其他相关财务指标产生了大幅度的变动。由此可以看出，经过对减值准备的分析，可以很快地分析出企业的经营状况，对公司的财务分析有很好的作用

思考：对于本实例的分析你认为是否全面合理，是否有所补充？请你查找伊利集团 2008 年以后各年的利润表，并进行分析。

项目四

现金流量表分析

【知识目标】

- 熟悉现金流量表的基本内容
- 了解现金流量表分析的作用
- 掌握现金流量表综合分析
- 熟练掌握现金流量表财务分析的计算方法

【技能目标】

- 运用现金流量表综合分析方法进行分析
- 运用现金流量表财务分析方法进行分析

模块一　现金流量表分析的任务设计

现金流量表是以收付实现制作为记账基础，反映企业一定会计期间内现金和现金等价物流入和流出信息的一张动态报表。现金流量表主要提供有关企业现金流量方面的信息，在评价企业经营业绩、衡量企业财务资源和财务风险以及预测企业未来前景等方面，现金流量表起着十分重要的作用。

一、现金流量表分析的任务导读

CX 公司是一家以生产销售家电产品为主的制造企业，公司于 2009 年成立，建立之初公司经营状况正常，获利能力比较强。2009 年、2010 年、2011 年、2012 年四年间，CX 公司的净利润与经营现金流量之间的差别一直巨大。

在行业竞争激烈，利润空间缩小的环境下，自成立以来经营业绩出现持续下滑的局面。2009 年经营现金流量为负，净利润为正；2010 年，经营现金流量为正，净利润为负；2011 年，净利润与经营现金流量均为正，经营现金流量大于净利润；2012 年依旧是净利润与经营现金流量均为正，经营现金流量大于净利润。

在此情形下，CX 公司拟召开企业董事、股东、管理人员会议，会议中就现金流量问题做专题汇报。董事长找到财务经理老刘，请他对企业现金流量表进行分析解读，评价企业获取现金和现金等价物的能力，预测企业未来取得净现金流入的能力，分析净现金流量与净利润之间差异的原因，从而判断本公司日常生产经营运转是否健康。

如果你是财务经理老刘，你该如何去做呢？

二、现金流量表分析的任务提出

现金流量表是反映企业一定期间内现金和现金等价物的流入和流出情况的会计报表。现金是企业资产的一部分，也是企业的血液。现金在企业内部的循环就像血液在人体内的循环一样，任何环节出现了问题，都会造成企业的“缺血”，轻则影响企业的健康状况，重则引起企业财务危机，威胁企业的生命。对于一个正在成长的企业来说，现金如同新鲜血液；对于一个衰退中的企业，现金是一剂妙手回春的良药。为了总结会议上的发言报告，财务经理老刘设计了进行现金流量表分析的主要任务：

任务 1：如何进行现金流量表水平及结构分析，揭示各项目的相对地位和总体结构的关系，从而分析现金流量的合理性？

任务 2：如何进行现金流量表项目分析，揭示企业未来获取现金的能力、偿债能力、支付能力等？

任务 3：如何进行现金流量与利润的关系分析？

任务 4：如何进行现金流量表的财务分析？

三、现金流量表分析的任务分析

现金流量表揭示了企业获取和运用现金的能力。企业的现金流转情况在很大程度上影响着企业的生存和发展。企业现金充裕，就可以及时购入必要的材料物资和固定资产，及时支付工资、偿还债务、支付股利和利息；反之，即使企业有盈利能力，但如果现金周转不畅、调度不灵，轻则影响企业的正常生产经营，重则危及企业的生存。通过对它的分析，可为我们提供大量有关企业财务方面尤其是关于企业现金流动方面的信息，使我们了解企业当期和前期现金流量情况，从而预测现金流动的发展方向、偿还能力、支付能力，以便从各方面揭露矛盾、找出差距、采取措施，不断挖掘企业改善财务状况和扩大财务成果的内部潜力，促进企业生产经营活动按照企业价值最大化的目标实现良性运行。

对多数人而言现金流量表分析就像一个复杂的迷宫，就让我担任这个迷宫的向导吧。以下内容是完成现金流量表分析任务所必须掌握的知识。下面我们就开始预备知识的学习吧！

四、预备知识

(一)现金流量表的编制基础

现金流量表以现金及现金等价物为基础编制，划分为经营活动、投资活动和筹资活动，按照收付实现制原则编制，将权责发生制下的盈利信息调整为收付实现制下的现金流量信息。

现金流量表是以现金和现金等价物为基础编制的财务状况变动表。这里所说的“现金”是广义上的现金。

1．现金

现金是指企业库存现金以及可以随时用于支付的存款。不能随时用于支付的存款不属于现金。现金主要包括库存现金、银行存款和其他货币资金。

(1) 库存现金。库存现金是指企业持有可随时用于支付的现金，与“库存现金”科目的核算内容一致。

(2) 银行存款。银行存款是指企业存入金融机构、可以随时用于支取的存款，与“银行存款”科目核算内容基本一致，但不包括不能随时用于支付的存款。例如，不能随时支取的定期存款等不应作为现金，提前通知金融机构便可支取的定期存款则应包括在现金范围内。

(3) 其他货币资金。其他货币资金是指存放在金融机构的外埠存款、银行汇票存款、银行本票存款、信用卡存款、信用证保证金存款和存出投资款等，与“其他货币资金”科目核算内容一致。

2．现金等价物

现金等价物是指企业持有的期限短、流动性强、易于转换为已知金额的现金和价值变动风险很小的投资。其中，“期限短”一般是指从购买日起 3 个月内到期，如可在证券市场上流通的三个月内到期的短期债券。

现金等价物虽然不是现金，但其支付能力与现金的差别不大，可视为现金。例如，企业为保证支付能力持有必要的现金，为了不使现金闲置，可以购买短期债券，在需要现金时，随时可以变现。现金等价物的定义本身包含了判断一项投资是否属于现金等价物的四个条件，即期限短、流动性强、易于转换为已知金额的现金、价值变动风险很小。其中，期限短、流动性强强调了变现能力，而易于转换为已知金额的现金、价值变动风险很小则强调了支付能力的大小。权益性投资变现的金额通常不确定，因而不属于现金等价物。

【知识链接】

银行承兑汇票保证金属于现金或现金等价物吗？

企业开具银行承兑汇票时，需要按一定比例向银行缴付保证金。公司取得的票据记应付票据，保证金则记入其他货币资金。应付票据在本质上属于银行借款，票据保证金则是为该借款提供的质押。票据到期时，银行可能直接将保证金划走偿还借款，也可能将保证金归还，而从公司其他账户划走资金。

1. 银行承兑汇票保证金不属于现金或现金等价物

对于银行承兑汇票保证金是否属于现金或现金等价物，实务中一直存在争议，有以下三种观点。

(1) 保证金属于现金

依据：现金流量表准则讲解中定义的现金包括“其他货币资金”，且与该科目的核算核算内容一致。票据保证金属于“其他货币资金”，故属于现金。

(2) 3个月内可用于支付的票据保证金属于现金，反之不属于现金

依据：2006年5月中国注册会计师协会的咨询意见，即以“3个月”期限作为保证金能否视为“可以用于随时支付”的判断标准。

(3) 保证金不属于现金或现金等价物

依据：现金的定义中规定“不能随时用于支付的存款不属于现金”。票据保证金属于借款的质押物，和任何用于借款质押的银行存款一样，不论时间长短，都不能随时用于支付。

(4) 解析和结论

第一种观点，出自准则讲解中的列举，与准则对现金的定义存在冲突，“其他货币资金”不可能无条件地全部作为现金，故判断是否属于现金应以准则条文为准；第二种观点，中国注册会计师协会讲解非强制标准。借款质押是强制性的，是否能用于支付不是公司能够控制的，不能理解为随时用于支付。

结论：现金等价物定义中，现金等价物首先是“一种投资”或“闲置现金的存放方式”。保证金当然不属于投资，所以无论期限是否在3个月之内，都不属于现金等价物。

2. 保证金对现金流量表主表的影响

保证金在主表的列示，要分析保证金的流动路径。即要注意到期后银行是直接从保证金账户支付，还是原保证金到期退回再以其他账户资金支付。

(1) 票据到期后直接动用保证金支付票据款

缴付保证时，应区分所开具应付票据的用途，按照用途计入对应的现金流量表项目，如“购买商品、接受劳务支付的现金”、“购建固定资产、无形资产和其他长期资产支付

的现金”等；

(2) 如果票据到期后原保证金退回，以另外来源的现金支付票据款

缴付保证金时，仅是单纯的质押，应作为“其他筹资活动”；保证金到期收回时，亦作为“其他筹资活动”。

(二)现金流量表的构成内容

我国《企业会计制度》规定，我国现金流量表的结构包括基本报表和补充资料两部分。其中，基本报表的内容按照企业经营业务的性质将一定时期内产生的现金流量归为以下三个方面。

1．经营活动产生的现金流量

经营活动是指企业投资活动和筹资活动以外的所有交易和事项，主要包括销售商品、提供劳务、购买货物、接受劳务、支付工资和支付的各项税费等。在现金流量表上，经营活动的现金流量应当按照其经营活动的现金流入和流出的性质分项列示。

2．投资活动产生的现金流量

投资活动是指企业长期资产的购建和不包括在现金等价物范围内的投资及其处置活动，主要包括取得和收回投资、购建和处置固定资产、无形资产和其他长期资产等。在现金流量表上，投资活动的现金流量应当按照其投资活动的现金流入和流出的性质分项列示。

3．筹资活动产生的现金流量

筹资活动是指导致企业资本及债务规模和构成发生变化的活动，主要包括吸收投资、发行股票、分配利润和借入款项等。在现金流量表上，筹资活动的现金流量应当按照其筹资活动的现金流入和流出的性质分项列示。

(三)现金流量表的结构

现金流量表包括表首、表体和补充资料三部分：表首部分列示报表的名称、编报单位、编报年度和货币计量单位；表体部分列示经营活动、投资活动和筹资活动产生的现金流量，汇率变动对现金及现金等价物的影响，现金及现金等价物净增加额等内容；补充资料列示不涉及现金收支的投资活动和筹资活动，净利润调节为经营活动的现金流量及现金和现金等价物净增加的情况。现金流量表的格式如表 4-1、表 4-2 所示。

表 4-1　现金流量表

编制单位：CX 公司　　　　2012 年 12 月 31 日　　　　单位：万元

项　目	2012 年	2011 年
一、经营活动产生的现金流量		
销售商品、提供劳务收到的现金	282 147	223 150
收到的税费返还		

续表

项　目	2012 年	2011 年
收到的其他与经营活动有关的现金		
经营活动现金流入小计	282 147	223 150
购买商品、接受劳务支付的现金	193 620	164 550
支付给职工及为职工支付的现金	29 155	10 700
支付的各项税费	51 982	42 000
支付其他与经营活动有关的现金	2 100	1 879
经营活动现金流出小计	276 857	219 129
经营活动产生的现金流量净额	5 290	4 021
二、投资活动产生的现金流量		
收回投资所收到的现金		
取得投资收益收到的现金	171	100
处置固定资产、无形资产和其他长期资产收回的现金净额	800	450
收到其他与投资活动有关的现金		
投资活动现金流入小计	971	550
购建固定资产、无形资产和其他长期资产支付的现金	1 851	1 250
投资支付的现金		80
支付其他与投资活动有关的现金		
投资活动现金流出小计	1 851	1 330
投资活动产生的现金流量净额	-880	-780
三、筹资活动产生的现金流量		
吸收投资收到的现金		
取得借款收到的现金	6 965	5 950
收到其他与筹资活动有关的现金		
筹资活动现金流入小计	6 965	5 950
偿还债务支付的现金	1 874	1 230
分配股利、利润或偿付利息支付的现金	7 000	6 000
支付其他与筹资活动有关的现金		
筹资活动现金流出小计	8 874	7 230
筹资活动产生现金流量净额	-1 909	-1 280
四、汇率变动对现金及现金等价物的影响		
五、现金及现金等价物净增加额	2 501	1 961
加：期初现金及现金等价物余额	13 076	11 115
六、期末现金及现金等价物余额	15 577	13 076

表 4-2　现金流量表补充资料

编制单位：CX 公司　　2012 年 12 月 31 日　　单位：万元

项　目	本期金额	上期金额
1．将净利润调节为经营活动现金流量：		
净利润	2 262	1 978
加：资产减值准备	2 390	2 260
固定资产折旧、油漆资产折耗、生产性生物资产折旧	1 120	1 000
无形资产摊销	100	60
长期待摊费用摊销	22	
处置固定资产、无形资产和其他长期资产的损失(收益以-填列)	-450	-500
固定资产报废损失(收益以-填列)		
公允价值变动损失(收益以-填列)		
财务费用(收益以-填列)	6 000	5 050
投资损失(收益以-填列)	-207	-160
递延所得税资产减少(增加以-填列)	-217	-260
递延所得税负债增加(减少以-填列)	-2 564	-1 870
存货的减少(增加以-填列)	-5 273	-4 230
经营性应收项目的减少(增加以-填列)	-19 061	-10 655
经营性应付项目的增加(减少以-填列)	21 168	11 348
其他		
经营活动产生的现金流量净额	5 290	4 021
2．不涉及现金收支的投资和筹资活动：		
债务转为资本		
一年内到期的可转换公司债券		
融资租入固定资产		
3．现金及现金等价物净增加情况：		
现金的期末余额　.	15 577	13 076
减：现金的期初余额	13 076	11 115
加：现金等价物的期末余额	0	0
减：现金等价物的期初余额	0	0
现金及现金等价物净增加额	2 501	1 961

【知识链接】

现金流量表的编制

我国财政部于 1993 年 7 月 1 日颁布的《企业会计准则》(基本准则)中，规定企业主要的三张财务报表中包括财务状况变动表。财务状况变动表是综合反映一定会计期间内营运资金来源和运用及其增减变动情况的报表。其主要目的是说明企业的资金流量，财务状况变动表起着资产负债表和损益表所无法替代的作用，但是财务状况变动表有其明显缺陷:首先，营运资金是指流动资产减去流动负债，而流动资产与流动负债的确定就存在一个很大的问题;其次，财务状况变动表没有现金流量表更能反映企业的真实财务状况和偿付能力。对于广大的投资和债权人而言，最为关心的是投资对象或债务人的偿付能力，因此，企业是否具有足够的现金流入是至关重要的，而财务状况变动表由于流动和非流动的划分标准、流动资产可变现能力等各方面的影响，不能全面提供投资者和债权人所需要的这些信息。

基于以上考虑，1995 年 4 月 21 日，财政部完成了《企业会计准则——现金流量表》的征求意见稿，公开征求意见，并于 1998 年 3 月 20 日发布了《企业会计准则——现金流量表》，于 1998 年 1 月 1 日起在全国范围内施行。根据《企业会计准则——现金流量表》的执行情况和经济环境的变化，财政部于 2001 年 1 月 18 日对原现金流量表会计准则进行了修订，修订后的准则仍称为《企业会计准则——现金流量表》，并于 2001 年 1 月 1 日起在全国范围内施行。2001 年现金流量表准则与 1998 年现金流量表准则相比:现金流量表编制基础及项目分类没变，最大变化是项目分类发生变化。2006 年 3 月，财政部颁布了包括现金流量表准则在内的企业会计准则的再次修订稿，并规定于 2007 年 1 月 1 日起在我国上市公司中率先施行。

在西方国家，对于现金流量表的运用可以追溯到 19 世纪 60 年代。现金流量表是由最初的资金流量表逐步演变而来的，早在 1862 年，英国的一些公司就已经开始编报资金流量表。1863 年，美国北方钢铁公司编制的“财务交易汇总表”成为资金流量表的雏形。到了 20 世纪 30 年代，资金流量表成为会计教科书中的一般命题。1970 年，美国会计原则委员会发布了《第 3 号意见书》，可以说这是最早、也最具权威性的关于资金流量表的报告。该意见书将资金流量表表述为“资金来源及运用表”，作为资产负债表和损益表的补充信息。1989 年，国际会计准则委员会公布了《第 7 号会计准则——现金流量表》，取代 1977 年公布的《第 7 号国际会计准则——财务状况变动表》。1992 年，国际会计准则委员会对第 7 号国际会计准则作了修订，并于 1994 年 1 月 1 日生效。此外英国会计准则委员会也于 1991 年 9 月发布了《第 1 号财务报告准则——现金流量表》，并于 1996 年作了修订。1991 年 12 月澳大利亚会计准则委员会发布了 1026 号会计准则《现金流量表》。由此可见，编制现金流量表已成为国际通行的惯例。

(四)现金流量表与资产负债表和利润表的关系

在理想世界中，资产负债表是一张最关键的会计报表，当投资者拥有了一张资产负债表时便可以推知自己未来各年收益，即收益是无风险的。此时，利润表和现金流量表的会计信息含量不能给投资者带来更多新的会计信息，故从节约报表编制成本角度看，最优决策应该是只编制一张资产负债表就行了，而利润表和现金流量表基本上是多余的。然而现实是不完美的，于是，利润表和现金流量表的会计信息便凸显了价值。利润表可以帮助投资者详细地了解企业盈利的过程，从中找出企业未来盈利的发展趋势；而现金流量表则为投资者提供了评价企业利润的潜在风险方面的信息，倘若企业利润的现金含量太低，则对企业未来的投资决策会有一定的影响。因此在现实世界中就形成了三张报表相互依存、互为补充的关系。

资产负债表揭示了企业某一时点的财务状况及其期初期末的变动，却无法说明财务状况变动的原因。利润表说明当期的经营成果，但是不能阐明经营收益与财务状况变化之间的关系，因此，其并不能与资产负债表进行有效的衔接。正是从这个意义上说，现金流量表是资产负债表与利润表之间的桥梁，它能反映净利润和经营现金流量的差异，同时也能反映企业当期筹资活动、投资活动与经营活动对企业财务状况变动的影响。通过分析现金流量表能较好地评价企业获取现金的能力，通过分析本期筹资额与利息费用，能判断企业筹资成本以及企业的资信等级。

1. 现金流量表与资产负债表之间的关系

根据报表编制原理，在正常情况下，现金流量表中现金流量的净增加额等于资产负债表货币资金的期末余额减去期初余额。但是，我们对沪、深两市上市公司公布的财务报表进行粗略检索发现，相当多的公司的财务报表并不符合该原理，其原因是以下几个方面。

(1) 运用资产负债表中的货币资金与短期投资之间的资产进行了内部转换。例如运用货币资金购买三个月到期的国债，这实质上是对现金流量表中的现金及现金等价物进行了相互转换，虽未反映在现金流量表中，但却影响了资产负债表中货币资金的金额。

(2) 现金流量表是根据资产负债表和利润表估算出来的，不是根据账户计算出来的，导致形成误差。

(3) 汇率变动。例如，现金流量表期末余额与下年期初余额不相等，这就有可能引起本年年末现金流量期末余额的变化，而这种汇率变动如果在资产负债表中不作同步调整，就很容易产生差异。

2. 现金流量表和利润表之间的关系

利润表是以权责发生制为基础，反映的是企业一定期间的经营成果。现金流量表是以收付实现制为编制基础，反映企业一定期间内经营活动、投资活动和筹资活动所引起的现金流入和流出，表明企业获取现金的能力。

利润表所反映的利润，是由会计人员遵循一定的会计原则，按照一定的会计程序与方法，将企业在一定时期所实现的全部收入减去与实现收入相关的成本与费用而得来的。在这个会计核算过程中对不同的会计项目需要选择不同的会计处理方法，由于选择的会计处理方法不同常常会对利润产生不同的影响，而现金流量表中的现金流量不会受此干扰，它可以揭示企业资金流入和流出的真正原因。

在现实经济活动中，我们常常会看到如下一些情况：尽管企业账面上表现出丰厚的利润，却因无力支付和清偿到期债务而陷入财务困境，摆脱不了破产清算的厄运。相反，有些企业可能账面利润表现并不突出，但因其现金流量良好、支付能力强而得以不断地发展。这种状况的出现，表明利润不一定等于现金流量。在一种完全理想的状态下，企业销售商品或提供劳务完全是以现金形式进行交易，且不存在任何的资产折旧以及费用摊销的情况下，利润与现金流量是完全相同的；在现实的经营活动中，遵循权责发生制核算的收入增加并不是必然会引起现金的增加，费用的增加也并不一定等于现金的流出。

(五)现金流量表分析的目的

通过现金流量表分析，可以达到如下目的。

1．从动态上了解企业现金变动情况和变动原因

资产负债表中货币资金项目反映了企业一定时期现金变动的结果，是静态上的现金存量，企业从哪里取得现金，又将现金用于哪些方面，只有通过现金流量表的分析，才能从动态上说明现金的变动情况，并揭示现金变动的原因。

2．有助于评价企业的支付能力、偿债能力和周转能力

通过现金流量表，并配合资产负债表和利润表，将现金与流动负债进行比较，计算出现金比率；将现金流量净额与发行在外的普通股加权平均股数进行比较，计算出每股现金流量；将经营活动现金流量净额与净利润进行比较，计算出盈利现金比率。可以了解企业的现金能否偿还到期债务、支付股利和进行必要的固定资产投资，了解企业现金流转效率和效果，以便投资者作出投资决策、债权人作出信贷决策。

3．有助于预测企业未来现金流量

通过现金流量表所反映的企业过去一定期间的现金流量以及其他生产经营指标，可以了解企业现金的来源和用途是否合理，了解经营活动产生的现金流量有多少，企业在多大程度上依赖外部资金，就可以据以预测企业未来现金流量，从而为企业编制现金流量计划、组织现金调度、合理节约地使用现金创造条件，为投资者和债权人评价企业的未来现金流量、作出投资和信贷决策提供必要信息。

4．有助于分析企业的盈利质量

利润表中列示的净利润指标，反映了一个企业的最终经营成果，但是，利润表是以权责发生制原则为基础编制的，它不能反映企业经营活动产生了多少现金，并且不能全面反映投资活动和筹资活动对企业财务状况的影响。通过现金流量表分析，可以掌握企业经营活动、投资活动和筹资活动的现金流量，将经营活动产生的现金净流量与净利润相比较，可以了解企业的盈利质量，从而获悉企业具有现金流量支持的利润有多少，高质量的盈利必须有相应的现金流入做保证。

(六)现金流量表分析的作用

1．现金流量表的编制和分析能弥补资产负债表和利润表的不足

资产负债表无法说明一个企业的资产、负债和所有者权益为什么发生了变化；利润表在一定程度上说明了财务状况变动的原因，但由于利润表是按照权责发生制原则确认和计量收入和费用的，它未提供经营活动引起的现金流入和现金流出的信息，没有反映投资和筹资本身的情况，即对外投资的规模和投向，以及筹集资金的规模和具体来源。

2．可以预测企业未来的发展情况

如果现金流量表中各部分现金流量结构合理，现金流入流出无重大异常波动，一般来

说，企业的财务状况基本良好；此外，企业最常见的失败原因，症状也可在现金流量表中得到反映。如从投资活动流出的现金中，可以分析企业是否过度扩大经济规模，通过比较当期净利润与当期净现金流量可以看出非现金流动资产吸收利润的情况，评价企业产生净现金流量的能力是否偏低。企业管理者不仅要分析净现金流量与净收益的关系，分析现金流量的来源和用途、分析偿债能力，不断根据企业发展趋势确定理想的现金流量，从各方面管理现金流量、控制现金流量，进行现金流量的动态管理，这样才能使企业不断保持健康、稳步发展。

3．可以避免发生财务风险

财务风险是企业利用现金归还到期债务的不确定性，这种不确定性可能导致企业破产，因此，企业必须保持良好的偿债能力。而偿债能力的高低取决于现金流动效益的高低，所以，企业必须随时了解自身现金流动信息，以便提前作出安排，尽快避免随时可能发生的财务风险。通过现金流量表有关项目之间的比较，可以分析企业在金融市场用于偿付债务或费用的筹资能力。虽然企业可以用从投资或筹资活动中产生的现金来偿还债务，但这不是长久之计。从经营活动中所获得的现金应该是企业长期现金的主要来源，这个来源越多，企业偿债能力越强，也不会发生财务风险。反之，经营活动中现金流量比例越小，投资和筹资活动中现金流量比例越大，则企业抗风险能力越弱。

4．对企业资产流动性、财务适应性进行评估，可以对企业整体财务状况作出客观评价

企业资产的流动性是指企业资产经过正常秩序，无重大损失地转移为现金以及企业债务契约或其他付现契约履行的能力。它是蕴含于企业生产经营过程中的动态意义上的偿付能力。财务适应性是指企业有效地组织现金流量及流速以满足偶然发生的资金需要及投资机会的能力，实际上就是指企业财务适应各种财务状况变化的能力。这两种能力关系到企业未来的发展。在市场经济条件下，竞争异常激烈，企业要想站稳脚跟，不但要想方设法把自身的产品销售出去，更重要的是要及时收回销货款，以便以后的经营活动能顺利开展。从企业现金流量情况可以大致判断其经营周转是否顺畅。如果企业经营活动的现金流量越大，流速越快，企业的财务适应性与流动性就越强；反之，就要采取必要措施，调整经营决策。

(七)现金流量表分析的内容

1．现金流量表分析

现金流量表分析包括现金流量表一般分析、现金流量表水平分析、现金流量表结构分析和现金流量表主要项目分析。

2．现金流量与利润综合分析

现金流量与利润综合分析包括经营活动现金流量与利润关系分析、经营活动现金流量与利润分析、现金流量表补充资料主要项目分析和经营活动净现金流量阶段性分析。

3．现金流量表的财务分析

现金流量表的财务分析具体包括现金流量偿债能力的指标分析、现金流量盈利能力及

盈利质量的指标分析、现金流量营运能力的指标分析等。

模块二　现金流量表分析的工作任务

【工作任务一　进行现金流量表初步分析】

在资本市场日益完善的条件下，从投资人、债权人及其他各种会计信息使用者的角度看都逐渐意识到现金流量信息更能反映企业的利润质量和发展潜力，这是对企业极其重要的理财资源，也是投资者(股东)作出正确决策的信息资源。企业财务人员应遵循分析的原则，对现金流量表进行科学的初步分析，合理估测财务风险，正确预测企业未来的发展趋势。

一、制定现金流量表初步分析流程

制定现金流量表初步分析的步骤如下：

第一步：对现金流量表经营活动产生的现金流量进行初步分析；

第二步：对现金流量表投资活动产生的现金流量进行初步分析；

第三步：对现金流量表筹资活动产生的现金流量进行初步分析；

第四步：现金及现金等价物净增加额的初步分析。

二、技能导航

对现金流量表的分析，首先应该观察现金的净流量。一个企业在生产经营正常、投资和筹资规模不变的情况下，现金净流量越大，企业活力越强。如果企业的现金净流量主要来自生产经营活动产生的现金流量，可以反映出企业收现能力强，坏账风险小，其营销能力一般较强。如果企业的现金净流量主要是投资活动产生的，甚至是由处置固定资产、无形资产和其他长期资产而增加的，这可能反映出企业生产经营能力削弱，而以处置非流动资产来缓解资金矛盾，但也可能是企业为了走出困境而调整资产结构。如果企业现金净流量主要是由于筹资活动引起的，意味着企业将支付更多的利息或股利，它未来的现金的净流量必须更大才能满足偿付的需要，否则，企业就可能承受较大的财务风险。以下从三个方面对企业的现金流量进行初步分析。

(一)经营活动产生的现金流量的初步分析

1. 经营活动产生的现金流量小于零

这意味着企业通过正常的购销活动带来的现金流入量不足以支付因经营活动而引起的货币流出。对于这种状态，首先要看企业是否处于成长阶段，由于生产阶段的各个环节尚不完善，设备、人力资源的利用率相对较低，材料的消耗量相对较高，导致企业的成本消耗较高。同时，企业为了开拓市场，如加大广告支出等，从而使得这一时期的经营活动的现金流量表现为负数。这种情况导致的经营活动中的现金流量小于零，是企业发展过程中的正常状态。但是，若企业在正常生产经营期间仍然出现这种状态，则说明经营活动的现金流量适应能力较差，经营不仅不能支持投资或偿债，而且必须收回投资或举借新债取得现金才能维持正常的经营。形成这种情况的主要原因可能是销货款的回笼不及时，或存货大量积压无法变现，造成企业经营活动现金流量的质量不高。说明企业已陷入财务困境，很难筹措到新的资金。

通常情况下，经营活动现金流量的不足，可以通过以下几种方法解决。

第一，消耗企业现存的货币积累；

第二，挤占本来可以用于投资活动的现金，推迟投资活动的进行；

第三，继续额外贷款融资；

第四，拖延债务支付或者加大经营活动引起的负债规模。

2. 经营活动产生的现金流量等于零

这意味着企业通过正常的购销活动带来的现金流入量恰能支付因经营活动而引起的货币流出，现金流通量处于平衡状态。由于企业的成本包括付现成本和非付现成本(如固定资产的折旧、无形资产摊销、长期待摊费用摊销等)，当经营活动产生的现金流量等于零时，企业经营活动产生的现金流量仅能弥补付现成本，不能为非付现成本提供货币补偿。显然，在经营活动产生的现金流量等于零时，从长期来看，根本不可能维持企业经营活动所需的货币资金。因此，如果企业在正常生产经营期间持续出现这种状态，企业经营活动现金流量的质量仍然不高。

3. 经营活动产生的现金流量大于零，但是不足以补偿当期的非付现成本

这意味着企业通过正常的购销活动带来的现金流入量能支付因经营活动而引起的货币流出，但不能补偿全部的非付现成本。在这种状态下，企业虽然在现金流量的压力方面比前两种状态要小，但从长期来看，也不可能维持企业经营活动所需的货币资金。因此，如果企业在正常生产经营期间持续出现这种状态，我们对于企业经营活动现金流量的质量仍然不能给予较高的评价。

4. 经营活动产生的现金流量大于零，并且恰能补偿当期的非付现成本

这意味着企业通过正常的购销活动带来的现金流入量能支付因经营活动而引起的货币流出，并恰能补偿全部的非付现成本。在这种状态下，企业在经营活动方面的现金流量的压力已经解脱。如果持续这种状态，从长期来看，刚好能够维持企业经营活动的货币简单再生产。从企业的总体来看，包括经营活动，同时还包括投资活动和筹资活动，该状态的现金流量，仍然不能为企业扩大投资等发展提供货币支持。

5. 经营活动产生的现金流量大于零，并在补偿当期的非付现成本后仍有剩余

这意味着企业通过正常的购销活动带来的现金流入量能支付因经营活动而引起的货币流出，补偿全部的非付现成本后还能为投资活动贡献力量。这种状态是企业经营活动现金流量运行的良好状态。

从以上分析中可以看出，企业经营活动产生的现金流量，仅仅大于零是不够的，必须

处在第五种状态下才能使企业纳入良性循环。从表 4-2 中可以计算出 CX 公司 2012 年度非付现成本为 3632 万元，本期的经营活动现金流量为 5290 万元，经营活动产生的现金流量大于零，并能够补偿当期的非付现成本，从中我们可以判断 CX 公司经营活动的现金流量处于良好运行状态。

(二)投资活动产生的现金流量的初步分析

在 CX 公司的现金流量表表 4-1 中，投资活动共取得现金净流量为-880 万元。当期投资活动现金净流量为负数，但并不能简单地判断企业资金运转不好，对于投资活动产生的现金流量我们还要结合具体情况进行具体分析，可从以下几方面进行分析。

1. 投资活动产生的现金流量小于零

这意味着企业在构建固定资产、无形资产和其他长期资产、权益性投资以及债权性投资等方面所支付的现金之和，大于因收回投资、分得股利或利润、取得债券利息收入、处置固定资产、无形资产和其他长期资产而收到的现金净额之和。对于这种情况，我们首先应分析企业投资是否与企业发展阶段、企业长期规划及短期计划相吻合来判断现金流量的质量。

从投资活动的目的来看，企业的投资活动主要有三个目的：为企业正常生产经营活动奠定基础，如构建固定资产、无形资产和其他长期资产等；为企业对外扩张和其他发展性目的进行权益性投资和债权性投资；利用企业暂时不用的闲置货币资金进行短期投资，以期获得较高的投资收益。上述三个目的中，前两种投资一般都应与企业的长期规划和短期计划相一致，第三种则在很多情况下，是企业的一种短期理财安排。再有，企业投资活动的现金流出量，有的需要由经营活动的现金流入量来补偿。例如，企业的固定资产、无形资产构建支出，将由未来使用有关固定资产和无形资产会计期间的经营活动的现金流量来补偿。如表 4-1 中，CX 公司投资活动现金流量出现负数，绝大部分是由当期购入大额的固定资产、无形资产付现引起的。在企业的投资活动符合企业的长期规划和短期计划的条件下，这种现象表明了企业经营活动发展和企业扩张的内在需要，也反映了企业在扩张方面的努力与尝试。

对于投资活动的现金流入量小于现金流出量的，可以通过以下方法来解决。

第一，消耗企业现存的货币资金；

第二，挤占本来可以用于经营活动的现金、削减经营活动的货币消耗；

第三，进行额外贷款；

第四，利用经营活动积累的现金进行补充；

第五，在没有贷款融资渠道的条件下，采用债务展期的方法。

2. 投资活动产生的现金流量大于等于零

这意味着企业在构建固定资产、无形资产和其他长期资产、权益性投资以及债权性投资等方面所支付的现金之和，小于因收回投资、分得股利或利润、取得债券利息收入、处置固定资产、无形资产和其他长期资产而收到的现金净额之和。这种情况的发生，或者是由于企业投资活动回收的规模大于投资支出的规模，这是比较好的现象；或者是由于企业在经营活动与筹资活动方面急需现金而不得不处理手中的长期资产，这种情况必须加以重视。因此，必须对企业投资活动的现金流量原因进行具体分析。

(三)筹资活动产生的现金流量的初步分析

利用表 4-1 中的资料分析，CX 公司筹资活动共取得现金净流量为-1909 万元。当期现金净流量为负数，对此，我们应结合公司的具体情况，从以下几方面进行分析。

1. 筹资活动产生的现金流量小于零

这意味着企业在吸收权益性投资、发行债券以及借款等方面所收到的现金之和小于企业在偿还债务、支付筹资费用、分配股利或利润、偿付利息、融资租赁以及减少注册资本等方面所支付的现金之和。这种情况的出现，或者是由于企业在本会计期间集中发生偿还债务、支付筹资费用、分配股利或利润、偿付利息、融资租赁等业务，联系经营活动现金流量如果也是负值的话，企业可能出现较大的资金缺口，有可能是企业前期经营不善所致；或者是因为企业经营活动与投资活动在现金流量方面运转较好，有能力完成上述各项支付，但是企业筹资活动产生的现金流量小于零，也可能是企业在投资和企业扩张方面没有更多作为的一种表现。

2. 筹资活动产生的现金流量大于或等于零

这意味着企业在吸收权益性投资、发行债券以及借款等方面所收到的现金之和大于企业在偿还债务、支付筹资费用、分配股利或利润、偿付利息、融资租赁以及减少注册资本等方面所支付的现金之和。当企业处于发展阶段，投资需要大量资金，企业经营活动的现金流量小于零的条件下，企业现金流量的需求，主要通过筹资活动来解决。因此，分析企业筹资活动产生的现金流量大于零是否正常，关键要看企业的筹资活动是否已经纳入企业的发展规划，是企业管理层以扩大投资和经营活动为目标的主动行为，还是企业因投资活动和经营活动的现金流出失控不得已而为之的被动行为。联系投资的净现金流量，如果投资的净现金流出量也非常明显的话，则意味着企业加快了投资和经营扩张的步伐，这可能意味着企业有了新的获利增长点；联系经营活动的净现金流量，如果经营活动的净现金流出量明显的话，则说明吸收资本或举债的资金部分地补充了经营上的资金短缺。如表 4-1 中，CX 公司筹资活动现金流量出现负数，从中可以看出主要是企业偿付利息、分配股利或利润方面支付了大量现金导致，主要是用经营活动产生的现金流量偿付，应结合企业的经营计划分析是否正常。

(四)现金及现金等价物净增加额的初步分析

现金净流量是判断企业财务适应能力和现金支付能力的重要指标。一般情况下，如果现金流量净增加额为正数，说明本期现金和现金等价物增加了，企业的支付能力较强；反之则较差，财务状况恶化。必须注意的是，现金流量净增加额并非越多越好，因为现金的收益性较差，若现金流量净增加额太大，企业现有的生产能力可能未充分吸收现有的资产，使资产过多地停留在盈利能力较低的现金资产上，从而降低了企业的总体获利能力。

阅读与观察现金流量时，要充分注意和把握如下要点。

1. 经营活动的现金流量的稳定性较好，一般情况应占较大比例

一般情况下，在现金流量表所反映的三类现金流量中，经营活动现金流量的稳定性和再生性较好。如果企业经营所得的现金占较大的比重，说明企业从生产经营中获得的资金筹措战略是利润型或经营型的资金战略；反之，如果企业经营活动的现金流量比重较小，则说明企业资金的来源主要依赖增加资本或对外借款，采用的是金融型或证券型的资金战略。

2. 应当将各项活动的现金流入与现金流出联系起来分析

3. 将现金净流量与企业利润表联系起来分析

将经营活动的现金流量与利润表结合起来可以观察企业销售和盈利的质量。经营活动现金净流量实际上就是企业实现的可变现的经营收入与企业实际发生的需要支付现金的成本费用的差额，相当于用收付实现制原则计算的净收益，或者说是企业变现收益，这部分收益相对于按权责发生制原则计算的账面收益来说更具有现实意义。

4. 将现金流量与资产负债表联系起来分析

现金流量净增加额也可能是负值，即现金流量净减少，这一般是不良信息，因为至少企业的短期偿债能力会受到影响。但如果企业经营活动产生的现金流量是正数，且数额较大，而企业整体上现金流量净减少主要是由固定资产、无形资产或其他长期资产引起的，或主要是对外投资所引起的，这一般是由于企业进行设备更新或扩大生产能力或投资开拓市场，这种现金流量净减少并不意味着企业经营能力不佳，而是意味着企业未来可能有更大的现金流入。如果企业现金流量净减少主要是由于偿还债务及利息引起的，这就意味着企业未来用于满足偿付需要的现金可能将减少，企业财务风险变小，只要企业营销状况正常，企业不一定就会走向衰退。当然，短时期内使用过多的现金用于偿债，可能引起企业资金周转困难。联系起来分析可以弥补资产负债表的不足。

【知识链接】

现金流量提升企业价值

通俗地说，企业价值是指企业本身值多少钱，来源于企业资源的合理配置以及现有资产创造收益的能力。利润及现金流量作为评价企业经营业绩、衡量企业财富增长状况的指标，自然成为衡量企业价值的标准。由于利润代表企业新创价值的一部分，因而，利润的增加在一定程度上意味着企业价值的增长。但是，企业价值不仅仅包括新创价值的一部分，而且还包括其未来创造价值的能力，因而，以利润作为指标衡量企业的价值，其局限性十分明显。在企业持续经营的情况下，企业价值主要由其每年现金流量和贴现率决定，现金流量的增加代表着企业价值的增长。企业价值的大小取决于企业现有资产创造现金流量的能力，最终形式则表现为一系列现金流量。企业现金流量的数量和速度决定了企业价值，从某种意义上说，企业价值最大化即是现金流量最大化。

三、完成工作任务评价

(一)完成现金流量表初步分析工作任务

请根据工作任务要求，按照工作任务操作流程，结合完成工作任务所需要的技能导航，来完成项目一中岭南园林股份有限公司现金流量表初步分析任务。

(二)完成工作任务结果评价

按照要求和规程完成了项目一中岭南园林股份有限公司现金流量表初步分析与评价任务后，参照老师给出的评价标准，任务的完成者与老师共同评价工作任务的完成情况。

评价标准：

(1) 对经营活动产生的现金流量初步分析是否全面、合理；

(2) 对筹资、投资活动产生的现金流量分析是否合理；

(3) 对于现金流量表的初步分析的评价是否准确。

(三)完成工作任务收获

按照要求和规程完成了工作任务后，结合老师对完成工作任务结果的评价，你认为自己完成此项工作任务有何收获？请将你的收获写出来，与老师和同学们一起交流和分享你的收获吧！

【工作任务二　进行现金流量表综合分析】

通过对企业某一时期或某一方面的现金流量表信息分析来揭示企业的现金流量状况及基于现金流量的财务状况，通过结构分析来发现企业在资金流动方面存在的问题，为报表信息使用者决策服务，同时促进企业的现金流量管理，降低企业经营风险和财务风险。

一、制定现金流量表综合分析流程

制定现金流量表综合分析的步骤如下：

第一步：对现金流量表进行水平分析；

第二步：对现金流量表进行垂直结构分析；

第三步：对现金流量表进行趋势分析；

第四步：对现金流量表主要项目进行分析。

二、技能导航

(一)现金流量表水平分析

现金流量表初步分析只说明了企业当期现金流量产生的原因，未能揭示本期现金流量与前期或计划现金流量的差异。为了解决这个问题，可采用水平分析法对现金流量表进行分析。现金流量水平分析，主要是通过对比不同时期的各项现金流量变动情况，揭示企业当期现金流量水平及其变动情况，反映企业现金流量管理的水平与特点。

仍以 CX 公司资料为例，编制现金流量水平分析表，见表 4-3。

表 4-3　现金流量水平分析表

编制单位：CX 公司　　　　2012 年 12 月 31 日　　　　单位：万元

项　目	2012 年	2011 年	增减额	增减/%
一、经营活动产生的现金流量				
销售商品、提供劳务收到的现金	282 147	223 150	58 997	26.44
收到的税费返还				
收到的其他与经营活动有关的现金				
经营活动现金流入小计	282 147	223 150	58 997	26.44
购买商品、接受劳务支付的现金	193 620	164 550	29 070	17.67
支付给职工及为职工支付的现金	29 155	10 700	18 455	172.48
支付的各项税费	51 982	42 000	9 982	23.77
支付其他与经营活动有关的现金	2 100	1 879	221	11.76
经营活动现金流出小计	276 857	219 129	57 728	26.34
经营活动产生的现金流量净额	5 290	4 021	1 269	31.56
二、投资活动产生的现金流量				
收回投资所收到的现金				
取得投资收益收到的现金	171	100	71	71.00
处置固定资产、无形资产和其他长期资产收回的现金净额	800	450	350	77.78
收到其他与投资活动有关的现金				
投资活动现金流入小计	971	550	421	76.55
购建固定资产、无形资产和其他长期资产支付的现金	1 851	1 250	601	48.08
投资支付的现金		80	-80	-100.00
支付其他与投资活动有关的现金				
投资活动现金流出小计	1 851	1 330	521	39.17
投资活动产生的现金流量净额	-880	-780	-100	12.82

续表

项　目	2012 年	2011 年	增减额	增减/%
三、筹资活动产生的现金流量				
吸收投资收到的现金				
取得借款收到的现金	6 965	5 950	1 015	17.06
收到其他与筹资活动有关的现金				
筹资活动现金流入小计	6 965	5 950	1 015	17.06
偿还债务支付的现金	1 874	1 230	644	52.36
分配股利、利润或偿付利息支付的现金	7 000	6 000	1 000	16.67
支付其他与筹资活动有关的现金				
筹资活动现金流出小计	8 874	7 230	1 644	22.74
筹资活动产生现金流量净额	−1 909	−1 280	−629	49.14
四、汇率变动对现金及现金等价物的影响				
五、现金及现金等价物净增加额	2 501	1 961	540	27.54
加：期初现金及现金等价物余额	13 076	11 115	1 961	17.64
六、期末现金及现金等价物余额	15 577	13 076	2 501	19.13

从表 4-3 可以看出，CX 公司 2012 年净现金流量比 2011 年增加 540 万元。经营活动、投资活动和筹资活动产生的净现金流量较上年的变动额分别是 1 269 万元、-100 万元和-629 万元。经营活动净现金流量比上年增长了 1 269 万元，增长率为 31.56%。经营活动现金流入量与流出量分别比上年增长 26.44%和 26.34%，增长额分别为 58 997 万元和 57 728 万元。经营活动现金流入量的增加主要是因为销售商品、提供劳务收到的现金增加所致。经营活动现金流出量的增加主要是受购买商品、接受劳务支付的现金增加 29 070 万元，增长率 17.67%的影响。另外，支付给职工以及为职工支付的现金增加 18 455 万元，增长率为 172.48%，增幅很大，此外，支付的各项税费、支付其他与经营活动有关的现金亦有不同程度的增加。

投资活动净现金流量比上年减少 100 万元，主要原因是由于处置长期资产收回的现金净额和为购建长期资产支付的现金都有较大幅度的增加。

筹资活动净现金流量比上年减少 629 万元，主要是本年偿还债务支付的现金、分配股利、利润或偿付利息支付的现金较上年有所增加，取得借款收到的现金也比上年有所增加，流入与流出增加相抵后，筹资活动净现金流量减少。

(二)现金流量表结构分析

现金流量结构十分重要，总量相同的现金流量在经营活动、投资活动或筹资活动中的分布不同，则意味着不同的财务状况。现金流量结构分析，是通过计算企业各项现金流入量占现金总流入量的比重，各项现金流出量占现金总流出量的比重，以分析各项目的具体构成，揭示现金流入量和现金流出量的结构情况，从而抓住企业现金流量管理的重点。

现金流量结构分析法在于帮助报表使用者、投资者了解和掌握企业现金流入量的主要来源和现金流量的主要去向，进一步分析企业财务状况的形成过程、变动过程及其变动原因。

通过对现金流量的结构进行分析，使各个组成部分的相对重要性明显地表现出来，明确现金流入的构成、现金流出的构成及现金总流量是怎样形成的，并可以揭示现金流量表中经营活动、投资活动及筹资活动内部结构情况，从而揭示现金流量表中各个项目的相对地位和总体结构关系，用于分析现金流量的增减变动情况和发展趋势。

现金流量表结构分析的资料通常使用直接法编制的现金流量表主表，分析方法为垂直分析法。以下以CX公司现金流量表资料为基础，可得出现金流量结构分析表，见表4-4。

表4-4　现金流量结构分析表

编制单位：CX公司　　2012年12月31日　　单位：万元

项　目	2012年	流入结构/%	流出结构/%	内部结构/%
一、经营活动产生的现金流量				
销售商品、提供劳务收到的现金	282 147	97.26		100.00
收到的税费返还				
收到的其他与经营活动有关的现金				
经营活动现金流入小计	282 147	97.26		100.00
购买商品、接受劳务支付的现金	193 620		67.33	69.93
支付给职工及为职工支付的现金	29 155		10.14	10.53
支付的各项税费	51 982		18.08	18.78
支付其他与经营活动有关的现金	2 100		0.73	0.76
经营活动现金流出小计	276 857		96.27	100.00
经营活动产生的现金流量净额	5 290			
二、投资活动产生的现金流量				
收回投资所收到的现金				
取得投资收益收到的现金	171	0.06		17.61
处置固定资产、无形资产和其他长期资产收回的现金净额	800	0.28		82.39
收到其他与投资活动有关的现金				
投资活动现金流入小计	971	0.34		100.00
购建固定资产、无形资产和其他长期资产支付的现金	1 851		0.64	100.00
投资支付的现金				
支付其他与投资活动有关的现金				
投资活动现金流出小计	1 851		0.64	100.00
投资活动产生的现金流量净额	-880			
三、筹资活动产生的现金流量				
吸收投资收到的现金				
取得借款收到的现金	6 965	2.40		100.00

续表

项　目	2012 年	流入结构/%	流出结构/%	内部结构/%
收到其他与筹资活动有关的现金				
筹资活动现金流入小计	6 965	2.40		100.00
偿还债务支付的现金	1 874		0.65	21.12
分配股利、利润或偿付利息支付的现金	7 000		2.44	78.88
支付其他与筹资活动有关的现金				
筹资活动现金流出小计	8 874		3.09	100.00
筹资活动产生现金流量净额	-1 909			
现金流入总额	290 083			
现金流出总额	287 582			
四、汇率变动对现金及现金等价物的影响				
五、现金及现金等价物净增加额	2 501			
加：期初现金及现金等价物余额	13 076			
六、期末现金及现金等价物余额	15 577			

1. 现金流入结构分析

现金流入结构分析分为总流入结构分析和内部流入结构分析。通过现金流入结构分析，可以了解企业的现金来自何方，明确各现金流入项目在结构中的比重，分析存在的问题，为增加现金流入提供决策依据。

现金流入结构反映企业经营活动现金收入、投资活动现金收入和筹资活动现金收入在全部现金流入中的比重，CX 公司的现金流入结构如表 4-5 所示。

表 4-5　CX 公司的现金流入结构表

编制单位：CX 公司　　　　2012 年 12 月 31 日

项　　目	金额/万元	比率/%
经营活动现金流入	282 147	97.26
投资活动现金流入	971	0.34
筹资活动现金流入	6 965	2.40
总现金流入	290 083	100%

对 CX 公司现金总流入结构表进行分析，其中现金总流入中经营活动现金流入占 97.26%；总流入中投资活动现金流入占 0.34%；总流入中筹资活动现金流入占 2.4%，说明 CX 公司经营活动现金流入占有重要地位，筹资活动也是该企业现金流入来源的重要方面。

总体来说，每一个企业的现金流入量中，经营活动的现金流入量应当占有很大比例，特别是其主营业务活动流入的现金应明显高于其他经营活动流入的现金。但是，对于经营业务不同的企业，这个比例也可以有较大的差异。一个单一经营、主营业务突出的企业，其主营业务的现金流入可能占到经营活动现金流入的 95%以上，而主营业务不突出的企业，这一比例会低很多。

另外，一个稳健型的企业，一般专心于其特定经营范围内的业务，即使有闲置资金，也不愿投资，甚至不愿多举债，那么其经营活动的现金流入所占的比例肯定会高，投资活动和筹资活动的现金流入可能较低甚至没有；而激进型的企业，往往千方百计地筹资，又千方百计地投资扩张；筹资有力，又投资得当的企业在某一特定期间，可能在筹资活动中流入了现金，又在前期的投资活动中得到了大量的现金收益回报，这类企业投资和筹资活动的现金流入所占比例会高些，有些可能超过经营活动的现金比例；而筹资虽然有力但投资不当的企业，其现金流入结构可能是筹资活动的现金流入很大，而投资活动经常只有现金流出，少有现金甚至没有现金流入。

2. 现金流出结构分析

现金流出结构分析同样分为总流出结构分析和内部流出结构分析。通过现金流出结构分析，可以了解企业的现金流向何方，明确各现金流出项目在结构中的比重，分析存在的问题，为控制现金流出提供决策依据，与前面的现金流入结构分析互为补充。CX 公司的现金流出结构如表 4-6 所示。

表 4-6 CX 公司的现金流出结构表

编制单位：CX 公司　　　　　　2012 年 12 月 31 日

项　目	金额/万元	比率/%
经营活动现金流出	276 857	96.27
投资活动现金流出	1 851	0.64
筹资活动现金流出	8 874	3.09
总现金流出	287 582	100

通过对 CX 公司现金总流出结构分析，其中经营活动现金流出占 96.27%；现金总流出中投资活动现金流出占 0.64%；现金总流出中筹资活动现金流出占 3.09%，说明 CX 公司经营活动现金流出占有重要地位。

一般情况下，经营活动中如购买商品、接受劳务和支付经营费用等活动支出的现金往往要占到较大的比重，投资活动和筹资活动的现金流出则因企业的财务政策不同而存在很大的差异，有些企业较少，在总现金流出中所占甚微；而有些企业则可能很大，甚至超过经营活动的现金流出。在企业正常的经济活动中，其经营活动的现金流出应当具有一定的稳定性，各期变化幅度一般不会太大，但投资和筹资活动的现金流出的稳定性相对较差，甚至具有偶发性、随意性。随着交付投资款、偿还到期债务、支付股利等活动的发生，当期该类活动的现金流出便会剧增。因此，分析企业的现金流出结构在不同期间难以采用统一的标准，应当结合具体情况分析。

3. 现金流量净额结构分析

现金流量净额结构分析是对经营活动、投资活动、筹资活动以及汇率变动影响的现金流量净额占全部现金净流量的比重进行分析。通过分析，可以了解企业的现金流量净额是如何形成与分布的，从而了解企业不同期间的经营特征。进而对经营活动、投资活动和筹资活动的现金流入与其现金流出进行比较，找出影响现金流量净额的因素，为进一步分析现金净流量的增减变动因素指明方向。CX 公司的现金流量净额结构如表 4-7 所示。

表 4-7　CX 公司的现金流量净额结构分析表

编制单位：CX 公司　　　　　　2012 年 12 月 31 日

项　目	金额/万元	比率/%
经营活动产生的现金流量净额	5 290	211.52
投资活动产生的现金流量净额	−880	−35.19
筹资活动产生的现金流量净额	−1 909	−76.33
汇率变动影响	0	0
现金净流量合计	2 501	100

其中现金净流量合计中经营活动产生的现金净流量占 211.52%；投资活动产生的现金净流量占−35.19%；筹资活动产生的现金净流量占−76.33%。说明经营活动产生的现金净流量占全部现金净流量的重要地位，筹资活动也是该企业现金流量的重要方面。

4．现金流量流入流出结构分析

现金流量流入流出比例分析是反映企业的各项业务活动现金流入与流出的比例，如经营活动的现金流入流出比例、投资活动现金流入流出比例、筹资活动现金流入流出比例。通过现金流量流入流出比例分析可以综合分析企业财务状况和获利能力。

现金流入对现金流出比率为经营活动的现金流入累计数与经营活动引起的现金流出累计数的比值。这个比率表明企业经营活动所得现金满足其所需现金流出的程度。一般而言，该比率的值应大于1，这样企业才能在不增加负债的情况下维持简单再生产，它体现了企业经营活动产生正现金流量的能力，在某种程度上也体现了企业盈利水平的高低。其值越大，说明企业上述各方面的状况越好；反之，则说明企业上述各方面的状况越差。CX 公司的现金流入与流出结构如表 4-8 所示。

表 4-8　CX 公司的现金流入流出比例分析表

编制单位：CX 公司　　　　　　2012 年 12 月 31 日

项　目	现金流入量/万元	现金流出量/万元	流入流出比例/%
经营活动现金流量	282147	276 857	101.91
投资活动现金流量	971	1 851	52.46
筹资活动现金流量	6965	8 874	78.49

通过对 CX 公司的现金流入流出比例分析，经营活动现金流量流入流出比为 101.91%，此值大于 1，表明该公司 1 元的现金流出可换回 1.02 元现金流入。 该公司投资活动的现金流量流入流出比为 52.46%，该值小于 1，公司投资活动引起的现金流出相对于现金流入来说非常大，表明公司正处于扩张时期。一般而言，处于发展时期的公司此值比较小，而衰退或缺少投资机会时此值较大。

【知识链接】

现金流量表分析应注意的问题

1. 报表分析的可比性

报表中所反映的数据是企业过去会计事项影响的结果，只代表过去，不代表未来。不能仅仅依靠这些历史数据计算得到的各种分析结果，就预测企业未来的现金流动，还应结合一些具有前瞻性的信息对企业的现金流动进行预测。

单期分析是就某一特定时期的企业提供的现金流量表进行的分析。单期分析是现金流量表分析的基础，但并不是全部。因为各个企业的情况有别，不可能制订出判断现金流量状况优劣的统一标准。因而，单期分析是单薄的，往往因为缺乏判别的参照物而很难对企业的现金流量状况作出客观、准确的评价。多期分析又称为趋势分析，是将企业历年的单期分析资料进行连续比较，以从中找出企业现金流量的变化规律和发展趋势的分析过程。趋势分析根据其比较资料的不同，还可进一步分为现金流量项目的趋势分析、现金流量比率的趋势分析和现金流量结构的百分比的趋势分析。根据比较基础的不同，还可进一步区分为定基趋势分析和环比趋势分析。定基趋势分析是指基期固定的趋势分析。一般以企业的某一特定时期作为基期，以后每期的指标都与该时期的指标进行对比。而环比趋势分析是指分别以其前一期作为基期来进行对比分析，每次分析的基期都在变动。

对于同一个企业来说，虽然一致性会计原则的运用使其可以进行不同期间的比较，但如果企业的会计环境和交易的性质发生变动，则同一企业不同时期财务信息的可比性便大减。对于不同企业来说，它们之间可比性更难达到。由于不同企业使用不同的会计处理方法，为运用各种分析方法对各个企业的现金状况进行比较带来了一定的困难。一般情况下，对现金流量表的分析是针对某一企业在某一特定时期提供的现金流量表进行的单独的分析。但是单独分析现金流量表中的任何一项财务指标，只能说明某一方面的问题，而难以全面评价企业整体的财务状况及经营成果。所以必须对上述指标进行相互关联的综合分析。

2. 报表分析的关联性

单一报表资料分析即仅仅依据现金流量表的资料进行的现金流量分析。这种分析虽然能揭示不少现金流量方面有用的信息，如现金流量结构是否合理、流入流出比是否恰当、各时期产生的现金流量是否与企业所处的发展时期相对应等。但是，现金流量表分析不仅仅满足于这些信息的揭示，还希望获取有关企业的偿债能力强弱、盈利能力的大小和收益质量的高低等方面的信息。因此，在对现金流量表进行分析时，不能仅局限于单个现金流量表所提供的数据资料，还应处理好现金流量表与其他会计报表之间的关系。现金流量表是连接资产负债表和利润表的桥梁，它可直接通过钩稽关系体现出来：其一，资产负债表中的“货币资金期末余额－期初余额”与现金流量表中的“现金及现金等价物净增加额”相等；其二，利润表中的“净利润＋调节项目”与现金流量表中补充资料中的“经营活动产生的现金流量”相等。明白钩稽关系首先能检查会计报表的正确性，更重要的是在阅读和分析现金流量表时，避免与资产负债表和利润表割裂开来。

通过结合资产负债表、利润表及利润分配表提供的数据资料，计算出与其相关联的财务指标。例如：在分析其流动性时，除了根据现金流量表计算出现金到期债务比、现金流动负债比和现金债务总额比等指标外，还必须与通过资产负债表计算的流动比率、速动比

率、现金比率和资产负债率等指标相结合，以恰当衡量企业的偿债能力。在分析其获取现金能力时，须与通过利润表计算的诸如销售利润率、成本利润率和资产利润率等指标相结合来评价企业的盈利能力；在分析其收益质量信息时，除了计算营运指数外，还应与应收账款周转率等指标相结合来分析其营运能力。这对于客观分析评价企业的偿债能力、盈利能力和收益质量，全面实现现金流量表分析的目的是非常必要的。

(三)现金流量表趋势的分析方法

如果取得连续多期现金流量表，我们还可以将两期以上的报表予以并列比较，进行趋势分析。所谓趋势分析法，是一种动态的分析方法，是通过观察连续数期的财务报表，比较各期的有关项目金额，分析某些指标的增减变动情况，在此基础上判断其发展趋势，从而对未来可能出现的结果作出预测的一种分析方法。运用趋势分析，报表使用者可以了解有关项目变动的基本趋势及其影响，并对企业的未来发展作出预测。观察连续数期的会计报表，比单一看一个报告期的财务报表能了解到更多的情况和信息，有利于分析变化的趋势。

1. 趋势分析法在现金流量表分析与预测中所起的作用

趋势分析法可以从长期的视角评价企业的经营状况，摆脱了个别期间人为操纵的影响。在现金流量表分析与预测中起到重要作用，主要表现为以下几个方面。

(1) 消除或降低一些非本质的不确定因素的影响。

单一年度的财务报表可以由企业管理当局来做完美的解释，但如果某企业连续几年的报表提供的资料呈恶化的趋势，记录本身已经说明了问题。所以趋势分析消除了故意粉饰报表、致使报表数据不实的状况，将分析提高到一个全新的水平，使我们能够深入了解和认识企业。

(2) 分析企业的成长能力。

企业的成长能力是指公司未来的发展趋势和发展速度，包括企业规模的扩大、利润和权益的增加等。对企业成长能力的分析，也可以判断企业未来经营活动现金流量的变动趋势，预测未来现金流量的大小。

2. 现金流量的定性趋势分析

所谓定性分析是指按照正常的发展趋势推断不同性质的现金流量在各个时期的流向，根据趋势分析比较的项目的不同，可分为经营活动现金流量趋势分析、投资活动现金流量趋势分析、筹资活动现金流量趋势分析、现金净增加额趋势分析、未来现金流量预测分析。

经营活动现金流量趋势分析主要包括经营活动现金流入趋势分析、经营活动现金流出趋势分析、经营活动现金流量净额趋势分析三个方面。经营活动现金流入趋势分析主要是分析公司经营活动现金流入主要项目的变动情况及其原因，通过现金流入分析，可以得知公司经营活动收现能力及主营业务状况。经营活动现金流出趋势分析主要是分析各年经营活动现金流出的总体状况、变动趋势及原因，并可结合相关会计报表资料，分析主营业务成本同现金流出量的关系，从中可以发现企业在节约成本，加强成本控制方面的努力和成果。经营活动现金流量净额趋势分析，可以了解公司经营活动的成果及经营活动获取现金的能力。促使企业采取措施，提高经营活动收现能力，降低企业经营和财务风险。

投资活动现金流量趋势分析可以分为投资活动现金流入趋势分析、投资活动现金流出趋势分析和投资活动现金流量净额趋势分析三个方面。投资活动现金流入趋势分析主要是分析各年投资活动的现金流入状况、变动趋势及原因。通过投资收益获得现金同企业当年投资收益比较可以得知企业投资回收现金情况和能力，通过资产处置的现金流入状况可以了解企业资产调整及处置的力度，把握企业资产的成新程度。投资活动现金流出趋势分析主要是分析现金流出主要项目的变动趋势，把握企业投资重点，并且结合其他报表资料进一步了解企业投资的具体情况及效益，从中可以看出企业投资的方向。投资活动现金流量净额趋势分析主要是分析各年投资活动的规模及变动情况，明确公司的投资策略。

筹资活动现金流量趋势分析可以分为筹资活动现金流入趋势分析、筹资活动现金流出趋势分析和筹资活动现金流量净额趋势分析三个方面。筹资活动现金流入趋势分析主要是分析各年筹资活动现金流入量的变动趋势，并对主要流入项目变动趋势进行分析，从中可以发现公司筹资结构及筹资渠道选择，利用现代筹资理论结合筹资资金利用状况可以评价公司筹资效果。筹资活动现金流出趋势分析主要是分析公司筹资现金流出的变动趋势，从中可以了解公司偿债支出的状况及对企业经营活动的影响，同时通过支付现金股利的状况，可以了解公司的主要分配政策。筹资活动现金流量净额趋势分析主要是分析各年的筹资力度，从中可以了解公司筹资活动在整体公司资金需求中的地位。

3．现金流量的定量趋势分析

定量分析就是通过计算分析不同性质的现金流量的结构和比例，为决策提供数据理性支持，分别为定基趋势分析和环比趋势分析。

(1) 定基趋势分析法。

定基趋势分析法是指在连续几期的会计数据中，以分析期间某一期为固定基期，指数定为100，其他各期与之对比，分别计算其他各期对固定基期的变动情况，以判断各期相对于基数的变化趋势。定基趋势分析可以分为绝对数比较和相对数比较两种。例如对现金流量表中经营活动现金流量进行分析，绝对数比较报表通常可增设“增减金额”和“增减百分比”两栏；相对数比较报表一般以现金流入总额为100%，其他各项与之相比计算结构百分比。经营活动的趋势分析一般要结合企业销售增长情况，分析二者变动趋势是否配比，现金流入的增长主要得益于销售增长还是货款回笼加速，现金流出的增长是由于销售增加所致还是存货积压、费用剧增，现金流入、流出增长速度及现金流量增长趋势是否稳定等。

其计算公式如下：

$$变动差额=分析期金额-固定基期金额$$

$$定基百分比=\frac{分析期金额}{固定基期金额}\times 100\%$$

(2) 环比趋势分析法。

环比趋势分析法是指在连续几期的会计数据中，每一期分别与上期进行比较，分别计算各项目的变动情况，计算趋势百分比，以观察每期的增减变化情况，并判断发展趋势。

$$环比动态比率=\frac{分析期金额}{上期金额}\times 100\%$$

即席思考：现金流量表趋势分析中，绝对数比较与百分比比较有哪些区别？两种方法有哪些不足之处？如何来弥补？

(四)现金流量表主要项目分析

1．经营活动现金流量项目分析

(1) 销售商品、提供劳务收到的现金。该项目反映企业本期销售商品、提供劳务收到的现金，以及前期销售商品、提供劳务本期收到的现金(包括销售收入和应向购买者收取的增值税销项税额)和本期预收的款项，减去本期销售本期退回的商品和前期销售本期退回的商品支付的现金。

该项目是企业现金流入的主要来源，通常具有数额大、所占比重大等特点，通过与利润表中的营业收入总额相对比，可以判断企业销售收现率的情况。较高的收现率表明企业产品定位正确，适销对路，并已形成卖方市场的良好经营环境，但应注意也有例外的情况，具体见下文案例分析。CX 公司 2012 年销售商品、提供劳务收到的现金为 282 147 万元，营业收入为 240 000 万元，销售收现率为 117.56%，企业销售收现情况良好。

(2) 收到的税费返还。该项目反映企业收到返还的增值税、营业税、所得税、消费税、关税和教育费附加返还款等各种税费。此项目通常数额不大，对经营活动现金流入量影响也不大。

(3) 收到其他与经营活动有关的现金。该项目反映企业收到的罚款收入、经营租赁收到的租金等其他与经营活动有关的现金流入金额，金额较大的应当单独列示。

此项目具有不稳定性，数额不应过多。

(4) 购买商品、接受劳务支付的现金。该项目反映企业本期购买商品、接受劳务实际支付的现金(包括增值税进项税额)，以及本期支付前期购买商品、接受劳务的未付款项和本期预付款项，减去本期发生的购货退回收到的现金。

此项目应是企业现金流出的主要方向，通常具有数额大、所占比重大等特点。将其与利润表中的营业成本相对比，可以判断企业购买商品付现率的情况，了解企业资金的紧张程度或企业的商业信用情况，从而可以认识到企业目前所面临的财务状况。CX 公司 2012 年购买商品、接受劳务支付的现金为 193 620 万元，营业成本为 185 574 万元，销售付现率为 104.34%，表明企业销售付现情况较高。

(5) 支付给职工以及为职工支付的现金。该项目反映企业本期实际支付给职工的工资、奖金、各种津贴和补贴等职工薪酬，但是应由在建工程、无形资产负担的职工薪酬以及支付的离退休人员的职工薪酬除外。二者分别在“购建固定资产、无形资产和其他长期资产支付的现金”和“支付其他与经营活动有关的现金”项目反映。此项目也是企业现金流出的主要方向，CX 公司 2012 年支付给职工以及为职工支付的现金为 29 155 万元，比上期增长 18 455 万元，金额波动较大，表明人力资源成本的不断提高。

(6) 支付的各项税费。该项目反映企业本期发生并支付的、本期支付以前各期发生的以及预交的教育费附加、矿产资源补偿费、印花税、房产税、土地增值税、车船税、预交的营业税等税费，计入固定资产价值。实际支付的耕地占用税、本期退回的增值税和所得税等的税费除外。CX 公司 2012 年支付的各项税费为 51 982 万元，占经营活动现金流出量的

18.08%，此项目会随着企业销售规模的变化而变动。

(7) 支付其他与经营活动有关的现金。该项目反映企业支付的罚款支出，支付的差旅费、业务招待费、保险费，经营租赁支付的现金等其他与经营活动有关的现金流出，金额较大的应当单独列示。此项目具有不稳定性，数额不应过多。CX 公司 2012 年支付其他与经营活动有关的现金为 2 100 万元，占经营活动现金流出量的 0.73%。

2. 投资活动现金流量项目分析

(1) 收回投资所收到的现金。该项目反映企业出售、转让或到期收回除现金等价物以外的交易性金融资产、长期股权投资而收到的现金，以及收回长期债权投资本金而收到的现金，但长期债权投资收回的利息除外。

此项目不能绝对地追求数额较大。投资扩张是企业未来创造利润的增长点，缩小投资可能意味着企业存在规避投资风险、投资战略改变或资金紧张等问题。

(2) 取得投资收益收到的现金。该项目反映企业因股权性投资而分得的现金股利，从子公司、联营企业或合营企业分回利润而收到的现金，以及因债权性投资而取得的现金利息收入，但股票股利除外。此项目表明企业进入投资回收期，通过分析可以了解投资回报率的高低。CX 公司 2012 年取得投资收益收到的现金 171 万元，占现金流入量的比重为 0.06%，CX 公司 2012 年确认的投资收益为 207 万元，投资收益的现金回收率为 82.61%。

(3) 处置固定资产、无形资产和其他长期资产收回的现金净额。该项目反映企业出售、报废固定资产、无形资产和其他长期资产所取得的现金(包括因资产毁损而收到的保险赔偿收入)，减去为处置这些资产而支付的有关费用后的净额，但现金净额为负数的除外。

此项目一般金额不大，如果数额较大，表明企业的产业、产品结构将有所调整，或者表明企业未来的生产能力将受到严重的影响，已经陷入深度的债务危机之中，靠出售设备来维持经营。CX 公司 2012 年处置固定资产、无形资产和其他长期资产收回的现金净额为 800 万元，占现金流入量的比重为 0.28%。

(4) 购建固定资产、无形资产和其他长期资产支付的现金。该项目反映企业购买、建造固定资产、取得无形资产和其他长期资产所支付的现金及增值税款，支付的应由在建工程和无形资产负担的职工薪酬现金支出，但为购建固定资产而发生的借款利息资本化部分、融资租入固定资产所支付的租赁费除外。

此项目表明企业扩大再生产能力的强弱，可以了解企业未来的经营方向和获利能力，揭示企业未来经营方式和经营战略的发展变化。CX 公司 2012 年购建固定资产、无形资产和其他长期资产支付的现金为 1 851 万元，占现金流出量的比重为 0.64%，可见公司生产规模略有扩大。

(5) 投资支付的现金。该项目反映企业取得的除现金等价物以外的权益性投资和债权性投资所支付的现金以及支付的佣金、手续费等附加费用。

此项目表明企业参与资本市场运作、实施股权及债权投资能力的强弱，分析投资方向与企业的战略目标是否一致。

(6) 收到其他与投资活动有关的现金、支付其他与投资活动有关的现金。这两个项目反映企业除上述(1)至(5)各项目外收到或支付的其他与投资活动有关的现金流入或流出，金额较大的应当单独列示。

3. 筹资活动现金流量项目分析

(1) 吸收投资收到的现金。该项目反映企业以发行股票、债券等方式筹集资金实际收到的款项，减去直接支付给金融企业的佣金、手续费、宣传费、咨询费、印刷费等发行费用后的净额。此项目表明企业通过资本市场筹资能力的强弱。

(2) 取得借款收到的现金。该项目反映企业举借各种短期、长期借款而收到的现金。

此项目数额的大小，表明企业通过银行筹集资金能力的强弱，在一定程度上代表了企业商业信用的高低。CX 公司 2012 年取得借款收到的现金为 6 965 万元，占现金流入量的比重为 2.40%，是销售商品、提供劳务收到的现金之外一个主要的现金来源，借款是公司当年采取的主要筹资方式。

(3) 偿还债务支付的现金。该项目反映企业以现金偿还债务的本金。

此项目有助于分析企业资金周转是否已经进入良性循环状态。CX 公司 2012 年偿还债务支付的现金为 1 874 万元，占现金流出量的比重为 0.65%。

(4) 分配股利、利润和偿付利息支付的现金。该项目反映企业实际支付的现金股利，支付给其他投资单位的利润或用现金支付的借款利息、债券利息。

利润的分配情况可以反映企业现金的充裕程度。CX 公司 2012 年分配股利、利润和偿付利息支付的现金为 7000 万元，占现金流出量的比重为 2.43%，其中有 6 000 万元偿付利息支出。

(5) 收到其他与筹资活动有关的现金、支付其他与筹资活动有关的现金。这两个项目反映企业除上述(1)至(4)项目外，收到或支付的其他与筹资活动有关的现金流入或流出，包括以发行股票、债券等方式筹集资金而由企业直接支付的审计和咨询等费用、为购建固定资产而发生的借款利息资本化部分、融资租入固定资产所支付的租赁费、以分期付款方式购建固定资产以后各期支付的现金等。其数额一般较小，如果数额较大，应注意分析其合理性。

4. 汇率变动对现金的影响分析

汇率变动对现金的影响反映下列项目的差额。

(1) 企业外币现金流量及境外子公司的现金流量折算为记账本位币时，所采用的现金流量发生日的即期汇率或按照系统合理的方法确定的、与现金流量发生日即期汇率近似的汇率折算的金额。

(2) “现金及现金等价物净增加额”中外币现金净增加额按期末汇率折算的金额。

此项目如果数额较大，需要借助会计报表附注的相关内容分析其原因及合理性。

(五)案例分析①

1. 无中生有，识别“制造现金”

制造现金主要是伪造会计记录，编撰假账来虚增企业的现金资产。更有甚者通过伪造文件来虚报现金资产。该方法主要是通过虚构经营业务来实现，即虚增经营性现金流入与经营性现金流出或同时虚增经营性现金流入与投资性现金流出，这样一方面提高了经营活

---

① 案例来源：赵浩，通过现金流量分析识别上市公司造假，新浪财经。

动现金流量；另一方面又不影响报表的平衡关系，将虚增收入带来的现金流通过虚设的往来或投资消化掉。由于虚构经营业务会同时导致货币资金、应收账款、存货、投资、固定资产、无形资产一项或多项资产虚增，因此我们在分析公司的现金流时注意观察这些科目变化，特别要高度重视定期存款、预付账款、在建工程三个科目，如已经退市的蓝田股份，从其财务报表中可以看到，蓝田股份 1998 年至 2000 年三年间累计经营性现金净流入 1 777 734 万元，但同期投资性现金净流出 187 981 万元。制造了公司经营规模不断扩大、运营良好、创造现金能力很强的假象。如果我们再结合其“应收账款”“存货”“固定资产”“在建工程”“应交税费”等具体的会计科目分析不难发现其可疑之处。

2. 调节“购买商品、接受劳务支付的现金”

一些公司为制造经营活动创造现金能力很强的假象，主要通过增加销售商品、提供劳务收到的现金的同时，减少经营活动现金流量的扣除项“购买商品、接受劳务支付的现金”。如：企业该付的款项不付，只进不出；采取有意压缩期末库存，推迟购货；提前收回期末尚未到期的应收账款；推迟支付期末到期的应付账款等。如此，现金流量当然会增加。如中牧股份 2003 年度实现净利润 2 296.18 万元，经营活动产生的现金流量净额 35 205.85 万元，后者是前者的 15.33 倍。该公司现金流量表揭示的本年度业绩不仅大大超过了损益表列报的利润，而且是可信的。不过，资产负债表显示，年末公司各项应付款均有不同程度的增加，其中应付票据余额 16 276 万元，与年初余额 2 762 万元相比增加了 13 514 万元，主要是应付关联方中牧集团鱼粉采购款 14 327 万元。进入 2004 年 1 月，公司全额偿还了这笔鱼粉采购款。显然，如果该笔关联方采购款项在报告期内支付，必将大大减少经营活动产生的现金流量净额。识别这类造假还可以辅助“现金流出与主营业务成本之比”分析，企业在某期内，经营活动现金流出少于主营业务成本，其原因除了属于提供劳务的企业，购进原材料与接受劳务相对较少外，也许企业今年在公司内部加强了成本管理，节约了支出。另外，也许有些需要支付的费用还未付，如应交增值税、企业所得税等在报告期内没有支付。而倘若现金流出远远大于主营业务成本，则可能是因为企业在报告期内购进了较大数量的存货。同时还可能预付了部分费用等预付款项。

3. 调节“收到的其他与经营活动有关的现金”

现金流量表中该项目反映除主营业务以外其他与经营活动有关的现金活动，如罚款收入、流动资产损失中由个人赔偿的现金收入等。通常该项目金额应该较小，但正如其他应收款成为资产负债表会计处理的“回收站”一样，该项目也极易成为现金流量表“藏污纳垢”之地。有的企业收回了个人往来账项，虽然这笔钱与经营无关，但仍记入该项目；有的企业将与关联方进行的大额款项往来，记入该科目，造成经营性现金流量项目的虚增。如信联股份 1999 年至 2001 年现金流量表显示：①“经营净流量”累计为-11 801 万元，其中：收到其他与经营有关累计为 83 720 万元；支付其他与经营有关累计为-104 072 万元。②投资净流量累计为-2 944 万元。③筹资净流量为 35 059 万元。④现金净流量为 20 314 万元。该公司收到(支付)其他经营活动流量金额巨大，主要是关联方的往来，用这种方式掩盖了主营业务现金流的严重短缺，虚增了经营活动现金流量。

三、完成工作任务评价

(一)完成现金流量表综合分析工作任务

请根据工作任务要求，按照工作任务操作流程，结合完成工作任务所需要的技能导航，来完成项目一中岭南园林股份有限公司现金流量表综合分析任务。

(二)完成工作任务结果评价

按照要求和规程完成了项目一中岭南园林股份有限公司现金流量表综合分析与评价任务后，参照老师给出的评价标准，任务的完成者与老师共同来评价工作任务的完成情况。

评价标准：

(1) 现金流量表水平分析、结构分析比例计算是否正确，应用是否恰当；

(2) 根据增减变动和结构比例，是否能恰当分析出其合理性；

(3) 对于现金流量表的趋势分析及评价是否合理；

(4) 对于现金流量表主要项目是否进行了分析说明。

(三)完成工作任务收获

按照要求和规程完成了工作任务后，结合老师对完成工作任务结果的评价，你认为自己完成此项工作任务有何收获？请将你的收获写出来，与老师和同学们一起交流和分享！

【工作任务三　进行现金流量与利润综合分析】

现金流量与利润是企业盈利状况的两个主要财务指标。由于计算两个指标所依据的基础不同，利润与现金流量很难保持一致性。但从长期来看，企业的资本结构和资产结构将相对稳定，税后净经营利润与经营活动现金流量的差异有缩小的趋势，由于计算属性而造成的税后净经营利润与经营活动现金流量的差异将被时间抹平。在企业的现金运用相对稳定的情况下，现金增量取决于企业盈利的大小。

税后净经营利润与经营活动现金流量在企业财富度量上具有等效性。正常经营企业的现金增加，来源于利润的增长，企业经营效益的好坏不仅仅通过企业盈利状况，同时也通过盈利所实现的企业现金性收益来体现。现金性盈利占企业盈利总额的比重，成为企业财富增长质量的决定因素。

一、制定现金流量与利润综合分析流程

制定现金流量与利润综合分析的步骤如下：

第一步：进行经营活动净现金流量与净利润关系分析；

第二步：进行现金流量表补充资料的分析；

第三步：进行现金流量表补充资料主要项目分析；

第四步：进行经营活动净现金流量阶段性分析。

二、技能导航

(一)经营活动净现金流量与净利润关系分析

利润表按照权责发生制来归集企业的收入和支出，而现金流量表按照收付实现制来归集企业的收入和支出。它们所反映的经济活动是相同的，只是反映的角度不同。我们可以通过现金流量表补充资料揭示出从净利润到经营活动净现金流量的变化过程，如表 4-9 所示。

表 4-9 现金流量表补充资料

编制单位：CX 公司 2012 年 12 月 31 日 单位：万元

项 目	2012 年	2011 年
净利润	2 262	1 978
加：资产减值准备	2 390	2 260
固定资产折旧、油漆资产折耗、生产性生物资产折旧	1 120	1 000
无形资产摊销	100	60
长期待摊费用摊销	22	
处置固定资产、无形资产和其他长期资产的损失(收益以-填列)	-450	-500
固定资产报废损失(收益以-填列)		
公允价值变动损失(收益以-填列)		
财务费用(收益以-填列)	6 000	5 050
投资损失(收益以-填列)	-207	-160
递延所得税资产减少(增加以-填列)	-217	-260
递延所得税负债增加(减少以-填列)	-2 564	-1 870
存货的减少(增加以-填列)	-5 273	-4 230
经营性应收项目的减少(增加以-填列)	-19 061	-10 655
经营性应付项目的增加(减少以-填列)	21 168	11 348
其他		
经营活动产生的现金流量净额	5 290	4 021

CX 公司 2012 年净利润为 2 262 万元，而其在这一期间内的经营活动净现金流量约为 5 290 万元。形成这种差距的最主要原因在于：经营性应付账款增加了 21 168 万元，计提减值准备、折旧和长期待摊费用摊销等不减少现金的费用类项目使现金节约了 3 632 万元；同时，存货增加、经营性应收项目的增加加大了现金流出 24 334 万元。

(二)现金流量表补充资料的水平分析

根据 CX 公司资料，编制现金流量表补充资料的水平分析表，见表 4-10。

表 4-10　现金流量表补充资料的水平分析表

编制单位：CX 公司　　　　2012 年 12 月 31 日　　　　单位：万元

项　目	2012 年	2011 年	增减额	增减(%)
净利润	2 262	1 978	284	14.36
加：资产减值准备	2 390	2 260	130	5.75
固定资产折旧、油漆资产折耗、生产性生物资产折旧	1 120	1 000	120	12.00
无形资产摊销	100	60	40	66.67
长期待摊费用摊销	22		22	
处置固定资产、无形资产和其他长期资产的损失(收益以-填列)	-450	-500	50	-10.00
固定资产报废损失(收益以-填列)				
公允价值变动损失(收益以-填列)				
财务费用(收益以-填列)	6 000	5 050	950	18.81
投资损失(收益以-填列)	-207	-160	-47	29.38
递延所得税资产减少(增加以-填列)	-217	-260	43	-16.54
递延所得税负债增加(减少以-填列)	-2 564	-1 870	-694	37.11
存货的减少(增加以-填列)	-5 273	-4 230	-1 043	24.66
经营性应收项目的减少(增加以-填列)	-19 061	-10 655	-8 406	78.89
经营性应付项目的增加(减少以-填列)	21 168	11 348	9 820	86.54
其他				
经营活动产生的现金流量净额	5 290	4 021	1 269	31.56

根据表 4-10 可进一步分析 CX 公司 2012 年经营活动净现金流量与 2011 年比较，存货、经营性应收项目、经营性应付项目大幅增加。

(三)现金流量表附表主要项目分析

补充资料是采用间接法报告经营活动产生的现金流量，在企业当期净利润的基础上进行某些项目的调整，从而得到经营活动的现金流量净额。

(1) 资产减值准备。该项目反映企业本期计提的坏账准备、存货跌价准备、短期投资跌价准备、长期股权投资减值准备、持有至到期投资减值准备、投资性房地产减值准备、固定资产减值准备、在建工程减值准备、无形资产减值准备、商誉减值准备、生产性生物资产减值准备等资产减值准备。本期计提资产减值准备时，减值损失已计入本期利润表中的相关损益项目，但实际上与经营活动现金流量无关。因此，在净利润的基础上进行调整计算时，应将其加回到净利润中。

(2) 固定资产折旧、油气资产折耗、生产性生物资产折旧。该项目分别反映企业本期计提的固定资产折旧、油气资产折耗、生产性生物资产折旧。由于资产折旧、折耗并不影响经营活动现金流量，因此，在净利润基础上调整计算时，应将其全部加回到净利润中。

(3) 无形资产摊销、长期待摊费用摊销。这两个项目分别反映企业本期计提的无形资产摊销、长期待摊费用摊销。无形资产、长期待摊费用的摊销，增加了成本费用，并在计算净利润时从中扣除，由于没有发生现金流出，所以在将净利润调节为经营活动现金流量时应加回。

以上项目都未涉及现金的成本费用项目，在计量过程中需要运用会计职业判断比较多，会计灵活性也比较大。所以对于金额较大、变化显著的项目应结合会计报表附注中的相关项目及相关会计政策进行详细分析，以发现操纵会计利润的行为。

(4) 处置固定资产、无形资产和其他长期资产的损失和固定资产报废损失。这两个项目属于投资活动产生的损益，所以在将净利润调节为经营活动现金流量时需要予以调节。

(5) 公允价值变动损失。该项目反映持有的金融资产、金融负债以及采用公允价值计量模式的投资性房地产的公允价值变动损益，属于投资活动损益，应予以调整。

(6) 财务费用。企业发生的财务费用可以分别归属于经营活动、投资活动和筹资活动。对属于经营活动产生的财务费用，若既影响净利润又影响经营活动现金流量，如到期支付应付票据的利息，则不需要调整；对属于投资活动和筹资活动产生的财务费用，如长期借款利息，则只影响净利润，不影响经营活动现金流量，应在净利润的基础上进行调整。

(7) 投资损失。该项目是因为投资活动所引起的，与经营活动无关。因此，无论是否有现金流量，该项目应全额调节净利润，但不包括计提的减值准备。

(8) 递延所得税资产减少和递延所得税负债增加。这两个项目分别反映企业资产负债表“递延所得税资产”和“递延所得税负债”项目的期初余额与期末余额的差额。递延所得税在计提和缴纳时间上的不一致性导致了其对利润和现金流量影响时间上的不一致性，因此应在净利润的基础上进行调整。

(9) 存货的减少、经营性应收项目的减少和经营性应付项目的增加。这两个项目分别反映了企业资产负债表“存货”项目、企业本期经营性应收项目和企业本期经营性应付项目的期初余额与期末余额的差额。

经营活动存货的增加，说明现金减少或经营性应付项目增加；存货减少，说明非付现销售成本增加。所以在调节净利润时，应减去存货的净增加数，或加上存货的净减少数。至于赊购增加的存货，通过同时调整经营性应付项目的增减变动而自动抵销。若存货的增减变动不属于经营活动，则不做调整，如接受投资者投入的存货应作扣除。

经营性应收项目增加，说明企业未收到现金的收入增加，即利润增加但现金流量未增加。经营性应收项目减少，说明应收款项收回，现金增加，但不影响利润。所以要对由此引起的净利润与现金流量的差异进行调整。经营性应付项目的情况与此相反。

(四)经营活动净现金流量阶段性分析

从企业的成长过程来分析，一个企业的成长过程可以用生命周期理论描述为初创期、成长期、成熟期和衰退期四个阶段。在初创期，企业需要投入大量资金，形成生产能力，开拓市场，其资金来源只有举债融资等筹资活动。在成长期，产品迅速占领市场，销售呈现快速上升趋势，表现为经营活动中大量货币资金回笼，而仅靠经营活动现金净流量则无法满足所需投资，必须筹集必要的外部资金作为补充。在成熟期，产品销售市场稳定，已经进入投资回收期，但很多外部资金需要偿还，以保持企业良好的资信程度。在衰退期，产品销售的市场占有率下降，经营活动现金流入小于流出，同时，企业为了应付债务不得不大规模收回投资以弥补现金的不足。企业进入衰退期，市场萎缩，产品销售急剧下降，存货大量积压，应收账款坏账增多，最终使正常经营活动现金远不能满足流出。经营活动净流量阶段性分析及其评价结果，可以参照表 4-11。

表 4-11　经营活动净流量阶段性分析评价表

经营周期 现金流量	初创期	成长期	成熟期	衰退期
经营活动产生的现金流量小于零	正　常	长期持续状态 说明回笼现金的能力很差		很 差
经营活动产生的现金流量等于零	中　等	长期持续状态 说明回笼现金的能力很差		一 般
经营活动产生的现金流量大于零但不足以补偿当期的非现金消耗性成本	较　好	长期持续状态 仍然不能给予较高评价		较 好
经营活动产生的现金流量大于零并恰能补偿当期的非现金消耗性成本	好	较好	好	好
经营活动产生的现金流量大于零并在补偿当期的非现金消耗性成本后仍有剩余	很　好	很　好	很　好	很　好

三、完成工作任务评价

(一)完成现金流量与利润综合分析工作任务

请根据工作任务要求，按照工作任务操作流程，结合完成工作任务所需要的技能导航，来完成项目一中岭南园林股份有限公司现金流量与利润综合分析任务。

(二)完成工作任务结果评价

按照要求和规程完成了现金流量与利润综合分析与评价任务后，参照老师给出的评价标准，任务的完成者与老师共同来评价工作任务的完成情况。

评价标准：
(1) 是否对经营活动净现金流量与净利润数量关系进行初步分析；
(2) 是否对现金流量表补充资料进行水平分析；
(3) 是否对现金流量表补充资料进行主要项目分析；
(4) 是否进行经营活动净现金流量阶段性分析。

(三)完成工作任务收获

按照要求和规程完成了工作任务后，结合老师对完成工作任务结果的评价，你对自己完成此项工作任务有何收获？请将你的收获写出来，与老师和同学们一起交流和分享你的收获吧！

【工作任务四　进行现金流量表财务分析】

现金流量表可以提供企业现金流量的信息，通过现金流量表的分析，可以评价企业的盈利能力、偿债能力和营运能力等。投资者和债权人可以从中评估企业未来获取现金的能力，从而对企业的整体财务状况作出客观的评价。企业现金流量财务指标分析是依据会计报表中各有关数据之间的内在联系，通过计算其财务指标，并将其与标准指标或内在数量关系值进行比较，反映和评价企业财务状况等是否正常、合理的一种分析方法，以便在日常的管理工作中有针对性地进行控制和调节。现金流量财务指标分析在实际运用中非常广泛，有关现金流量财务指标的分析可以从多个方面来进行。

一、制定现金流量表财务分析流程

制定现金流量表财务分析的步骤如下：
第一步：选取现金流量表财务分析中所需指标，注意指标选取的合理性；
第二步：计算各指标数值，并对其合理性进行分析；
第三步：将各指标数值进行横向、纵向对比，分析其变动的趋势；
第四步：分析评价企业财务状况。

二、技能导航

公司的盈利质量是利益相关者极其关注的问题，因为它直接反映公司的真实盈利状况和潜在的发展能力，关系到投资者、债权人等相关者的利益，因此如何合理评价公司的盈利质量就显得尤为重要。

经营活动现金净流量与净利润比较，能在一定程度上反映企业所实现净利润的质量。在一般情况下，比率越大，企业的盈利质量越高。如果净利润高，经营活动产生现金流量很低，说明本期净利润中存在尚未实现现金的收入，企业净收益很差，即使盈利，也可能发生现金短缺，严重时会导致企业破产。

(一)现金流量盈利能力的指标分析

1. 销售获现比率

销售获现比率是指销售商品、提供劳务收到的现金与营业收入的比值，它反映企业通过销售获取现金的能力。

$$销售获现比率=\frac{销售商品、提供劳务收到的现金}{营业收入}$$

该指标反映在收付实现制下当期主营业务回笼情况，销售获现比率越接近 1，说明资金回笼越快，应收账款越少；反之，则会造成大量资金积压，加大筹资成本和难度，更严重的是会形成大量的坏账损失，增加企业经营风险。但是，这并不等于说销售获现比率越高越好，因为过高的销售获现比率可能是由于企业信用政策、付款条件过于苛刻或企业经营保守所致，这样会限制企业销售量的扩大，从而影响企业的盈利水平。根据表 3-1 和表 4-1 可计算得出，CX 公司 2012 年销售获现比率为 1.18(282147/240000)，大于 1 表示销售收现质量较高。

2. 盈利现金比率

当前有一些企业账面利润数值很高，而现金却入不敷出；有的企业虽然出现亏损，而现金却很充裕，周转自如。所以，仅以利润来评价企业的经营业绩和获利能力不够谨慎，如能结合现金流量表所提供的现金流量信息，特别是对经营活动现金净流量信息进行分析，则较为全面客观。

盈利现金比率反映公司本期经营活动产生的现金净流量与净利润之间的比率关系。其计算公式为：

$$盈利现金比率=\frac{经营活动产生的现金净流量}{净利润}$$

在一般情况下，盈利现金比率越大，公司盈利质量就越高。如果比率小于 1，说明本期净利润中存在尚未实现现金的收入。在这种情况下，即使公司盈利，也可能发生现金短缺。根据表 3-1 和表 4-1 可计算得出，CX 公司 2012 年盈利现金比率为 2.34(5290/2262)，表明当期盈利质量较高。

3. 每股经营现金流量

每股经营现金流量是反映每股发行在外的普通股票所平均占有的现金流量，或者说是反映公司为每一普通股获取现金流入量的指标。其计算公式为：

$$每股经营现金流量=\frac{经营活动现金净流量}{发行在外的普通股数}$$

根据表 3-23 和表 4-1 可计算得出，CX 公司 2012 年每股经营现金流量为 0.70 元(5290/7540)，与每股盈利情况 0.30 元相比，每股经营现金流量要优于每股盈利。

4. 现金股利保障倍数

现金股利保障倍数是指经营活动现金净流量与现金股利支付额之比，反映企业用经营活动现金净流量支付现金股利的能力。其计算公式为：

$$现金股利保障倍数=\frac{经营活动现金净流量}{每股现金股利}$$

现金股利保障倍数比率越大，说明企业的现金股利占结余现金流量的比重越小，企业支付现金股利的能力越强。若同业平均股利保障倍数为3，则说明该公司的股利保障倍数不高。如果市场不景气，可能没有现金维持当前的股利水平，或者要靠借债才能维持。同时也应看到，公司并非每年都派发现金股利，因此今年的股利保障倍数并不具有代表性。该项现金股利是上年宣告而本年支付的，而本年并未决定支付现金股利。因此，还应该用5年或者更长时间的平均数计算才更能说明问题。

5. 全部资产现金回收率

全部资产现金回收率是经营活动现金净流量与平均总资产之间的比值，该指标可以作为对总资产报酬率的补充，反映企业利用资产获取现金的能力，可以衡量企业资产获现能力的强弱。其计算公式是：

$$全部资产现金回收率=\frac{经营活动现金净流量}{平均总资产}\times 100\%$$

根据表2-1和表4-1可计算得出，CX公司2012年全部资产现金回收率为1.76%(5290/301402.5)，企业资产获现能力与同行业相比略低。

6. 净资产现金回收率

净资产现金回收率是经营活动净现金流量与平均净资产之间的比率。该指标是对净资产收益率的有效补充，对那些提前确认收益，而长期未收现的企业，可以用净资产现金回收率与净资产收益率进行对比，从而补充观察净资产收益率的盈利质量。其计算公式为：

$$净资产现金回收率=\frac{经营活动净现金流量}{平均净资产}\times 100\%$$

根据表2-1和表4-1可计算得出，CX公司2012年净资产现金回收率为4.09%(5290/129381)，与当期净资产收益率(1.75%)进行对比，净资产现金回收率高于净资产收益率，表明公司当期盈利质量较高。

(二)现金流量偿债能力分析

1. 短期偿债能力分析

企业偿债能力从本质上讲，是衡量能否按期归还到期债务的能力，但在计算短期偿债能力的静态指标中所使用的流动负债，是企业某一时点上的债务，所使用的流动资产或速动资产也是在这一时点上的资产存量，只是为企业现在承担的债务提供了一份资产保证，反映的是用这些资产偿债的可能性，并不表示这些资产马上就可以用于偿还债务。因此，流动比率、速动比率是反映现存负债的资产保证程度指标。企业偿还债务是一个动态过程，其偿债能力也应该是在未来某一时点上的能力，所以，对企业短期偿债能力的分析还应该从动态方面进行。

(1) 现金比率的计算与分析。

现金比率是指经营活动现金流量净额与平均流动负债的比率，用来衡量企业的流动负债用经营活动所产生的现金来支付的程度。其计算公式是：

$$现金比率=\frac{经营活动现金流量净额}{平均流动负债}$$

现金比率是从现金流入和流出的动态角度对企业实际偿债能力进行再次修正。由于有利润的年份不一定有足够的现金来偿还债务，所以利用以收付实现制为基础的现金流动负债比率指标，能充分体现企业经营活动所产生的现金净流入，可以在多大程度上保证当期流动负债的偿还，直观地反映出企业偿还流动负债的实际能力。现金比率反映企业最真实的偿债能力，尤其是企业坏账比例大、呆滞存货多的情况下，用该指标评价企业偿债能力更为谨慎。

该指标较大，表明企业经营活动产生的现金净流入较多，能够保障企业按时偿还到期债务。但也不是越大越好，该比率太高，虽短期偿债能力很强，但企业置存现金太多，表示企业流动资金利用不充分，不但增加管理成本，还可能丧失高收益的投资机会，获利能力不强；该比率太低，说明企业短期偿债能力差，债权人利益无保证。因此，企业应根据自身日常开支情况、生产销售情况，以及企业临时筹措资金能力，结合比较同行业平均水平，确定企业合理的现金比率。

根据表 2-1 和表 4-1 可计算得出，CX 公司 2012 年现金流量比率为 3.78%(5290/139769.5)，表示企业生产经营活动产生的现金不足以偿还到期债务，当期短期债务现金偿付能力很弱，必须采取对外筹资或出售资产才能偿还债务。

需要说明的是，本期经营活动现金流量净额是当前会计年度的经营结果。而流动负债则是年初和年末需要偿还债务的平均余额，二者的会计期间不同。

(2) 近期支付能力系数的计算与分析。

近期支付能力系数是反映企业有无足够的支付能力来偿还到期债务的指标。其计算公式是：

$$近期支付能力系数=\frac{近期内能够用来支付的资金}{近期内需要支付的各种款项}\times 100\%$$

其中，近期内能够用来支付的资金包括企业现有的货币资金、近期内能取得的营业收入、近期内确有把握收回的各种应收款项等。近期内需要支付的各种款项包括各种到期或逾期应交款项和未付款项，如职工工资、应付账款、银行借款、各项税金、应付利润等。

企业近期支付能力系数应等于或大于 100%，且数值越高说明企业近期支付能力越强。如果小于 100%，则说明企业支付能力不足，应采取积极有效措施，从各种渠道筹集资金，以便按期清偿债务。

(3) 速动资产够用天数的计算与分析。

除以流动负债为基础之外，还可以用营业开支水平说明企业的短期偿债能力，速动资产够用天数用来表示企业速动资产维护企业正常生产经营开支水平的程度，该指标可以作为速动比率的补充指标。其计算公式为：

$$速动资产够用天数=\frac{速冻资产}{预计每天营业所需的现金支出}$$

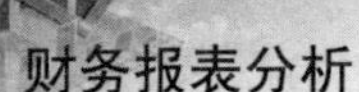

从该指标的计算公式中可以看出，如果速动资产较多，而每天营业所需现金开支较少，速动资产够用天数就多，表示企业偿债能力较强，否则相反。

(4) 现金到期债务比率的计算与分析。

现金到期债务比率是指经营活动现金流量净额与本期到期的债务的比率，用来衡量企业本期到期的债务用经营活动所产生的现金来支付的程度。其计算公式是：

$$现金到期债务比率=\frac{经营活动现金流量净额}{本期到期的债务}$$

当该指标等于或大于 1 时，表示企业有足够的能力以生产经营活动产生的现金来偿还当期的短期债务；如果该指标小于 1，表示企业生产经营活动产生的现金不足以偿还当期到期的债务，必须采取其他措施才能满足偿还到期债务的需要。

【知识链接】

现金流量与偿债能力

经营活动现金流量只是企业偿还债务的渠道之一。经营活动现金流量为负数的企业如果可以通过投资活动或筹资活动取得足够的现金，那么短期内不会发生财务危机。但也要看到，投资活动一般通过一次性活动取得的，是暂时性的;筹资活动取得的现金在将来需要支付利息股利、偿还债务人;只有经营活动取得现金具有相对的稳定性、持续性。

通常，就短期偿债能力可采用“经营活动现金净流量/(一年内到期的长期债务+短期债务)”指标进行分析。如果指标值大于或等于 1，则企业以后的经营活动将相当灵活。如果指标值小于 1，先看一下投资活动，在通过投资活动可满足的情况下，要注意它的暂时性；如果投资活动现金流量还不足以支付，那就不得不变现资产，或从外部取得借款满足利息支付需要。从财务分析的角度来看，企业处于这种状况很不健康。在扣除短期债务之后的经营活动现金流量，可用于维持和扩展目前的经营活动。这主要通过计算狭义自由现金流量和广义现金流量。狭义自由现金流量指经营现金流量减去累计折旧，即只维持目前的经营状况所需的现金流量；广义现金流量指经营活动现金流量减去投资活动现金流量，即不只是维持目前经营状况，还要满足生产扩大所需的现金流量。如果这种维持和扩大的需要不能通过内部经营得到满足，不得不靠外部融资的时候，由于要偿还本息，投资时应格外谨慎小心，对一些高风险、高收益的项目不能问津；如果依靠内部融资，在投资项目的选择上会相对灵活一些，但容易造成投资时不是很谨慎的局面。所以说，企业价值是指企业本身值多少钱，来源于企业资源的合理配置以及现有资产。

2. 现金流量对长期偿债能力影响的分析

运用现金流量指标，可以更加真实地反映出企业的偿债能力。主要指标有到期债务本息偿付比率、现金债务总额比率、利息现金流量保证倍数和现金净流量全部债务比率。

(1) 到期债务本息偿付比率的计算与分析。

到期债务本息偿付比率用来衡量企业到期债务本金及利息可由经营活动创造的现金来支付的程度。其计算公式是：

$$到期债务本息偿付比率=\frac{经营活动现金流量净额}{本期到期债务本息}\times100\%$$

经营活动现金流量净额是企业最稳定的经常性的现金来源，是清偿债务的基本保证。如果到期债务本息偿付比率小于1，说明企业经营活动产生的现金不足以偿付到期债务和利息支出，企业必须通过其他渠道筹资或通过出售资产才能清偿债务。这一指标数值越大，表明企业长期偿债能力越强。

(2) 现金债务总额比率的计算与分析。

现金债务总额比率是指经营活动现金流量净额与期初、期末负债平均余额的比率，用来衡量企业的负债总额用经营活动所产生的现金来支付的程度。其计算公式是：

$$现金债务总额比率=\frac{经营活动现金流量净额}{负债平均余额}\times 100\%$$

企业真正能用于偿还债务的是现金流量，通过现金流量和债务的比较可以更好地反映企业的偿债能力。现金债务总额比率能够反映企业生产经营活动产生的现金流量净额偿还长短期债务的能力。该比率越高，表明企业偿还债务的能力越强。

根据表3-1和表4-1提供的资料，可以计算出该公司的现金债务总额比率。

$$本期现金债务总额比率=\frac{5290}{(176121+167922)\div 2}\times 100\%=3.08\ \%$$

计算结果表明，CX公司本期的现金债务总额比率仅为3.08%，单纯依靠生产经营活动产生的现金流量远远不能满足公司偿还债务的需要。结合该公司本期的现金流量比率，可以看出该公司短期偿债能力较弱，生产经营活动产生的现金流量不能满足短期偿债的需要，更谈不上偿还长期债务。因此，需要及早做好偿还债务的准备。

(3) 利息现金流量保证倍数的计算与分析。

利息现金流量保证倍数是指企业生产经营活动现金流量净额与利息费用的比率。该指标反映生产经营活动产生的现金流量净额是利息费用的多少倍。其计算公式是：

$$利息现金流量保证倍数=\frac{经营活动现金流量净额}{利息费用}$$

利息现金流量保证倍数比利息保证倍数更能反映企业的偿债能力。当企业息税前利润和经营活动净现金流量变动基本一致时，这两个指标结果相似。但如果企业正处于高速成长期，息税前利润和经营活动净现金流量相差很大时，使用利息现金流量保证倍数指标更稳健、更保守。

(4) 现金净流量全部债务比率的计算与分析。

现金净流量全部债务比率是指企业当年现金及现金等价物的净增加额与全部负债平均余额的比率。其计算公式是：

$$现金净流量全部债务比率=\frac{现金净流量}{负债平均余额}\times 100\%$$

现金债务总额比率是从现金保障的角度反映企业较长时期内的偿债能力，是对企业长期偿债能力指标的必要反映，债务水平和获现能力是决定企业财务风险水平的两个重要因素。该指标既减少了权责发生制对财务指标的操纵，又在很大程度上避免了收付实现制导致的现金收益短期波动。

现金债务总额比率反映企业承担债务的能力。一般而言，该指标越大越好，说明企业承担债务的能力越强，现金收益对企业长期债务的保障能力较强。但不同行业差别较大，需要有针对性地具体分析。

根据表 3-1 和表 4-1 提供的资料，可以计算出该公司 2012 年的现金净流量全部债务比率。

$$本期现金净流量全部债务比率=\frac{2501}{(176121+167922)\div 2}\times 100\%=1.45\ \%$$

计算结果表明，CX 公司本期的现金净流量全部债务比率仅为 1.45%，用于偿还全部负债的能力较差，应从长远角度考虑其他偿还债务的渠道。

三、完成工作任务评价

(一)完成现金流量表财务分析工作任务

请根据工作任务要求，按照工作任务操作流程，按照工作任务所需要的技能导航，来完成项目一中岭南园林股份有限公司现金流量表财务分析与评价任务。

(二)完成工作任务结果评价

按照要求和规程完成了项目一中岭南园林股份有限公司现金流量表财务分析与评价后，参照老师给出的评价标准，任务的完成者与老师共同来评价工作任务的完成情况。

评价标准：

(1) 从现金流量盈利能力方面进行分析，并作出合理评价；

(2) 从现金流量短期偿债能力方面进行分析，并作出合理评价；

(3) 从现金流量长期偿债能力方面进行分析，并作出合理评价；

(4) 对现金流量表进行全面财务分析并评价。

(三)完成工作任务收获

按照要求和规程完成了工作任务后，结合老师对完成工作任务结果的评价，你认为自己完成此项工作任务有什么收获？请将你的收获写出来，与老师和同学们一起交流和分享！

小　　结

现金流量分析以现金流量表为基础，结合资产负债表、利润表等有关资料，对企业获取现金的能力作出评价，并且使偿债能力和支付能力评价更全面。现金流量分析是评价企业的财务状况和经营绩效的一项重要内容，是财务分析的重要组成部分，对于企业管理人员、投资者、债权人以及政府监管部门都具有重要意义。现金流量是企业一定时期的现金及现金等价物流入和流出的数量。现金流量分为经营活动产生的现金流量、投资活动产生的现金流量和筹资活动产生的现金流量。其中，经营活动产生的现金流量是现金流量分析的重要内容和经营者最关注的问题。现金流量分析应首先理解现金流量各项目与企业经营活动之间的关系。现金流量结构分析包括现金流入结构分析、现金流出结构分析以及现金流入流出比分析。

现金流量财务指标的分析主要对现金流量盈利能力的指标、现金流量短期偿债能力的指标、现金流量长期偿债能力指标等进行分析。通过这些比率的分析，可以对企业的偿债能力和支付能力等作出更稳健的判断和评价。

思　考　题

1. 什么是现金流量分析？现金流量分析的意义是什么？

2. 现金流量各项目与企业经营活动之间的关系是什么？为什么经营活动产生的现金流量是现金流量分析的重要内容和经营者关注的主要问题？

3. 现金流量结构分析包括哪几个方面？分别如何进行分析？

4. 常用的现金流量财务比率有哪些？通过这些比率如何对企业的获利能力、偿债能力和营运能力作出评判？

5. 反映盈利能力的现金流量指标是如何运用的？

6. 反映偿债能力的现金流量指标有哪些？

案 例 分 析

不解的破产

一、案例资料

香港合俊控股集团(以下简称合俊)成立于 1996 年，是玩具业中一家知名港资企业，在世界五大玩具品牌中，合俊是其中三个品牌的制造商。2006 年 9 月底，合俊集团在香港联交所上市。合俊是少数几家纯劳动密集型制造企业之一，主要生产高档电子玩具、毛绒公仔玩具等，远销欧洲、北美洲、日本等地区。2007 年，合俊年销售额超过 7 亿港币。

2006 年，玩具业竞争愈加激烈，利润空间逐渐变小，再加上材料成本和人工成本的上升、“中国玩具召回事件”的影响等，导致合俊集团的经营陷入困境。2006—2007 年，合俊在自身经营活动无法提供足够现金流的情况下，通过银行融资进行了两笔大额投资，投资额高达数亿港币。但是，令人遗憾的是，由于种种原因，两笔投资均告失败，合俊因此损失了数亿港币，现金链极度紧张。2008 年金融危机爆发，金融机构纷纷收缩放贷，收回贷款，合俊生存的唯一支柱——银行借款也宣告破灭，自身无法提供集团所需现金，又没了外部的支持，没了血液的合俊集团只能成为专家口中的“美国金融危机波及中国企业实体倒闭第一案”。

二、案例分析

作为玩具业的龙头企业，合俊的突然死亡引起了各界的关注。合俊倒闭的原因，金融危机并不是罪魁祸首，金融危机只是合俊倒闭的“最后一根稻草”，企业的自身经营出现严重问题，导致企业现金链紧张，最终在外部环境恶化的影响下破产倒闭。

一个成功企业的稳健的现金流周转模式应该是:经营和投资活动承担着“造血”功能，通过它们周而复始地周转运作为企业带来源源不断的新生血液，是企业生存的关键，而筹资现金流仅仅起着间歇性的“输血”作用。企业和人体一样，不可能完全依靠“输血”生存，必须靠自身良好的“造血”机能，才能维持健康的生命体。也就是说，企业正常生产经营活动所需现金主要靠“造血”功能机制所形成的现金流动提供，而承担“输血”功能的筹资性现金流动只在企业现金暂时不足时起调节补充作用。只有良好的“造血”功能，才能带来充足的、源源不断的现金流入，才有可能偿还债务、支付利息和进一步进行扩张。合俊倒闭的关键，就在于其多元化扩张动机不合理，扩张现金匹配不平衡，又忽视了经营活动的 “造血”功能，导致企业只能依靠融资进行经营和投资，而金融危机爆发导致融资渠道断裂则是其死亡的直接导火索。

现金是企业的血液，一个健康的公司其自身的“造血”功能足够完善，能够有效地支持企业的正常经营活动。此外，企业的扩张及其发展计划还需要依靠合理的外部融资现金流。金融危机对企业的影响，通过对融资活动的影响，最终会表现在企业的现金流上。企业可以主动地通过科技创新、扩大内销份额、完善成本管理等方法，保证企业经营活动在金融危机下仍然正常进行，保持足够的经营活动现金流。但外部融资活动则受金融危机影响较大，企业只能被动地通过合理的融资水平，避免金融危机的影响。不管合俊倒闭是不是“美国金融危机波及中国企业实体倒闭第一案”，其在倒闭前后现金流管理存在的问题都给处在类似状况的企业敲响了警钟，只有在自身能力足够时，进行合理的投资，管理好投资现金流，保持合理的现金持有水平，安排合理的现金流量结构，保证企业现金流的平衡性，才能有效应对金融危机或未来的其他危机对企业现金流的冲击，确保企业健康成长、发展。

思考：查找相关资料，对于本案例的分析你认为是否全面合理，是否还有所补充？你从本案例中得到哪些启示？

项目五

所有者权益变动表分析

【知识目标】

- 掌握所有者权益变动表的概念及内容
- 掌握所有者权益变动表的目的、意义

【技能目标】

- 能够结合实际分析所有者权益变动结构
- 能够对所有者权益变动表的主要项目进行分析
- 能够对所有者权益变动表相关的财务指标进行分析
- 能够对股利决策对所有者权益变动的影响进行分析

模块一　所有者权益变动表分析的任务设计

所有者权益变动表是反映所有者权益的各组成部分当期的增减变动情况的报表。通过所有者权益变动表的分析，可以明确资本的来源，为制定适当的股利分配政策提供决策依据，同时为资金筹措决策提供参考。符合全面收益改革的国际趋势，是公司所有者权益日益受到重视的体现。能更清晰地体现会计政策变更和前期差错更正对所有者权益的影响，更好地为利润表和资产负债表提供辅助信息。

一、所有者权益变动表分析的任务导读

2012 年 3 月 21 日，内蒙古伊利实业集团股份有限公司 2011 年年度股东大会审议并通过了《公司 2011 年度利润分配预案》，以 2011 年 12 月 31 日的总股本 1 598 645 500 股为基数，向全体股东每 10 股派发现金红利 2.5 元(含税)，扣税后每 10 股派发现金红利 2.25 元，共计派发现金红利 399 661 375 元。2012 年 4 月 6 日，公司发布了《内蒙古伊利实业集团股份有限公司 2011 年度利润分配实施公告》。

公司近三年(含报告期)的利润分配方案或预案、资本公积金转增股本方案或预案如表 5-1 所示。

表 5-1　公司近三年(含报告期)的利润分配方案或预案、资本公积金转增股本方案或预案　单位：元

分红年度	每 10 股送红股数(股)	每 10 股派息数(含税)	每 10 股转增数(股)	现金分红的数额(含税)	分红年度合并报表中归属于上市公司股东的净利润	占合并报表中归属于上市公司股东的净利润的比率/%
2012	0	2.80	0	523 840 240.00	1 717 206 343.77	30.51
2011	0	2.50	0	399 661 375.00	1 809 219 539.77	22.09
2010	0	0	10	0	777 196 629.43	0

请结合公司相应年度的资产负债表和利润表分析以上预案实施将会对所有者权益变动表带来哪些影响。

二、所有者权益变动表分析的任务提出

了解所有者权益的来源及其变动情况，体现会计期间构成所有者权益各个项目的变动规模与结构，从而了解会计期间内影响所有者权益增减变动的具体原因，掌握其变动趋势，反映公司净资产的实力，提供保值增值的重要信息，需要通过所有者权益变动表分析来完成。进行所有者权益变动表的主要任务：

任务 1：如何进行所有者权益变动表的分析，揭示所有者权益变动结构？

任务 2：如何进行与所有者权益变动表相关的财务指标分析？

任务 3：如何进行股利决策对所有者权益变动的影响分析？

三、所有者权益变动表分析的任务分析

所有者权益变动表中列示了导致所有者权益变动的交易和事项，通过分析所有者权益的来源及其变动情况，从而了解会计期间内影响所有者权益增减变动的具体原因。判断构成所有者权益各个项目变动的合法性与合理性，为报表使用者提供较为真实的所有者权益总额及其变动信息。

对多数人而言所有者权益变动表就像一个复杂的迷宫，就让我担任这个迷宫的向导吧。以下内容是完成所有者权益变动表分析任务所必须掌握的知识，下面我们就开始预备知识的学习吧！

四、预备知识

(一)所有者权益变动表的内涵及项目构成

所有者权益变动表是反映公司本期(年度或中期)内截至期末所有者权益变动情况的报表。2007 年以前，公司所有者权益变动情况是以资产负债表附表形式予以体现的。新准则颁布后，要求上市公司于 2007 年正式对外呈报所有者权益变动表，所有者权益变动表将成为与资产负债表、利润表和现金流量表并列披露的第四张财务报表。

所有者权益变动表应包括所有者权益增减变动的重要结构性信息，特别是要反映直接计入所有者权益的利得和损失，以便报表使用者准确理解所有者权益增减变动的根源。按照我国 2006 年发布的《企业会计准则第 30 号——财务报表列报》准则的要求，在所有者权益变动表中至少应当单独列示反映下列内容：

① 净利润；
② 直接计入所有者权益的利得和损失项目及其总额；
③ 会计政策变更和差错更正的累积影响金额；
④ 所有者投入资本和向所有者分配利润等；
⑤ 按照规定提取的盈余公积；
⑥ 实收资本、资本公积、盈余公积、未分配利润的期初余额和期末余额及其调节情况。

(二)编制所有者权益变动表的意义

1. 是所有者权益日益受到重视的体现

所有者权益变动表可以反映股东所拥有的权益，据以判断资本保值增值的情况以及对负债的保障程度。该表将全面反映企业的所有者权益在年度内的变化情况，便于会计信息使用者深入分析企业所有者权益的增减变化情况，进而对企业的资本保值增值情况作出正确判断。投资人可以通过所有者权益变动表分析被投资方的投资价值，以及股利发放、员工红利等各项权益变动因素，以预测投资效益。

从受托责任角度，编制所有者权益变动表，既是对投资者负责，也是对股东和公司自身负责。

2．将更好地为利润表和资产负债表提供辅助信息

所有者权益变动表中的“直接计入所有者权益的利得和损失”以及“利润分配”，与利润表之间存在较强的关联性。“直接计入所有者权益的利得和损失”与利润表中的“公允价值变动净收益”相辅相成，共同反映了公允价值变动对企业产生的影响。“利润分配”则提供了企业利润分配的去向和数量，为利润表提供了辅助信息。所有者权益变动表中提供的所有者结构变动信息与资产负债表中所有者权益部分相辅相成，提供了所有者权益具体项目变动的过程及其原因。

3．能更清晰地体现会计政策变更和前期差错更正对所有者权益的影响

会计政策变更和前期差错更正对所有者权益本年年初余额的影响，原来主要在会计报表附注中体现，很容易被投资者忽略。新准则要求除了在附注中披露与会计政策变更、前期差错更正有关的信息外，还将在所有者权益变动表上直接列示会计政策变更和前期差错更正对所有者权益的影响，以使其得到更清晰的体现。

4．通过所有者权益变动表的分析，可以反映由于股权分置、股东分配政策、再筹资方案等财务政策对所有者权益的影响

(三)所有者权益变动表的结构

资产负债表报告的是某一时点的价值存量。利润表、现金流量表与所有者权益变动表反映的是两个时点之间的存量变化，利润表反映了所有者权益变化的一部分，现金流量表则反映了现金的变化过程，所有者权益变动表反映的是资产负债表中所有者权益具体项目的变化过程。四张会计报表是用会计语言反映会计期间的总体财务状况和经营业绩。所有者权益变动表担负起了资产负债表与利润表的纽带的重任。通过所有者权益变动表搭建二者之间的钩稽关系，使财务报告体系中各要素之间能够继续保持着紧密的联系。即：期末净资产=期初净资产+净损益+其他收益。

所有者权益变动表属于动态报表，从左到右列示了所有者权益的组成项目，自下而上反映了各项目年初至年末的增减变动过程。从纵向上看，改变了以往按照所有者权益的各组成部分反映所有者权益变动情况，而是列示导致所有者权益变动的交易或事项，并根据所有者权益变动的来源对一定时期所有者权益变动情况进行全面反映；从横向上看，按照所有者权益各组成部分(包括实收资本、资本公积、盈余公积、未分配利润和库存股)及其总额列示交易或事项对所有者权益的影响。格式的变化丰富了会计信息，增强了会计信息的决策有用性。其列报格式是根据所有者(股东)权益变动的性质，分别按照当期净利润、直接计入所有者权益的利得和损失项目、所有者投入资本和向所有者分配以及所有者权益内部结转等情况分析填列，取消了利润分配表，企业净利润及其分配情况的内容也列示。所有者权益变动表的综合框架来看，体现了综合收益的理念。

从反映的时间看，所有者权益变动表列示两个会计年度所有者权益各项目的变动情况，便于对前、后两个会计年度的所有者权益总额和各组成项目进行动态分析；从反映的项目看，所有者权益变动表反映的内容包括：所有者权益各项目本年年初余额的确定、本年度取得的影响所有者权益增减变动的收益和利得或损失、所有者投入或减少资本引起的所有者权益的增减变化、利润分配引起的所有者权益各项目的增减变化、所有者权益内部项目之间的相互转化。

【知识链接】

从所有者权益变动表看全面收益的理念

1980 年 12 月，美国财务会计准则委员会(FASB)在原第 3 号财务会计概念公告《企业财务报表要素》中首次提出了不同于传统收益概念的新概念——“全面收益”，并将其定义为：“一个主体在某一期间与非业主方面进行交易或发生其他事项和情况所引起的权益(净资产)变动。它包括这一期间内除去业主投资和派给业主款以外的交易、事项和情况所产生的权益的一切变动。”根据 FASB 提出的全面收益概念，全面收益应该包括净收益(net income)和其他全面收益(other comprehensive income)两大类。其他全面收益项目包括：外币折算调整项目；可供销售证券上的未实现利得或损失；最低养老金负债调整；金融衍生产品未实现的利得或损失。这些项目的共同特点在于它们都是未实现的，都不能够包括在净收益中，而是在资产负债表上作为所有者权益的组成部分列示。与传统收益概念相比，全面收益包括的内容更广泛，不仅包括已实现的净收益，还包括未实现的，绕过收益表直接在资产负债表所有者权益中列示利得和损失。

对于全面收益的列报方式，国际和其他国家的会计准则允许使用的有三种方案：第一种是采用双业绩报表，即在传统收益表之外，另设一张新的全面收益表，与传统收益表共同反映企业的财务业绩；第二种是采用单一报表，即在传统收益表的净收益下面列示全面收益，合并反映在一张扩展的收益表中；第三种是在股东权益变动表(所有者权益变动表)中列示。上述三种方案，FASB 均允许使用，但鼓励报告主体采用第一种或第二种方案，IASC 曾建议采用第一种或第三种方案，但从西方相关的研究结果来看，全面收益通过所有者权益变动表报告时，其决策有用性要比在业绩报表中报告时差，原因在于在业绩报表中披露全面收益增加了未实现利得或损失的透明度，有助于提高财务报表的可理解性和可比性，而用两张报表分别报告传统收益和全面收益，则有可能误导报表的使用者，会使得使用者对其中的一张报表过于关注而忽视另一张报表，或者不合理地过于重视这两张报表之间的差异。因而，FASB 目前更倾向于第二种方案，即合并使用一张全面收益表。英国会计准则委员会(ASB)则要求另外编制全部已确认利得和损失表，即采用第一种方案。

从国际会计准则委员会和各国准则制定机构的态度可以看出，都比较支持使用收益表的方式来列报全面收益。列报全面收益已是国际大势所趋，采用收益表的格式也是众望所归的方式。我国 2006 年颁布的企业会计准则为了与国际趋同，将全面收益的思想在准则中体现。在我国全面收益引入的初期，主要采取了循序渐进的方式，将为数不多的其他全面收益反映在所有者权益变动表中，即采用了前述的第三种方案，既体现全面收益的理念，又不会利润表产生较大影响，易于被会计人员接受。

模块二　所有者权益变动表分析的工作任务

【工作任务一　进行所有者权益变动表综合分析】

所有者权益变动表分析，即通过分析所有者权益的来源及其变动情况，从而了解会计期间内影响所有者权益增减变动的具体原因，判断构成所有者权益各个项目变动的合法性与合理性，为报表使用者提供较为真实的所有者权益总额及其变动信息，从而为股东、投资者、债权人以及其他报表使用者提供全面的财务信息，为他们进行经济决策提供依据和新的思路。

一、制定所有者权益变动表综合分析流程

制定所有者权益变动表分析的步骤如下：

第一步：计算所有者权益增减额度；

第二步：计算所有者权益变动结构；

第三步：分析所有者权益变动表主要项目。

二、技能导航

(一)所有者权益变动结构分析

所有者权益变动结构分析就是根据所有者权益变动表的资料和其他报表资料，分析企业所有者权益总额和各具体项目增减变动情况和变动趋势，以揭示增减变动的原因，存在的问题和差距。

所有者权益变动结构分析主要包括所有者权益增减变动比较分析和所有者权益增减变动比率分析。

所有者权益变动表各个项目之间的关系具体见下列公式：

本年年末余额=本年年初余额+本年增减变动金额

其中：　本年年初余额=上年期末余额+会计政策变更+前期差错更正

本年增减变动金额=净利润+直接计入所有者权益的利得和损失+所有者投入和减少资本+利润分配+所有者权益内部结转

CX 公司 2012 年所有者权益变动表数据如表 5-2 所示，根据该公司报表完成相关的分析任务。

表 5-2 所有者权益变动表

编制单位：CX 公司　　2012 年 12 月 31 日　　单位：万元

项　目	本年金额					
	实收资本(股本)	资本公积	减：库存股	盈余公积	未分配利润	所有者权益合计
一、上年年末余额	45 354	46 896	0	8 378	27 622	128 250
加：会计政策变更						
前期差错更正						
二、本年年初余额	45 354	46 896	0	8 378	27 622	128 250
三、本年增减变动金额(减少以“-”号填列)						
(一)净利润					2 262	2 262
(二)直接计入所有者权益的利得和损失						
1.可供出售金融资产公允价值变动净额						
2.权益法下被投资单位其他所有者权益变动的影响						
3.与计入所有者权益项目相关的所得税影响						
4.其他						
上述(一)和(二)小计						
(三)所有者投入和减少资本						
1.所有者投入资本						
2.股份支付计入所有者权益的金额						
3.其他						
(四)利润分配				210	-210	
1.提取盈余公积				210	-210	0
2.对所有者(或股东)的分配						
(五)所有者权益内部结转						
1.资本公积转增资本(或股本)						
2.盈余公积转增资本(或股本)						
3.盈余公积弥补亏损						
4.其他						
四、本年年末余额	45 354	46 896	0	8 588	29 674	130 512

1．所有者权益增减变动比较分析

所有者权益增减变动比较分析是通过同类财务指标在不同时期或不同情况下数量上的比较，用于揭示指标之间差异或趋势的一种方法。就所有者权益增减变动而言，主要是对前后期所有者权益总额，所有者权益具体项目进行差异额和差异率分析，以了解指标完成情况的变动趋势，从而找到努力的方向。

对所有者权益变动表进行阅读和分析，其最重要的内容是本年增减变动金额。在此，对所有者权益变动表进行如下分析：第一，股本变动情况的分析。股本的增加包括资本公积转入、盈余公积转入、利润分配转入和发行新股等多种渠道，前三种都会稀释股票的价格，而发行新股既能增加注册资本和股东权益，又可增加公司的现金资产，这是对公司发展最有利的增股方式。第二，资本公积变动情况的分析。资本公积增加的原因包括资本(股本)溢价和其他资本公积。资本公积减少的原因主要是转增资本。第三，盈余公积变动情况的分析。盈余公积的增减变动情况可以直接反映出企业利润积累的情况。第四，利润分配的分析。利润分配实际上体现的是资金积累与消费的比例关系。

2．所有者权益增减变动比率分析

所有者权益增减变动比率分析是通过计算同一时期相关财务指标的比值，来揭示它们之间的关系及其经济意义，借以评价企业财务状况和经营成果的一种方法，具体包括相关比率分析、结构比率分析和动态比率分析。

(1) 相关比率分析。与所有者权益有关的相关比率有资本报酬率、所有者权益报酬率、保值增值率、负债权益比率。通过与标准、与前期、与同行比较，找出差距，分析原因。

(2) 结构比率分析。所有者权益总额内部结构、所有者权益各具体项目增减内部结构(编制百分比所有者权益变动表)比对分析，以揭示增减变动原因，如表 5-3 所示。

表 5-3　所有者权益变动结构分析表

编制单位：CX 公司　　　　2012 年 12 月 31 日　　　　单位：万元

项　目	2012 年	2011 年	变动幅度/%
一、上年年末余额	128 250	126 272	1.5
加：会计政策变更			
前期差错更正			
二、本年年初余额	128 250	126 272	1.5
三、本年增减变动金额			
(一)净利润	2 262	1 978	14
(二)直接计入所有者权益的利得和损失			
1. 可供出售金融资产公允价值变动金额			
2. 权益法下被投资单位其他所有者权益变动的影响			
3. 与计入所有者权益项目相关的所得税影响			
4. 其他			
上述(一)和(二)小计	2 262	1 978	14

续表

项　目	2012 年	2011 年	变动幅度/%
(三)所有者投入和减少资本			
1. 所有者投入资本			
2. 股份支付计入所有者权益的金额			
3. 其他			
(四)利润分配			
1. 提取盈余公积			
2. 对所有者(或股东)的分配			
(五)所有者权益内部转移			
1. 资本公积转增资本(或股本)			
2. 盈余公积转增资本(或股本)			
3. 盈余公积弥补亏损			
4. 其他			
四、本年年末余额	130 512	128 250	1.7

(3) 动态比率分析。计算所有者权益总额，所有者权益具体项目定基发展速度、环比发展速度、定基增长速度、环比增长速度，借以分析其发展趋势。

(二)所有者投入和减少资本的分析

所有者投入和减少资本反映企业所有者当期投入的资本和减少的资本。所有者投入和减少资本分析主要包括所有者投入资本分析和所有者减少资本分析。

1. 所有者投入资本分析

所有者投入资本，会增加企业的自由资金，扩大企业资产规模，增强企业负债能力等。所有者投入资本分析主要包括投入金额分析、投入者分析及投入资本的形态分析。

投入金额分析，是对投入资本的价值总额进行分析。投入者分析，是对投入者的构成进行分析。结合其他资料，对投入者的结构进行分析，可以判断企业不同股东的力量对比情况及其对企业实际控制权的影响。如果企业的实际控制权发生转移，企业的经营政策和财务政策等都有可能发生改变。投入资本的形态分析，是对投入资本的表现形式进行的分析。投入资本即可以是无形资产，如专利权、土地使用权等，也可以是有形资产，如现金、设备等。不同形态的资本对企业的影响程度和影响路径是不同的。

2. 所有者减少资本分析

所有者减少资本，一方面会减少企业的自有资金，增加企业的财务风险，还可能使企业的举债能力受到不利影响；另一方面会缩小企业的资本规模。

所有者减少资本的原因大体有两种：一是资本过剩，企业因为找不到满意的投资机会，所以发还股款，将再投资机会的选择权交与股东；二是企业发生重大亏损而需要减少资本。

所有者减少资本分析主要包括减少金额分析和减少方式分析。减少金额分析，是对减少的价值总额进行分析；减少方式分析，是对减少的路径进行分析。减少资本可以采用股份回购的方式，也可以采用实体出售等方式。当企业采用的是实体出售方式时，分析者就应该关注企业的经营方向和经营战略是否发生转变。进行所有者减少资本分析时，还应注意所有者的减资是否符合相关法律规定。

(三)直接计入所有者权益的利得和损失的分析

利得是指由企业非日常活动所形成的、会导致所有者权益增加的、与所有者投入资本无关的经济利益的流入。损失是指由企业非日常活动所产生的、会导致所有者权益减少的、与向所有者分配利润无关的经济利益的流出。

直接计入所有者权益的利得和损失，是指不应计入当期损益、会导致所有者权益发生增减变动的、与所有者投入资本或者向所有者分配利润无关的利得或者损失。

一般而言，已实现确认的利得与损失在发生当年计入利润表，未实现确认的利得与损失可能在资产负债表中确认，同时，所有者权益变动表涵盖了这些信息。利润表反映公司在会计年度内已实现的损益。若出现未实现的损益，公司的资产价值就会增减，资本公积也会随之增减，但未实现的损益不在年度利润表中披露，而是直接计入所有者权益。该项目主要是由以下交易或事项引起的。

(1) 采用权益法核算的长期股权投资。

长期股权投资采用权益法核算的，在持有比例不变的情况下，被投资单位除净损益的利得和损失金额。利得导致所有者权益增加，损失导致所有者权益减少。

(2) 以权益结算的股份支付。

用以权益结算的股份支付换取职工或其他方提供服务的，应按确定的金额增加资本公积。

(3) 存货或自用房地产转换为投资性房地产。

企业将作为存货的或自用的房地产转换为采用公允价值模式计量的投资性房地产时，转换日的公允价值大于账面价值的差额部分计入资本公积。

(4) 可供出售金融资产公允价值的变动

可供出售金融资产公允价值变动形成的利得或损失，应计入资本公积。

该项目分析要点是：企业资本公积确认的合规性，即看企业是否存在漏计、多计资本公积的行为。按照《公司法》的规定，资本公积转为资本时，所留存的资本公积不得少于转增前公司注册资本的 25%。而直接计入所有者权益的利得和损失部分，不具有经常性的特点，且其对资产公积的影响方向和影响金额具有不确定性，所以在分析资本公积转增资本时，应注意合规性。

(四)利润分配策略分析

利润分配是企业经营活动的一个重要环节，分配关系到各类投资者的利益，影响各方的关系，会对企业未来发展产生重大影响。利润分配取决于企业的盈利状况和分配政策。利润分配策略分析应包括利润分配活动全面分析、利润分配项目分析和利润分配政策分析。

1．利润分配活动全面分析

利润分配活动全面分析主要是对利润分配的规模、结构的变动情况和利润分配的变动趋势进行分析。通过分析揭示利润分配规模、结构和趋势变动的原因，并对其变动情况及变动的合理性作出评价。

(1) 利润分配规模及变动分析。利润分配规模及变动分析，就是要对企业本期净利润分配的各项实际数与前期的实际数进行对比，以揭示各主要分配渠道分配额的增减变动情况。确定其增减变动及其变动的合理性。对利润分配规模及其变动分析，主要是根据所有者权益变动表的数据，运用水平分析法，分析各项分配项目的变动数量和变动率。

(2) 利润分配结构及变动分析。利润分配结构是指各分配渠道的分配额占可供分配利润总额的比重，通过结构分析可以反映利润分配项目与总体的关系及其变动情况。

(3) 利润分配趋势分析。利润分析趋势分析是依据企业若干会计期间的所有者权益变动表所提供的利润分配情况，选择某一会计期间的资料作为基期，设该会计期间相同项目的数据按基期项目数的百分比列示，进行序时的、连续的对比，以了解其发展变动趋势。

2．利润分配项目分析

利润分配项目分析主要是对企业留用利润项目和利润(或股利)分配进行分析，通过分析影响留用利润和利润(或股利)分配的因素，研究企业股利与留存收益之间的比例关系确定的合理性。

(1) 企业留用利润的分析。企业留用利润包括盈余公积金(法定盈余公积金、任意盈余公积金)和未分配利润、留用利润的分析可以从我国法律环境、股东因素、公司因素及其他方面着手进行分析。

(2) 股利(或利润)分配分析。股利是公司按股东所持股份的比例分配给股东的本期或累计盈余利润。对企业股东分配的分析可以结合企业不同生命周期，企业收益的稳定性等方面进行分析。

3．利润分配政策分析

利润分配政策分析主要是对利润分配政策和股利支付方式的选择进行分析，通过了解股利分配政策(如剩余股利政策、固定股利政策、股利比例政策、不分配股利政策、正常股利加额外股利政策等)、股利支付方式的类型(如现金股利、财产股利、负债股利、股票股利等)及其优缺点，结合利润分配项目分析，评价企业选择股利政策的适当性与合理性。

即席思考：利润分配政策对所有者权益变动表的分析有哪些影响？

【知识链接】

盈 余 公 积

盈余公积分为两种：法定盈余公积金和任意盈余公积金。根据《公司法》的规定，法定盈余公积金的提取比例为当年税后利润(弥补亏损后)的 10%。法定盈余公积金已达到注册资本的 50%时可不再提取。

提取法定公积金后，经股东会或者股东大会决议，公司还可以从税后利润中提取任意公积金。企业提取盈余公积的主要用途有：弥补亏损、转增资本及扩大公司生产经营。

三、完成工作任务评价

(一)完成所有者权益变动表综合分析工作任务

请根据工作任务要求，按照工作任务操作流程，结合完成工作任务所需要的技能导航，来完成项目一中岭南园林股份有限公司所有者权益变动表分析任务。

(二)完成工作任务结果评价

按照要求和规程完成了项目一中岭南园林股份有限公司所有者权益变动表分析与评价任务后，参照老师给出的评价标准，任务的完成者与老师共同来评价工作任务的完成情况。

评价标准：

(1) 是否从资本保值增值率、净利润与所有者权益变动额比率方面分析所有者权益变动的质量；

(2) 是否编制所有者权益变动比率表；

(3) 分析所有者权益增减变动原因是否合理。

(三)完成工作任务收获

按照要求和规程完成了工作任务后，结合老师对完成工作任务结果的评价，你认为自己完成此项工作任务有何收获？请将你的收获写出来，与老师和同学们一起交流和分享！

【工作任务二　进行所有者权益变动表相关财务指标的分析】

所有者权益变动表包含了丰富的信息，分析时应结合资产负债表、利润表及其他相关资料进行财务指标的分析。

一、制定所有者权益变动表相关财务指标的分析流程

制定所有者权益变动表相关财务指标的分析的步骤如下：

第一步：收集所有者权益变动表及相关报表信息；

第二步：计算所有者权益变动表相关财务指标；

第三步：分析评价所有者权益变动表相关财务指标。

二、技能导航

所有者权益变动表相关指标围绕着所有者权益的变动、权益的保值增值程度、权益与利润、权益与资产等相关问题研究，主要包括以下指标。

(一)资本保值增值率

资本保值增值率是指企业扣除客观因素(如所有者追加投资)后，本期所有者权益期末余额与所有者权益期初余额的比率。它反映企业股东权益的变动水平。计算公式为：

$$资本保值增值率=\frac{所有者权益期末余额(扣除客观因素后)}{所有者权益期初余额}\times100\%$$

资本保值增值率反映企业股东权益的变动，资本保值增值率还反映投资者投入资本的增长。该指标值越高，表明企业增值越多，资本的保全性越强，企业应付风险，持续发展的能力越强；该指标若小于 1，则表明企业的资本积累减少，股东的权益可能受到侵害。分析该指标时，应结合所有者权益构成的变动情况，分析所有者权益变动的质量。

根据 CX 公司的资产负债表资料(见表 2-1)，计算该公司 2012 年的资本保值增值率。

资本保值增值率=130 512÷128 250=101.76%

可见，CX 公司实现了资本的保值增值。但增值幅度不大。该指标可以与行业平均值和企业历史数据相比较，以揭示其资本增值的速度。

(二)资本积累率

资本积累率，是企业本年所有者权益增长额与年初所有者权益的比率，反映企业当年资本的积累能力，是评价企业发展潜力的重要指标。其计算公式为：

$$资本积累率=\frac{所有者权益期末余额-所有者权益期初余额}{所有者权益期初余额}\times100\%$$

根据 CX 公司的报表资料，计算该公司 2012 年的资本积累率。

资本积累率=(130 512−128 250)÷128 250=1.76%

(三)资本三年平均增长率

资本三年平均增长率表示企业资本连续三年的积累情况，在一定程度上体现了企业的持续发展水平和发展趋势。式中，三年前所有者权益是指企业三年前的所有者权益年末数，比如在评价 2012 年的企业效绩状况时，三年前的所有者权益年末数应是指 2009 年年末数。计算公式为：

$$资本三年平均增长率=\left(\sqrt[3]{\frac{年末所有者权益总额}{三年前年末所有者权益总额}}-1\right)\times100\%$$

(四)营业利润与所有者权益变动额比率

营业利润与所有者权益变动额比率是指营业利润与本期所有者权益变动额的比率。计算公式为：

$$营业利润与所有者权益变动额比率=\frac{营业利润}{所有者权益期末余额-所有者权益期初余额}\times100\%$$

该指标越高，说明所有者权益变动的质量越好。该指标是净利润与所有者权益变动额比率的进一步深化。同时应该注意，营业利润中的有些项目不具备经常性特征，如资产减值损失、公允价值变动收益和投资收益中的对联营企业和合营企业的投资收益等项目。针对这种情况，可作进一步分析。根据 CX 公司的资产负债表(见表 2-1)和利润表(见表 3-1)资料，计算该公司 2012 年的营业利润与所有者权益变动额比率。

营业利润与所有者权益变动额比率=2796÷(130512-128250)×100%=123.61%

(五)投入资本与所有者权益比率

投入资本与所有者权益比率是指股本(实收资本)及由于溢价发行转入资本公积的资金与所有者权益的比率，它反映股东初始投资的比重。其计算公式为：

$$投入资本与所有者权益比率=\frac{股本(实收资本)+计入资本公积的溢价部分}{所有者权益}\times100\%$$

该指标值越低，表明股东投入的资本增值幅度越大，企业的发展能力越强。根据 CX 公司的资产负债表(见表 2-1)资料，计算该公司 2012 年的投入资本与所有者权益比率。

投入资本与所有者权益比率=(45 354+46 896)÷130 512×100%=70.68%

(六)每股净资产

每股净资产，是上市公司期末净资产(即普通股股东权益)与期末普通股总数的比值，实质是普通股每股账面价值。其计算公式为：

$$每股净资产=\frac{股本权益总额-优先股权益}{期末流通在外的普通股股数}$$

根据 CX 公司的资产负债表(见表 2-1)资料，计算该公司 2012 年的每股净资产，公司发行在外的股数为 7540 万股。

每股净资产=130 512÷7 540=17.31 元

(七)市净率

市净率，是上市公司每股市价与每股净资产的比值。其计算公式为：

$$市净率=\frac{每股市价}{每股净资产}$$

市净率反映了资本市场对公司未来成长空间的看法，是衡量竞争力的指标之一。分子每股市价是资产的市场价值，它是证券市场交易的结果。

(八)每股资本公积

每股资本公积，是上市公司期末资本公积与期末普通股总数的比值。其计算公式为：

$$每股资本公积=\frac{期末资本公积}{期末普通股股数}$$

由于资本公积可以转增资本，所以上市公司可以把资本公积看作股本扩张的来源。因此，每股资本公积金在很大程度上反映了上市公司的股本扩张能力。根据 CX 公司的资产负债表(见表 2-1)资料，计算该公司 2012 年的每股资本公积。

每股资本公积=46 896÷7 540=6.22

(九)保留盈余与所有者权益的比例

$$保留盈余与所有者权益的比例=\frac{保留盈余}{所有者权益}\times100\%$$

该比率较高，表明公司账面的财富大多是由过去经营所累积的。相反，如果实收资本(或股本)与资本公积(资本或股本溢价)占所有者权益的比率较高，则表明公司可能不断地通过现金增资，向股东取得资金。根据 CX 公司的资产负债表(见表 2-1)资料，计算该公司 2012 年保留盈余与所有者权益的比例。

保留盈余与所有者权益的比例=(8 588+29 674)÷130 512×100%=29.32%

三、完成工作任务评价

(一)完成所有者权益变动表相关财务指标的分析工作任务

请根据工作任务要求，按照工作任务操作流程，结合完成工作任务所需要的技能导航，来完成项目一中岭南园林股份有限公司所有者权益变动表相关财务指标的分析任务。

(二)完成工作任务结果评价

按照要求和规程完成了项目一中岭南园林股份有限公司所有者权益变动表相关财务指标的分析与评价任务后，参照老师给出的评价标准，任务的完成者与老师共同来评价工作任务的完成情况。

评价标准：

(1) 相关比率指标的计算是否准确、完整；

(2) 评价过程是否完整，结论是否准确。

(三)完成工作任务收获

按照要求和规程完成了工作任务后，结合老师对完成工作任务结果的评价，你认为自己完成此项工作任务有何收获？请将你的收获写出来，与老师和同学们一起交流和分享！

【工作任务三　进行股利决策对所有者权益变动影响的分析】

所有者权益变动表包含了丰富的信息，不同的股利决策对所有者权益变动影响存在着很大的差别，目前上市公司主要的股利决策包括送股、派现、股票分割等。

一、制定股利决策对所有者权益变动影响的分析流程

制定股利决策对所有者权益变动影响的分析的步骤如下：

第一步：收集公司股利决策相关信息；

第二步：计算股利决策对所有者权益的影响；

第三步：评价股利决策的动机和意义。

二、技能导航

(一)派现与送股对公司所有者权益的影响

1. 派现对所有者权益的影响

派现即现金股利，是指公司以现金向股东支付股利的形式。派现会导致公司现金流出，减少公司的资产和所有者权益规模，降低公司内部筹资的总量，既影响所有者权益内部结构，也影响整体资本结构。

派现是最易被投资者接受的股利支付方式，但将减少公司的资产和留存收益规模，降低公司的财务弹性，并影响到公司的投资与筹资决策，管理当局在派现时应当权衡利弊。一般而言，公司派现决策的动机有如下几方面。

(1) 消除不确定性动机。

(2) 传递优势信息动机。

(3) 减少代理成本动机。

(4) 返还现金动机。

2. 送股对所有者权益的影响

送股即股票股利，是指公司以股票形式向投资者发放股利的方式。送股是一种比较特殊的股利形式，它不直接增加股东的财富，不会导致企业资产的流出或负债的增加，不影响公司的资产、负债及所有者权益总额的变化，所影响的只是所有者权益内部有关各项目及其结构的变化，即将未分配利润转为股本(面值)或资本公积(超面值溢价)。

公司送股具有吸引投资者的题材，送股后流通盘扩大，然后通过低价配股，还可以多筹集资金，送股还具有避税、降低交易成本等优点。送股后，如果盈利总额不变，会由于普通股股数的增加而引起每股收益和每股市价的下降，但由于股东所持股份的比例不变，每位股东所持股票的市场价值总额仍保持不变。

(二)股票分割对公司所有者权益的影响

股票分割是在保持原有股本总额的前提下，将每股股份分割为若干股，使股票面值降低而增加股票数量的行为。股票分割不属于股利分配，但与股票股利在效果上有一些相似之处，即股票分割也不直接增加股东的财富，不影响公司的资产、负债及所有者权益的金额变化。与送股不同之处在于股票股利影响所有者权益的有关各项目的结构发生变化，而股票分割则不会改变公司的所有者权益结构。

通过股票分割可降低公司股票的价格，有利于吸引投资者，预示着公司股票价格有上升趋势，也有利于稳定公司的股票价格。股票分割会使公司的每股收益、每股市价下降。

(三)所有者权益变动表中的库存股

1. 库存股的概念及特点

库存股是指公司收回已发行的且尚未注销的股票。凡是属于公司未发行的股票、公司持有其他公司的股票或者是公司已收回并注销的股票都不能视为库存股。库存股同时具备以下四个特点。

(1) 库存股是本公司的股票；

(2) 库存股是已发行的股票；

(3) 库存股是收回后尚未注销的股票；

(4) 库存股是可以再次出售的股票。

除了股票回购外，本公司股东或债务人以股票抵偿公司的债务、股东捐赠本公司的股票等行为都会形成库存股。

2. 库存股对公司所有者权益的影响

(1) 库存股不是公司的一项资产，而是所有者权益的减项。股票是股东对公司净资产要求权的证明，而库存股不能使公司成为该类股票的股东并且享有公司股东的权利，资产不可以注销，而库存股可以注销。

(2) 库存股的变动不影响损益，只影响权益。由于库存股不是公司的一项资产，因此再次发行库存股时，其所产生的收入与取得时的账面价值之间的差额不会引起公司损益的变化，而是引起所有者权益的增加或减少。

(3) 库存股的权力受限。由于库存股没有具体股东，其权力会受到一定的限制，不具有股利分派权、表决权、优先认购权、分派剩余财产权等。

(四)股权流通对价对公司所有者权益的影响

所谓股权流通对价，是指非流通股股东为获取流通权而付出的一种代价，对价的方式基本有四种：送股、送现金、送权证和缩股。

以上前三种对价形式即：送股、送现金、送权证股权流通对价，对股权分置改革的上市公司既没有导致经济利益流入，也没有导致经济利益流出，对公司本身的注册资本、股本总额和资产、负债、所有者权益总额及其内部结构没有影响，所以上市公司本身可以不作会计处理；而缩股股权流通对价使上市公司本身的注册资本和总股本减少，需要作相应的会计处理。缩股股权流通对价虽然使公司本身的注册资本和总股本减少，但并没有导致实际经济利益流出，公司资产、负债、所有者权益总额没有减少，只是所有者权益内部结构发生变化。公司应按股本(注册资本)减少金额，借记“实收股本”科目，贷记“资本公积——其他资本公积” 科目。

【知识链接】

股权分置改革中的对价

股权分置改革一直以来都是理论界和实务界关注的焦点问题,此次改革的基本方法是采用非流通股东向流通股东支付“对价”的方式来换取非流通股的上市流通权,以实现“同股同权、同股同价”,消除非流通股与流通股的流通制度差异。此次股改极具中国特色,股改双方力量极不均衡，占据优势的非流通股股东为获得流通权，提出补偿方案，话语权甚微的流通股股东若接受方案，则达成支付对价协议；若拒绝方案，则双方都不会得到任何利益，如此一来，股改的决策过程成为非流通股东与流通股东间行为博弈过程。通过对已经完成股权分置改革的，并已经产生了实际对价支付的1293家上市公司的对价统计发现：上市公司的非流通股东支付给流通股东的对价折合成股份的话(流通股东每 10 股可以得到非流通股票的支付股数)，剔除异常值，最高的达到 33 股，最少的只有 0.07 股，但是绝大多数对价比例在 3 股左右，上市公司的平均支付对价折合为 2.999 股，对价支付的均线显示基本与 3 股重合。而且据统计数据显示，首批成功实施股改的 3 家试点公司,非流通股东支付给流通股东的对价分别为10股送2.15 股,10 股送3股和10股送3.1972股,平均为10股送3.1157股。而以后,不论是第二批试点公司还是全面股改公司,股改公司的对价大部分集中在“10 送3”水平。

三、完成工作任务评价

(一)完成股利决策对所有者权益变动影响的工作任务

请根据工作任务要求，按照工作任务操作流程，结合完成工作任务所需要的技能导航，来完成项目一中岭南园林股份有限公司股利决策对所有者权益变动影响的任务。

(二)完成工作任务结果评价

按照要求和规程完成了项目一中岭南园林股份有限公司股利决策对所有者权益变动影响的任务后，参照老师给出的评价标准，任务的完成者与老师共同来评价工作任务的完成情况。

评价标准：

(1) 收集公司股利决策相关信息是否完整；

(2) 计算股利决策对所有者权益的影响是否正确；

(3) 评价股利决策的意义和结果是否客观。

(三)完成工作任务收获

按照要求和规程完成了工作任务后，结合老师对完成工作任务结果的评价，你认为自己完成此项工作任务有何收获？请将你的收获写出来，与老师和同学们一起交流和分享。

小　　结

所有者权益变动表是反映了构成所有者权益的各组成部分当期的增减变动情况的报表。本项目介绍所有者权益变动表的内容、结构；分析的目的及编制的意义。所有者权益

变动结构分析是从所有者投入和减少资本、所有者权益变动结构分析和利润分配策略分析三个角度进行分析。围绕着所有者权益的变动、权益的保值增值程度、权益与利润、权益与资产等相关关系，分析了资本保值增值率、资本积累率、营业利润与所有者权益变动额比率、投入资本与所有者权益比率、每股净资产、市净率、每股公积金等指标。不同的股利决策对所有者权益变动影响存在着很大的差别，分别研究了送股、派现、股票分割、股权流通对价等目前上市公司主要的股利决策对所有者权益的影响。

思　考　题

1. 什么是所有者权益变动表？
2. 所有者权益变动表分析的目的和内容是什么？
3. 阐述所有者权益变动表的结构。
4. 公司派现的动机及其对所有者权益的影响是什么？
5. 公司送股的动机及其对所有者权益的影响是什么？

案 例 分 析

中国股市“第一案”的真相

琼民源A股1993年在深圳上市，上市以后公司一直业绩不佳，在1995年公布的年报中，琼民源每股收益不足1厘，年报公布日(1996年4月30日)其股价仅为3.65元。从1996年7月1日起，琼民源的股价以4.45元起步，在短短几个月内已蹿升至20元，翻了数倍，成为创造1996年中国股市神话中的一匹“大黑马”。

1997年1月22日，琼民源公司率先公布1996年年报，琼民源1996年实现利润5.7亿余元，净利润485 291 650元，每股收益达到0.867元，净利润比1995年同比增长1 290.68倍，资本公积金增加6.57亿元。同时，年报中公布了令人咋舌的利润分配预案：每10股转送9.8股，其中以提取两金后的分红基金送7股，不足部分由资本公积中提取3 461 620元，资本公积金转增资本2.8股，总计转增156 677 976元。按此预案分配后，公司总股本将从原来的559 564 200元变为1 107 937 116元，资本公积金将从原来的446 176 131元变为943 366 535元，盈余公积金将从原来的107 828 819元变为204 917 149元。面对众人期盼的龙头公司确实有着如此的“骄人”业绩，市场无不震撼，年报公布当天琼民源股价便涨到26元以上。不过，一部分警惕的市场人士对琼民源如此惊人的业绩跳跃和解释提出了疑问，于是公司于2月1日出台了“补充公告”，重点对年报中的本期数对比上期数变化较大的项目进行了说明。

其中资本公积1996年期末比期初446 176 131元增加65 733万元，主要是由于本年对外投资评估增值部分和下属公司投资总额超过注册资本部分形成。其中，房屋建筑物评估增值453 324 000元，超过注册资本部分204 006 000元。根据利润分配方案拟动用资本公积160 139 596元，分配后资本公积943 366 535元。

1997 年 2 月 28 日是琼民源原计划召开股东大会的日子，1996 年的利润分配预案也将在会上进行讨论。但在这一天，琼民源的股票低开后打至跌停板，之后又有资金进入将股价层层推高，复而又往下打，同时成交量异常放大。收市时跌幅为 6.86%，换手率为 30%，成交金额达到 13.25 亿元，占当日深圳交易所总成交额的 13.2%。当天晚上，就称有投资者向证监会反映琼民源违反国家财会制度，要求对其进行调查。继而公司向深交所申请停牌。从此，琼民源就再也没有恢复交易，其股票后来被置换为中关村科技股票，于两年零四个多月后的 1999 年 7 月 12 日重新上市流动。

在相关部门对琼民源进行了近 1 年的调查后，1998 年 4 月 29 日，证监会公布了对琼民源的调查结果和处理意见。调查发现，琼民源 1996 年年报所称实现的 5.71 亿元利润中有 5.4 亿元是虚构的，新增的 6.57 亿元资本公积则全是琼民源在未取得土地使用权、未经国家有关部门批准立项和确认的情况下，对投资项目进行资产评估，进而将评估虚增资本公积金数额调整有关账目而编造。

构成虚增资本公积的投资项目分别是：①以北京民源大厦东塔楼 1～12 层写字楼向北京凯奇通信总公司投资，将此资产进行资产评估，由 7 400 万元升值为 3.01 亿元，升值 2.27 亿元列为资本公积。②以民源大厦尚未建成的 970 个地下停车场位向北京京门旅游城进行投资，将此投资进行资产评估，由 1 862 万元升值为 1.75 亿元，升值 1.56 亿元作为资本公积。③5 家子公司同民源海南公司共同投资组建“海南民源农村经济开发公司”，将 5 家子公司投资的土地进行价值重估；琼民源同灵山游乐园、民源海南公司合作投资组建“海南民源旅业公司”，将投资的土地进行价值重估，这两部分共评估升值 2.74 亿元计入资本公积。

思考：通过本案例分析，所有者权益变动表分析的意义有哪些？

项目六

会计报表附注分析

【知识目标】

- 掌握会计报表附注分析的概念及其构成
- 熟悉会计报表附注分析的作用
- 熟悉会计报表附注主要项目

【技能目标】

- 能够结合实际分析会计报表主要项目的注释
- 能结合实际分析企业主要会计政策和会计估计

模块一　会计报表附注分析的任务设计

企业财务会计报告包括会计报表和报表附注。会计报表是按照规定的内容格式进行编制的，具有一定的固定性和规定性，只能提供固定的会计信息，其所能反映的会计信息受到一定的限制，一些对企业有重要影响的项目不能在会计报表中列示，会计报表附注正是弥补了报表的不足。目前上市公司的会计报表披露已进入了“注释时代”，在经济发达国家，报表附注的长度已超过了会计报表本身的长度，充分说明了报表附注的作用越来越大了。

一、会计报表附注分析的任务导读

2006 年 7 月 16 日，中国证监会对广东科龙电器股份有限公司及其责任人的证券违法违规行为作出行政处罚与市场永久性禁入决定。这是新的《证券市场禁入规定》自 2006 年 7 月 10 日施行以来，证监会作出的第一个市场禁入处罚，其主要原因为科龙公司在会计报表中进行虚假披露，在附注中也没有作出详细的解释。其具体操作手法为，利用会计政策，调节减值准备，实现“扭亏”。调查结果表明，科龙 2001 年中期财务报告中披露实现收入 27.9 亿元，净利 1975 万元，可是到了年终财务报告，则披露实现收入 47.2 亿元，净亏损 56 亿元。科龙 2001 年下半年出现近 16 亿元巨额亏损的主要原因之一是计提减值准备 6.35 亿元。2001 年的科龙年报被审计师出具了拒绝表示意见。到了 2002 年，科龙转回各项减值准备，对当年利润的影响是 3.5 亿元。如果没有 2001 年的计提和 2002 年的转回，科龙电器在 2003 年将不可能盈利。按照现有的退市规则，如果科龙电器业绩没有经过上述财务处理，早就被“披星戴帽”甚至退市处理了。

可见，科龙电器 2002 年和 2003 年实质并没有盈利，科龙扭亏只是一种会计数字游戏的结果。这种虚假披露的情况绝对不是一家两家企业所为，上海注协称，上海兴中会计师事务所在 2006 年 3 月 2 至 8 日 7 天时间内，就发现了 166 份内容虚假的财务报告。由此可见，会计报表附注信息的虚假披露屡禁不止。你从本案例中得到哪些关于会计报表附注分析的启示？

二、会计报表附注分析的任务提出

会计报表附注是对会计报表的补充说明，对报表的有关项目所作的解释，帮助理解会计报表的内容，有助于分析会计报表需要说明的事项。财务报表使用者为了使自己的利益不受损害，在进行财务分析时必须重视报表附注的分析，进行会计报表附注分析的主要任务是：

任务 1：如何进行报表附注的解读，分析该企业的会计政策和会计估计变更等？

任务 2：如何揭示会计报表附注主要项目的注释？

三、会计报表附注分析的任务分析

会计报表附注针对报表本身所反映财务信息受到限制这一点，专门对会计报表正文信息进行了补充说明，它提供与会计报表所反映的信息相关的其他财务信息，使报表使用者通过阅读会计报表及其相关的附注，更好地作出决策。

会计报表附注可以便于会计报表使用者理解会计报表的内容而对会计报表的编制基础、编制依据、编制原则和方法及主要项目等所作的解释。其主要内容为：所采用的主要会计处理方法；会计处理方法的变更情况、变更原因以及对财务状况和经营成果的影响；非经常性项目的说明；会计报表中有关重要项目的明细资料。通过会计报表附注，会计信息使用者可以了解企业的基本会计假设、会计政策、会计政策和会计估计变更、关联方关系及其交易、资产负债表日后事项等内容。

对多数人而言会计及报表附注就像一个复杂的迷宫，就让我担任这个迷宫的向导吧。以下内容是完成会计报表附注分析任务所必须掌握的知识。下面我们就开始预备知识的学习吧！

四、预备知识

(一)会计报表附注的含义和内容

《国际会计准则第 1 号——财务报表列报》对报表附注的定义是：“财务报表附注是对资产负债表、收益表、现金流量表和权益变动表内反映的金额的文字描述或更详细的分析，同时也包括或有负债和承诺等附加信息。”我国(企业会计准则 2003)中，《企业会计准则——基本准则》对于会计报表附注的解释是：“会计报表附注是为理解会计报表的内容而对报表的有关项目等所作的解释。”我国的 2006 年新的《企业会计准则第 30 号——财务报表列报》对于附注的解释是：“附注是对在资产负债表、利润表、现金流量表和所有者权益变动表等报表中列示项目的文字描述或明细资料，以及对未能在这些报表中列示项目的说明。”企业发生的经济业务数量繁多、种类各异，企业按照一定的程序、方法，把日常发生的大量的、不同性质的经济交易和事项进行确认、分类、计量、汇总成系统的会计核算记录后定期编制高度概括、浓缩的数字性财务报表。为了便于使用者理解，一些在报表中被高度概括、浓缩的项目需要进一步分解、解释或补充。这样，报表附注就逐渐成为财务报告的组成部分。

《企业会计准则第 30 号——财务报表列报及其指南》对企业会计报表附注作出了具体、翔实的说明。指南区分一般企业、商业银行、保险公司、证券公司等类型对企业会计报表附注的内容与形式作出了具体规定，应作为实务中编制会计报表附注的指导。一般企业会计报表附注应当按照企业会计基本准则和 38 项具体会计准则的要求在附注中至少披露下列内容，但是，非重要项目和企业不具有的项目除外；企业金融工具业务具有重要性的，应当比照商业银行附注中相关规定进行披露。

(二)会计报表附注的项目

1. 企业的基本情况

(1) 企业注册地、组织形式和总部地址；

(2) 企业的业务性质和主要经营活动；

(3) 母公司以及集团最终母公司的名称；

(4) 财务报告的批准报出者和财务报告批准报出日。按照有关法律、行政法规等规定，企业所有者或其他方面有权对报出的财务报告进行修改的事实。

2. 财务报表的编制基础

财务会计报表的编制一般情况下是以会计假设为前提的，符合公认的基本会计假设而编制的财务会计报表不会对使用者造成任何误解，因此，一般情况下不需要加以说明。但是，如果编制的财务会计报表未遵守基本会计假设，则必须予以披露，并说明理由。

3. 遵循企业会计准则的声明

企业应当明确说明编制的财务报表符合企业会计准则体系的要求，真实、完整地反映了企业的财务状况、经营成果和现金流量。

4. 重要会计政策和会计估计的说明

会计政策是指导企业进行会计核算的基础。会计政策在具体的使用中可以有不同的选择，应遵循谨慎、实质重于形式和重要性等原则，而且必须在年度报告中列举，在会计报表附注中应披露的会计政策主要包括：

(1) 合并政策：指编制合并会计报表所采用的原则；

(2) 外币折算：指外币折算所采用的方法以及汇兑损益的处理；

(3) 收入的确认：指收入确认的原则；

(4) 所得税的核算：指所得税的会计处理方法；

(5) 存货的计价：指企业存货的计价方法；

(6) 长期投资的核算：指长期投资的具体会计处理方法；

(7) 坏账损失的核算：指坏账损失的具体会计处理方法。

会计估计是指企业对其结果不确定的交易或事项以最近可利用的信息为基础所做的判断。在进行会计处理时，估计是不可缺少的。

5. 重要会计政策和会计估计变更以及差错更正的说明

企业应当按照《企业会计准则第 28 号——会计政策、会计估计变更和差错更正》及其应用指南的规定进行披露。

(1) 对于会计政策变更，企业应在会计报表附注中披露其变更的性质、内容和原因；披露当期和各个列报前期财务报表中受影响的项目名称和调整金额；无法进行追溯调整的，说明该事实和原因以及开始应当变更后的会计政策的时点、具体应用情况。

(2) 对于会计估计变更，企业应在会计报表附注中披露其变更的内容和原因，披露会计估计变更对当期和未来期间的影响数。会计估计变更的影响数不能确定的，应披露这一事实和原因。

(3) 对于会计差错更正，企业应在会计报表附注中披露与前期差错更正有关的信息，包括前期差错的性质及各个列表的前期报表中受影响的项目名称和更正金额。

6. 重要报表项目的说明

企业应当尽可能以列表形式披露重要报表项目的构成或当期增减变动情况。对重要报表项目的明细说明，应当按照资产负债表、利润表、现金流量表、所有者权益变动表的顺序以及报表项目列示的顺序进行披露，采用文字和数字描述相结合进行披露，并与报表项目相互参照。

报表重要项目说明是对会计报表的明细说明，详细说明其构成情况。当报表变动数额或变动幅度超过一定比例时，应当说明其原因。如对于两个期间的数据变动幅度达30%(含30%)以上，且其占公司报表资产总额5%或报告期利润总额10%幅度(含10%)以上的项目应作出注释，明确说明原因。编制合并财务报表的公司，除应对合并会计报表项目进行注释，还应对母公司财务报表的主要项目进行注释。对资产负债表中的资产、负债项目，注释最近期间的期末、期初比较数据，股东权益项目、利润表及利润分配项目应按照比较财务报表逐期列示并说明各期数据变动情况。对资产负债表中的外币账项，应列示其原币、折算汇率、折算的记账本位金额。

7. 或有事项的说明

或有事项是指过去的交易或者事项形成的，其结果须由某些未来事件的发生或不发生才能决定的不确定事项。需要在财务报告附注中说明以下几项内容：

(1) 预计负债的种类、形成原因以及经济利益流出不确定性的说明。

(2) 与预计负债有关的预期补偿金额和本期已确认的预期补偿金额。

(3) 或有负债的种类、形成原因及经济利益流出不确定性的说明。

(4) 或有负债预计产生的财务影响，以及获得补偿的可能性；无法预计的，应当说明原因。

(5) 或有资产很可能会给企业带来经济利益的，其形成的原因、预计产生的财务影响等。

(6) 在涉及未决诉讼、未决仲裁的情况下，披露全部或部分信息预期对企业造成重大不利影响的，披露该未决诉讼、未决仲裁的性质以及没有披露这些信息的事实和原因。

8. 资产负债表日后事项的说明

会计报表附注中披露的是期后非调整事项，这些事项在资产负债表日后才发生或存在，不影响资产负债表日的存在情况，因此不需要读资产负债表日编制的会计报表进行调整，但由于事项重大，如不加以说明会影响报表使用者对资产负债表的理解。

9. 关联方关系及其交易的说明

(1) 母公司和子公司的名称。母公司不是该企业最终控制方的，说明最终控制方名称。母公司和最终控制方均不对外提供财务报表的，说明母公司之上与其最相近的对外提供财务报表的母公司名称。

(2) 母公司和子公司的业务性质、注册地、注册资本(或实收资本、股本)及其当期发生的变化。

(3) 母公司对该企业或者该企业对子公司的持股比例和表决权比例。

(4) 企业与关联方发生关联方交易的，该关联方关系的性质、交易类型及交易要素。交易要素至少应当包括：交易的金额；未结算项目的金额、条款和条件，以及有关提供或取得担保的信息；未结算应收项目的坏账准备金额；定价政策。

(5) 企业应当分别关联方以及交易类型披露关联方交易。

对小企业而言，会计报表附注的内容要比上述内容简单得多。

(三)会计报表附注的编制形式

(1) 旁注。以旁注的形式编制会计报表附注是指在会计信息的有关项目旁直接用括号加注说明。此种形式常用于为会计报表主体内提供补充信息，因为它把补充信息直接纳入会计报表主体，所以比起其他形式来，显得更直观，不易被人忽视，缺点是它包含内容过短。这是最简单的一种报表注释的方法，它一般只适用个别需要简单补充但因有关项目的名称或金额受到限制的信息项目，常用的方式是括号说明。

(2) 附表。是指为了保持会计报表的简单易懂而另行编制一些反映其构成项目及年度内增减变动数额的补充报表，如资产负债表的附表有资产减值准备明细表和应交增值税明细表。必须说明的是附表和补充报表的含义不尽相同。附表所反映的是财务报表中某一项目的明细信息，如应交税金明细表：而补充报表则反映一些附加的信息或按不同基础编制的报表，如现金流量表的补充资料等。

(3) 底注，也称为脚注。有些无法列入会计报表主体中的数据、分析资料，在会计报表后单独用一定的文字和数字所作的补充说明，一般而言，每种报表都可以有一定的底注，其篇幅大小随各种报表的复杂程度的改变而改变，比如：说明已贴现的商业承兑汇票形成的或有负债、已包括在固定资产原价内的融资租入的固定资产原价和未决诉讼和仲裁所形成的或有负债等。

(4) 备抵与附加账户。设立备抵与附加账户，在会计报表中单独列示，能够为会计报表使用者提供更多有意义的信息，这种形式目前主要是指累计折旧账户的设置。

(四)会计报表附注的作用

会计报表附注是会计报表的重要组成部分，是对有些无法列入报表主体中的详细数据、预测分析资料以及难以充分表述的内容和项目所作的补充说明与详细解释，也是企业财务报告不可缺少的组成部分。

(1) 会计报表附注能够增加信息使用者对会计报表信息的理解，提高会计报表信息的价值。会计报表提供的会计信息之间存在着内在的逻辑关系，理解这种逻辑关系需要一定的会计基础知识。而会计信息使用者情况不同，基础各异，且对信息需求的要求也各有侧重，会计报表信息并不能满足所有信息使用者的需要。会计报表附注通过文字、图表等方式对会计报表信息进行解释，将一个个抽象的数据分解成若干具体项目，并说明产生各项目的会计方法等，不但会计人员能深刻理解，而且非会计专业的管理人员也能明白。

(2) 报表附注有助于信息使用者掌握更为完整、全面的信息。从形式上说，会计报表以数字为主，会计报表附注侧重于文字，辅以数字注释两者结合。从内容上看，会计报表附注除原有的内容外，如所采用的主要会计处理方法，会计处理方法的变更情况，变更原因及对财务状况、经营成果和现金流动情况的影响，非经常性项目的说明，会计报表中有关重要项目的明细资料，其他有助于理解和分析报表需要说明的事项等，会计报表附注将可能与财务情况说明书融为一体。同时，会计报表附注所反映的内容将更为完整、全面，还将对前瞻信息、企业背景信息以及非财务信息加以有效披露。

(3) 会计报表附注有助于进一步突出会计报表本身的重要性特征，使信息使用者在较短的时间内了解企业的全面情况。会计报表中所含的数量信息较多，内容复杂，信息使用者因其自身情况及基础所限，可能会抓不住重点，对其中的重要信息了解不够全面、详细，而会计报表附注将会给出会计报表中重要数据的进一步分解说明。

(4) 会计报表附注能够满足会计信息使用者对于会计信息需求的变化。随着市场经济的深入发展，特别是现代股份制企业和证券市场的日趋成熟，信息使用者对会计信息披露提出了更高、更严的要求。例如，使用者不仅要求披露财务信息，还要求更多地披露非财务信息；不仅要求披露定量信息，还要求更多地披露定性信息；不仅要求披露确定的信息，还要求更多地披露不确定的信息；不仅要求披露历史信息，还要求适度地披露未来信息。这些信息受到会计要素的限制，并不能完全体现在会计报表中，而通过会计报表附注则可以解决这个问题。

即席思考：会计报表附注在企业会计报告中的作用如何？报表使用者会得到哪些方面的信息？

【知识链接】

我国财务报表附注的发展

我国财务报表附注从无到有，不断完善，其发展过程大致可分为初步探索、小范围实施和不断发展三个阶段，与中国会计和企业改革的步调基本一致。

1. 初步探索阶段(1992—1995)

在此阶段，财务报表附注的概念开始为我国所接受，但仅停留在理论层面上，并未实施。1992 年 11 月发布的《企业会计准则——基本准则》第 64 条对财务报表附注作了如下的定义：“会计报表附注是为帮助理解会计报表的内容而对报表的有关项目等所作的解释，其内容包括所采用的主要会计处理方法；会计处理方法的变更情况、变更原因以及对财务状况和经营成果的影响；非经常性项目的说明；会计报表中有关重要项目的明细资料；其他有助于理解和分析报表需要说明的事项。”《企业会计准则——基本准则》只是给出了一个书面的概念，因没有具体准则加以配合，财务报表附注实际上还停留在理论探讨阶段，直到 1995 年《财务报表附注指引》的颁布，财务报表附注才真正走上舞台，开始发挥其应有的作用。

2. 小范围实施阶段(1995—1998)

为加强上市公司监管，1995 年 12 月 21 日，中国证券监督管理委员会发布了《公开发行股票公司信息披露的内容与格式准则第二号：年度报告的内容与格式说明》，并以附件形式颁布了《财务报表附注指引》，第一次明确规定上市公司要编制财务报表附注，指出“会计报表附注是财务报告必不可少的组成部分”，并明确规定了财务报表附注至少应有以下方面的内容：①公司的一般情况；②公司采用的主要会计政策；③在财务报表表内无法说明的报表项目的明细情况；④相同的报表项目，如果两年比较报表中的数字变动幅度达30%(含30%)以上，应说明原因；⑤少见的报表项目，或报表项目的名称反映不出项目的性质，或报表项目金额异常(如资产项目的金额为负数，固定资产原值的金额很小，库存现金的金额很大等)，应加以说明；⑥分地区、分行业资料；⑦承诺事项，或有事项应详细披露；⑧资产负债表日后事项；⑨其他有必要披露的内容。1997年12月，证监会颁布了《公开发行股票公司信息披露的内容与格式准则第二号：年度报告的内容与格式说明》，亦以附件形式颁布了《财务报表附注指引》的修订稿，对财务报表附注的要求作了进一步的完善。

3. 不断发展阶段(1998年至今)

在此阶段，随着“现金流量表”、“资产负债表日后事项”等准则的相继出台与实施，财务报表附注的内容得以丰富和完善。1998年，财政部颁布了《股份有限公司会计制度——会计科目和会计报表》，规定股份有限公司必须编制财务报表附注，扩大了财务报表附注的适用范围。2000年6月21日国务院颁布的《企业财务报告条例》和2000年12月29日财政部发布的《企业财务会计制度》，则更进一步规定了编制财务报表附注的要求。2007年开始实施的新会计准则是由1项基本会计准则和38项具体会计准则组成，基本涵盖了我国企业经济活动中的各类经济业务，在诸多方面有所创新和突破，基本上构建了完整的会计准则框架，并在极大程度上实现了与国际会计准则的趋同。新企业会计准则总体上贯彻资产负债观的思想，公允价值的广泛应用，利得与损失的确认，所得税核算方法的改变等都从不同的侧面反映了这一点。这表明我国会计准则的制定由收入费用观向资产负债观过渡。

模块二　会计报表附注分析的工作任务

【工作任务　进行会计报表附注分析】

会计报表附注作为会计报表的重要组成部分，是对会计报表本身无法或难以充分表达的内容和项目所作的补充说明和详细解释，帮助理解会计报表的内容。将会计报表的分析和会计报表附注的分析相结合，仔细阅读深入领会会计表附注，才能正确评价企业的经营成果和发展潜力，找出存在的问题，减少管理者、投资者决策的失误。

一、制定会计报表附注分析流程

制定会计报表附注分析的步骤如下：

第一步：对主要项目的注释进行分析；

第二步：对会计政策、会计估计变更进行分析；

第三步：关联方及关联方交易的进行分析；

第四步：或有事项、资产负债表日后事项进行分析。

二、技能导航

由于会计报表中所规定的内容具有一定的固定性和规定性，只有提供定量的财务信息。而会计报表附注作为会计报表的重要补充，主要对会计报表不能包括的内容或者披露不详尽的内容作进一步的解释与说明。对这些重要事项的分析是非常必要的。它可以帮助报表使用者进一步了解企业动态，从这些附注中找出企业目前存在的问题和发展潜力，从而作出投资决策。

(一)会计报表主要项目的注释分析

1．不符合基本会计假设的说明

此项目一般无数据，因为会计报表依据会计准则编制而成，符合公认的会计基本假设(会计主体、持续经营、会计分期和货币计量)不会对使用者造成任何误解，因此，一般情况下不需要加以说明。如违背了基本会计假设，必须予以披露，并说明原因。

2．会计政策变更的说明

会计政策变更，是指企业对相同的交易或事项由原来采用的会计政策改用另一会计政策的行为。一般情况下，企业应在每期采用相同的会计政策，不应也不能随意变更会计政策。否则，势必削弱会计政策的可比性，使报表使用者在比较企业经营业绩时发生困难。但是，按照《中华人民共和国会计法》规定，在特定情况下会计政策可以变更，即符合下列条件之一时。

(1) 法律、行政法规或国家统一的会计制度等要求变更。这种情况是指，按照法律、行政法规以及国家统一的会计制度的规定，要求企业采用新的会计政策。在这种情况下，企业应按规定改变原会计政策，采用新的会计政策。例如，实施《企业会计准则第 8 号——资产减值》的企业，对固定资产、无形资产等计提的资产减值准备不得转回。

(2) 会计政策的变更能够提供更可靠、更相关的会计信息。这一情况是指，由于经济环境、客观情况的改变，使企业原来采用的会计政策所提供的会计信息，已不能恰当地反映企业的财务状况、经营成果和现金流量等情况。在这种情况下，应改变原有会计政策，按新的会计政策进行核算，以对外提供更可靠、更相关的会计信息。

3．财务报表重要项目注释

对财务报表重要项目注释应关注以下问题。

(1) 对会计报表重要项目的详细说明。这些重要项目以附有减值准备的项目为主。例如：应收账款、存货、持有至到期投资、长期股权投资、固定资产、无形资产等。如果这些项目没有说明或说明笼统，应引起警觉。

(2) 对少见的财务报表项目或报表项目的名称反映不出相关业务性质或报表项目金额异常的，需要说明其原因，例如：当企业资产或负债项目的余额出现负数时，或固定资产原值的金额很小时，企业需要对有关的报表项目作出注释。

(3) 财务报表中无法表述的一些重要项目的详细内容。例如，对关联方关系及其交易的说明，在存在控制关系的情况下，关联方如为企业时，无论它们之间有无交易，都应在会计报表附注中披露如下事项：

① 企业经营性质或类型、名称、法定代表人、注册地、注册资本及变化；

② 企业主要经营业务；

③ 持有股份及权益的变化。

在企业与关联方发生交易的情况下，企业应当在报表附注中披露关联方关系的性质、交易类型及其交易要素。其中交易要素又包括交易的金额或相应的比例，未结算项目的金额或相应的比例，定价政策(包括没有金额或只有象征性金额的交易)等。又例如，对企业的长期借款合同所规定的借款条件，也可能需要在附注中予以说明。

(二)主要会计政策、会计估计变更的分析

1. 会计政策的含义

会计政策，是指企业在会计确认、计量和报告中所采用的原则、基础和会计处理方法。这个定义包括了两个层次的含义：一是政府必须制定可以供企业选择的原则和方法，它们主要是通过会计准则(含基本准则和具体准则)和现行的会计制度的制定和实施来体现；二是企业必须根据自己的实际情况，在政府所提供的原则和方法中，选择适合于自身的原则和方法。

我国企业会计准则，从会计政策的角度，大致可以分为两大类：一类是企业必须遵守执行、无权变更的，如会计期间、借贷记账法等的规定；各类资产的划分；会计报告的格式等。另一类是给企业留下选择余地的对同一经济业务事项的不同会计处理方法，如对于存货的期末计价在采用成本与可变现净值孰低计价时，既可以采用总体计提准备的方法，也可以采用类别计提准备的方法。存货发出时企业可以根据实际情况选择先进先出法、加权平均法、个别计价法等方法确定其实际成本。企业一经选定某种方法，也就不得随意变更。

2. 企业应当披露的重要会计政策

企业应当披露重要的会计政策，不具有重要性的会计政策可以不予披露。要判断会计政策是否重要，应当考虑与会计政策相关项目的性质和金额。企业应当披露的重要会计政策包括以下内容：

(1) 发出存货成本的计量，是指企业确定发出存活所采用的会计处理。例如，企业对发出存货成本是采用先进先出法计量，还是采用其他方法计量。

(2) 长期股权投资的后续计量，是指企业取得长期股权投资后的会计处理。例如，企业对被投资单位的长期股权投资是采用成本法核算，还是采用权益法核算。

(3) 投资性房地产的后续计量，是指企业在资产负债表日对投资性房地产进行后续计量所采用的会计处理。例如，企业对投资性房地产的后续计量是采用成本模式，还是采用公允价值模式。

(4) 固定资产的初始计量，是指对取得的固定资产初始成本的计量。例如，企业对取

得的固定资产初始成本是以购买价款为基础进行计量，还是以购买价款的现值为基础进行计量。

(5) 生物资产的初始计量，是指对取得的生物资产初始成本的计量。例如，企业是将为取得生物资产而发生的借款费用予以资本化，还是计入当期损益。

(6) 无形资产的确认，是指是否将无形项目的支出确认为无形资产。例如，企业是将内部研究开发项目开发阶段的支出确认为无形资产，还是在发生时计入当期损益。

(7) 非货币性资产交换的计量，是指非货币性资产交换事项中对换入资产成本的计量。例如，非货币性资产交换是以换出资产的公允价值为确定换入资产成本的基础，还是以换出资产的账面价值为确定换入资产成本的基础。

(8) 收入的确认，是指收入确认所采用的会计原则。例如，企业确认收入时要同时满足已将商品所有权上的主要风险和报酬转移给购货方、收入的金额能够可靠地计量、相关经济利益很可能流入企业等条件。

(9) 合同收入与费用的确认，是指确认建造合同的收入和费用所采用的会计处理方法。例如，企业确认建造合同的合同收入和合同费用时采用的是完工百分比法。

(10) 借款费用的处理，是指借款费用的会计处理发方法，即是采用资本化的会计处理方法，还是采用费用化的会计处理方法。

(11) 合并政策，是指编制合并财务报表所采纳的原则。例如，母公司与子公司的会计年度不一致的处理原则，合并范围的确定原则等。

3．会计政策变更在会计报表附注中的披露

企业应按《企业会计准则》的规定，在会计报表附注中披露如下会计政策变更的有关事项：

(1) 会计政策变更的内容和理由。包括对会计政策变更的简要阐述、变更的日期、变更前采用的会计政策和变更后所采用的新会计政策及会计政策变更的原因。

(2) 会计政策变更的影响数。包括以下几个方面：

① 采用追溯调整法，计算出会计政策变更的累积影响数；

② 会计政策变更对本期以及比较会计报表所列其他各期净损益的影响金额；

③ 比较会计报表最早期间留存收益的调整金额。

4．会计政策变更的分析

会计政策变更的分析应结合其他资料进行，会计政策变更的分析主要包括会计政策变更的合法、合规、合理性分析和会计政策变更影响数分析。

(1) 会计政策变更的合法、合规、合理性分析。一方面，会计政策变更应当符合相关法律法规规定；另一方面，企业的会计政策在不同期间应保持一致，如果企业频繁变更会计政策，则可能意味着其存在人为操纵会计数据的情况，分析者应密切关注。

(2) 会计政策变更影响数分析。会计政策变更影响数分析主要包括会计政策变更影响数的金额及变动分析、相对比例及变动分析。

会计政策变更影响数的金额及变动分析，是指对会计政策变更影响数的实际发生额与其他期间金额的比较进行分析。

会计政策变更影响数的相对比例及变动分析，是指对会计政策变更影响数项目所占的比例及其在不同期间的变动情况进行分析。

5. 会计估计的含义

企业对其结果不确定的交易或事项以最近可利用的信息为基础所作的判断。企业应当披露重要的会计估计，不具有重要性的会计估计可以不披露。判断会计估计是否重要，应当考虑与会计估计相关项目的性质和金额。

企业应当披露的重要会计估计如下：存货可变现净值的确定；采用公允价值模式下的投资性房地产公允价值的确定；固定资产的预计使用寿命与净残值、固定资产的折旧方法；生物资产的预计使用寿命与净残值、各类生产性生物资产的折旧方法；使用寿命有限的无形资产的预计使用寿命与净残值；可收回金额按照资产组的公允价值减去处置费用后的净额确定的，确定公允价值减去处置费用后的净额的方法，可收回金额按照资产组的预计未来现金流量的现值确定的，确定预计未来现金流量的方法；合同完工进度的确定；权益工具公允价值的确定；债务人债务重组中转让的非现金资产的公允价值、由债务转成的股份的公允价值和修改其他债务条件后债务的公允价值的确定，债权人债务重组中受让的非现金资产的公允价值、由债权转成的股份的公允价值和修改其他债务条件后债权的公允价值的确定；预计负债初始计量的最佳估计数的确定；金融资产公允价值的确定；承租人对未确认融资费用的分摊，出让人对未实现融资收益的分配；探明矿区权益、相关设施的折耗方法、与油、气开采活动相关的辅助设备及设施的折旧方法；非同一控制下企业合并成本的公允价值的确定；其他重要会计估计。

6. 会计估计变更在会计报表附注中的披露

企业应按会计准则的规定，在会计报表附注中披露以下会计估计变更的事项。

(1) 会计估计变更的内容和理由，包括变更的内容、变更日期以及为什么要对会计估计进行变更；

(2) 会计估计变更的影响数，包括会计估计变更对当期损益的影响金额以及对其他各项目的影响金额；

(3) 会计估计变更的影响数不能确定的理由。

7. 会计政策和会计估计变更对企业财务状况质量分析的影响

由于会计政策变更和会计估计变更的目的是为了对外进行报告，在一般情况下它们不具有现金流量影响，因此一般也就不进行现金流量表分析。在绝大多数情况下，管理人员会将会计政策和会计估计的变更更谨慎地调向适合当前的情况，以适应企业外部环境和企业自身的需要，同时使本企业的会计报表在当期更容易让人读懂。

会计政策和会计估计变更几乎没有实质上的经济意义，对企业形成的追加利润一般不在现金流量表中体现出来，并未形成真正的现金流入，只是在附注中加以说明，是一种低质量的利润。但是，会计报表的使用者通常会利用发生变更之前的上年报表的实际利润和变更当年的利润来预测利润。因为，这样可以了解企业收益的历史发展趋势，以对企业未来的收益作出较准确的判断。在未来，为了保持企业的历史增长率，管理人员和经营者会继续进行会计政策变更。尽管预测时一般不对以前年度报表进行调整，但是报表使用者应将过去的利润重新按照新的会计政策进行调整，以助于理解为什么会产生会计政策变更，以及变更后的数据对未来有何影响。

总之，会计政策和会计估计的变更可以影响企业的流动比率和速动比率。从而影响企业流动资产的变现能力。若会计政策变更引起企业的资产变化，但企业的负债没有变化，则会影响企业的资产负债比率和产权比率。如果资产在变更后增加了，则资产负债比率和产权比率会降低，企业的偿债能力会增强；反之，其偿债能力会减弱。因为会计政策变更属于非正常项目，所以变更结果不能作为盈利能力分析的一部分。对上市公司而言，会计政策变更可能会引起股东权益的变化，从而影响每股收益和每股净资产，对企业的再筹资和投资人对企业的资金营运能力的看法产生影响，进而影响股票的价格。在很多情况下，企业也有可能出于其他方面的考虑(如新的会计政策的运用，有可能导致企业所披露的财务信息更有利于企业管理层展示业绩)而变更会计政策，企业财务信息的使用者应当对这种可能性有所警惕。此外，还应注意的是，不论何种原因引起的企业会计政策的变更，均会导致企业不同会计年度之间的财务信息出现不可比性。在对企业不同年度之间的财务信息进行比较时，应当把这种会计政策变更而导致的财务信息的不可比性予以剔除。

(三)关联方及关联交易的分析

企业会计报表附注中应当披露所有关联方关系及其交易的相关信息。对外提供合并会计报表的，对于已经包括在合并范围内各企业之间的交易不予披露，但应当披露与合并范围外各关联方的关系及其交易。

1．关联方及关联方交易的概念

按照《企业会计准则第 36 号——关联方披露》的规定，在企业财务和经营决策中，如果一方有能力直接或间接控制、共同控制另一方或对另一方施加重大影响，以及两方或两方以上同受一方控制、共同控制或重大影响的，构成关联方。

具体来说，关联方关系存在于：该企业的母公司；该企业的子公司；与该企业受同一母公司控制的其他企业；对该企业实施共同控制的投资方；对该企业施加重大影响的投资方；该企业的合营企业；该企业的联营企业；该企业的主要投资者个人及与其关系密切的家庭成员，主要投资者个人是指能够控制、共同控制一个企业或者对一个企业施加重大影响的个人投资者；该企业或其母公司的关键管理人员及与其关系密切的家庭成员，关键管理人员是指有权力并负责计划、指挥和控制企业活动的人员，与主要投资者个人或关键管理人员关系密切的家庭成员是指在处理与企业的交易时可能影响该个人或受该个人影响的家庭成员；该企业主要投资者个人、关键管理人员或与其关系密切的家庭成员控制、共同控制或施加重大影响的其他企业。

准则不将下列关系视为关联方关系：与企业发生日常往来的资金提供者、公用事业部门、政府部门和机构；与企业发生大量交易而存在经济依存关系的单个客户、供应商、特许商、经销商或代理商；与该企业共同控制合营企业的合营者。

关联方交易是指关联方之间发生转移资源或义务的事项，而不论是否收取价款。关联方交易是一种独特的交易形式，具有两面性的特征，具体表现在：从制度经济学角度看，与遵循市场竞争原则的独立交易相比较，关联方之间进行交易的信息成本、监督成本和管理成本要少，交易成本可得到节约，故关联方交易可作为公司集团实现利润最大化的基本手段；从法律角度看，关联方交易的双方尽管在法律上是平等的，但在事实上却不平等，关联人在利己动机的诱导下，往往滥用对公司的控制权，使关联方交易违背了等价有偿的商业条款，导致不公平、不公正的关联方交易的发生，进而损害了公司及其他利益相关者的合法权益。

2. 关联方及关联交易披露

(1) 在财务报表附注中披露。

财务报表附注是为帮助理解财务报表内容而对报表的有关项目所作的解释。其意义在于提高会计信息质量，增强财务报表的真实性、准确性、完整性，使包括投资者、债权人及政府部门等在内的报表使用者对其所关注的企业财务状况和经营成果获得所需信息资料，据以作出正确判断。虽然关联交易的相关经济数据在编表日已被纳入报表的相关项目中，但是要使报表使用者能够充分了解关联交易以及关联方关系的情况，就必须在财务报表附注中加以补充提示。在披露中必须兼顾充分性与适当性，只有这样才能既保护了投资者、债权人等的权益，又能够保护企业的商业秘密，同时合理减轻企业负担。要做到这一点，就必须以具体会计准则等规定要求为披露依据，并以此为限。

(2) 披露应遵循实质重于形式原则。

实质重于形式原则的含义，是指如果资料要想如实反映其所拟反映的交易或其他事项，那就必须根据它们的实质和经济现实，而不仅仅根据它们的法律形式进行核算和反映。从关联方关系及关联交易的经济实质来看，其实质与法律形式的表现并不总是一致的，例如：①有关联企业间为了特定目的而发生不收价款的关联交易，从其表现形式上难以判断交易成立。但从其实质上看，却发生了资源和利益的转移，对企业的财务状况产生了影响，应予以披露。②对于控股股东的揭示，从理论上讲必须持有子公司有表决权的普通股股份的50%以上的股东才能取得控制权，但对于那些股份较分散的子公司。往往只要持有股份的25%～30%就能达到控制子公司的目的，对此应予以披露。

(3) 披露符合重要性要求。

对关联交易的披露，不以其金额大小为标准而以其重要性为尺度。按照关联交易对企业财务状况和经营成果影响的重要性程度，关联交易可分为重大关联交易、普通关联交易和较轻微的关联交易三类。对于重要关联交易应单独充分披露；对于普通关联交易，类型相同的可以合并披露；而对轻微的关联交易，可以根据具体情况选择累计披露或者不披露。

3. 关联方及关联交易披露的准则规范

(1) 关联方关系的披露。

在发生关联交易情况下，要求对关联方关系的性质加以披露。所谓关联方关系的性质，据我国准则解释，是指关联方与编报企业的关系，如关联方为编报企业的子公司、联营公司等。存在控制关系的情况下，为了使财务报告使用者能对编报企业与关联方关系的影响有足够的认识，不论关联方与编报企业之间是否发生了交易，都应说明关联方关系性质、名称等信息，我国准则对此提出的要求更为具体、详细。

(2) 关联交易的披露。

在存在共同控制或重大影响的情况下，如果关联方之间无交易，则不需要在财务报表附注中披露任何信息。对于关联方间发生的交易，则应该说明为理解财务报表所必需的交易类型和交易要素。关于免于披露的关联方交易，我国准则在引言部分规定不要求：①在合并报表中披露包括在合并报表中的企业集团成员之间的交易；②在与合并报表一同提供的母公司财务报表中披露关联交易。

4．关联方披露的信息

企业无论是否发生关联方关系，均应当在附注中披露与母公司和子公司的下列信息：

(1) 母公司和子公司的名称。母公司不是该企业最终控制方的，还应当披露最终控制方名称。母公司和最终控制方均不对外提供财务报表的，还应当披露母公司之上与其最相近的对外提供财务报表的母公司名称。

(2) 母公司和子公司的业务性质、注册地、注册资本(或实收资本、股本)及其变化。

(3) 母公司对该企业或者该企业对子公司的持股比例和表决权比例。

企业与关联方发生关联交易的，应在附注中披露该关联方关系的性质、交易类型及其交易要素。披露的交易要素有以下几种：

(1) 交易的金额；

(2) 未结算项目的条款和条件，以及有关提供或取得担保的详细信息；

(3) 未结算项目的坏账准备金额(当期计提额、转销额以及余额)；

(4) 定价政策。

关联方交易应当分别关联方以及交易类型予以披露，类型相似的在不影响财务报表阅读者正确理解关联方交易对财务报表影响的情况下，可合并披露。只有在提供充分证据的情况下，企业才能披露关联方交易采用了与公平交易相同的条款。

5. 关联交易分析及其影响

关联交易目的主要可分为两类。

首先是通过关联交易实施利润转移和利润操纵。在操作上存在两种相反的利润流动方向：一是通过关联交易将利润从子公司转出；二是母公司利用此种方法包装上市公司业绩，成为一些业绩差的公司迅速扭亏为盈的方法。尤其是当被收购公司在前两年满足配股资格，第三年出现效益滑坡时，新控股股东通过一次性利润输送确保当年可以配股。对某些上市公司被收购前已经出现亏损，必须等满 3 年才有可能获得融资机会。新控股公司为了较快收购成本，常常采用大规模输送利润的手法从账面上提高上市公司每股收益，利用投资者根据当期市盈率确定股价的心理，操纵股票市场价格大幅度上涨，并从中牟取暴利。

其次是通过关联交易达到避税的目的。关联方通过转移支付，高买低卖等手段，可以将利润私自隐藏在企业内部，而对外界呈现出低利润的亏损状况，以达到少纳税的目的。另外，由于政府对兼并重组具有税收优惠政策，关联方可以通过虚假的兼并重组得到真正的税收减免。

关联交易中滋生了大量的不等价交易，损害了大量中小投资者的利益，并有可能造成国有资产的流失。在关联交易的分析中，重点应关注关联交易的实质及关联交易对财务状况和经营成果的影响。发现反常现象要深入审查，特别要注意以下几种情况：

(1) 购销价格反常、售后短期内又重新购回、低价售给无须经手的中间企业、贷款久拖不还、贷款未清又赊欠等购销业务。如某企业，将刚开挖的地基高价售给自己的子公司，形成巨额虚假利润，造成股票暴涨，坑害客户后，指使客户将货款汇给子公司，然后在账上记录此业务是先销售给子公司，再由子公司销售给客户，中间价差转给公司，使子公司盈利。

(2) 资金拆借低于或高于市场利率、借给不具备偿还能力的企业、逾期不还等资金融通业务。如某企业将款项借给其关联公司后，称关联公司无力偿还，再分三次将该笔借款作为坏账注销，此种做法实质上是转移资金和利润。

(3) 反常的投资收益、利息收入、租金收入。如某上市公司为粉饰业绩，让子公司或其他关联企业先支付给它高额的投资收益、利息和租金，以抬高自己的利润。

上述调节利润的方法，除转移价格和管理费用分摊之外，其所产生的利润大都体现在“其他业务利润”、“投资收益”、“营业外收入”等具体项目中。识别时，首先，要计算各项目中关联交易产生的盈利能力对关联企业的依赖程度；其次，要分析这些关联交易的必要性和公正性；最后将非必要和欠公正的关联交易所产生的利润，从企业利润总额中剔除，以反映这些项目的正常状况。

例如：某公司某年度利润表中“利润总额”为 8 500 万元。其中：“其他业务利润”为 1 000 万元，“投资收益”为 2 000 万元，“营业外收入”为 2 500 万元。在会计报表附注及相关明细表中反映，1 000 万元其他业务利润中有 800 万元来自关联企业交付的商标使用费，2 000 万元投资收益中有 1 800 万元来自向关联企业转让的股权投资收益，在 2 500 万元营业外收入中有 1500 万元来自用房产向关联企业置换流水生产线的收益。

按上述材料，可以发现各项目中关联交易产生的盈利分别占其他业务利润的 80%(800÷1 000)、投资收益的 90%(1 800÷2 000)、营业外收入的 60%(1 500÷2 500)，合计则占利润总额的 48%[(800+1 800+1 500)÷8 500]。这反映出该企业利润对关联企业的依赖程度极高。如果通过进一步的定价政策分析，发现上述交易均为非公正交易，属于利润操纵行为，那么就应该将这些盈利剔除，调减利润总额 4 100 万元。剔除虚增盈利后结果为：其他业务利润 200 万元，投资收益 200 万元，营业外收入 1 000 万元。

对转移价格引起的“营业外收入”、“营业成本”、“管理费用”等项目脱离实际状况的识别难度较大，要求分析者掌握生产价格和企业的定价政策。在分析识别过程中，要充分利用会计报表附注说明和相关明细表。如果关联交易占销售货物和采购货物的比重较大(大于 20%)，那么，就有必要分析比较关联交易与非关联交易的价格差异。如果价格差异过大，则有操纵利润之嫌，需要调整因价格差异而影响的利润额。

6．关联方及其交易对企业财务状况质量分析的影响

企业关联方及其交易的披露之所以越来越引人注目，主要原因在于：关联方之间由于存在着密切的关联关系，完全可以在不依赖于正常市场交易的条件下，通过“内部操纵”而完成关联交易，以达到某种目的。例如，在某个关联方在一定时期需要表现较多利润的条件下，其他关联方就有可能通过向需要表现较多利润的关联方以低于市场正常水平的价格提供产品和劳务，或以高于市场正常水平的价格从需要表现较多利润的关联方购买产品

或劳务，从而将其“包装”为外在盈利能力远远超过其实际盈利能力的企业。显然，此种交易并不是企业正常交易的结果。因此，财务信息的使用者，必须对企业关联方关系及其交易给予足够的重视。

当然，在关联方的交易中，也有相当一部分属于正常交易。关联方交易是否正常，应当通过企业在报表附注中披露的交易内容，特别是定价政策等信息来判断。

(四)或有事项的分析

1. 或有事项含义

或有事项是指过去的交易或者事项形成的，其结果须由某些未来事件的发生或不发生才能决定的不确定事项。或有事项指过去的交易或事项形成的一种状况、一种潜在义务，其存在须通过未来不确定事项的发生或不发生予以证实；或过去的交易或事项形成的现时义务，履行该义务不是很可能导致经济利益流出企业或该义务的金额不能可靠地计量。

或有事项具有以下特征：

(1) 或有事项是过去交易或事项形成的一种状况。或有事项作为一种状况是由企业过去的交易或事项而形成的。比如，未决诉讼虽然是正在进行中的诉讼，但它是由于企业过去的经济活动而引起的，是现存的一种状况，不是将要存在的某种状况。

(2) 或有事项的结果具有不确定性。或有事项的结果具有不确定性，是指或有事项的结果是否发生具有不确定性或者或有事项的结果预计将会发生，但发生的具体时间或金额具有不确定性。例如有些未决诉讼，被告是否会败诉，在案件审理过程中有时是难以确定的，需要根据法院判决情况加以确定。

(3) 或有事项的结果须由未来事项决定。由未来事项决定，是指或有事项的结果只能由未来不确定事项的发生或不发生才能决定。例如，债务担保事项只有在被担保方到期无力还款时企业(担保方)才履行连带责任。

2. 或有事项披露

或有负债无论作为潜在的义务还是现时义务，均不符合负债的确认条件，因而不予确认。除非或有负债极小可能导致经济利益流出企业，否则企业应当在附注中披露或有负债有关的信息，具体包括：

(1) 或有负债的种类及其形成原因，包括已贴现商业承兑汇票、未决诉讼、未决仲裁、对外提供担保等形成的或有负债；

(2) 经济利益流出不确定性的说明；

(3) 或有负债预计产生的财务影响以及获得补偿的可能性，无法预计的，应当说明原因。

或有资产是一种潜在资产，不符合资产确认的条件，因而不予确认。企业不应当披露或有资产，但或有资产很可能给企业带来经济利益的，应当披露其形成的原因、预计资产的财务影响等。

3. 或有事项的分析

或有事项结果的不确定性，导致在预测、解释并评价公司的或有事项时会比较困难，这就要求财务报表分析人员对或有事项的结果作出较准确的估计。我国企业会计准则要求将或有负债记入资产负债表并在会计报表附注中予以披露，这实际上是增强了企业对未来不可预见的损失的抵抗力，而所提取的或有负债实质上是一种应付将来可能发生的损失的准备。如果实际损失低于这一或有负债，企业则可以把实际损失低于提取准备的金额及相关的递延税款冲销并结转到当期损益之中。

对报表使用者和投资人来说，他们所能获得的只是会计报表及其附注中的公开信息。投资人在判断企业经营者是否作出合理的估计的同时，也要预测或有事项尤其是或有负债给企业带来的不利影响，以进行投资决策。当或有负债较多时，企业当年的利润会被冲销较多。若企业是上市公司，则或有负债较多会直接影响其股价的高低和投资于该公司的持股者的信心，从而可能会对公司产生不利影响，因此企业往往会推迟披露或有负债以期待未来或有负债的减少或消失，如果不得不透露，也会尽量减小潜在的负面影响。因此，投资人要想获得较准确的有关或有事项的信息，不能只依靠企业的财务报表，还要获得其他方面的信息，以作出准确的判断。

投资人应注意，对或有负债所提取了准备并不意味着企业已有充足的资金来承担损失，也不能说明或有事项产生的负面影响已减小，但是计提准备对公司筹措资金的数目有一定的指导性的作用，且因已计提准备，则其对上市公司未来的每股收益不会有影响，对公司的财务比率在短期内也不会有较大影响。依税法规定，只有当损失真正发生时对或有损失才能免税，因此，企业管理者应注意或有负债在发生时并不能享受免税，只有在将来负债确定后才能享受免税。

当经营者把以前已提取的但实际没有发生的或有负债准备冲转时，在冲转当期会计报表账面上会产生较大的收益，但实际上这些收益并未引起现金流入，所以该收益不存在实质上的经济意义，而用这些收益抵销企业的亏损，也只能是表面上的现象，公司并没有真正地减少损失，所以这期间收益状况的变化并不一定就说明公司的经营状况有所好转，有时往往需要运用财务分析技术来对或有损失发生的可能性及大小作出估计。

(五)资产负债表日后事项的分析

1. 资产负债表日后事项的含义

按照我国《企业会计准则第 29 号——资产负债表日后事项》的定义，资产负债表日后事项是指资产负债表日至财务报告批准报出日之间发生的有利或不利事项。资产负债表日后事项肯定对企业财务状况和经营成果具有一定影响(即包括有利影响，也包括不利影响)。如果某些事项的发生对企业并无任何影响，那么这些事项既不是有利事项，也不是不利事项，也就不属于这里所说的资产负债表日后事项。对于有利和不利事项，均应按同一原则处理。如果属于调整事项，则对有利和不利的调整事项均应进行处理，并调整报告年度或报告中期的财务报表；如果属于非调整事项，则对有利和不利的非调整事项均应在报告年度或报告中期的附注中进行披露。

2. 资产负债日后事项的种类

(1) 调整事项。

资产负债日后调整事项，是指由于资产负债表日后获得新的或进一步的证据，以表明

依据资产负债表日存在状况编制的会计报表已不再具有有用性，应依据新发生的情况对资产负债表日所反映的收入、费用、资产、负债以及所有者权益进行调整。调整事项的特点是：在资产负债表日或以前已经存在，资产负债表日后得以证实的事项；对按资产负债表日存在状况编制的会计报表产生重大影响的事项。企业发生的资产负债表日后调整事项，通常包括下列各项：

① 资产负债表日后诉讼案件结案，法院判决证实了企业在资产负债表日已经存在现时义务，需要调整原先确认的与该诉讼案件相关的预计负债，或确认一项新负债。

② 资产负债表日后取得确凿证据，表明某项资产在资产负债表日发生了减值或者需要调整该项资产原先确认的减值金额。

③ 资产负债表日后进一步确定了资产负债表日前购入资产的成本或售出资产的收入。

④ 资产负债表日后发现了财务报表舞弊或差错。

按照准则的要求，应当对资产负债表日后发生的调整事项，如同对资产负债表所属期间发生的事项一样，作出相关账务处理，并对资产负债表日已编制的会计报表作相应的调整。这里的会计报表包括资产负债表、利润表、所有者权益变动表及其相关附表和现金流量表附注。

(2) 非调整事项。

所谓非调整事项，是指在资产负债表日该状况并不存在，而是期后才发生的事项，资产负债表日后才发生的事项，不涉及资产负债表日存在状况，但为了对外提供更有用的会计信息，必须以适当的方式披露这类事项，这类事项作为非调整事项。非调整事项的特点是：

① 资产负债表日并未发生或存在，完全是期后发生的事项；

② 对理解和分析财务会计报告有重大影响的事项。

企业发生的资产负债表日后非调整事项，通常包括下列各项：资产负债表日后发生重大诉讼、仲裁、承诺；资产负债表日后资产价格、税收政策、外汇汇率发生重大变化；资产负债表日后因自然灾害导致资产发生重大损失；资产负债表日后发行股票和债券以及其他巨额举债；资产负债表日后资本公积转增资本；资产负债表日后发生巨额亏损；资产负债表日后发生企业合并或处置子公司。

在会计处理上，由于非调整事项不影响资产负债表日存在状况，所以，企业发生的资产负债表日后非调整事项，不应当调整资产负债表日的财务报表，但由于事项重大，需在会计报表附注中加以披露。

资产负债表日后发生的非调整事项，是资产负债表日以后才发生或存在的事项，不影响资产负债表日存在状况，不需要对资产负债表日编制的会计报表进行调整。但由于事项重大，如不加以说明，将会影响财务报告使用者作出正确的估计和决策，因此，应在会计报表附注中加以披露，说明其内容，估计其对财务状况、经营成果的影响，如无法作出估计，也应说明其原因。

3．资产负债表日后事项对企业财务状况质量分析的影响

企业对资产负债表日后事项中的调整事项已经进行了报表调整，这使企业会计信息的相关性、可靠性进一步增强。在此基础上，财务分析人员运用财务比率以及综合评价体系、

杜邦财务分析体系等工具，分析企业的偿债能力、盈利能力和运营效率，可以分析出包含资产负债表日后调整事项在内的企业上年度的财务状况、经营成果。

资产负债日后事项对企业财务状况质量分析的影响，已经体现在相应的报表项目中。对于非调整事项，报表编制者并没有调整账户和调整报表，没有调整其净利润，只是将这些事项形成的原因、内容以及影响作了相关的披露。由于非调整事项对财务报表使用者判断企业未来的发展方向有着重要影响，财务信息的使用者应当对其予以足够的重视。

财务分析人员要根据披露的情况对非调整事项进行逐一分析。股票和债券的发行会明显地影响企业的资本结构，使企业的偿债能力发生变化，同时由于净利润在短期内不变，因此每股盈余会发生变化，企业的市场价值也会发生变化。一家企业对另一家企业投入巨额资金时，自身的投资报酬率和风险都可能增大。运用会计报酬率或内部收益率及净现值的风险贴现调整法或肯定当量法，可对企业的投资报酬率和风险作一个粗略的分析。自然灾害会导致资产流失，使得企业的盈利能力、偿债能力都减弱。外汇汇率发生较大变动，可能会给企业带来外汇折算收益和折算损失。究竟带来的是收益还是损失，取决于企业的外汇使用状况。

值得说明的是，对于已经披露了具体财务数据的资产负债表日后事项，分析者可以作定量分析，对于没有披露具体财务数据的资产负债表日后事项，分析者只能根据披露的实际情况作定性判断。

【知识链接】

会计报表附注窗饰

会计报表附注窗饰是指公司管理当局在不违背现行法律及相关会计准则的前提条件下，对出具的会计报表附注进行的各种谋略与技巧的美化。这种美化既有规则的运用，又有心理学、行为学等理论的理解，还有语言描述的惯性反映。按照会计报表附注窗饰表现手法的成因，其可分为规则性窗饰、行为性窗饰和习惯性窗饰。

规则性窗饰是指会计人员利用会计准则制定的滞后性对会计信息进行的违反客观经济事实的窗饰。行为性窗饰是指在遵循现行会计准则的前提下，有目的地对披露的会计信息进行的窗饰。习惯性窗饰是指会计人员根据以前的习惯，无意识地对会计信息进行的窗饰。

会计报表附注窗饰是利用会计准则的弹性对报表附注进行的一种技巧与策略的美化行为。随着国际拓展与市场竞争的不断加剧，运用合法、合理的手段对会计报表附注进行窗饰具有十分重要的意义。针对国外公司大都对会计报表附注进行窗饰的情况下，我国会计界也不能全盘否定窗饰的积极意义。但是会计报表附注窗饰的根本原因是利益驱动。公司对会计报表附注进行窗饰需要大量的成本。目前已经证实我国上市公司存在对报表附注进行窗饰的行为。根据成本效益原则，会计报表附注窗饰改变了信息使用者的决策。为了维护资本市场的健康发展，防止窗饰变成虚假，应对其进行有效的引导。

规则性窗饰是利用会计准则的滞后性作出的违反客观经济事实的行为，是公司管理层为了实现预定的目标，有目的地歪曲经济事实，误导信息使用者的操纵行为。规则性窗饰必然会造成资源配置的不公，危害资本市场的健康发展。会计准则制定者应及时进行准则的制定与完善，减少准则的漏洞，尽量避免规则性窗饰的发生；同时加大规则性窗饰的惩罚力度。

行为性窗饰和习惯性窗饰都是在遵循现行会计准则的前提下进行的，有利于提升投资者对资本市场的信心，也有利于我国公司在国际市场上的竞争。应在不违背客观经济事实的情况下加以扶持。

三、完成工作任务评价

(一)完成报表附注分析工作任务

请根据工作任务要求，按照工作任务操作流程，结合完成工作任务所需要的技能导航，来完成项目一中岭南园林股份有限公司报表附注分析与评价任务。

(二)完成工作任务结果评价

按照要求和规程完成了项目一中岭南园林股份有限公司报表分析与评价后，参照老师给出的评价标准，任务的完成者与老师共同来评价工作任务的完成情况。

评价标准：

(1) 是否能从企业实际出发，针对报表附注中重要项目进行分析；

(2) 从这些附注中能否找出企业目前存在的问题和发展潜力。

(三)完成工作任务收获

按照要求和规程完成了工作任务后，结合老师对完成工作任务结果的评价，你认为自己完成此项工作任务有什么收获？请将你的收获写出来，与老师和同学们一起交流和分享。

小　　结

会计报表附注是为理解会计报表的内容而对报表的有关项目等所作的解释。会计报表附注是对在资产负债表、利润表、现金流量表和所有者权益变动表等报表中列示项目的文字描述或明细资料，以及对未能在这些报表中列示项目的说明。会计报表附注是会计报表的重要组成部分，是对有些无法列入报表主体中的详细数据、预测分析资料以及难以充分表述的内容和项目所作的补充说明与详细解释，也是企业财务报告不可缺少的组成部分。包括会计报表主要项目的注释分析、主要会计政策、会计估计变更的分析、关联方及关联交易的分析、或有事项、资产负债表日后事项分析等。

思　考　题

1. 什么是会计报表附注？会计报表附注的构成有哪些？
2. 会计报表附注的意义是什么？
3. 简述主要会计政策、会计估计变更对企业财务状况质量分析的影响。

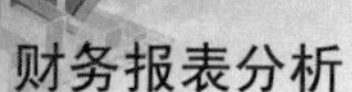

4. 简述关联方关系及其交易对企业财务状况质量分析的影响。

案 例 分 析

会计报表附注信息的虚假披露

一、案例资料

2006 年 7 月 16 日，中国证监会对广东科龙电器股份有限公司及其责任人的证券违法违规行为作出行政处罚与市场永久性禁入决定。这是新的《证券市场禁入规定》自 2006 年 7 月 10 日施行以来，证监会作出的第一个市场禁入处罚，其主要原因为科龙公司在会计报表中进行虚假披露，在附注中也没有作出详细的解释。其具体操作手法为，利用会计政策，调节减值准备，实现“扭亏”。调查结果表明，科龙 2001 年中期财务报告中披露实现收入 27.9 亿元，净利 1975 万元，可是到了年终财务报告，则披露实现收入 47.2 亿元，净亏损 56 亿元。科龙 2001 年下半年出现近 16 亿元巨额亏损的主要原因之一是计提减值准备 6.35 亿元。2001 年的科龙年报被审计师出具了拒绝表示意见。到了 2002 年，科龙转回各项减值准备，对当年利润的影响是 3.5 亿元。如果没有 2001 年的计提和 2002 年的转回，科龙电器在 2003 年将不可能盈利。按照现有的退市规则，如果科龙电器业绩没有经过上述财务处理，早就被“披星戴帽”甚至退市处理了。

二、案例分析

可见，科龙电器 2002 年和 2003 年实质并没有盈利，科龙扭亏只是一种会计数字游戏的结果。这种虚假披露的情况绝对不是一家两家企业所为，上海注协称，上海兴中会计师事务所在 2006 年 3 月 2 至 8 日 7 天时间内，就发现了 166 份内容虚假的财务报告。由此可见，会计报表附注信息的虚假披露屡禁不止。目前，在进行财务分析时，财务人员多数都是利用手工计算财务指标，其计算工作量较大。另外，企业都是按照上级要求计算财务指标，很少有自行设计的，因而很难更全面、更系统地进行财务分析，难以充分发挥本身的积极性和主动性，不利于管理水平的提高。家电上市公司，其本年的年报中与经营活动有关的信息为：主营业务收入较上年增长 18%，应收票据较年初下降 51%，应收账款较年初增加 43%，存货较年初增加 43%(其中原材料较年初增加了 83%，产成品较年初增加了 30%)，并使存货占总资产的比重由年初的 45%上升到年末的 49%。公司对此的解释是：应收票据比年初减少，是因为上年年底有大量分公司汇入在途资金；应收账款增加，是因为本期销售规模扩大，年底赊销较上年有所增加；原材料增加，是由于上年底购入较多原材料储备；产成品增加，是由于分支机构的大规模扩展，铺底占用的产成品较多。

思考：对于本案例的分析你认为是否全面合理，是否有所补充？你从本案例中得到哪些启示？

项目七

营运能力与发展能力分析

【知识目标】

- 掌握营运能力分析的目的与内容
- 了解影响企业发展能力分析的因素
- 掌握企业发展能力分析的目的及内容

【技能目标】

- 掌握各项资产周转指标分析
- 掌握企业单项发展能力分析
- 掌握企业整体发展能力分析

模块一　营运能力与发展能力分析的任务设计

企业管理效果的好坏会很大程度地反映在营运能力上，这是企业股东、债权人及消费者最关心的话题之一。企业营运能力可以通过资产周转速度和资产利润率来体现。资产周转速度反映企业资产周转使用的情况，而资产利润率则反映资产价值增值或获利能力的情况。企业的发展能力，也称企业的成长能力，它是企业通过自身的生产经营活动，不断扩大积累而形成的发展潜能。企业的发展能力分析，通常是通过对企业有关财务指标的计算、分析，判断企业未来的发展变化趋势。通过本项目的学习，你将掌握企业营运能力与发展能力分析的目的、内容、影响因素及各项财务指标的分析及评价，下面让我们开始这一项目的学习吧。

一、企业营运能力与发展能力的任务导读

CX 公司是一家以生产销售家电产品为主的制造企业，公司于 2009 年成立，建立之初公司经营状况正常，获利能力比较强。随着行业竞争的加剧，材料和人工成本的不断提高，在过去一年的经营中，陈总经理感到老产品已经开始滞销，新产品开发与生产均需大量投入资金。为此他准备在对企业目前筹资状况、资金使用结果及经营状况进行深入分析的前提下，拟订一份投资计划，希望自己的计划能得到董事会的批准。

在前面各项目分析中，从资产负债表开始，还结合着利润表和现金流量表等方面进行分析，为使分析工作更全面、专业，CX 公司决定再从企业发展能力这个角度进行深一层次的分析论证，于是就财务部门相关人员召开会议，要求财务部门相关人员结合前面所作的一系列分析，从报表之间的钩稽关系、报表要素之间的钩稽关系入手，运用财务指标分析的方法进一步分析企业的营运能力与发展能力，为投资计划提供更强有力的依据。

如果你是财务部门负责人，你将如何具体完成这项任务呢？

二、企业营运能力与发展能力的任务提出

营运能力主要指企业营运资产的效率与效益。企业营运资产的效率主要指资产的周转率或周转速度。企业营运资产的效益通常是指企业的产出额与资产占用额之间的比率。企业营运能力分析就是要通过对反映企业资产营运效率与效益的指标进行计算与分析。

企业营运能力分析是企业财务分析的重要组成部分。它有助于企业管理者掌握资产的使用效率以及资产可能达到的使用潜力，以便充分利用企业的有限资源。对于企业的股东来说，分析企业的营运能力，有助于其对企业的经营效果作出正确的评价。同样，对于企业的债权人来说，分析企业的营运能力有助于判断其债权的物资保障程度及安全系数的高低，从而进行相应的财力决策。通过企业的发展能力分析，判断企业未来的发展趋势、行业地位、面临的发展机遇与盈利能力变化，重视企业的资本积累，进而促进企业长远和全面的发展。为进行新项目投资方案提供依据，财务部门人员经过不断探索、讨论之后，他

们共同提出了进行企业营运能力与发展能力分析的主要任务：

任务 1：如何对流动资产周转率进行分析，透视企业现金、存货等的使用效率？

任务 2：如何从资产周转率进行分析，透视企业经营管理效率？

任务 3：如何从各项财务指标的计算、分析与评价，进行企业单项发展能力分析？

任务 4：如何从整体角度考虑，进行企业整体发展能力分析？

三、企业营运能力与发展能力的任务分析

在进行营运能力分析时，要站在宏观管理的角度去洞察每一组数字背后隐藏的企业管理的问题或优势，为企业的每一个利益相关者提供所需信息源头。通过营运能力分析，了解企业经营管理效率，从中透视企业经营管理水平、资产使用效率，从数字背后寻找企业管理的薄弱环节或利润增长点，以便于企业进一步分析其优势和劣势。在进行企业发展能力的分析时，要关注各项主要的财务指标。通过企业发展能力分析，判断企业拥有资源的潜力和未来变化趋势，判断企业未来一定时期的融资变化趋势，在正确评价企业偿债能力、营运能力及盈利能力的基础上，分析与揭示企业持续成长能力及其影响因素，探索企业资产资金增长、营业收入增长及盈利能力增长的思路，为企业未来的发展速度及相应的经营策略和财务策略提供重要的依据。

以下内容是完成营运能力与发展能力分析任务所必须掌握的知识，下面让我们开始预备知识的学习。

四、预备知识

(一)营运能力分析的目的

1．评价企业资产的流动性

资产的流动性是衡量企业营运效率的一个重要方面，企业的营运能力越强，资产的流动性越高，企业获得的预期收益的可能性越大。流动性是企业营运能力的具体表现，通过对企业营运能力的分析，就可以对企业资产的流动性作出评价。

2．评价企业资产利用的效益

提高企业资产流动性是企业利用资产进行经营活动的手段，其目的在于提高企业资产利用的效益。企业资产营运能力的实质，就是以尽可能少的资产占用，尽可能短的时间周转，生产出尽可能多的产品，实现尽可能多的销售收入，创造出尽可能多的净收入。通过企业产出额与资产占用额的对比分析，可以评价企业资产利用的效益，为提高企业经济效益指明方向。

3．挖掘企业资产利用的潜力

企业营运能力的高低取决于多种因素，通过企业营运能力分析，可以了解企业资产利用方面存在哪些问题，尚有多大的潜力，进而采取有效改进措施，提高企业的生产营运能力。

(二)营运能力分析的内容

1. 流动资产营运能力分析

流动资产营运能力分析的内容包括：存货周转率分析；应收账款周转率分析；全部流动资产周转率分析；全部流动资产垫支周转率分析等。

2. 非流动资产营运能力分析

非流动资产营运能力分析的内容包括：固定资产周转率分析；总资产产值率分析；总资产收入率分析；总资产周转率分析。

(三)影响资产营运能力的因素

当我们去分析一个企业的报表时，不能仅以得出的数据或指标为依据对企业营运能力作出结论，因为企业是宏观市场中的一分子，它本身也是一个由诸多因素构成的一个小环境。因此，在分析企业营运能力时，我们必须时刻把握企业所处环境和当前状况对企业营运能力的影响，只有这样，才能根据数据和指标作出正确的决策。

1. 市场环境

企业是市场大环境中的一分子，企业的生产经营时刻受到市场因素的影响。当市场衰落时，企业销售额下降，生产萎缩，原材料进货也相应减少，相应地会产生较小的足以维持较低销货量的产成品存货，而较低的销货量又会产生较少的应收账款。这个时期，企业就减少了现金的流出量，同时也有时间和精力去清理一部分应收账款去取得现金。一言以蔽之，企业拥有货币资产的比重与所处市场环境是呈反方向变化的，即如果市场环境良好，企业所持货币资金则会呈现不足状态，比重下降；相反，当所处市场环境不景气时，企业所持货币资金反而比较充裕，比重上升。

2. 销售状况

企业的销售状况是影响企业营运能力指标变动的一个重要因素。当销售状况良好时，资金周转的速度加快，而存货量会相对减少，货币资产的持有率会相对提高，同时，企业的生产规模往往也会扩大，这就使得企业固定资产规模增大，周转速度加快。但是，存货水平不一定同时增长，往往它会因为生产速度加快和良好的销售状况而呈现出下降趋势，这就使得流动资产所占比重相应降低。

3. 行业性质

在商品流通行业中，往往需要更多地凭借流动手段进行运转，所以我们就不能以沃尔玛和通用的两个相应流动指标来武断地对比。

4. 经营的季节性

季节性企业的资产，尤其是流动资产，波动性比较大，淡旺季相差悬殊，比如在销售旺季，随着销售量的与日俱增，存货量减少，货币资金持有量会明显攀升，而淡季则恰恰相反。

(四)企业发展能力分析的目的

1. 企业发展能力分析的含义

企业的发展能力，也称企业的成长性，它是企业通过自身的生产经营活动，不断扩大积累而形成的发展潜能，也可称之为增长能力。企业能否健康发展取决于多种因素，包括外部经营环境，企业内在素质及资源条件等。

2. 企业发展能力分析的目的

通过对企业进行发展能力分析，可以促使企业克服短期行为，重视企业的资本积累和盈利能力的可持续发展，从而使企业得到长远和全面的发展。具体来说，我们可以把分析企业发展能力的目的概括为以下几个方面。

(1) 从股东的角度看，通过企业发展能力的分析衡量企业创造股东价值的程度，可以为制定下一步战略行动提供依据。

(2) 从投资者角度看，通过企业发展能力的分析评价企业未来的成长潜力，可以为选择合适的目标企业作出正确的投资决策。

(3) 从经营者角度看，通过企业发展能力的分析发现影响企业未来发展的因素，从而采取正确的经营策略和财务策略促进企业的可持续发展。

(4) 从债权人角度看，通过企业发展能力的分析判断企业未来的盈利能力，从而作出正确的信贷决策。

企业发展能力是企业未来价值的源泉。企业的各利益相关者都十分关注企业的发展能力或成长性。因此，对企业发展能力作出正确的分析与评价十分重要。

(五)企业发展能力分析的内容

企业发展能力分析的主要内容包括企业单项发展能力分析和企业整体发展能力分析两个部分。

1. 企业单项发展能力分析

企业单项发展能力分析是全面地分析和判断企业在某一个方面表现未来的发展能力或增长能力，比如股东权益、资产、销售、盈利等。通常单项发展能力的分析主要是通过各项指标的计算、分析和评价，单项发展能力的指标体系主要包括了股东权益增长率、资产增长率、销售增长率和收益增长率等指标。

2. 企业整体发展能力分析

企业整体发展能力分析是在对股东权益增长率、资产增长率、销售增长率和收益增长率等指标值计算的基础上，将其与以前不同时期的数值、同行业平均水平等方面进行比较，从而分析企业在股东权益、资产、销售收入和盈利等方面的发展能力。

(六)影响企业发展能力的因素

企业能否健康发展取决于多种因素，包括外部经营环境和企业内部环境。

1．外部经营环境

外部经营环境是存在于企业之外、企业不能控制但能对企业的决策和绩效产生影响的外部因素的总和，可以分为宏观环境和微观环境。

(1) 宏观环境是对所有行业和企业运行产生影响的环境因素。宏观环境因素大致包括经济、政治法律、社会文化和技术因素。

(2) 微观环境是直接影响一个企业及其竞争行动及反映的一组因素，主要包括供应商、替代品、购买者、竞争者和公众。

2．企业内部环境

企业内部环境是指企业内部的物质、文化环境的总和，包括企业资源、企业能力、企业文化等因素，也称企业内部条件。按企业的成长过程，企业内部环境分析又分为企业成长阶段分析、企业历史分析和企业现状分析等。

即席思考：请同学们从企业环境因素出发思考如何影响企业发展能力？

模块二　营运能力与发展能力分析的工作任务

【工作任务一　进行营运能力分析】

企业的经营活动可以简单地概括为以各种的筹资方式筹集资金，购置各项资产，而后利用所掌握的资产生产产品。因而在衡量企业的资产营运能力时，主要使用的指标包括各项资产的周转率(次数)和周转期(天数)。该指标是一定时期资产平均占用额与周转额的比率，是用资产的占用量与运用资产所完成的工作量之间的关系来表示营运效率的指标。其计算公式为：

$$资产周转率(周转次数)=\frac{产品收益}{资产的平均余额}\times 100\%$$

$$资产周转期=\frac{计算期天数}{资产的周转率}$$

这里之所以要用“资产的平均余额”，是因为资产周转率计算公式的分子是从利润表中获得的时期指标，而分母要用到资产负债表中的时点指标，这时为了解决时间上的冲突，使资产周转率这个指标更加符合逻辑，要把资产负债表中“资产总计”、“流动资产”这些时点指标转化为时期指标。

在实际计算中我们用产品销售净额表示企业销售生产出来的产品所获得的收益，用资产的平均余额表示企业所占用的资产。反映流动资产周转情况的指标主要有应收账款周转率、存货周转率和流动资产周转率。

一、制定营运能力分析流程

制定营运能力分析流程的步骤如下：

第一步：确定计算资产周转能力分析所使用的公式；

第二步：在资产负债表及利润表中找到相应的数据或数据组合；

第三步：计算出表示周转速度的指标值；

第四步：对所得指标进行分析评价。

二、技能导航

(一)存货周转速度分析

1. 存货周转速度分析的目的

我国《企业会计准则第 1 号——存货》对存货专门作了界定：存货是指企业在日常活动中持有以备出售的产成品或商品、处在生产过程中的在产品、在生产过程或提供劳务过程中耗用的材料和物料等。

对存货的周转速度进行分析，目的就是从不同的角度找出管理中的问题，使存货管理在保证生产经营连续性的同时，尽可能少地占用营业运营资金，提高企业资金的使用效率，增强企业的短期偿债能力，促进企业管理水平的提高。

2. 存货周转速度分析的指标

存货周转率指标有存货周转次数和存货周转天数两种形式。

$$存货周转次数=\frac{营业成本}{平均存货}$$

其中：

$$平均存货=(期初存货+期末存货)\div 2$$

$$存货周转天数=\frac{计算期天数}{存货周转次数}$$

根据 CX 公司的财务报表，其财务经理整理出如下信息，如表 7-1 所示。

表 7-1　CX 公司 2010 年—2012 年存货分析信息表　　单位：元

项　目 ＼ 年　份	2010	2011	2012
营业成本	142 409	133 822	185 574
存货年末余额	49 850	66 352	71 625
存货平均余额	—	58 101	68 988.5
存货周转率/次	—	2.30	2.69
存货周转天数	—	157	134

CX 公司 2012 年度存货周转率比 2011 年度有所提高，所以周转天数缩短了 23 天，说明公司存货管理效率有所提高，究其原因，主要是因为存货平均余额的增长幅度(7.95%)远远小于营业成本的增长幅度(38.67%)。

存货周转率的大小，直接反映了企业材料在采购、储存、生产、销售等方面管理的好坏。一般来说，存货周转率越高越好，存货周转率越高，说明其变现的速度越快，资金占用水平越低。所以，通过存货周转速度分析，我们可以找出存货管理中存在的问题，尽可能降低资金占用量。

但是，分析企业的财务状况要从多方面考虑问题。存货周转率越高越好，绝不是说存货越少越好。存货既不能储存过少，生产材料储存过少可能造成生产中断，产成品存量过少会使销售紧张；但是存货也不能储存过多，否则会形成积压和流动资金的浪费。只有保持合理的结构，才能使存货占用资金的使用效率达到最优。

即席思考：你还记得我国《企业会计准则第 1 号——存货》列举的三种存货的计价方法吗？

3．计算和使用存货周转速度指标时应注意的问题

(1) 由于我国企业会计准则中列举了三种存货的计价方法以供企业选用，所以在分析同一个企业不同时期或对不同企业的存货周转速度进行分析时，应注意存货计价的口径要一致。

(2) 由于存货周转率的计算公式的分子和分母分别来自不同的财务报表，所以在计算时要注意其在时间上的对应性。

(3) 要同时关注存货的构成情况。存货一般由产成品、自制半成品、原材料、在产品及周转材料构成，各类存货的明细资料以及存货重大变动的解释，在报表附注中应有披露。在正常情况下，它们之间存在着某种比例关系。如果产成品大量增加，其他项目减少，很可能是销售不畅，放慢了生产节奏。此时，总的存货金额可能并没有显著变动，甚至尚未引起存货周转率的显著变化。因此，在分析时既要重点关注变化大的项目，也不能完全忽视变化不大的项目，其内部可能隐藏着重要问题。

【知识链接】

存货周转率的影响因素

影响存货周转率的因素有很多，最主要的还是受材料周转率、在产品周转率和产成品周转率的影响。这三个阶段周转率的计算公式是：

(1) 材料周转率(次数) = 当期材料消耗额/平均库存材料占用额

(2) 在产品周转率(次数) = 当期完工产品成本/平均在产品成本

(3) 产成品周转率(次数) = 销售成本/平均产成品成本

在企业生产均衡和产销平衡情况下，存货周转率与三个阶段周转率之间的关系可用下式表示：

存货周转天数 = 材料周转天数 × (材料消耗额/总产值生产费) +
在产品周转天数 + 产成品周转天数

运用因素分析法可确定出各因素变动对存货周转天数的影响。

(二)应收账款周转速度分析

1. 应收账款周转速度分析含义

应收账款周转率是企业一定时期内营业收入与平均应收账款余额的比率，是反映应收账款周转速度的指标，一般以周转次数来表示。

2. 应收账款周转速度指标的计算

反映应收账款周转速度的一个指标是应收账款周转次数(周转率)，其计算公式是：

$$应收账款周转率=\frac{赊销收入净额}{平均应收账款}$$

其中：　　赊销收入净额＝销售收入－现销收入－销售退回、折让、折扣

平均应收账款＝(期初应收账款＋期末应收账款)÷2

反映应收账款周转速度的另一个指标是应收账款周转天数，或应收账款账龄，其计算公式为：

$$应收账款周转天数=\frac{计算期天数}{应收账款周转次数}$$

注意：计算公式中的周转额从理论上说应采用赊销净额，不包括现销收入，但赊销净额作为企业的商业秘密并不对外公布，外部分析人员难以取得这个信息，因此一般用营业收入指标来代替，即：

$$应收账款周转率(周转次数)=\frac{营业收入}{应收账款平均余额}$$

下面我们来分析一下 CX 公司的应收账款周转情况，见表 7-2。

表 7-2　CX 公司的应收账款周转速度计算表　　　单位：元

项　目 ＼ 年　份	2010	2011	2012
营业收入	200 256	180 000	240 000
应收账款年末余额	78 400	88 646	102 555
应收账款平均余额	—	83 523	95 600.5
应收账款周转率/次	—	2.16	2.51
应收账款周转天数	—	167	143

CX 公司 2012 年度应收账款周转率与 2011 年度相比有所提高，周转天数缩短了 24 天，说明公司的营运能力有所提升，应收账款周转率反映了企业应收账款变现速度的快慢及管理效率的高低，周转速度高表明：收款速度较快，账龄较短；资产流动性强，短期偿债能力强；企业坏账风险较小。但与行业平均水平 63 天相比，周转率偏低，周转天数过长，有待于通过改善收账政策来提高应收账款营运能力。

3. 计算和使用应收账款周转率时应注意的问题

(1) 营业收入的赊销比例问题。从理论上来说应收账款是由于赊销引起的，其对应的流量应是赊销额，而不是全部的营业收入。由此来推理，计算应收账款周转率时分母应该是赊销收入才对。但是，外部分析人员无法得到企业内部赊销的真实数据，只能直接用营业收入进行计算。

(2) 应收账款的减值准备问题。统一财务报表上列示的应收账款是已经提取减值准备后的净额，但是营业收入并没有相应减少。这就会引起这样的结果：提取的减值准备越多，应收账款周转天数越少。这种周转天数的减少不是业绩好的表现，反而是说明应收账款管理欠佳。如果减值准备的数额较大，就应进行调整，使用未提取减值准备的应收账款来计算周转天数，这样会使分析结果更有价值。

(3) 因为应收账款的起点是销售，终点是现金，所以应收账款分析应与营业额分析、现金分析同时进行。正常情况下，销售额增加会引起应收账款的增加，现金的存量和经营现金流量也会随之增加。如果一个企业应收账款日益增加，而销售额和现金日益减少，则可能是销售出了比较严重的问题，比如销售情况欠佳，促使企业放宽信用政策，甚至随意发货，从而致使现金收不回来。

因此，在分析应收账款时，不能只单纯地用个别指标武断地作出结论，而是深入到应收账款内部，同时要注意应收账款与相关问题的联系，只有这样才能正确地评价一个企业的应收账款周转速度。

即席思考：你认为在计算应收账款周转速度时应收票据的金额应该包含在应收账款中吗？

(三)全部流动资产周转率的计算与分析

1. 流动资产周转率计算

流动资产周转率的计算，一般可以采取以下两种计算方式。

$$流动资产周转次数=\frac{流动资产周转额}{流动资产平均余额}$$

$$流动资产周转天数=\frac{计算期天数}{流动资产周转次数}=\frac{流动资金平均余额\times 周转期天数}{流动资产周转额}$$

从上述公式可知，流动资产周转期的计算，必须利用“流动资产周转额”、“计算期天数”和“流动资产平均余额”三个数据。

周转额一般指企业在报告期中有多少流动资产完成了，即完成了由货币到商品再到货币这一循环过程的流动资产数额。它应用销售额来表示，既可用销售收入，也可用销售成本表示。因此，企业全部流动资产周转率的计算公式是：

$$全部流动资产周转次数=\frac{销售收入}{全部流动资金平均余额}$$

$$全部流动资产周转天数=\frac{全部流动资金平均余额\times 周转期天数}{销售收入}$$

$$全部流动资产垫支周转次数=\frac{销售成本}{全部流动资金平均余额}$$

$$全部流动资产垫支周转天数=\frac{全部流动资金平均余额\times 周转期天数}{销售成本}$$

2. 流动资产周转率分析

$$流动资产周转次数=\frac{销售收入}{全部流动资金平均余额}=\frac{销售成本}{全部流动资金平均余额}\times\frac{销售收入}{销售成本}$$

运用因素分析法可分析这两个因素对流动资产周转次数的影响程度，下面我们来对 CX 公司的全部流动资产周转情况进行分析，见表 7-3。

表 7-3 CX 公司的流动资产周转速度计算表 单位：元

项目 \ 年份	2010	2011	2012
营业收入	200 256	180 000	240 000
营业成本	142 409	133 822	185 574
流动资产年末余额	137 866	208 474	218 877
流动资产平均余额	—	173 170	213 675.5
流动资产周转率/次	—	1.04	1.12
流动资产周转天数	—	346	321
流动资产垫支周转率/次	—	0.77	0.87
流动资产垫支周转天数	—	468	414

CX 公司 2012 年度流动资产周转率与 2011 年度相比虽然略有提高，周转天数缩短了 25 天，但总体上流动资产的周转速度很慢，原因主要在于销售水平较低以及流动资产上占有资金不断提高，应加强对流动资产周转的管理，否则会影响到企业的获利能力。

(四)固定资产周转速度分析

固定资产周转率是企业一定时期内营业收入与固定资产平均净值的比率。其计算公式是：

$$固定资产周转率(周转次数)=\frac{营业收入}{固定资产平均净值}$$

$$固定资产周转天数=\frac{固定资产平均净值\times 周转期天数}{营业收入}$$

$$固定资产平均净值=\frac{固定资产净值期初数+固定资产净值期末数}{2}$$

$$固定资产净值=固定资产原价-累计折旧-固定资产减值准备$$

其中，固定资产原价是指固定资产的历史成本。

一般情况下，固定资产周转率越高，表明企业固定资产利用得越充分，同时也说明企业固定资产投资得当，固定资产结构合理，能够使固定资产充分发挥其效率；反之，则表明固定资产使用效率不高，提供生产成果不多，企业的营运能力不强。

表 7-4 为 CX 公司的固定资产周转速度分析表。

表 7-4　CX 公司的固定资产周转速度分析表　　单位：元

	2010 年	2011 年	2012 年
营业收入	200 256	180 000	240 000
固定资产年末余额	81 900	73 766	75 282
固定资产平均净值	—	77 833	74 524
固定资产周转率/次	—	2.31	3.22
固定资产周转天数	—	158	113

CX 公司 2012 年度固定资产周转率与 2011 年度相比有所提高，周转天数缩短了 45 天，说明公司固定资产的营运能力有所增强，究其原因，主要是因为固定资产净值的增长速度(2.05%)低于营业收入的增长速度(33.33%)。

(五)全部资产周转速度的计算

影响总资产营运能力的因素有很多。如果要想提高企业总资产的营运能力，首先应安排好各项资产的合理结构，尤其是流动资产与固定资产之间的比例关系，以防两者其一出现闲置。其次，提高各项资产的使用程度，特别是应收账款及存货、固定资产的使用效率。为此，企业要以市场为导向，努力开发新产品，提高市场占用率。

1. 全部资产产值率的计算与分析

全部资产产值率是指企业占用每百元资产所创造的总产值,其计算公式为：

$$全部资产产值率=\frac{总产值}{平均总资产}\times100\%$$

反映总产值与总资产关系的还可用另一指标表示，即百元产值资金占用，其计算公式为：

$$百元产值占用资金=\frac{平均总资产}{总产值}\times100\%$$

对该指标的分析，可在上式基础上，从资产占用形态角度进行分解，即：

$$百元产值占用资金=\frac{平均总资产}{总产值}\times100\%=\frac{流动资产}{总产值}+\frac{固定资产}{总产值}+\frac{其他资产}{总产值}$$

2. 全部资产收入率的计算与分析

全部资产收入率是指占用每百元资产所取得的收入额，其计算公式是：

$$全部资产收入率=\frac{总收入}{平均总资产}\times100\%$$

对全部资产收入率的分析，正是要考虑收入与产值的关系。其因素分解式是：

$$全部资产收入率=\frac{总收入}{平均总资产}\times100\%=\frac{总产值}{平均总资产}\times\frac{总收入}{总产值}$$

$$=全部资产产值率\times产品销售率$$

3．总资产周转率分析

全部资产收入率从周转速度角度看，也称全部资产周转率，其计算与全部资产收入率相同，即：

$$全部资产周转率=\frac{总周转额(收入)}{平均总资产}\times 100\%$$

从全部资产周转速度与流动资产周转速度的关系，可确定影响全部资产周转率的因素如下。

总资产周转次数＝流动资产周转次数×流动资产占总资产的比重

4．全部资产营运能力综合对比分析

它是要将反映全部资产营运能力的指标与反映企业流动资产和固定资产营动能力的指标结合起来进行分析。依据各类指标之间的相互关系进行分析，综合对比分析主要包括以下几方面的内容。

(1) 综合对比分析反映资产占用与总产值之间的关系；

(2) 综合对比分析反映资产占用与收入之间的关系；

(3) 将全部资产营运能力与全部资产盈利能力结合起来分析。

从这个角度分析可说明企业资产经营盈利能力的高低，既取决于产品经营盈利能力，又受资产营运能力的影响。用一般关系式表示：

资产经营盈利能力＝资产营运能力×产品经营盈利能力

其具体计算公式为：

$$总资产报酬率=\frac{总收入}{平均总资产}\times\frac{息税前利润}{总收入}\times 100\%$$

$$=总资产周转率\times全部收入息税前利润率$$

即席思考：你能发现总资产周转率与流动资产周转率之间有什么关系吗？

下面我们来分析 CX 公司的总资产营运情况，见表 7-5。

表 7-5　CX 公司的总资产周转速度分析表　　单位：元

项　目 ＼ 年　份	2010	2011	2012
营业收入	200 256	180 000	240 000
总资产年末余额	245 001	296 173	306 633
总资产平均余额	—	270 587	301 403
总资产周转率/次	—	0.67	0.79
总资产周转天数	—	545	456

从上面的分析结果得出，总资产周转速度提高，说明公司的营运能力有所上升，究其原因，主要是流动资产和非流动资产的周转速度都在加快所致。总资产周转率越高，说明企业全部资产的使用效率越高，但与同行业相比，资产的使用效率不高，企业应采取各项措施来提高资产的利用程度，比如，加大市场营销力度从而减少存货，或者处理多余的资

产等。

三、完成工作任务评价

(一)完成营运能力分析工作任务

请根据工作任务要求，按照工作任务操作流程，结合完成工作任务所需要的技能导航，来完成项目一中岭南园林股份有限公司营运能力的分析与评价任务。

(二)完成工作任务结果评价

按照要求和规程完成了项目一中岭南园林股份有限公司营运能力分析与评价后，参照老师给出的评价标准，任务的完成者与老师共同来评价工作任务的完成情况。

评价标准：

(1) 反映营运能力的各项指标的计算是否准确；

(2) 是否从各项资产的不同角度对计算结果进行了全面的评价；

(3) 是否对各项财务指标与上年对比产生差异的原因进行分析；

(4) 如果该变动为消极变动，那么请提出以后改进的措施；如果该变动为积极变动，请总结出成功经验以备日后效仿。

(三)完成工作任务收获

按照要求和规程完成了工作任务后，结合老师对完成工作任务结果的评价，你认为自己完成此项工作任务有什么收获？请将你的收获写出来，与老师和同学们一起交流和分享。

【工作任务二　进行企业发展能力分析】

企业发展能力是企业生存、获利的不竭源泉和动力，构建企业发展能力指标体系可以引导企业强化战略管理，提高驾驭市场和抗御风险的能力，保持长期发展的竞争优势。通过企业的发展能力分析，判断企业未来的发展趋势、行业地位、面临的发展机遇与盈利能力变化，重视企业的资本积累，进而促进企业长远和全面的发展。为进行新项目投资方案提供依据。

一、制定企业发展能力分析流程

企业发展能力分析的步骤如下：

第一步：分别计算股东权益增长率、资产增长率、销售增长率和收益增长率等指标的实际值；

第二步：将各指标实际值与以前不同时期增长率数值、同行业平均水平数值进行比较分析；

第三步：比较四个指标间的关系，分析判断它们之间的协调性；

第四步：根据以上分析结果，判断企业整体发展能力。

二、技能导航

发展能力通常是指企业未来生产经营活动的发展趋势和发展潜能。从结果看，一个发展能力强的企业，能够不断为股东创造财富，能够不断增加企业价值。从形成看，企业的发展能力主要是通过自身的生产经营活动，不断扩大积累而形成的，主要依托于不断增长的销售收入、不断增加的资金投入和不断创造的利润等。企业的发展能力可通过以下指标来反映。

(一)单项发展能力分析

1. 股东权益增长率

企业股东权益的增长速度和趋势从一个角度体现了企业的发展能力。企业要发展，需要增加资本的投入，扩大再生产来达到规模经济。因此，资本的积累扩张展示了企业的发展潜力。从资本扩张的角度分析企业的发展状况，我们从股东权益增长率指标来分析。

(1) 股东权益增长率的计算公式。

股东权益增长率也称资本积累率，是本期股东权益增加额与股东权益期初余额之比，反映本期股东权益增减变动情况。由于资本是扩大再生产的源泉，股东权益增长率可以作为判断企业发展状况好坏的标志，是评价企业发展能力的重要指标。其计算公式为：

$$股东权益增长率=\frac{本期股东权益增加额}{股东权益期初余额}\times 100\%$$

式中，本期股东权益增加额是指企业本年股东权益与上年股东权益的差额；期初股东权益指股东权益的当年年初数或上年年末数。

股东权益增长率越高，表明企业本期股东权益增加越多，企业的资本积累越多，企业的发展后劲越足；反之，股东权益增长率越低，表明企业本期股东权益增加越少，企业的资本积累越少，企业的发展后劲越弱。

在实际中还存在三年资本平均增长率这一比率，该指标设计的原意是为了均衡计算企业的三年平均资本增长水平，从而客观评价企业的股东权益增长能力状况。

(2) 股东权益增长率分析。

股东权益的增长主要来源于经营活动产生的净利润和融资活动产生的股东净支付。这样股东权益增长率还可以表示为：

$$\begin{aligned}股东权益增长率&=\frac{本期股东权益增加额}{股东权益期初余额}\times 100\%\\&=\frac{净利润+对股东的净支付}{股东权益期初余额}\times 100\%\\&=净资产收益率+股东净投资率\end{aligned}$$

从式中可以看出股东权益增长率是受净资产收益率和股东净投资率这两个因素驱动的。其中净资产收益率反映了企业运用股东投入资本创造收益的能力，而股东净投资率反映了企业利用股东新投资的程度，这两个比率的高低都反映了对股东权益增长的贡献程度。

根据 CX 股份有限公司资产负债表(表 2-1)的资料，2012 年年末股东权益为 130 512 万元，年初股东权益为 128 250 万元，则计算如下：

本期股东权益增加额=期末股东权益-期初股东权益

=130 512-128 250

=2 262(万元)

股东权益增长率=(本期股东权益增加额÷期初股东权益)×100%

=(2 262÷128 250) ×100%

=1.77%

为正确判断和预测企业股东权益规模的增长趋势和增长水平，应将企业不同时期的股东权益增长率加以比较。

2. 资产增长率

企业总资产表明企业资产的存量规模，随着经营规模的变动，资产存量规模也处在经常变动之中。资产规模的扩大体现了资本扩张和企业发展实力的增强。我们从资产增长的角度来判断企业的发展能力，主要对资产增长率指标进行分析。

(1) 资产增长率指标计算公式。

资产增长率是企业本年资产增长额同年初资产总额的比率。该比率从企业资产总量扩张方面衡量企业的发展能力，表明企业规模增长水平对企业发展后劲的影响，其计算公式为：

$$资产增长率=\frac{本年资产增长额}{资产年初余额}\times 100\%$$

式中，本年资产增长额=资产总额年末数-资产总额年初数。如果本年资产总额减少，用“-”表示；年初资产总额指资产总额的年初数或上年年末数。

资产增长率越高，表明企业在一定时期内资产经营规模扩张的速度越快，企业发展能力越强。反之，表明企业在一定时期内资产经营规模扩张的速度越慢，企业发展能力越弱。

根据资产负债表的资料，CX 股份有限公司 2012 年年末资产总额 306 633 万元，2011 年年末资产总额 296 173 万元，则计算如下：

本年资产增长额=资产总额年末数-资产总额年初数

=306 633-296173

=10 460(万元)

资产增长率=(本年资产增长额÷年初资产总额) ×100%

=(10 460÷296 173)×100%

=3.54%

(2) 对资产增长率进行具体分析时，应该注意以下几点：

① 评价一个企业的资产规模增长是否适当，必须与销售增长、利润增长等情况结合起来分析。

② 需要正确分析企业资产增长的来源。

③ 为全面认识企业资产规模的增长趋势和增长水平，应将企业不同时期的资产增长率加以比较。

即席思考：资产增长率与股东权益增长率之间存在着怎样的关系？

3. 销售增长率

(1) 销售增长率的内涵和计算。

销售收入是企业收入的主要来源，而不断增长的销售收入是企业生存和发展的基础，同时也是企业资本增长的前提。我们从销售收入的角度来分析企业的发展能力，主要对销售增长率指标进行计算分析。

销售增长率是指企业本年的销售收入增长额同上年销售收入总额的比率。该比率表示与上年相比，企业销售收入的增减变动情况，是评价企业成长状况和发展能力的重要指标。其计算公式为：

$$销售增长率=\frac{本期主营业务收入增长额}{基期主营业务收入净额}\times 100\%$$

该公式反映的是企业某个年度的整体销售增长情况。销售增长率越高，说明企业产品销售在本年度增长得越快，销售情况越好；销售增长率越低，则说明企业产品销售在本年度增长得越慢，销售情况越差。

式中，本年销售收入增长额是企业本年销售收入与上年销售收入的差额。如本年销售收入低于上年，则销售收入增长额用“-”表示。

根据利润表(表 3-1)的资料，CX 股份有限公司 2012 年营业收入即销售收入总额为 240 000 万元，2011 年营业收入为 180 000 万元，则计算如下：

本年销售收入增长额=本年销售收入-上年销售收入

=240 000-180 000

=60 000

销售增长率=(本年销售收入增长额÷上年销售收入总额)×100%

=(60 000÷180 000)×100%

=33.34%

销售增长率大于 0，表示企业本年的销售收入有所增长，指标值越高，表明增长速度越快，企业在市场上生存与发展的空间越大，企业增长能力也越强。

(2) 销售增长率分析。

在利用销售增长率来分析企业在销售方面的增长能力时，应该注意以下几个方面。

① 要判断企业在销售方面是否具有良好的成长性，必须分析销售增长是否具有效益性。

② 要全面、正确地分析和判断一个企业销售收入的增长趋势和增长水平，必须将一个企业不同时期的销售增长率加以比较和分析。

③ 可以利用某种产品销售增长率比率，来观察企业产品的结构情况，进而也可以分析企业的成长性。其计算公式为：

$$某种产品销售增长率=\frac{某种产品本期销售收入增长额}{基期销售收入净额}\times 100\%$$

4．收益增长率

利润是企业积累和发展的基础。利润增长越多，说明企业从内部可融资的资金量越大，可持续发展的能力就越强。因此，从利润的角度，我们分析收益增长率这个指标。

收益增长率又称利润增长率，是以企业本年利润增加额与上年利润额的比率。它综合反映了企业生产经营的成果，是考核企业经济效益的一项重要指标，显示了企业提高盈利水平所取得的效果。其计算公式为：

收益增长率=(本年利润增加额÷上年利润额)×100%

式中，本年利润增加额是本年利润额与上年利润额的差额，如果本年利润低于上年，则为利润减少，用“-”表示。

根据利润表(表 3-1)的资料，CX 股份有限公司 2012 年实现利润总额为 3 016 万元，而 2011 年年末实现利润总额为 2 637 万元，则计算结果如下：

本年利润增加额=本年利润总额-上年利润总额
=3 016-2 637
=379(万元)

收益增长率=(本年利润增加额÷上年利润额)×100%
=(379÷2 637)×100%
=14.38%

收益增长率是表明企业本年实现的利润总额比上年实现利润总额增长程度的指标，反映企业利润增长趋势和效益稳定程度，该指标越高，表示企业可持续发展能力越强，发展的潜力越大。

【知识链接】

剩余收益分析

EVA 是英文 Economic Value Added 的缩写，一般译为附加经济价值。它是全面衡量企业生产经营真正盈利或创造价值的一个指标或一种方法。所谓“全面”和“真正”是指与传统会计核算的利润相对比而言的。会计上计算的企业最终利润是指税后利润，而附加经济价值原理则认为，税后利润并未全面、真正反映企业生产经营的最终盈利或价值，因为它没有考虑资本成本或资本费用。所谓附加经济价值是指从税后利润中扣除资本成本或资本费用后的余额。

一个企业只有在弥补了所有投入资本成本包括权益资本的成本之后，剩下的才是真正属于企业所有者所拥有的财富。因此，衡量企业的增长能力必须将股东权益账面价值与企业权益资本成本进行比较。

剩余收益衡量的就是扣除必要的权益资本成本后股东权益账面价值的增加。因此，剩余收益反映了公司股东财富的增加，而剩余收益的增加反映了公司增长能力。

根据剩余收益的概念，剩余收益的计算公式如下：

剩余收益=资本收益－资本成本
=净利润－权益资本成本
=(净资产收益率－权益资本成本率)×净资产

从上述计算公式看出，剩余收益主要受净资产收益率、权益资本成本率、净资产三个因素影响。对于剩余收益的各影响因素的作用具体分析如下。

① 净资产收益率。净资产收益率是反映企业盈利能力的核心指标，既可反映股东资本的增值能力，又影响着企业股东价值的增加。在权益资本成本率和净资产等因素不变的前提下，净资产收益率越高，剩余收益越大。

② 权益资本成本率。只有净资产收益率超过权益资本成本率，才能真正促进股东资本的增值。在净资产收益率和净资产等条件不变的前提下，权益资本成本率越低，剩余收益越大。

③ 净资产。新投资都可以产生收益，但是只有实际回报率高于必要的回报率(即权益资本成本率)，才能真正增加公司股东财富。因此在净资产收益率高于权益资本成本率的前提下，净资产投入越多，公司创造的剩余收益越多。

应用剩余收益指标分析企业的增长能力，首先是计算连续若干期(至少两期)的剩余收益，观察剩余收益的增减变动情况；其次是运用连环替代法或差额计算法，分析剩余收益变动的原因。一般来说，一个企业在连续若干期内剩余收益不断增长，就说明该企业增长能力较强；相反，一个企业的剩余收益时增时减或者不断减少，就说明该企业增长能力较弱。

(二)企业整体发展能力分析

1. 计算指标实际值

根据企业单项发展能力分析结果汇总 2012 年 CX 公司股东权益增长率、资产增长率、销售增长率和收益增长率等指标的实际值，见表 7-6。

表 7-6　指标值计算汇总表

编制单位：CX 公司　　　　2012 年 12 月 31 日　　　　单位：万元

项　目	年初数	年末数	增长额	增长率/%
股东权益	128 250	130 512	2 262	1.77
资产	296 173	306 633	10 460	3.54
销售	180 000	240 000	60 000	33.34
收益	2 637	3 016	379	14.38

2. 比较综合分析

比较综合分析就是将股东权益增长率、资产增长率、销售增长率和收益增长率等指标的本期实际值与选定标准进行对比分析，对比的标准可以是上期实际数、预算数和同行业的平均数或可比企业的实际数。下面将 CX 公司连续几年的数据进行对比分析，从股东权益、资产、销售收入和利润四个不同的角度来分析增长情况变化。

(1) 股东权益增长情况的综合分析。

CX 公司股东权益增长情况的综合分析如表 7-7 所示。

表 7-7　CX 公司股东权益增长情况分析表　　单位：万元

项目＼年份	2008	2009	2010	2011	2012
股东权益	101 860	122 620	124 860	128 250	130 512
股东权益增加额	—	20 760	2 240	3 390	2 262
股东权益增长率/%	—	20.38	1.83	2.72	1.77

从表 7-7 可以看出，该企业 2008—2012 年间，股东权益逐年增加，股东权益增长率最高时达到 20.38%，之后各年股东权益增长率都控制在 2%左右。

(2) 资产增长情况的综合分析

CX 公司资产增长情况的综合分析如表 7-8 所示。

表 7-8　CX 公司资产增长情况分析表　　单位：万元

项目＼年份	2008	2009	2010	2011	2012
资产	188 652	281 356	275 460	296 173	306 633
资产增加额	—	92 704	−5 896	20 713	10 460
资产增长率/%	—	49.14	−2.1	7.52	3.54

从表 7-8 可以看出，该企业 2008—2012 年间，除 2010 年资产总额有所下降外，其余年份均有不同程度的增加，其中最快的年份增长达 49.14%。

在资产负债表中，资产总额等于负债与所有者权益总额之和，如果资产总额的增长幅度大于所有者权益总额的增长幅度，表明企业债务负担加重，可能引起偿债保证程度下降。结合表 7-7 和表 7-8 的数据，我们将资产增长与相应资本增长情况联系起来分析，如表 7-9 所示。

表 7-9　CX 公司资产增长情况综合分析表　　单位：万元

项目＼年份	2008	2009	2010	2011	2012
资产	188 652	281 356	275 460	296 173	306 633
资产增加额	—	92 704	−5 896	20 713	10 460
资产增长率/%	—	49.14	−2.1	7.52	3.54
股东权益	101 860	122 620	124 860	128 250	130 512
股东权益增加额	—	20 760	2 240	3 390	2 262
占资产增加额比重	—	22.40	—	16.37	21.63
股东权益增长率/%	—	20.38	1.83	2.72	1.77

从表 7-9 可以看出，股东权益增长速度各年都低于资产总额增长速度，且股东权益增加额占资产增加额的比重较低，说起该企业资产负债率逐年增长，资产增长所需要自己主要

靠负债增加来实现，综合来看资产增加质量有待改善和提高。为了保证企业财务结构的稳定性和安全性，资产规模变动应与所有者权益总额变动相适应。

(3) 销售收入增长情况的综合分析

CX 公司销售收入增长情况的综合分析如表 7-10 所示。

表 7-10　CX 公司销售收入增长情况分析表　　单位：万元

项　目 \ 年　份	2008	2009	2010	2011	2012
销售收入	53 996	111 593	140 395	180 000	240 000
销售收入增加额	—	57 597	28 802	39 605	60 000
销售增长率/%	—	106.67	25.81	28.21	33.34

从表 7-10 可以看出，该企业销售收入连续 4 年不断增长，联系表 7-8 中的资料分析，说明企业在不断扩大资产规模的同时增加了销售收入。

下面我们从销售收入增长结构这个角度来分析评价一下 CX 公司主要经营业务的具体增长情况及其增长原因，CX 公司 2012 年销售收入及其构成情况分析如表 7-11 所示。

表 7-11　CX 公司 2012 年销售收入增长及其构成分析表　　单位：万元

项　目	2011 年	2012 年	增长额	增长率/%	增长构成/%
空调收入	62 157	91 197	29 040	46.72	48.40
电冰箱收入	32 158	50 398	18 240	56.72	30.40
其他主营业务收入	25 676	38 396	12 720	49.54	21.20

从表 7-11 可以看出，CX 公司 2012 年销售收入增长及其增长构成情况为：销售收入较 2011 年增长了 34%，其中增长最快的是电冰箱收入，增长了 56.72%。但从增长结构来看，空调销售收入的增长额占总增长额的 48.40%，说明企业 2012 年实现利润的主要产品仍然是空调，但是电冰箱销售增长趋势值得关注；进一步分析发现其他主营业务收入增长也较快，达到 49.54%，但只占增长总额的 21.20%，说明企业仍然以空调和电冰箱为主要产品，增长合计占总增长额的 78.80%。

(4) 收益增长情况的综合分析

CX 公司收益增长情况的综合分析如表 7-12 所示。

表 7-12　CX 公司收益增长情况分析表　　单位：万元

项　目 \ 年　份	2008	2009	2010	2011	2012
利润总额	879	1 758	2 285	2 637	3 016
利润增加额	—	879	527	352	379
收益增长率/%	—	100	30	15.39	14.38

从表 7-12 可以看出，该企业利润总额连续 4 年不断增长，且利润增长率最高达 100%，

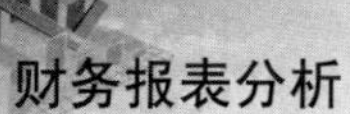

说明该企业盈利能力有所增强。

3. 指标间的协调关系

股东权益的增长一方面来自于净利润，净利润又主要来自于营业利润，营业利润又主要来自于销售收入，而销售收入的增长在资产使用效率保持一定的前提下要依赖于资产投入的增加；股东权益的增加另一个方面来源于股东的净投资，而净投资取决于本期股东投资资本的增加和本期对股东股利的发放。

利润的增加主要表现为净利润的增长，而对于一个持续发展的企业来说，净利润的增长又主要依赖于营业利润的增长，而营业利润的增长又主要来源于销售收入的增长。

企业销售增长是企业营业收入的主要来源，也是企业价值增长的主要表现，一个企业只有不断扩大市场份额，才能不断扩大销售收入，增加所有者权益；同时为企业进一步不断扩大市场、开发产品和更新技术改造提供资金来源，最终促进企业的可持续发展。

企业资产是取得销售收入的保证，要实现销售收入的增长，在保持资产使用效率一定的基础上需要扩大资产规模。而扩大资产规模，可以通过增加负债规模来实现，也可以通过股东权益的增长来实现。资产变动是否合理，直接关系到资产生产能力的形成与发挥，并通过资产的利用效率体现出来。

4. 判断企业整体发展能力

一般来说，这四种类型增长率之间相互作用、相互影响，只有一个企业的股东权益增长率、资产增长率、销售增长率和收益增长率等指标保持同步增长，且不低于行业平均水平，才能够判断该企业具有良好的增长能力。运用这一框架能够比较全面地分析企业增长的影响因素，从而能够比较全面地评价企业的增长能力。

从 CX 公司的计算结果看，股东权益增长率为 2%，资产增长率为 4%，销售增长率为 33.34%，收益增长率为 14.38%，各个指标保持同步增长，可以判断企业具有较好的发展能力。

【知识链接】

中国将引领全球的可持续发展

在由国务院发展研究中心日前主办的“中国发展高层论坛 2008”上，来自国务院各职能部委的主要领导、国际组织高级官员、著名跨国企业领导人和国际知名学者围绕“中国 2020:发展目标和政策取向”的主题展开了深入的探讨。作为本次年会的外方联合主席、杜邦公司董事长兼首席执行官贺利得(CharlesO Holliday)在论坛开幕式上，就世界 2020 发展趋势以及中国的影响力发表了观点。贺利得说：“未来的十几年中，全球化进程将更加深化、科技会大幅进步、经济和社会将呈现前所未有的发展。到 2020 年，全世界所有的产业、政府和社会都将践行可持续发展。那时候，中国不仅是全球经济增长的动力，而且是作为久经考验的领导者在世界经济的多个领域发挥带头作用。”

“中国经济发展的高速度、创新性和活力，使中国能够在可持续发展方面创出自己的模式、进行各种尝试。到 2020 年，中国的可持续发展将会给全世界在可持续发展领域带来积极而深远的影响。”贺利得说。

贺利得表示，“我相信，到 2020 年，中国会凭借其丰富的人力资源、日益增强的创新能力和工业实力，成为全球前沿科技发展的中心技术革新的助推器。”

要在全球范围获得可持续发展方面的进展，需要领导力的推动与引领。在发言中，贺利得提出，到2020年，中国不仅将继续发挥全球经济增长的引擎作用，而且将作为久经考验的领导者而在世界经济舞台上发挥重要作用。“这意味着，中国在包括可再生和可替代能源在内的许多领域发挥带头作用，帮助制定国际标准、引领不同行业和国家间的协同合作，共同迈向可持续发展的新纪元。”

在表达对中国可持续发展和全球领导力的充分信心的同时，贺利得也代表参加“中国发展论坛 2008”的国际企业家重申了继续贡献于中国的经济和社会发展的承诺，提出继续通过推出技术和产品、通过环境责任的努力、通过履行企业社会责任、通过援助弱势群体等各种方式，与中国一起在可持续发展的道路上共同发展。

三、完成工作任务评价

(一)完成企业发展能力分析工作任务

请根据工作任务要求，按照工作任务操作流程，结合完成工作任务所需要的技能导航，来完成项目一中岭南园林股份有限公司发展能力分析任务。

(二)完成工作任务结果评价

按照要求和规程完成了项目一中岭南园林股份有限公司发展能力分析与评价任务后，参照老师给出的评价标准，任务的完成者与老师共同来评价工作任务的完成情况。

评价标准：

(1) 是否了解企业发展能力分析的主要指标；

(2) 掌握各项财务指标的计算；

(3) 是否能根据各项指标的计算结果分析理解企业的发展现状与未来。

(三)完成工作任务收获

按照要求和规程完成了工作任务后，结合老师对完成工作任务结果的评价，你认为自己完成此项工作任务有何收获？请将你的收获写出来，与老师和同学们一起交流和分享。

小　　结

本项目阐述了企业营运能力和发展能力分析的目的与内容，全面、系统地介绍了企业营运能力与发展能力分析的基本内容与方法。企业营运能力的目的是企业资产管理水平和资金周转状况，实际上是对企业的总资产及其各个构成要素的营运能力进行分析，并据此来评价企业资产的流动性和利用效率，为挖掘企业资产潜力找准方向。通过进行企业单项发展能力分析，掌握企业股东权益增长率、资产增长率、销售增长率和收益增长率等指标的计算、分析和评价；通过企业整体发展能力分析，揭示企业资产、股东权益、销售收入和收益之间的关系，并最终判断企业的发展能力。

思 考 题

1. 对企业进行营运能力分析的目的是什么？
2. 怎样对企业的存货周转速度进行分析？
3. 固定资产周转速度应该从哪几个方面进行考量？
4. 资产周转率各指标之间有什么关系？
5. 简述发展能力分析的目的。
6. 发展能力分析包括哪些指标？
7. 影响企业发展能力的因素主要有哪些？
8. 怎样进行企业单项发展能力分析？
9. 怎样进行企业整体发展能力分析？
10. 股东权益增长率、资产增长率、销售增长率和收益增长率之间有什么联系？

案 例 分 析

SY 机床股份公司的发展能力分析

SY 机床股份有限公司是我国规模最大的机床制造商，2007 年，机床产销量和数控机床产销量均居行业之首，数控机床国内市场占有率达 20%。近几年，企业坚持以产品产业化发展促进技术创新，以技术开发研制成果推动产业化产品升级，产品结构实现了以普通机床为主向以数控机床为主的战略性转变。

2011 年度 SY 机床股份有限公司资产负债表　　单位：万元

资　产	年末余额	年初余额	负债及股东权益	年末余额	年初余额
流动资产：			流动负债：		
货币资金	16 962	7 590	短期借款	3 480	10 976
交易性金融资产	16	16	交易性金融负债		
应收票据	3 397	4 115	应付票据	26 802	6 140
应收账款	14 389	9 044	应付账款	8 450	7 303
预付款项	1 679	5 083	预收款项	691	433
应收关联公司款			应付职工薪酬	277	403
应收利息			应交税费	685	25
应收股利			应付利息		
其他应收款	4 780	6 223	应付股利		

续表

资　产	年末余额	年初余额	负债及股东权益	年末余额	年初余额
存货	22 328	15 724	其他应付款	660	570
其中：消耗性生物资产			一年内到期的非流动负债	560	284
一年内到期的非流动资产			其他流动负债		
其他流动资产			流动负债合计	41 605	26 134
流动资产合计	63 551	47 795	非流动负债：		
非流动资产：			长期借款	6 400	6 916
可供出售金融资产			应付债券		
持有至到期投资			长期应付款		
长期应收款			专项应付款		
长期股权投资	2 954	2 967	预计负债		
投资性房地产			递延所得税负债		
固定资产	17 083	17 379	其他非流动负债		
在建工程			非流动负债合计	6 400	6 916
工程物资			负债合计	48 005	33 050
固定资产清理			所有者权益(或股东权益)		
生物性资产			实收资本(或股本)	19 080	19 080
油气资产			资本公积	11 293	11 257
无形资产	2 249	2 029	盈余公积	2 329	2 227
开发支出			未分配利润	5 130	4 556
商誉			减：库存股		
长期待摊费用			外币折算价额		
递延所得税资产			少数股东权益		
其他非流动资产			所有者权益合计	37 832	37 120
非流动资产合计	22 286	22 375			
资产总计	85 837	70 170	负债和所有者合计	85 837	70 170

2011 年度 SY 机床股份有限公司利润表　　单位：万元

项　目	本期发生额	上期发生额
一、营业收入	41 184	34 283
减：营业成本	36 020	28 521
营业税金及附加	20	63
销售费用	1 836	1 411
管理费用	1 788	1 675
财务费用	899	841

续表

项　目	本期发生额	上期发生额
资产减值损失		
加：公允价值变动净收益		
投资收益	7	-24
二、营业利润	628	1 748
加：营业外收入	490	291
减：营业外支出	87	-106
三、利润总额	1 031	2 145
减：所得税费用	355	799
四、净利润	676	1 346
五、每股净收益：		
(一)基本每股收益		
(二)稀释每股收益		

思考：请分别计算 SY 机床的存货周转率、应收账款周转率、流动资产周转率、固定资产周转率、总资产周转率、股东权益增长率、资产增长率、销售增长率和收益增长率指标，并根据计算结果对公司营运能力和发展能力进行简要分析。

项目八

财务综合分析评价与应用

【知识目标】

- 掌握财务综合分析的目的及内容
- 了解财务预测的含义、作用与内容
- 了解财务分析在风险防范中的作用
- 理解企业价值评估的目的和内容
- 理解以现金流量为基础的价值评估的意义

【技能目标】

- 运用财务指标体系综合分析
- 掌握财务报表预测的方法
- 掌握财务风险防范的方法
- 掌握以现金流量为基础的价值评估程序与方法

模块一　财务综合分析评价与应用的任务设计

从前面的分析中知道，每一个财务分析指标都是从某一个特定的角度对企业财务状况及经营成果进行分析，它们都不足以全面评价企业的总体财务状况及经营成果。只有将企业偿债能力、营运能力、盈利能力及发展能力等各方面的财务指标纳入一个有机整体中，才能全面地对企业的财务状况和经营成果进行揭示和披露，得出总体判断与综合结论，并可进行财务预测和财务风险防范，这就是财务综合分析评价与应用。

一、财务综合分析评价与应用的任务导读

为了说明企业财务状况和经营成果的情况，财务部门分别进行了资产负债表分析、利润表分析、现金流量表分析、所有者权益变动表及财务报表附注分析从而揭示企业的盈利能力、营运能力、偿债能力和发展能力情况。但是单纯分析某一个或某一类财务指标，都不足以对企业的总体财务状况和经营结果作出综合结论。为了弥补单一分析的不足，有必要在财务能力单项分析的基础上，将有关指标按内在联系结合起来进行综合分析。

如果你是财务部门主管，你将如何进行财务综合分析评价呢？

二、财务综合分析评价与应用的任务提出

财务综合分析是在单项财务分析的基础上，运用财务综合分析方法全面反映企业的总体财务状况和经营成果。财务综合评价是在财务综合分析的基础上，运用综合评价方法对企业财务状况和经营成果所作的综合结论。财务评价以财务分析为前提，财务分析以财务评价为结论，只有在综合分析的基础上进行综合评价，才能从整体上系统地、全面地评价企业的财务状况及经营成果。

为了向公司领导层介绍公司的总体财务状况和经营成果等情况，财务部门在认真分析了企业的经营特点后，提出了进行财务综合分析评价与应用的主要任务：

任务 1：怎样运用财务指标体系进行综合分析？

任务 2：如何进行财务报表预测分析？

任务 3：如何进行财务风险防范？

任务 4：如何进行企业价值评估？

三、财务综合分析评价与应用的任务分析

在进行财务综合分析评价时，我们要在前面各章分析的基础上，运用财务综合分析方法揭示披露企业的总体财务状况和经营成果，然后在财务综合分析的基础上运用财务综合评价方法，对企业财务状况和经营成果得出最后的结论，来满足企业内部管理者决策的需要，也要能满足外部投资者和政府管理机构决策及实施宏观调控的要求，并据以作出相关

决策。

对多数人而言财务综合分析评价就像一个复杂的迷宫，就让我担任这个迷宫的向导吧。以下内容是完成财务综合分析评价任务所必须掌握的知识。下面我们就开始预备知识的学习吧！

四、预备知识

(一)财务综合分析与评价的目的和内容

财务综合分析是财务综合评价的基础，通过财务综合分析有利于综合评价企业经营业绩，明确企业的经营水平与位置。只有在综合分析的基础上进行综合评价，才能从整体上系统地、全面地评价企业的财务状况及经营成果。

(1) 通过财务综合分析可明确企业盈利能力、运营能力、偿债能力及发展能力之间的相互联系，找出制约企业发展的"瓶颈"所在。

(2) 通过财务综合分析有利于综合评价企业的经验业绩，判明企业的经验水平、行业地位及发展方向。

(3) 通过综合分析评价为企业利益相关者进行相关决策提供有用的财务信息。

(4) 通过综合分析评价可以明确企业经营管理者的经验管理水平，可以有效地加强对企业经营者的监管和约束，为完善经验管理和财务管理提供相应依据。

财务综合评价则是在财务综合分析的基础上运用一定的方法对企业价值的一种评定。企业价值评价是在各单项指标的基础上，按着特定的方法进行汇总，来测量企业整体价值水平的一种综合评价的方法。

(二)趋势分析与预测分析的目的和内容

趋势分析法是通过对财务报表中各类相关数字资料，将两期或多期连续的相同指标或比率进行定基对比和环比对比，得出它们的增减变动方向、数额和幅度，以揭示企业财务状况、经营情况和现金流量变化趋势的一种分析方法。采用趋势分析法通常要编制比较会计报表。

财务预测分析是根据企业过去一段时间财务活动的历史资料，依据现实条件并考虑企业的发展趋势，运用定量分析法以及预测人员的主观判断，对企业未来一定时期的财务状况和经营成果所进行的分析、测算或估计。

财务预测与财务分析密不可分。财务分析在评价企业过去、反映企业现状、估价企业未来的同时，为财务预测指明了方向，并为财务预测的顺利进行提供了必要的信息。财务预测则是财务分析估价企业未来职能的延伸，是在财务分析的基础上对企业未来状况的详细估计和测算，有助于有关人员对公司未来及其真实价值作出正确的判断和估计。

财务预测的主要作用有：

1. 财务预测分析是企业经营决策的依据

管理的关键在决策，决策的关键是预测。通过预测为决策的各种方案提供依据，以供决策者权衡利弊，进行正确选择。例如，公司进行经营决策时，必然要涉及成本费用、收益及资金需要量等问题，而这些大多需要通过财务预测进行估算。财务预测直接影响到经营决策的质量。

2. 财务预测分析为财务预算提供信息

公司做好资金的筹集和使用工作，不仅需要熟知公司过去的财务收支规律，还要善于预测公司未来的资金流量，即公司在计划期内有哪些资金流入和流出，收支是否平衡，要做到瞻前顾后，长远规划，使财务管理工作处于主动地位。

3. 财务预测分析为财务控制及财务政策的制定提供资料

公司在制定各项财务政策时，需要分析各项政策对于未来财务情况的影响程度，以确认各项财务政策变化对于公司未来财务的影响程度，通过这种比较我们会清晰地了解公司政策变化在财务上的明显影响。

4. 财务预测分析是企业进行价值评估的基础

财务预测不仅为科学的财务决策和财务计划提供支持，也有利于培养财务管理人员的超前性、预见性思维，未雨绸缪。同时，财务预测中涉及大量的科学方法以及现代化的管理手段，更加有利于企业的价值评估。

(三)企业价值评估

企业价值评估是将一个企业作为一个有机整体，依据其拥有或占有的全部资产状况和整体获利能力，充分考虑影响企业获利能力的各种因素，结合企业所处的宏观经济环境及行业背景，对企业整体公允市场价值进行的综合性评估。在我国，单项资产评估的理论与方法已开始走向成熟，而企业价值评估还是一个有待完善的评估领域，还没有形成一个完整的企业价值评估评估理论和方法体系。但企业价值评估在企业的生产经营活动中却有着至关重要的作用。

1. 企业价值评估的目的

价值评估是对企业全部或部分价值进行估价的过程。价值评估作为企业业绩评价的手段或方法，已被越来越多的人所接受或采用。价值评价的意义主要体现在以下四个方面：

(1) 现代企业目标决定了价值评估的重要性。现代企业制度，作为一种资本雇佣劳动制，企业资本所有者是企业的所有者，资本增值是资本所有者投资的根本目的。

(2) 价值是衡量业绩的最佳标准。价值之所以是业绩评价的最佳标准，一是因为它是要求完整信息的唯一标准。二是因为价值评估是面向未来的评估，它考虑长期利益，而不是短期利益。

(3) 价值增加有利于企业各利益主体。现代企业财务目标存在股东价值最大化与企业价值最大化的争论。其实二者并不一定矛盾。研究表明，股东是公司中为增加自己权益而同时增加其他利益方权益的唯一利益主体。

(4) 价值评估是企业种种重要财务活动的基本行为准则。例如，企业合并，证券分析师寻找被低估价值的股票，潜在的投资者选择新的投资机会，公司选择股票回购的最佳时机，

都需要进行价值评估。

2．企业价值评估的内涵与方法

价值评估内涵是要明确对企业什么价值进行评估，具体包括以下几种价值类型。

(1) 企业价值与股东价值。企业价值是指企业全部资产的价值。股东价值，亦称资本价值，是指企业净资产价值。

(2) 持续经营价值与清算价值。企业的持续经营价值与清算价值是可能不同的。价值评估时应根据评估对象的具体情况，考虑应选择的价值。企业公允的市场价值应是持续经营价值和清算价值中较高的一个。

(3) 少数股权价值与控股权价值。价值评估中通常以股票或债券的市场价格为基础进行评估。市场价值衡量的是少数股权价值，不是控股权交易的可靠价格指标。

价值评估的方法有许多，目前较为流行的方法有：以现金流量为基础的价值评估；以经济利润为基础的价值评估；以价格比为基础的价值评估。本项目中对企业价值评估方法主要介绍以现金流量为基础的价值评估。

3．财务分析在价值评估中的作用

价值评估的内涵与方法决定了价值评估中财务分析的应用。因为进行价值评估，无论是对未来利润的预测还是对未来现金流量等的预测，都必须以历史和现在的财务状况与经营成果状况为依据。而历史的或现在的财务状况及经营成果状况的可靠性、相关性程度又与财务分析质量紧密相关。

(1) 企业价值最大化管理的需要。

企业价值评估在企业经营决策中极其重要，能够帮助管理当局有效改善经营决策。企业财务管理的目标是企业价值最大化，企业的各项经营决策是否可行，必须看这一决策是否有利于增加企业价值。

价值评估可以用于投资分析、战略分析和以价值为基础的管理，可以帮助经理人员更好地了解公司的优势和劣势。

企业的实际价值并不等于企业的账面价值。企业通过账面价值的核算，常常无法对其自身经过长期开发研究、日积月累形成的无形资产价值进行确认。重视以企业价值最大化管理为核心的财务管理，企业理财人员通过对企业价值的评估，了解企业的真实价值，作出科学的投资与融资决策，不断提高企业价值，增加所有者财富。

(2) 量化企业价值、核清家底、动态管理。

对每一位公司管理者来说，知道自己公司的具体价值，并清楚计算价值的来龙去脉至关重要，希望清楚了解自己家底以便加强管理的企业家，有必要对企业价值进行公正的评估。目前企业管理中存在的最主要的问题在于管理水平落后，正确推行以价值评估为手段的价值最大化管理，是推动我国企业持续发展的一个重要手段。

(3) 了解生产经营活动效果的需要。

公司财务管理的目标是使公司价值最大化，公司各项经营决策是否可行，取决于这一决策是否有利于增加公司价值。

我国现阶段会计指标体系不能有效地衡量企业创造价值的能力，会计指标基础上的财务业绩并不等于公司的实际价值。企业的实际价值并不等于企业的账面价值。公司管理层仅仅以公司现阶段的财务报表来衡量公司的经营成果是片面的做法，正确推行以价值评估为手段的价值最大化管理，是推动我国企业持续发展的一个重要手段。

(4) 投资决策的重要前提。

企业在市场经济中作为投资主体的地位已经明确，但要保证投资行为的合理性，必须对企业资产的现时价值有一个正确的评估，评估的结果既是投资者与被投资单位投资谈判的重要依据，又是被投资单位确定其人入账价值的客观标准。

即席思考：企业价值评估的目的和作用从不同的角度理解有不同的目的，同学们思考一下你还能从哪些方面加以阐述？

【知识链接】

泰山集团 200 多种产品入选北京奥运会

捧得两个“中国名牌”的泰山体育产业集团正式签约北京奥组委，将为 2008 年奥运会提供体操、柔道、跆拳道、摔跤、拳击和田径 6 大类 200 多种体育产品，成为奥运史上一次性提供器材最多的企业。

泰山体育产业集团最初只是一个生产体操垫子的家庭作坊。“是科技创新成就了泰山集团的今天。”董事长卞志良说。近年来，在乐陵市委、市政府的倾力帮扶下，他们不断加大科技创新力度，先后与山东大学、华东理工大学合作，建起两个国家级研发中心，成功研制开发出全国领先的纳米材料人工草丝和 30 多种新型体育器材。其中，“泰山牌”人造草坪成为中国足协唯一推荐产品，“泰山牌”武术场地被国家体育总局武术管理中心指定为唯一比赛用场地；通过了 ISO 9001 国际质量体系认证、ISO 14001 国际环境管理体系认证和 ISO 18000 国际职业健康安全认证，并有 20 多种专项器材通过了国际体联、国际田联和国际足联的认证，产品占据全国竞技体育器材 90%以上的市场份额，远销美国、俄罗斯、伊朗、欧盟等 160 多个国家和地区。2004 年，与荷兰 JF 公司合作生产的体操器械被成功应用于雅典奥运会。去年 6 月至今，连获“中国驰名商标”、“国家免检产品”和三个“中国名牌”等多项殊荣，并作为主要起草人参与了全国体育器械行业标准起草工作。

昔日的小作坊，如今已经发展壮大成为年产值 20 多亿元、利税 4 亿多元、出口创汇 3000 多万美元的大型现代化民营企业，其“泰山”品牌经国家权威评估机构北京北方亚事资产评估有限责任公司评估，价值高达 118 亿元。国家体育总局局长、中国奥委会主席刘鹏说：“这是中国唯一，也是亚洲唯一。”

模块二　财务综合分析评价与应用的工作任务

【工作任务一　运用财务指标体系进行综合分析】

财务综合分析的方法和技术很多，如杜邦分析法，财务报表综合分析、财务指标综合指数分析等，在分析实务中可以根据企业的实际情况加以选择运用。本项目中我们选择财务指标体系进行综合分析，最常用的就是杜邦分析法。

一、制定财务指标体系综合分析的流程

财务指标体系综合分析的步骤如下：

第一步：理解杜邦财务分析体系的基本原理；

第二步：掌握杜邦财务分析体系的应用；

第三步：分析评价杜邦财务分析体系。

二、技能导航

(一)杜邦财务分析体系的基本原理

杜邦分析法是利用几种主要的财务比率之间的关系来综合地分析企业的财务状况。具体来说，它是一种用来评价公司盈利能力和股东权益回报水平，从财务角度评价企业绩效的一种经典方法。其基本思想是将企业净资产收益率，逐级分解为多项财务比率乘积，这样有助于深入分析比较企业经营业绩。由于这种分析方法最早由美国杜邦公司首先创造并成功应用，故名杜邦分析法。

杜邦分析法中包含以下几种主要的财务比率关系：

净资产收益率＝总资产净利率(净利润/总资产)×权益乘数(总资产/所有者权益)

而：总资产净利率(净利润/总资产)＝销售净利率(净利润/销售收入)×总资产周转率(销售收入/总资产)

即：净资产收益率＝销售净利率×资产周转率×权益乘数

从以上公式可以看出，决定净资产收益率高低的因素有三个方面：销售净利率、总资产周转率和权益乘数，各因素之间的内部关系如下(图 8-1)。

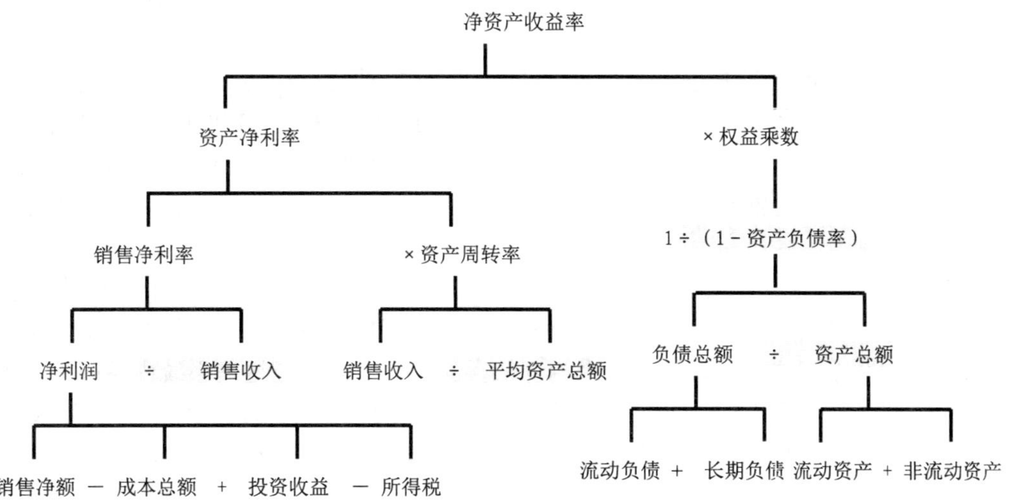

图 8-1　杜邦财务分析体系分解图

(二)杜邦财务分析体系的应用

企业的财务状况是一个完整的系统，内部各种因素都是相互依存、相互作用的，任何一个因素的变动都会引起整体财务状况的改变。因此，财务分析者在进行财务状况综合分析时，必须深入了解企业内部的各项因素及其相互之间的关系，这样才能比较全面地揭示财务状况的全貌。

为全面了解和评价企业的财务状况和经营成果，需要利用若干相互关联的指标对营运能力、偿债能力及盈利能力等进行综合性的分析和评价。杜邦财务分析体系正是利用几种主要财务指标之间的内在联系综合分析企业财务状况的一种综合财务分析方法。

杜邦财务分析体系以净资产收益率为主线，将企业某一时期的经营成果、资产周转情况、资产负债情况、成本费用结构以及资产营运状况全面联系在一起，层层分解、逐步深入，构成一个完整的分析体系。它能够较好地全面评价企业的经营状况及所有者权益回报水平，及时帮助管理者发现企业财务和经营管理中存在的问题，为改善企业经营管理提供有价值的信息。

(三)评价杜邦财务分析体系

资产净利率是影响净资产收益率的关键指标，把企业一定期间的净利润与企业的资产相比较，表明企业资产利用的综合效果。其本身也是一个综合性的指标，资产净利率同时受到销售净利率和资产周转率的影响。因此，要进一步从销售成果和资产运营两方面来分析：销售净利率高低的分析，需要从销售收入和销售成本两个方面进行。销售成本率还可进一步分解为毛利率和销售期间费用率。深层次的指标分解可以将销售利润率变动的原因定量地揭示出来，如售价、成本或费用的高低等，进而分析投入付出和产出回报的关系，为企业决策服务。当然还可以根据企业的一系列内部报表和资料进行更详尽的分析。要想提高销售净利率，一方面要扩大销售收入；另一方面要降低成本费用。

资产周转率是反映企业通过资产运营实现销售收入能力的指标。影响资产周转率的一个重要因素是资产总额，还需要对影响资产周转的各因素进行分析。除了对资产的各构成部分从占用量上是否合理进行分析外，还可以通过对流动资产周转率、存货周转率、应收账款周转率等有关资产组成部分使用效率的分析，判明影响资产周转的问题出在哪里。

权益乘数表示企业负债程度，受资产负债率影响。企业负债程度越高，负债比率越大，权益乘数越高，说明企业有较高的负债程度，给企业带来较多的杠杆利益，同时也给企业带来了较多的风险。

杜邦财务分析体系的作用是解释指标变动的原因和变动趋势，为采取措施指明方向。从杜邦分析图可以看出净资产收益率和企业销售规模、成本水平、资产营运、资本结构有着密切的联系，这些因素构成一个相互依存的系统，只有把这些系统内各因素的关系安排好、协调好，才能使权益净利率达到最大，才能实现股东财富最大化的理财目标。

根据 CX 公司 2012 年的资料与分析结果，可制作一张杜邦分析图，如图 8-2 所示。

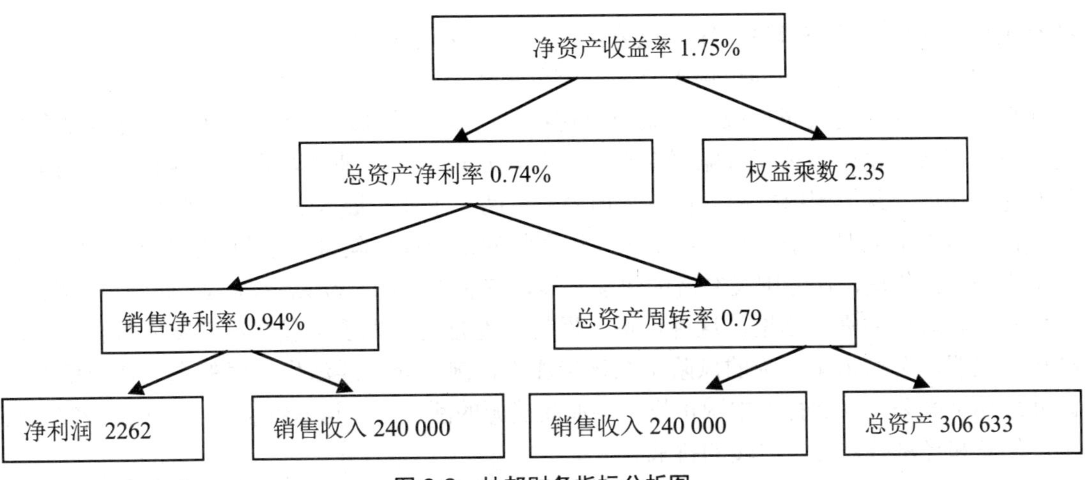

图 8-2 杜邦财务指标分析图

由以上 CX 公司杜邦分析图可得如下信息：

(1) 净资产收益率是一个综合性最强的财务比率。它是杜邦系统的核心，同时也是综合评价指标体系的核心。CX 公司 2012 年净资产收益率为 1.75%，财务管理的目标是使所有者财富最大化，净资产收益率反映所有者投入资金的获利能力，反映企业筹资、投资、资产运营等活动效率，提高净资产收益率是所有者财富最大化的基本特征。

(2) 总资产净利率也是一个重要的财务比率，综合性较强。它是销售净利率与总资产周转率的乘积。CX 公司 2012 年总资产净利率为 0.74%，要进一步从销售成果和资产运营两方面来分析。

(3) 销售净利率反映了企业利润总额与销售收入的关系。从这个意义上看提高销售净利率是提高企业盈利能力的关键所在。CX 公司 2012 年销售净利率为 0.94%，要提高企业销售净利率，一是要提高企业销售收入；二是降低成本费用。扩大销售具有重要意义，首先有利于提高销售利润率，同时它也是提高总资产周转率的必要前提，降低成本费用率是提高销售利润率的重要因素，利用杜邦分析图可以研究企业的成本费用结构是否合理，从而加强成本控制。

(4) 在资产运营方面，总资产周转率要联系销售收入分析企业资产使用是否合理，流动资产和非流动资产比率安排是否恰当。CX 公司 2012 年总资产周转率为 0.79，企业资产营运能力和流动性既关系到企业的获利能力又关系到企业的偿债能力。

(5) 权益乘数反映股东权益同企业总资产的关系，在总资产需要量既定的前提下，企业适当开展负债经营，相对减少股东权益所占份额，就可以使此财务比率提高。CX 公司 2012 年权益乘数为 2.35，企业既要合理使用全部资产，又要妥善安排资本结构，这样才能有效提高净资产收益率。

(四)杜邦财务分析的应用

1. 公司概况

GMB 股份有限公司是一个拥有 30 多年历史的大型玻璃生产基地。该公司颇有战略头脑，十分重视新产品和新工艺的开发，重视对老设备进行技术改造，引进国外先进技术，拥有国内一流的浮法玻璃生产线。该公司生产的浮法玻璃，汽车安全玻璃以及高档铅品质玻璃器皿在国内具有较高的市场占有率。该公司还十分重视战略重组，大力推行前向一体化和后向一体化，使公司形成了一条由原材料供应到产品制造再到产品销售一条龙的稳定的价值生产链。由于该公司战略经营意识超前，管理得法，使公司规模迅速扩展，销量和利润逐年递增，跃居国内排头兵位置。但由于近两年企业扩展太快，经营效率有所下降。

该公司为了把握未来，对公司未来几年面临的市场和风险进行了预测。预测结果表明，在未来的近几年里，伴随国民经济的快速发展，安居工程的启动以及汽车工业的迅猛崛起，市场对各种玻璃的需求剧增，这种市场发展势头为公司带来了千载难逢的发展机会。预测结果还表明，公司未来面临的风险也在逐步加大，国内介入浮法生产线的企业逐渐增多，国外玻璃生产公司意欲打入中国市场，重油和能源的涨价等，这些都会给公司的未来市场、生产经营和经济效益提出严峻的挑战。

2. 案例问题及资料

公司为了确保在未来市场逐渐扩展的同时，使经济效益稳步上升，维持行业排头兵的位置，拟对公司近两年的财务状况和经济效益情况，运用杜邦财务分析方法进行全面分析，以便找出公司在这方面取得的成绩和存在的问题，并针对问题提出改进措施，扬长避短，以利再战，实现公司的自我完善。

公司近三年的资产负债表和利润表资料如表 8-1，表 8-2 所示。

表 8-1　资产负债表

单位：千元

资　产				负债及所有者权益			
项　目	金　额			项　目	金　额		
	2010 年	2011 年	2012 年		2010 年	2011 年	2012 年
流动资产合计	398 400	1 529 200	1 745 300	流动负债合计	395 000	493 900	560 000
长期投资	14 200	68 600	20 900	长期负债合计	31 400	86 200	128 300
固定资产净值	313 200	332 300	473 400	负债总计	426 400	580 100	688 300
在建工程	21 510	31 600	129 500				
递延资产			6 900				
无形及其他资产		147 500	155 500	所有者权益合计	320 910	1 629 100	1 843 200
资产总计	747 310	2 209 200	2 531 500	负债及所有者权益合计	747 310	2 209 200	2 531 500

表 8-2　利润表

单位：千元

项　目	金　额		
	2010 年	2011 年	2012 年
一、营业收入	881 000	948 800	989 700
减：营业成本	316 400	391 000	420 500
营业税金及附加	95 300	99 600	89 000
二、管理费用	164 900	107 000	97 200
财务费用	13 400	3 600	18 500
销售费用	9 900	52 700	43 500
三、营业利润	281 100	294 900	321 000
加：投资收益			
营业外收入			
减：营业外支出			
四、利润总额	281 100	294 900	321 000
减：所得税	84 330	88 470	96 300
五、净利润	196 770	206 430	224 700

3. 案例分析要求

(1) 计算该公司上年和本年的净资产收益率，并确定本年较上年的总差异。

(2) 对净资产收益率的总差异进行总资产净利率和权益乘数的两因素分析，并确定各因素变动对总差异影响的份额。

(3) 对总资产净利率的总差异进行销售净利率和总资产周转率的两因素分析，确定各因素变动对总资产净利率的总差异影响的份额。

(4) 对两年销售净利率的变动总差异进行构成比率因素分析，找出各构成比率变动对总差异的影响份额。

(5) 运用上述分析的结果，归纳影响该公司净资产收益率变动的有利因素和不利因素，找出产生不利因素的主要问题和原因，并针对问题提出相应的改进意见，使这些改进建议付诸实施，能促使该公司的生产经营管理更加完善，竞争力更加提高。

4. 案例分析过程

(1) 计算该公司上年和本年的净资产收益率并确定本年较上年的总差异。

2011 年净资产收益率 $= 206430 / [(320910 + 1629100)/ 2]$

$= 206430 / 975005$

$= 21.17\%$

2012 年净资产收益率 $= 224700 / [(1629100 + 1843200)/ 2]$

$= 224700 / 1736150$

$= 12.94\%$

净资产收益率本年较上年总差异 $= 12.94\% - 21.17\%$

$=-8.23\%$

计算结果表明本年较上年净资产收益率下降了 8.23%。

(2) 对净资产收益率的总差异进行总资产净利率和权益两因素分析，并确定各因素变动对总差异影响的份额。

2011 年净资产收益率=2011 年总资产净利率 ×2011 年权益乘数

=206 430 / [(247 130+2209 200)/ 2] × [(747 310+2 209 200) / 2]/975 000

=(2 063 400 / 1 478 255) × (1 478 255 / 975 005)

=13.96% × 1.5162 = 21.17%

2012 年净资产收益率=2012 年总资产净利率 ×2011 年权益乘数

=224 700/[(2 209 200+2 531 500)/2]×[(2 209 200+2 531 500)/2]/1 736 150

=(224 700 / 2 370 350)× (2 370 350 / 1 736 150)

= 9.48% × 1.3653

= 12.94%

由于总资产净利率变动对净资产收益率的影响= (9.48%−13.96%)×1.5162

= −6.8%

由于权益乘数变动的净资产收益率的影响 = 9.48% × (1.3653 − 1.5162)= −1.43%

(3) 对总资产净利率的总差异进行销售净利率和总资产周转率的两因素分析，确定各因素变动对总资产净利率的总差异的影响份额。

2011 年总资产净利率= 2011 年销售净利率×2011 年总资产周转率

= (206 430 / 948 800)× (948 800 / 1 478 255)

= 21.75% ×0.6418

= 13.96%

2012 年总资产净利率= 2012 年销售净利率× 2012 年总资产周转率

= (224 700 / 989 700)× (989 700 / 2 370 350)

= 22.7038% × 0.4175

= 9.84%

总资产净利本年较上年总差异 = 9.48% − 13.96%= −4.48%

销售净利率变动对总差异的影响= (22.7038% − 21.7879%)× 0.6418

= 0.608%

总资产周转率变动对总差异的影响= 22.7038% × (0.4175 − 0.6418)= −5.09%

(4) 对两年销售净利率的变动总差异进行构成比率分析，找出各构成比率变动的对总差异的影响份额。

2012 年较上年销售净利率总差异 = 22.7038% − 21.757% = 0.947%

由于营业成本率的变动影响 = (39 100 / 948 800)− (420 500 / 989 700)

= 41.2099% − 42.4878%

= −1.2777%

由于营业费用率变动影响 = (52 700/ 948 800)− (43 500/ 989 700)

= 5.5544% − 4.3953%

= 1.1591%

由于营业税金及附加变动率影响= (99 600 / 948 800)− (89 000 / 989 700)
= 10.4975% − 8.9926%
= 1.5049%

由于管理费用率变动影响 = (107 000/948 800)− (97 200/989 700)
= 11.2774% − 9.8212%
= 1.4562%

由于财务费用率变动影响= (3 600/948 800)− (18 500/989 700)
= 0.3794% − 1.8693%
= −1.4899%

由于所得税率变动影响= (88 470/948 800)− (96 300/989 700)
= 9.3244% − 9.7302%
= −0.4058%

汇总差异= (−1.2777%)+1.1591%+1.5049%+1.4562%+(−1.4899%)+(−0.4058%)= 0.947%

(5) 通过上述分析可知，该公司的净资产收益率本年较上年减少了 8.23%，影响此总差异的直接原因主要有总资产净利率和权益乘数，计算结果表明，此两种因素从总体看均为不利因素，其中总资产净利率下降影响份额为 6.8%，权益乘数下降影响份额为 1.43%。对于权益乘数下降所引起的对净资产收益率影响，今后可考虑适当增加负债，利用财务杠杆来改善权益乘数，以提高净资产收益率。引起总资产净利率下降的主要原因是总资产周转率的延缓，对于这个不利因素，今后要通过强化企业管理，优化资源管理。缩短生产经营周期，以加强资金周转来解决。在总资产净利率下降这个不利因素中也有积极的一面，即销售净利率提高的积极影响被总资产周转率下降所产生的消极影响所掩盖。销售净利润的上升总体来看，是积极因素，引起其上升的有利因素主要有三个：营业费用率下降，营业税金率下降和管理费用下降。但是也应该注意，在销售上升的积极因素中，也包含了三个不利因素，即营业成本率、财务费用率和销售所得税金率的升高，只是这三个因素的升高对销售净利率的负影响被前三个有利因素的正影响所抵消。由于税金因素是客观因素，企业主要是适应，所以提高警惕销售净利率，企业主要应从其他四个方面挖掘潜力，具体建议是：继续巩固和扩展销售费用率和销售管理费用率的降低的成果，今后的工作重点应放在狠抓销售成本率的降低上。至于销售财务费用率的上升问题，应把它与利用财务杠杆引起的销售净利率的提高加以对比才能作出正确的判断。

三、完成工作任务评价

(一)完成财务指标体系进行综合分析工作任务

请根据工作任务要求，按照工作任务操作流程，结合完成工作任务所需要的技能导航，来完成项目一中岭南园林股份有限公司财务指标体系进行综合分析与评价任务。

(二)完成工作任务结果评价

按照要求和规程完成了项目一中岭南园林股份有限公司财务指标体系进行综合分析后，参照老师给出的评价标准，任务的完成者与老师共同来评价工作任务的完成情况。

评价标准：

(1) 是否以净资产收益率为核心展开分析；

(2) 是否将净资产收益率进行全面分解，详细分析评价各因素的影响；

(3) 能准确揭示企业整体财务状况。

(三)完成工作任务收获

按照要求和规程完成了工作任务后，结合老师对完成工作任务结果的评价，你认为自己完成此项工作任务有什么收获？请将你的收获写出来，与老师和同学们一起交流和分享。

【工作任务二　运用财务报表预测分析防范财务风险】

财务报表的趋势分析与预测分析包括了对资产负债表、利润表和现金流量表的趋势与预测分析。通过财务报表的趋势与预测分析，发现企业发展的趋势与规律，为作出正确财务决策、编制财务预算、进行财务控制提供资料和依据，也为评价企业价值奠定基础。财务分析在风险防范中的主要起预警和诊断作用。

一、制定财务报表预测分析防范财务风险流程

财务报表预测分析财务风险防范的步骤如下：

第一步：确定财务报表趋势分析与预测分析的内容；

第二步：收集整理资料，进行财务报表预测分析；

第三步：进行财务风险防范分析。

二、技能导航

(一)财务报表趋势分析与预测分析的内容

趋势分析是财务报表分析的基本方法，它是指通过观察企业连续数期的财务报表，在运用一定的方法比较各期有关项目金额的基础上，确定各项目的增减变动及发展趋势，并对各项目在未来可能出现的结果作出预测的一种分析方法。

预测分析是财务分析估价企业未来职能的延伸。它是根据企业过去一段时期财务活动所形成的历史资料，结合企业现在所处的外部环境和自身状况，考虑企业的发展趋势，由专门人员通过主观判断或定量分析，对企业未来的财务状况和经营成果作出判断、预计和估算的行为，其核心是对企业未来的发展前景进行较为精确的估算。

无论是发现企业发展趋势和规律的趋势分析，还是对企业生产经营活动的未来发展状况进行预计和测算的预测分析，都是对企业财务状况和经营成果进行的全面分析。具体来说，包括利润表的趋势与预测分析、资产负债表的趋势与预测分析、现金流量表的趋势与预测分析三方面的内容。

(1) 利润表是反映企业一定时期生产经营成果的会计报表，它揭示了企业收益的来源。利润表趋势与预测分析实质上是对企业收入、成本费用项目进行的趋势与预测分析。

(2) 资产负债表是反映企业特定时点财务状况的会计报表。资产负债表趋势与预测分析是对企业所拥有的资产、承担的债务、拥有的所有者权益在不同时点的增减变动及未来某一时点的发展状况进行的分析。

(3) 对企业经营活动、投资活动、筹资活动产生现金流量的趋势与预测分析是整个趋势与预测分析的核心和终点。

(二)财务报表趋势分析

1. 趋势分析的方法

在进行趋势分析时，可以直接将所分析的报表或项目连续几年的数据放在一起，编制一张趋势分析表，以观察表内各项目的变动趋势，判断其发展规律。同时，为准确判断企业财务状况和经营成果未来的发展情况，可以进一步计算报表中各项目变动的趋势百分比。此时常用的方法有两种：定比分析和环比分析。这两种方法也是进行趋势分析的主要方法。

(1) 定基分析，是指选定某一会计期间作为基期，然后将其余各期与基期进行比较，从而计算得到的趋势百分比。这些比值往往按照时间先后顺序列示在一张分析表中。定比分析就是通过观察表内的这些定比指标，确定所分析项目的变动趋势及发展规律的一种分析方法。

(2) 环比分析，是指将各项目的本期数与上期数相比较而得到的趋势百分比。这些比值同样按照时间先后顺序列示在一张分析表中。环比分析就是通过对环比指标的分析，确定和评价表内各项目变动情况及其趋势的分析方法。

2. 利润表趋势分析

对利润表进行趋势分析就是对企业连续几个会计年度或会计期间的收入、成本费用、损益的增减变动进行分析，以确定其增减变动的原因，并了解企业发展的趋势及规律，为预测企业未来的获利状况奠定基础。

3. 资产负债表趋势分析

对资产负债表进行趋势分析就是对企业所拥有的资产、负债和所有者权益的增减变动进行分析，观察其变化趋势，在了解其变动原因、评判企业财务状况的同时，初步预测各项目的未来状况。

4. 现金流量表趋势分析

对现金流量表进行趋势分析，计算现金流量项目的增减变动百分比，找出其变化的原因，可以评价企业现有的现金流动状况，并发现现金流入、流出的规律，以便对企业未来的现金流动进行合理估计。

(三)财务报表预测分析

1. 财务报表预测分析方法

财务报表预测的方法实质上是对利润表项目、资产负债表项目和现金流量表项目进行判断、预计和估算的方法，包括定量分析法和定性分析法两大类。这两类方法不是完全排斥的，而是相互补充。二者的有机结合，能够大大提高预测结果的准确性和可信性。

(1) 平滑指数法，又称指数平滑法，是根据上一时期的观测值和预测值，利用平滑指数预测本期预测值的一种预测方法，平滑指数的确定是其运用的关键。此方法主要用于对企业未来销售收入、成本费用发生额的预测。

(2) 销售百分比法，是根据财务报表上各项目与销售收入总额之间的比例关系，按照预期销售额的增长情况来预测有关项目未来金额的一种方法。销售额增减变动预测是否准确直接影响到最终预测结果的质量。此方法可用于预测资产负债表项目、利润表项目及对外筹集资金项目等。

销售百分比法在运用时，一般按照以下步骤进行：

① 根据搜集到的历史资料，分析判断财务报表中各项目与销售收入总额之间的关系。

② 根据以往历史资料，计算确定基期报表上与销售收入有关的项目与基期销售收入之间的比例关系。

③ 预测销售额。

④ 根据预测销售额及其与报表各项目之间的比例关系，对与销售额存在依存关系的项目进行预测。

⑤ 采用其他方法对报表上与销售收入不存在固定比例关系的其他项目进行预测。

⑥ 根据以上数据，编制预测资产负债表和利润表，并根据表中各项目的内在联系与平衡关系，确定企业资金的余缺量，即确定企业应对外筹集或投放的资金量。

(3) 线性回归分析法，是利用数理统计中最小平方的原理，通过确定一条能正确反映自变量与因变量之间误差平方和最小的直线即回归直线 $y= a+bx$，并根据自变量 x 的变动，预测因变量 y 变动趋势的一种方法。回归直线的确定尤其是其中 a、b 的确定是此方法运用的关键。

(4) 固定比例计算法，是利用某些相关指标之间存在的固定不变的比例关系来进行预测的一种方法。此方法较为简单。

此外，随着科学技术的发展、信息技术的进步，计算机在财务预测领域得到越来越广泛的应用。在使用计算机进行预测时，预测软件的选择十分关键。目前常用的财务预测软件有三类：电子表软件、交互式财务预测模型、综合数据库财务计划系统。

2. 利润表预测分析

利润表预测是整个财务预测的起点，也是财务预测的关键。编制预测利润表时，编制预测利润表时，需要根据销售额、销售成本、期间费用、税率等历史资料进行，运用的主要方法是销售百分比法。

预测的具体步骤如下：

(1) 准确的销售额预测是整个利润表预测的前提和基础。预测分析人员应首先运用相关销售资料对未来销售额进行预测；

(2) 分析确定利润表中各个项目与销售收入之间的关系；

(3) 运用销售百分比法对与销售收入呈正相关关系的项目进行预测；

(4) 运用相关资料分析确定利润表中与销售收入不存在正相关关系的项目的预测值；

(5) 编制预测利润表。

3. 资产负债表预测分析

资产负债表预测是对企业财务状况的未来发展趋势进行的预测。在实际预测过程中，需要业务预算、投资计划、筹资计划、预测利润表等资料，使用的主要预测方法是销售百分比法。预测的具体步骤如下：

(1) 分析确定资产负债表中各项目与销售收入之间的关系；

(2) 运用销售百分比法对与销售收入呈固定比例关系的项目进行预测；

(3) 根据预计的股利分配政策及收益状况，预测股东权益项目；

(4) 运用相关资料，分析确定其他与销售收入不呈固定比例关系的项目的预测值；

(5) 编制预测资产负债表。

4. 现金流量表预测分析

现金流量表预测是在利润表预测和资产负债表预测的基础上，未来现金流量增减变动情况进行的估计和测算。预测现金流量时需要的相关资料有：预测利润表、预测资产负债表、业务预算、筹资计划、投资计划、现金收支的历史数据等。预测所用方法是将财务会计中编制现金流量表的直接法与间接法结合起来。预测的具体步骤如下：

(1) 以预测净利润为基础，调整得到经营活动产生的现金流量；

(2) 根据企业的经营及投资计划，预测投资活动产生的现金流量；

(3) 根据企业的经营及筹资计划，预测筹资活动产生的现金流量；

(4) 编制预测现金流量表。

(四)财务分析与风险防范

1. 风险概述

风险，通常指在一定条件下和一定时期内可能发生的各种结果的变动程度，这里是指企业经营活动的不确定性影响财务成果的不确定性。从财务的角度而言，风险主要指无法达到预期报酬的可能性。

风险的根源在于未来的不确定性，因而企业经营离不开风险。财务学中，通常将这些风险分为两类：财务风险和经营风险。

财务风险，也称为筹资风险，是指由于负债筹资而引起的所有者收益和偿债能力的不确定性。企业只要存在负债筹资，就存在财务风险。经营风险，也称为商业风险，是指企业经营方面的原因给盈利带来的不确定性。这种风险是企业所固有的，任何企业都必须承受这种风险。

由于企业在经营过程中不可避免地伴随着上述两种风险，因而企业有必要采取措施分别加以防范，如改变资本结构降低财务风险，适当的多元化经营控制产品风险等。因为这些风险最终都必然在企业经营过程中通过财务数据反映出来，所以财务分析在风险防范中的作用就显得非常直接。

2. 财务分析在风险防范中的作用

财务分析在风险防范中的主要起预警和诊断作用。

(1) 预警作用。

企业因风险控制不当而导致经营陷入困境是一个不断发展的过程，其不良征兆会逐步显现出来。财务分析可以通过对企业财务报告及相关经营资料的分析，利用及时的财务数据和相应的数据化管理方式，将企业所面临的风险程度预先告之企业的经营者及其他利益相关者，从而达到风险预警的作用。一旦发现某种异常征兆就可着手应变，以避免或减少损失的发生。

(2) 诊断作用。

财务分析可以根据跟踪、监测的财务资料对比分析，对企业营运状况的恶化程度作出判断，找出企业经营中的弊端及其症结所在。然后对症下药更正企业营运中的偏差或过失，使企业运营回到正常的轨道上。此外，通过事前、事后的财务分析，企业可以详尽记录经营恶化的原因及处理过程，将纠正偏差或过失的经验、教训作为企业未来经营的前车之鉴，不断增强企业自身的免疫能力。

3. 财务风险分析

财务风险分析可通过以下两种方式来实现。

(1) 自有资金利润率的标准离差率分析。

企业在确定筹资计划时，可以通过计算期望自有资金利润率的标准差及标准离差率来衡量财务风险。分析步骤如下：

① 确定借入资金对自有资金的比例、预测经营状况可能出现的概率；

② 计算期望自有资金利润率；

③ 计算期望自有资金利润率的平方差和标准差；

④ 计算标准离差率，根据标准离差率判断财务风险程度。

期望自有资金利润率的计算公式：

$$\text{期望自有资金利润率}=\left[\text{期望的税息前资金利润率}+\frac{\text{借入资金}}{\text{自有资金}}\times\left(\text{期望资金利润率}-\text{借入资金利息率}\right)\right]\times\left(1-\text{所得税率}\right)$$

其中，期望的税息资金利润$=\sum$(各种可能情况的概率×该种情况下税息前利润率)

(2) 财务杠杆分析。

所谓财务杠杆，是指负债筹资对普通股每股盈余的影响程度，因此也可以反映负债筹资的风险程度。财务杠杆作用的大小通常用财务杠杆系数表示。一般而言，财务杠杆系数越大，企业的财务风险越大。财务杠杆系数计算公式为：

$$\text{财务杠杆系数}=\frac{\text{普通股每股收益的变动率}}{\text{税息前利润的变动率}}=\frac{\text{税息前利润}}{\text{税息前利润}-\text{利息支出}}$$

4. 经营风险分析

经营风险分析可通过以下两种方式来实现。

(1) 税息前利润的标准离差率分析。

经营风险的大小同样可以通过税息前利润的标准离差率来进行分析。其分析步骤相对财务风险分析更简单一些：首先需要预测经营状况可能出现的概率；其次计算期望税息前利润及其标准差；最后计算标准离差率，根据标准离差率判断经营风险的程度。

(2) 经营杠杆分析。

经营风险的大小可以用经营杠杆来衡量。所谓经营杠杆，是指在某一固定成本比重下，销售量变动对税息前利润产生的影响。经营杠杆的大小一般用经营杠杆系数来表示，其计算公式为

$$\text{经营杠杆系数}=\frac{\text{销售量}\times(\text{销售单价}-\text{单位变动成本})}{\text{销售量}\times(\text{销售单价}-\text{单位变动成本})-\text{固定成本}}=\frac{\text{贡献毛益}}{\text{税息前利润}}$$

(五)财务预警分析

财务预警分析是指通过对企业财务报表和相关资料的分析，及早发现企业发生财务危机的各种征兆，以避免发生投资损失的分析过程。财务预警分析可以分成定性分析和定量分析。本章主要介绍企业财务预警分析的定量分析方法。定量分析根据分析变量数量的不同又可以分为单变量模式和多变量模式两种类型。

1. 单变量模式

单变量模式可选用的财务比率主要有流动比率、速动比率、资产负债率、已获利息倍数等偿债能力指标，也可以选择净资产收益率、资金利润率等盈利能力指标。这里主要介绍了 Beaver 的模型，即 $\frac{\text{现金流量}}{\text{债务总额}}$。

2. 多变量模式

多变量模式的代表为 Altman 的“*Z* 值”模型和 Ohlson 的 Logit 模型。

“*Z* 值”模型是利用统计学的多元线性判别分析法建立起来的，其表达式为：

$$Z=1.2x_1+1.4x_2+3.3x_3+0.6x_4+1.0x_5$$

其中，x_1 代表营运资金/资产总额，反映资产的流动性；x_2 代表留存收益/资产总额，反映累积获利情况；x_3 代表税息前收益/资产总额，反映资产的使用效率；x_4 代表净资产市价/债务总额，反映偿债能力；x_5 代表销售总额/资产总额，反映资产的周转速度。

分析者只要将特定企业各年的财务指标代入公式中，即可计算出 *Z* 值的大小，进行财务预警分析。该模型的判断标准为：如果 *Z* 值小于 1.81，公司已经濒临破产；如果 *Z* 值大于 2.99，公司就足够安全；如果 *Z* 值在二者之间的灰色区域，则需要审慎考虑，但一般以 2.675 为界，在其下者发生财务危机的可能性较大，在其上者发生财务危机的可能性较小。

Ohlson 的 Logit 模型具体表达式为：

$$P = \frac{1}{1+e^{-y}}$$

式中，P 表示公司发生财务危机的概率，P 值越大，发生财务危机的可能性越大；e 是自然对数的底；y 是线性函数的因变量，其表达式为：

$$y = -1.32 - 0.407x_1 + 6.03x_2 - 1.43x_3 + 0.0757x_4 - 2.37x_5 - 1.83x_6 - 0.521x_7 + 0.285D_1 - 1.72D_2$$

其中，x_1 代表公司的规模，是用物价指数调整过的总资产价值的自然对数；x_2 代表总负债/总资产；x_3 代表营运资本/总资产；x_4 代表流动负债/流动资产；x_5 代表净利润/总资产；x_6 代表经营活动的营运资本流/总负债；经营活动的营运资本流是经营现金流量加上其他营运资本项目的变化；

$$D_1 = \begin{cases} 1，过去两年净利润小于0 \\ 0，过去两年净利润不小于0 \end{cases}$$

$$D_2 = \begin{cases} 1，总负债大于总资产 \\ 0，总负债不大于总资产 \end{cases}$$

Logit 模型在数学方法上要优于以多元线性判别分析为基础所建立的“Z 值”模型，判误率较低，因而是国外投资分析师常用的一种财务预警分析模型。

三、完成工作任务评价

(一)完成财务报表预测分析防范财务风险工作任务

请根据工作任务要求，按照工作任务操作流程，结合完成工作任务所需要的技能导航，来完成项目一中岭南园林股份有限公司的财务趋势分析与财务风险防范评价。

(二)完成工作任务结果评价

按照要求和规程完成了项目一中岭南园林股份有限公司财务报表预测分析财务风险防范分析后，参照老师给出的评价标准，任务的完成者与老师共同来评价工作任务的完成情况。

评价标准：

(1) 是否对利润表、资产负债表、现金流量表进行分析；

(2) 是否掌握运用具体的分析方法进行分析评价；

(3) 是否进行财务预警分析。

(三)完成工作任务收获

按照要求和规程完成了工作任务后，结合老师对完成工作任务结果的评价，你认为自己完成此项工作任务有什么收获？请将你的收获写出来，与老师和同学们一起交流和分享。

【工作任务三　进行企业价值评估】

企业价值评估是将一个企业作为一个有机整体，依据其拥有或占有的全部资产状况和整体获利能力，充分考虑影响企业获利能力的各种因素，结合企业所处的宏观经济环境及行业背景，对企业整体公允市场价值进行的综合性评估。

一、制定企业价值评估流程

企业价值评估的步骤如下：

第一步：确定企业价值评估的程序；

第二步：选择以现金流量为基础的价值评估方法；

第三步：对企业价值进行评估与评价。

二、技能导航

(一)以现金流量为基础的价值评估意义与方式

1. 以现金流量为基础的价值评估意义

一般财务理论认为，企业价值应该与企业未来资本收益的现值相等。企业未来资本收益可用股利、净利润、息税前利润和净现金流量等表示。利用净现金流量作为资本收益进行折现，被认为是较理想的价值评估方法。因为净现金流量与以会计为基础计算的股利及利润指标相比，更能全面、精确反映所有价值因素。

在两个公司各年度销售额和净利润都完全相等，且累计资本支出和应收款增加额也相同的情况下，其各年现金净流量及变动趋势却不同。因此，以现金净流量折现法评估的两个公司股东价值就可能不同。显然，以现金净流量为基础的评估方法更科学，它考虑了资本支出时间不同对资本收益的影响。

2. 以现金流量为基础的价值评估方式

以现金流量为基础的价值评估方式是现金流量贴现法，具体又分为两种：①仅对公司股东资本价值进行估价；②对公司全部资本价值进行估价。

如果将企业未来现金流量定义为企业所有者的现金流量，则现金流量的现值实际上反映的是企业股东价值。将企业股东价值加上企业债务价值，可得到企业价值。

如果将企业未来现金流量定义为企业所有资本提供者(包括所有者和债权者)的现金流量，则现金流量现值反映的是企业价值。从企业价值中减去债务价值才能得到企业股东价值。

(二)以现金流量为基础的价值评估方法

1．以现金流量为基础的价值评估程序

以现金流量折现为基础的价值评估的基本程序和公式是：

企业经营价值=明确预测期现金净流量现值+明确预测期后现金净流量现值

企业价值=企业经营价值+非经营投资价值

股东价值=企业价值-债务价值

2．有明确预测期现金净流量现值估算

(1) 确定预测期。

所谓有明确预测期是指预测期是有限的，而不是无限的。从预测的准确性、必要性角度考虑，通常预测期为5～10年。

(2) 预测经营现金净流量。

经营现金净流量的计算有两种基本方法。

第一种方法是：

现金净流量=息前税后利润-净投资

其中：息前税后利润=净利润+利息

净投资=总投资-折旧

式中的总投资是指企业新的资本投资总额，包括资本支出、流动资产及其他资产投资。折旧包括固定资产折旧和无形资产及递延资产摊销等。

第二种方法是：

现金净流量=毛现金流量-总投资

其中：毛现金流量=息前税后利润+折旧

(3) 确定折现率。

企业经营现金净流量的折现率的高低，主要取决于企业资本成本的水平。企业加权平均资本成本的计算公式是：

加权平均资本成本=平均股权资本成本构成×股权资本成本+平均负债资本构成×负债资本

进行加权平均资本成本估算，一要确定资本结构或资本成本加权权数；二要估算股权资本成本；三要估算负债资本成本。

确定进行价值评估的公司的目标资本结构，建议综合采用三种方法：第一，尽量估算以现实市场价值为基础的公司资本结构；第二，考虑可比公司的资本结构；第三，考虑管理层筹资方针及其对目标资本结构的影响。

(4) 估算现金净流量现值。

现金净流量现值＝未来收益期内各期收益的现值之和，即：

$$P=\sum_{i=1}^{t}\frac{Fi}{\left(1+r\right)^{i}}+\frac{Ft}{(1+r)^{t}}$$

其中：P代表评估值(折现值)；

R 代表所选取的折现率；T 代表收益年限(收益期)；Fi 代表未来第 i 个收益期的非等额预期收益额：Ft 代表期末可收回的资产价值。

应当注意，使用现金流量折现法的关键是保持现金流量与贴现率的匹配，用加权平均资本成本贴现股权现金流量会导致股权价值偏高；如果使用股本成本贴现公司现金流量，又会低估公司价值。

3．明确预测期后现金净流量现值估算

有明确预测期以后公司预期现金流量现值估算亦称连续价值估算。使用连续价值估算便不再需要详细预测延长期公司的现金流量。用现金流量折现法进行连续价值估算，可供选择的方法有长期明确预测法、现金净流量恒值增长公式法和价值驱动因素公式法。第一种方法不但麻烦，而且也无必要。通常选择后两种方法。

(1) 现金净流量恒值增长公式法的估算公式是：

$$\text{连续价值}=\frac{\text{明确预测后第一年现金流量正常水平}}{\text{加权平均资本成本}-\text{现金流量预期增长率恒值}}$$

(2) 价值驱动因素公式法的估算公式是：

$$\text{连续价值}=\frac{\begin{matrix}\text{明确预测后第一年}\\\text{息前税后利润正常水平}\end{matrix}\times\left(1-\dfrac{\text{息前税后利润预期增长率恒值}}{\text{新投资净额的预期回报率}}\right)}{\text{加权平均资本成本}-\text{息前税后利润预期增长率恒值}}$$

4．非经营投资价值和债务价值

企业价值是经营价值与非经营投资价值之和。非经营投资价值的确定，可通过非经营现金流量折现进行，也可不采用现金流量折现进行估价，而直接用非经营投资额代表非经营投资价值。

债务价值等于对债权人现金净流量的折现。因此，要评估债务价值，一要确定债权人的现金净流量；二要确定债权人的资本成本或折现率。应当注意，只有在价值评估当日尚未偿还的公司债务才需要估算价值，对于未来借款可以假设其净现值为零，因为这些借款得到的现金流入与未来偿付的现值完全相等。

【知识链接】

以经济利润为基础的价值评估

以经济利润为基础的价值评估认为，公司价值等于投资资本额加上相当于未来每年创造超额收益现值，即：

企业价值＝投资资本＋预计创造超额收益现值

而企业未来每年创造超额收益，实质上反映了企业未来的非正常收益或超额利润。在经济学中通常将这种非正常收益定义为经济利润或附加经济价值。

经济利润或附加经济价值＝息前税后利润－资本费用

或＝息前税后利润－(投资资本×加权平均的资本成本)

或＝投资资本×(投资资本回报率－加权平均资本成本)

以经济利润为基础的评估方法优于现金流量贴现法之处在于，经济利润可以了解公司在单一时期内所创造的价值。

经济利润等于息前税后利润减去资本费用，这里的资本费用是指全部资本成本，不仅仅是债务利息。当公司利润多于或少于加权平均的资本成本时，公司价值才多于或少于其投资成本。

以经济利润为基础的价值评估方法的关键在于经济利润预测。如果有明确预测期较长，预测经济利润可直接运用上述公式，逐年预测；如果考虑有明确预测期的经济利润和明确预测期以后经济利润预测两个阶段，则前者可逐年采用上述公式测算，后者可采用简化公式确定明确预测期后经济利润现值总额。确定方法为：

$$连续价值=\frac{明确预测后第一年经济利润正常水平}{加权平均资本成本-经济利润预期增长率恒值}$$

三、完成工作任务评价

(一)完成企业价值评估的工作任务

请根据工作任务要求，按照工作任务操作流程，结合完成工作任务所需要的技能导航，来完成项目一中岭南园林股份有限公司的企业价值评估。

(二)完成工作任务结果评价

按照要求和规程完成了项目一中岭南园林股份有限公司企业价值评价后，参照老师给出的评价标准，任务的完成者与老师共同来评价工作任务的完成情况。

评价标准：

(1) 是否根据企业实际情况选择合适方法进行企业价值评估；

(2) 采用以现金流量为基础的价值评估方法进行企业价值评估时，各项参数选择是否合理；

(3) 是否能对企业作出正确的价值评估。

(三)完成工作任务收获

按照要求和规程完成了工作任务后，结合老师对完成工作任务结果的评价，你认为自己完成此项工作任务有什么收获？请将你的收获写出来，与老师和同学们一起交流和分享。

小　　结

进行财务综合分析，是以各财务分析单项指标及其各指标要素为基础的，从整体上对企业的财务状况进行综合判断，从而满足企业利害关系各方的不同财务信息要求。

本项目介绍了杜邦财务分析综合体系，财务预测的基础知识，即财务预测的含义、作用和内容，财务预测的步骤和方法，阐述财务预测与财务分析，分析财务分析与风险防范的关系，介绍了以现金流量为基础的企业价值评估，使财务分析在财务综合评价中充分地发挥作用。

思考题

1. 财务综合分析的目的和意义何在？
2. 杜邦财务分析体系的优点和局限性表现在哪些方面？
3. 财务综合分析和财务综合评价有什么关系？
4. 怎样进行财务报表的趋势分析？
5. 企业价值评估的方法主要有哪些？

案例分析

北汽福田汽车杜邦分析法的运用

福田汽车的基本财务数据如下表：

表一

单位：万元

项目 / 年度	净利润	销售收入	资产总额	负债总额	全部成本
2011年	10 284.04	411 224.01	306 222.94	205 677.07	403 967.43
2012年	12 653.92	757 613.81	330 580.21	215 659.54	736 747.24

表二

年度 / 项目	2011年	2012年
净资产收益率	0.097	0.112
权益乘数	3.049	2.874
资产负债率	0.672	0.652
资产净利率	0.032	0.039
销售净利率	0.025	0.017
总资产周转率	1.34	2.29

思考：请运用杜邦分析法，对北汽福田汽车公司的财务状况进行综合分析。

附　录

苏州斯莱克精密设备股份有限公司财务报表分析

一、公司概况

(一)公司简要情况

斯莱克有限成立于2004年1月6日，注册资本为210万美元。2009年6月22日，经江苏省对外贸易经济合作厅《关于苏州斯莱克精密设备有限公司变更为股份有限公司的批复》(苏外经贸资〔2009〕477号)批准，2009年6月25日，公司领取了江苏省人民政府颁发的批准号为商外资苏府资字〔2003〕50316号《中华人民共和国台港澳侨投资企业批准证书》。公司于2009年7月28日换领了注册号为320500400018909号《企业法人营业执照》，注册资本4 600万元，法定代表人安旭，公司住所苏州市吴中区胥口镇石胥路621号。

(二)公司的主营业务

本公司主要从事高速易拉盖生产设备的研发、设计、生产、装配调试及相关精密模具、零备件的研发、加工制造，主要产品包括易拉盖高速生产成套设备、易拉盖生产设备系统改造、相关精密模具、零备件等。

(三)公司的主要财务数据

根据公证天业出具的苏公W〔2013〕A728号《审计报告》，公司报告期内的主要财务数据及指标如下所示。

1. 合并资产负债表主要数据

单位：元

项　目	2013-06-30	2012-12-31	2011-12-31	2010-12-31
流动资产	425 786 800.30	424 131 944.76	213 444 587.71	146 272 754.77
非流动资产	57 419 698.05	57 711 714.42	46 736 837.42	32 078 284.76
资产总额	483 206 498.35	481 843 659.18	260 181 425.13	178 351 039.53
流动负债	212 581 083.49	261 107 577.14	127 558 388.46	86 245 785.44
非流动负债	1 435 000.00	1 540 000.00	3 350 000.00	5 710 000.00
负债总额	214 016 083.49	262 647 577.14	130 908 388.46	91 955 785.44
归属于母公司股东权益合计	269 159 141.29	219 139 514.76	129 186 693.42	86 320 420.41
股东权益合计	269 190 414.86	219 196 082.04	129 273 036.67	86 395 254.09

2. 合并利润表主要数据

单位：元

项　目	2013年度1～6月	2012年度	2011年度	2010年度
营业收入	156 475 601.63	250 752 038.82	173 599 933.43	87 099 076.01
营业成本	82 709 708.54	124 204 006.51	83 585 718.17	34 860 533.90
营业利润	55 330 166.55	98 867 808.63	66 855 420.01	38 865 655.97

续表

项　目	2013 年度 1～6 月	2012 年度	2011 年度	2010 年度
利润总额	58 335 357.60	104 404 618.75	69 754 178.43	41 948 827.89
净利润	49 294 043.17	88 676 534.56	60 877 782.58	36 656 803.29
归属母公司所有者的净利润	49 319 336.88	88 706 310.53	60 866 273.01	36 667 640.20
扣除非经常性损益后归属于公司普通股股东的净利润	46 702 011.88	83 958 503.98	58 295 447.56	33 945 860.92

3. 合并现金流量表主要数据

单位：元

项　目	2013 年度 1～6 月	2012 年度	2011 年度	2010 年度
经营活动产生的现金流量净额	58 966 043.62	42 669 055.41	25 233 593.68	21 703 250.46
投资活动产生的现金流量净额	−1 249 710.79	−14 161 236.37	−21 717 916.62	−5 162 643.75
筹资活动产生的现金流量净额	−10 093 687.98	−17 241 526.71	−2 927 852.07	−7 510 127.94
现金及现金等价物净增加额	48 993 036.84	11 917 594.39	−77 191.56	9 117 445.06

4. 主要财务指标

主要财务指标	2013-06-30/ 2013 年度 1～6 月	2012-12-31/ 2012 年度	2011-12-31/ 2011 年度	2010-12-31 / 2010 年度
流动比率	2.00	1.62	1.67	1.70
速动比率	0.97	0.93	1.09	1.13
资产负债率(母公司)	44.96%	54.19%	49.57%	48.96%
应收账款周转率/(次/年，次/期)	5.54	13.05	10.69	9.43
存货周转率/次/(年，次/期)	0.41	0.97	1.35	0.81
息税折旧摊销前利润/万元	6 035.33	10 917.97	7 333.00	4 436.29
归属于公司股东的净利润/万元	4 931.93	8 870.63	6 086.63	3 666.76
归属于公司股东扣除非经常性损益后的净利润/万元	4 670.20	8 395.85	5 829.54	3 394.59
利息保障倍数/倍	1 582.42	85.81	71.09	81.10
每股经营活动产生的现金流量/(元/股)	1.28	0.93	0.55	0.47

续表

主要财务指标	2013-06-30/2013年度1～6月	2012-12-31/2012年度	2011-12-31/2011年度	2010-12-31 /2010年度
每股净现金流量/(元/股)	1.07	0.26	-0.00	0.20
归属于公司股东的每股净资产/(元/股)	5.85	4.76	2.81	1.88
无形资产(扣除土地使用权、水面养殖权和采矿权等后)占净资产的比例/%	0.03	0.05	0.00	0.00
净资产收益率(加权平均，%)	20.20	50.93	56.49	53.93
基本每股收益/(元/股)	1.07	1.93	1.32	0.80

二、财务状况分析

(一)资产分析

1. 资产结构分析

报告期内公司的资产结构如下表所示。

单位：万元，%

项 目	2013-06-30		2012-12-31		2011-12-31		2010-12-31	
	金 额	占 比	金 额	占 比	金 额	占 比	金 额	占 比
货币资金	11 348.26	23.49	8 219.28	17.06	6 370.18	24.48	5 374.59	30.13
交易性金融资产	—	—	—	—	—	—	—	—
应收票据	397.25	0.82	4 295.50	8.91	746.20	2.87	150.00	0.84
应收账款	3 845.89	7.96	1 359.82	2.82	2 245.60	8.63	808.87	4.54
预付款项	4 860.33	10.06	10 275.48	21.33	4 489.53	17.26	3 327.17	18.66
其他应收款	77.46	0.16	33.92	0.07	29.51	0.11	56.44	0.32
存货	22 049.48	45.63	18 229.20	37.83	7 463.44	28.69	4 910.20	27.53
其他流动资产	—	—	—	—	—	—	—	—
流动资产合计	**42 578.68**	**88.12**	**42 413.19**	**88.02**	**21 344.46**	**82.04**	**14 627.28**	**82.01**
固定资产	3 030.50	6.27	3 152.17	6.54	2 472.58	9.50	1 867.36	10.47
在建工程	1 805.89	3.74	1 737.90	3.61	1 336.98	5.14	—	—
无形资产	830.74	1.72	840.82	1.75	848.78	3.26	866.68	4.86
递延所得税资产	74.84	0.15	40.28	0.08	15.34	0.06	473.79	2.66
非流动资产合计	**5 741.97**	**11.88**	**5 771.17**	**11.98**	**4 673.68**	**17.96**	**3 207.83**	**17.99**
资 产 总 计	**48 320.65**	**100.00**	**48 184.37**	**100.00**	**26 018.14**	**100.00**	**17 835.10**	**100.00**

报告期内，资产总额随公司主营业务的扩张而快速增长。本公司2010年年末、2011年

年末、2012 年年末、2013 年 6 月末，资产总额分别为 17 835.10 万元、26 018.14 万元、48 184.37 万元、48 320.65 万元。2011 年年末、2012 年年末、2013 年 6 月末资产规模分别较上期期末增长 45.88%、85.20%、0.28%。具体情况如下图所示。

单位：万元

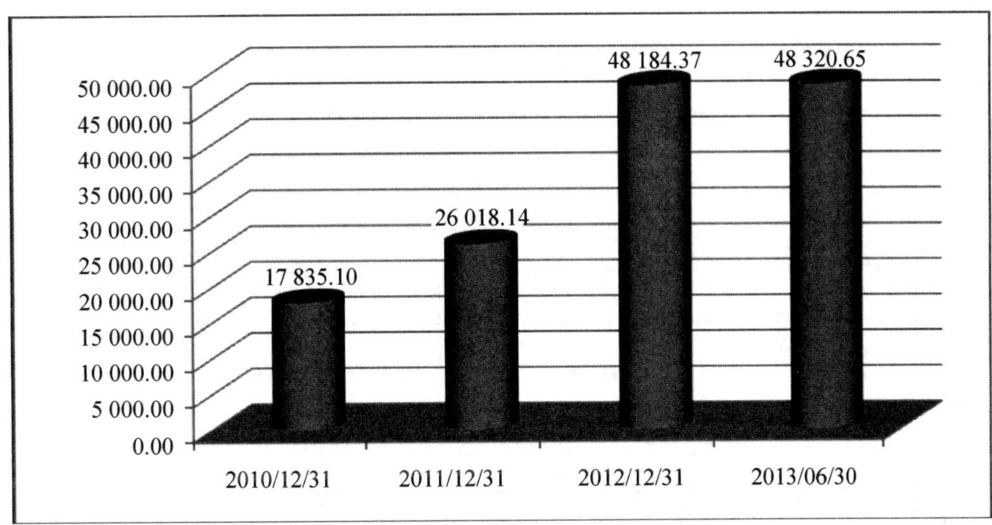

公司的流动资产主要包括货币资金、应收账款、预付款项和存货等；非流动资产主要包括固定资产、无形资产等。公司的资产结构基本与公司发展状况相匹配，三年的流动资产占总资产的比例都在 80%以上，公司资产流动性较强。

2. 公司资产减值准备提取情况

报告期内，公司资产减值准备计提的具体情况如下表所示。

单位：万元

项　目	2013-06-30	2012-12-31	2011-12-31	2010-12-31
坏账准备	216.08	−2.31	50.20	26.28
存货跌价准备	9.12	34.84	0.00	0.00
合计	225.20	32.53	50.20	26.28

本公司制定了具体可行的资产减值准备计提政策，并按照资产减值准备政策的规定以及各项资产的实际情况，足额地计提了各项资产减值准备。

报告期内，本公司根据期末应收账款余额和期末其他应收款余额按照账龄分析法计提坏账准备，本公司的存货、固定资产、在建工程、无形资产、长期投资等都不存在资产减值情况，未计提减值准备。本公司的资产减值准备计提政策稳健，能够保障公司的资本安全和持续经营能力。

(二)负债分析

报告期内负债结构如下表所示。

单位：万元，%

项　目	2013-06-30		2012-12-31		2011-12-31		2010-12-31	
	金　额	占　比	金　额	占　比	金　额	占　比	金　额	占　比
短期借款	—	—	1 005.68	3.83	2 606.73	19.91	1 000.00	10.87
应付账款	1 172.46	5.48	1 671.82	6.37	1 112.85	8.50	1 027.98	11.18
预收款项	18 321.66	85.61	21 557.59	82.08	8 826.44	67.42	5 908.20	64.25
应付职工薪酬	513.78	2.40	621.93	2.37	319.92	2.44	213.02	2.32
应缴税费	1 250.21	5.84	1 252.04	4.77	-110.13	-0.84	474.9	5.16
应付股利	—	—	—	—	—	—	—	—
其他应付款	—	—	1.70	0.01%	0.03	0.00	0.48	0.01
流动负债合计	**21 258.11**	**99.33**	**26 110.76**	**99.41**	**12 755.84**	**97.44**	**8 624.58**	**93.79**
专项应付款	—	—	—	—	—	—	—	—
其他非流动负债	143.50	0.67	154.00	0.59	335.00	2.56	571.00	6.21
非流动负债合计	**143.50**	**0.67**	**154.00**	**0.59**	**335.00**	**2.56**	**571.00**	**6.21**
负债合计	**21 401.61**	**100.00**	**26 264.76**	**100.00**	**13 090.84**	**100.00**	**9 195.58**	**100.00**

截至 2013 年 6 月 30 日，本公司的负债总额为 21 401.61 万元，其中流动负债 21 258.11 万元，主要包括应付账款、预收款项、应付职工薪酬等；非流动负债 143.50 万元，全为其他非流动负债，均为科技创新与成果转化专项资金资本性补助 143.50 万元。

(三)偿债能力分析

1. 本公司偿债能力分析

报告期内，公司的流动比率、速动比率、资产负债率、息税折旧摊销前利润及利息保障倍数有关数据如下表所示。

主要财务指标	2013-06-30/2013 年 1～6 月	2012-12-31/ 2012 年度	2011-12-31/ 2011 年度	2010-12-31 / 2010 年度
流动比率	2.00	1.62	1.67	1.70
速动比率	0.97	0.93	1.09	1.13
母公司资产负债率/%	44.96	54.19	49.57	48.96
息税折旧摊销前利润/万元	6 035.33	10 917.97	7 333.00	4 436.29
利息保障倍数/倍	1 582.42	85.81	71.09	81.10

报告期内，公司流动比率略低，速动比率处于正常水平，主要原因为：虽然公司资产总额中流动资产占 80%以上，流动资产较多，但同时由于公司业务的特点和收入确认的方式，报表中公司向客户所收取的预收款项很大，导致流动负债很高。由于预收款项属于公司可以支配且预期能转化为收入的资金，因此实际上公司的短期偿债能力较强。

2010 年年末、2011 年年末、2012 年年末、2013 年 6 月末母公司资产负债率分别为48.96%、49.57%、54.19%和 44.96%。公司的资产负债率比较合理，长期偿债能力较强。

报告期内，公司息税折旧摊销前利润及利息保障倍数均很高，可以足额偿还借款利息。主要由于公司自设立以来银行借款规模都较小，故利息支出也较低。

报告期内公司每年都有正的经营活动现金流量，可以保证公司按期足额偿还利息。同时，本公司在开户的主要银行中信誉度较高，可以根据经营需要增减银行贷款额。此外，公司不存在对正常生产经营活动有重大影响的、需特别披露的或有负债，也不存在表外融资的情况。综合上述考虑，公司负债水平合理，资产流动性较强，且经营性现金流量较好，银行资信状况良好，具有较强的偿债能力。

2. 偿债能力的相近行业比较

目前中国包装机械行业的上市公司有广州达意隆包装机械股份有限公司，其主要产品为灌装生产线(包括全自动高速 PET 瓶灌装生产线、PET/PC 桶装水灌装生产线等)、全自动高速 PET 瓶吹瓶机、二次包装设备等。本公司的主要产品是高速易拉盖生产设备，两者主营业务差别较大。两者偿债能力方面的财务指标比较如下表所示。

主要财务指标		本公司	达意隆
流动比率	2013 年 6 月末	2.00	1.25
	2012 年年末	1.62	1.34
	2011 年年末	1.67	1.45
	2010 年年末	1.70	1.63
速动比率	2013 年 6 月末	0.97	0.68
	2012 年年末	0.93	0.77
	2011 年年末	1.09	0.85
	2010 年年末	1.13	0.98
母公司资产负债率/%	2013 年 6 月末	44.96	54.82
	2012 年年末	54.19	50.99
	2011 年年末	49.57	44.48
	2010 年年末	48.96	42.37

从上表可以看出，公司的各项偿债能力指标整体优于达意隆。

(四)资产周转能力分析

本公司资产周转方面财务指标如下所述。

主要财务指标	2013 年 1～6 月	2012 年度	2011 年度	2010 年度
应收账款周转率/(次/年，次/期)	5.54	13.05	10.69	9.43
存货周转率/(次/年，次/期)	0.41	0.97	1.35	0.81
流动资产周转率/(次/年，次/期)	0.37	0.79	0.97	0.73
总资产周转率/(次/年，次/期)	0.32	0.68	0.79	0.58

1. 应收账款周转能力分析

2010 年度、2011 年度、2012 年度、2013 年 1～6 月应收账款周转率分别为 9.43 次/年、10.69 次/年、13.05 次/年、5.54 次/期。报告期内，公司应收账款周转速度较快，且整体呈现上升的趋势，主要原因系报告期内营业收入增长较快，但是应收账款增长却较慢。客户在提货前，一般需支付合同总价款的 70%～90%，安装调试完成后，款项基本支付完毕，因此项目确认收入后应收账款较小，应收账款的周转速度较快。

2. 存货周转能力分析

2010 年度、2011 年度、2012 年度和 2013 年 1～6 月，本公司的存货周转率分别为 0.81 次/年、1.35 次/年、0.97 次/年、0.41 次/期，总体来说存货周转速度较慢，这主要是因为本公司主要产品属于大型机械设备，生产周期较长。

本公司产品大部分为易拉盖生产设备行业的高端产品，附加值较高，属于非标准定制化产品，需要根据客户的特定要求进行设计和生产，无法采取自动化生产线的生产模式。这使得本公司产品的生产周期相对较长，一般为 6～11 个月，再加上安装调试时间，与较慢的存货周转速度相对应。

公司的主要产品分为三大类：易拉盖高速生产设备、易拉盖高速生产设备系统改造、易拉盖生产设备零备件及其他。一类产品的生产周期较长(一般为 6～11 个月左右)，单价较高，数量较少；三类产品的生产周期较短(一般为 2～10 周)，单价较低，数量很大；二类产品的单价、数量均介于一类、三类之间，生产周期与一类相近。

3. 资产周转能力的相近行业比较分析

主要财务指标		本公司	达意隆
应收账款周转率	2013 年 1～6 月	5.54	1.28
	2012 年度	13.05	2.74
	2011 年度	10.69	3.14
	2010 年度	9.43	3.03

续表

主要财务指标		本公司	达意隆
存货周转率	2013 年 1～6 月	0.41	0.78
	2012 年度	0.97	1.63
	2011 年度	1.35	1.78
	2010 年度	0.81	2.19

从上表可以看出，报告期内，公司的应收账款周转率远高于达意隆，存货周转率整体来说低于达意隆。

(五)资产主要科目分析

1. 货币资金

2010 年年末、2011 年年末、2012 年年末、2013 年 6 月末，公司货币资金分别为 5 374.59 万元、6 370.18 万元、8 219.28 万元和 11 348.26 万元，占总资产的比例分别为 30.13%、24.48%、17.06%和 23.49%。报告期各期末货币资金余额均比上年有所增长，与公司业务规模增长相适应。

2013 年 6 月末货币资金中有 238.92 万元为使用受限的保证金存款，其中包括 37.12 万元信用保证金存款及 201.80 万元的诉讼保证金存款。

2. 交易性金融资产

公司报告期内不存在持有交易性金融资产的情况。公司未来也未有从事证券投资、委托理财或进行以股票、利率、汇率和商品为基础的期货、期权、权证等衍生产品的投资计划。

3. 存货

报告期内，存货明细如下所示。

单位：万元

项　目	2013-06-30	2012-12-31	2011-12-31	2010-12-31
原材料	3 290.63	999.18	680.93	694.16
在产品	7 794.35	9 042.04	2 837.89	940.37
发出商品	10 964.50	8 187.98	3 944.62	3 275.68
合计	22 049.48	18 229.20	7 463.44	4 910.20

2010—2013 年 6 月末，公司存货分别为 4 910.20 万元、7 463.44 万元、18 229.20 万元和 22 049.48 万元，占总资产的比例分别为 27.53%、28.69%、37.83%和 45.63%。

公司的原材料存货中零备件金额很小。原材料中冲床由于在销售合同中即已明确，因此大多在项目启动后进行采购，原材料中的冲床主要是作为储备的一些二手冲床和少量新冲床。2010 年年末—2013 年 6 月末，原材料分别为 694.16 万元、680.93 万元、999.18 万元和 3 290.63 万元，2013 年 6 月末相比 2012 年年末增长较大主要由于公司 2012 年采购的新冲床大部分均已到货，且尚未投入生产的冲床较多，因此原材料增长较大。

由于公司主要产品易拉盖生产设备的生产周期较长，在产品占存货的比例相对较高。2011 年年末在产品较上期末有较大幅度的增长，是由于公司业务快速增长所致，2013 年 6 月末在产品较上年年末略有降低。随着公司业务规模的不断增长，发出商品的金额整体呈现快速增长的趋势，近几年发出商品金额较大与公司业务规模的扩大相匹配。报告期内公司的产品销售情况良好，未发生已发出商品退货的情形，2011 年年末发出商品在 2012 年均已确认收入。

报告期末，存货质量良好。报告期末存货的账龄情况如下表所示。

单位：万元

账龄	1 年以内	1～2 年	2～3 年	3 年以上	合　计
原材料	2 881.02	296.11	60.83	96.63	3 334.59
在产品	7 582.11	212.24	—	—	7 794.35
发出商品	9 538.30	1 426.20	—	—	10 964.50
合计	20 001.43	1 934.55	60.83	96.63	22 093.44

上述存货中，账龄 1 年以上的原材料主要为储备的旧冲床 351.27 万元，其他主要是项目发货后剩余的少量备用零备件，这部分零备件多数在合适时候可以用于生产设备或加工后出售，对于账龄较长且暂不能确认未来有合适用途的部分零备件，计提了存货跌价准备合计 43.96 万元。公司账龄 1 年以上的在产品主要是一些尚未完成项目的备用零备件。账龄 1 年以上的发出商品系 SHKT 项目，因客户自身不具备生产调试条件，尚未进行验收。

4. 应收票据

报告期内，应收票据明细如下表所示。

单位：万元

项　目	2013-06-30	2012-12-31	2011-12-31	2010-12-31
银行承兑汇票	397.25	4 295.50	746.20	150.00
合计	397.25	4 295.50	746.20	150.00

随着公司业务的增长，采用银行承兑汇票的客户也在增长。由于是银行承兑汇票，不能承兑的风险很小。

5. 应收账款

公司高速易拉盖生产设备和易拉盖生产设备系统改造业务的结算方式通常为：签订合同后，公司在收到客户预付款(一般占合同额 10%～30%)后，开始启动设计生产工作；发货前，按合同要求客户再支付一部分价款，达到合同总价款的 70%～90%；除少部分项目会在合同中约定 10%左右款项作为质保金待验收完成一年后支付外，大部分项目的剩余款项在设备完成安装调试后支付完毕。对于易拉盖生产设备零备件业务，除少部分新客户会在发货前收取 50%左右的预收款外，一般在发货后 1～3 个月内收回全部货款。

(1) 按账龄分析。

应收账款主要采用账龄分析法计提坏账准备，具体政策为：账龄在 1 年以内，计提比例为 5%；账龄在 1～2 年，计提比例为 10%；账龄在 2～3 年，计提比例为 50%；账龄在 3 年以上，计提比例为 100%。2010 年年末、2011 年年末、2012 年年末、2013 年 6 月末按照账龄分析法计提坏账准备情况如下表所示。

单位：万元

账 龄	2013-06-30			
	账面原值	比例/%	坏账准备	账面净值
1 年以内	3 830.57	92.23	191.53	3 639.04
1～2 年	113.69	2.74	11.37	102.32
2～3 年	209.06	5.03	104.53	104.53
3 年以上	0.00	0.00	0.00	0.00
合 计	**4 153.32**	**100.00**	**307.43**	**3 845.89**
账 龄	2012-12-31			
	账面原值	比例/%	坏账准备	账面净值
1 年以内	1 054.21	72.59	52.71	1 001.50
1～2 年	398.13	27.41	39.81	358.32
2～3 年	0.00	0.00	0.00	0.00
3 年以上	0.00	0.00	0.00	0.00
合 计	**1 452.34**	**100.00**	**92.52**	**1 359.82**
账 龄	2011-12-31			
	账面原值	比例/%	坏账准备	账面净值
1 年以内	2 341.56	98.86	117.08	2 224.48
1～2 年	19.12	0.81	1.91	17.21
2～3 年	7.82	0.33	3.91	3.91
3 年以上	0.00	0.00	0.00	0.00
合 计	2 368.50	100.00	122.90	2 245.60
账 龄	2010-12-31			
	账面原值	比例/%	坏账准备	账面净值
1 年以内	805.04	91.52	40.25	764.78
1～2 年	23.01	2.62	2.30	20.71
2～3 年	46.75	5.32	23.38	23.38
3 年以上	4.76	0.54	4.76	0.00
合 计	879.56	100	70.69	808.87

报告期内，应收账款主要以短期为主，2010 年年末和 2011 年年末，账龄在 1 年以内的应收账款所占比例分别为 91.52%和 98.86%，发生坏账损失的风险较小。2012 年年末账龄为 1～2 年的应收账款所占比例为 27.41%，2013 年 6 月末账龄 1 年以上的应收账款所占比例为 7.77%，主要是部分客户资金周转因素或部分项目质量保证金收回不及时所致，这部分款项

在 2013 年收回的可能性较大。

(2) 按信用风险特征分析。

本公司对应收款项单项金额重大的标准确定在 100 万元以上。对单项金额重大的应收款项(包括应收账款和其他应收款)进行单独减值测试，根据其预计未来现金流量现值低于其账面价值的差额，计提坏账准备。经减值测试后，预计未来现金流量净值不低于其账面价值的，则按账龄分析法计提坏账准备。

对单项金额重大(100 万元以上)的应收账款，本公司单独进行了减值测试，因无客观证据表明其可能发生减值会大于按账龄分析法计提的坏账准备，因此仍按账龄分析法对其计提了坏账准备。

单项金额不重大但预计无法收回，因此计提全额坏账准备，2012 年年末和 2013 年 6 月末具体如下表所示。

项　目	2013-06-30			2012-12-31		
	账面金额	坏账准备	计提比例	账面金额	坏账准备	计提比例
TECNOENDS S.A.	229 581.36	229 581.36	100.00	229 581.36	229 581.36	100.00
合计	229 581.36	229 581.36	100.00	229 581.36	229 581.36	100.00

(3) 按客户分析。

2013 年 6 月 30 日应收账款前五名欠款单位情况如下表所示。

名　称	金额/万元	账　龄	占应收账款总额比例/%
山东美多包装股份有限公司	756.70	1 年以内	18.12
山东龙口博瑞特金属容器有限公司	461.79	1 年以内	11.06
DONGWON SYSTEMS CORP(韩国)	460.06	1 年以内	11.02
中粮包装(镇江)制盖有限公司	441.82	1 年以内	10.58
汕头市英联易拉盖有限公司	423.89	1 年以内	10.15
合计	2 544.26		60.92
合计	906.45		62.42

前五名欠款单位信誉良好，应收账款发生坏账的可能性很低。

(4) 币种分析。

2010 年年末、2011 年年末、2012 年年末和 2013 年 6 月末，公司分别有 59.94 万美元、84.94 万美元、117.99 万美元和 193.04 万美元的外币应收账款，2011 年年末、2012 年年末及 2013 年 6 月末还分别有 15.90 万欧元、15.92 万欧元和 16.23 万欧元的外币应收账款。外币应收账款折合人民币后分别占当期应收账款余额的比例分别为 45.13%、28.08%、59.24%和 31.69%。公司一部分合同就汇率风险跟客户进行了约定，双方各承担一部分汇率风险；大部分合同未就汇率风险与客户约定，主要原因是：本行业的主要竞争对手都在美国，他们不存在应收账款的汇率风险，斯莱克出于市场竞争的需要，与客户之间也遵行了行业的通行做法，未与客户约定汇率风险的承担，故大部分应收账款的汇率风险由斯莱克承担。公司有较大的预收款项，和应收账款的汇率风险相抵销。

(5) 变动原因分析。

报告期内，公司应收账款净额与总资产、销售收入的比例如下表所示。

收账款净额/万元	3 845.89	1 359.82	2 245.60	808.87
占总资产的比例/%	7.96	2.82	8.63	4.54
占销售收入的比例/%	24.58	5.42	12.94	9.29

公司报告期内应收账款占销售收入的比例较小，主要原因是：①客户在提货前，一般需支付合同总价款的 70%～90%，安装调试完成后，款项基本支付完毕，因此项目确认收入后应收账款较小，所占销售收入比例也较小。②本公司在客户信用评估及应收账款催收方面有着严格而有效的管理制度；同时，由于本公司和客户之间是长期合作的关系，客户购买公司设备后更换别的厂家维护以及生产模具易损件的成本较高，公司产品质量的不断提升也进一步降低了客户因产品质量问题而终止与公司业务往来的可能性，因此，应收账款的回收情况良好。

2010 年年末本公司应收账款净额较上期末减少 10.88%，主要原因是 2010 年确认销售收入的大单项目集中在上半年，到年底该部分大单项目的应收账款大多已收回。

2011 年年末较 2010 年年末应收账款净额增加 177.62%，一方面是由于 2011 年营业收入较 2010 年增长 99.31%；另一方面由于 2011 年下半年确认收入远大于上半年，因此部分下半年确认收入项目收款的滞后导致应收账款增加较多。

2012 年年末较 2011 年年末应收账款净额减少 39.45%，主要是 2012 年确认收入的主要客户多数存在大额预收款同时收回了大量去年确认收入项目的应收账款。

2013 年 6 月末较 2012 年年末应收账款净额增加 182.82%，主要是 2013 年 1～6 月确认收入的主要客户预收款项较少，同时确认收入时间主要集中在二季度，项目收款的滞后导致应收账款增加较多。

公司在招投标时遇到的金额偏大的项目，考虑到客户的资信能力及竞争对手的因素，会放宽收款比例和期限，来争取客户。其他项目应收账款一般为剩余的 10%项目尾款，一般一年内会收回。

整体来说，报告期内公司的货款回收情况良好，应收账款占用公司的营运资金较少。

6. 预付款项

本公司的预付款项主要是冲床等设备、外购辅助设备及零备件的预付款。冲床中二手冲床采取预付款项的方式很少，而新冲床的采购从订单确认到货物到达公司仓库一般需要 7～10 个月，付款方式通常为发出订单后 90 天内支付 70%左右价款，货物装船发运前支付剩余尾款，因此随着公司业务规模扩大，生产中使用新冲床不断增多，预付款项的增加较大。

预付款项账龄情况如下表所示。

账　龄	2013-06-30		2012-12-31		2011-12-31		2010-12-31	
	金额/万元	比例/%	金额/万元	比例/%	金额/万元	比例/%	金额/万元	比例/%
1年以内	3 964.02	81.56	10 181.50	99.08	4 462.46	99.40	3 108.77	93.44
1～2年	886.45	18.24	76.83	0.75	27.07	0.60	169.62	5.10
2～3年	9.87	0.20	17.14	0.17	0.00	0.00	48.79	1.47
3年以上	0.00	0.00	0.00	0.00	0.00	0.00	—	0.00
合　计	**4 860.33**	**100.00**	**10 275.47**	**100.00**	**4 489.53**	**100.00**	**3 327.17**	**100.00**

2013 年 6 月末一年以上的预付款项主要为预付 THAI CHAROEN PANICH RUNGRUANG IMPORT EXPORT CO.,LTD 的罐线设备采购款，供货周期较长。报告期内其余各年年末账龄一年以上的预付款项主要为零星结算尾款。由于预付款项对方和公司业务往来正常，未计提坏账准备。

2013 年 6 月末预付款项减少较多，主要是因为采购的新冲床绝大部分均已到货，而 2013 年 1～6 月没有新增新冲床采购订单所致。报告期内其余各年末预付款项逐年增加，主要是因为随着公司业务规模的增长，新冲床采购增加所致。2010 年起公司的业务量迅速增大，预订新冲床数量大增。2011 年及 2012 年为了应对业务规模的增长，公司新冲床采购增长很快，导致预付款项继续增长。

7. 其他应收款

报告期内，其他应收款的情况如下表所示。

项　目	2013-06-30	2012-12-31	2011-12-31	2010-12-31
其他应收款总额/万元	85.43	40.71	31.19	88.51
其他应收款净额/万元	77.46	33.92	29.51	56.44

2010 年年末其他应收款主要分为以下几类。

(1) 员工借支类，共计 13 人，合计 24 096.85 元，为员工日常工作暂支款；

(2) 押金类，共 2 户，合计 570 259.97 元，其中吴中区海关保证金 569 059.97 元，公司间往来押金 1 200.00 元；

(3) 预计可能产生坏账的预付款转入，1 户，290 453.67 元(USD43 857.29)，为预付 Alfons Haar 公司款项，与上年差额为汇率调整。由于 2010 年度该公司提起诉讼，考虑到谨慎原则，本年度已全额计提坏账准备。

2011 年年末其他应收款主要分为以下几类。

(1) 员工借支类，共计 28 人，合计 310 561.69 元，为员工日常工作暂支款；

(2) 剩余为公司间往来押金，共 2 户，合计 1300 元。

2012 年年末其他应收款主要分为以下几类：

(1) 员工借支类，共计 26 人，合计 358 501.82 元，为员工日常工作暂支款；

(2) 从预付款项转入的其他应收款 47 260.36 元，由于该部分预付款账龄时间较长，全额计提了坏账准备。

2013 年 6 月末其他应收款主要分为以下几类。

(1) 员工借支类，共计 26 人，合计 613 006.17 元，为员工日常工作暂支款；

(2) 苏州市中级人民法院财产保全费 183 520.00 元；苏州海关驻吴县办事处保证金 9 227.85 元；

(3) 从预付款项转入的其他应收款 47 260.36 元，由于该部分预付款账龄时间较长，全额计提了坏账准备。

8. 固定资产

公司的固定资产主要为房屋及建筑物、机器设备、运输工具、电子设备等，具体情况如下表所示。

单位：万元

项　目	2013-06-30	2012-12-31	2011-12-31	2010-12-31
固定资产原值：				
房屋及建筑物	902.54	902.54	887.54	887.54
机器设备	2 757.96	2 715.23	1 762.22	1 083.43
运输工具	301.13	291.75	300.12	152.71
电子设备及其他	253.96	239.71	197.08	177.88
合　计	**4 215.59**	**4 149.23**	**3 146.96**	**2 301.57**
累计折旧：				
房屋及建筑物	222.56	201.70	160.33	119.32
机器设备	687.48	552.06	329.81	191.66
运输工具	120.61	106.38	86.43	56.62
电子设备及其他	154.44	136.93	97.81	66.61
合　计	**1 185.09**	**997.06**	**674.38**	**434.21**
固定资产净值：				
房屋及建筑物	679.98	700.85	727.21	768.23
机器设备	2 070.48	2 163.17	1 432.41	891.77
运输工具	180.52	185.37	213.69	96.09
电子设备及其他	99.52	102.78	99.27	111.27
合　计	**3 030.50**	**3 152.17**	**2 472.58**	**1 867.36**
成新率/%	**71.89**	**75.97**	**78.57**	**81.13**

报告期内，固定资产成新率均较高，规模逐年增长，主要是由于机器设备的增加。

报告期内，本公司固定资产使用情况良好，不存在固定资产账面价值低于可收回金额的情况，未计提固定资产减值准备。

9. 在建工程

报告期内，本公司的在建工程情况如下表所示。

项　目	2013-06-30	2012-12-31	2011-12-31	2010-12-31
在建工程/万元	1 805.89	1 737.90	1 336.98	0.00
占总资产的比例/%	3.74	3.61	5.14	0.00

2013 年 6 月末在建工程为募投项目土地上新建厂房。

本报告期内在建工程未发生减值的情形，故未计提资产减值准备。

10. 无形资产

公司的无形资产主要为土地使用权，具体情况如下表所示。

单位：万元

项　目	2013-06-30	2012-12-31	2011-12-31	2010-12-31
无形资产原值：				
土地使用权	895.00	895.00	895.00	895.00
PRO/E 软件	11.36	11.36	0.00	0.00
合 计	**906.36**	**906.36**	**895.00**	**895.00**
累计摊销金额：				
土地使用权	73.07	64.12	46.22	28.32
PRO/E 软件	2.55	1.42	0.00	0.00
合 计	**75.62**	**65.54**	**46.22**	**28.32**
无形资产净值：				
土地使用权	821.93	830.88	848.78	866.68
PRO/E 软件	8.80	9.94	0.00	0.00
合 计	**830.74**	**840.82**	**848.78**	**866.68**

报告期内，本公司无形资产使用情况良好，不存在无形资产账面价值低于可收回金额的情况，未计提无形资产减值准备。

11. 递延所得税资产

2012 年年末，公司递延所得税资产为 40.28 万元，2013 年 6 月末，公司递延所得税资产为 74.84 万元。递延所得税资产系计提安全生产费用、坏账准备、存货跌价准备形成的可抵扣暂时性差异，按当期对应的所得税税率计算得出。

(六)负债主要科目分析

1. 短期借款

2010 年年末、2011 年年末、2012 年年末、2013 年 6 月末，本公司短期借款总体规模较小，分别为 1 000.00 万元、2 606.73 万元、1 005.68 万元和 0.00 万元，占流动负债的比例分别为 11.59%、20.44%、3.85%和 0.00%。

截至目前，公司未发生过逾期归还银行贷款的情况。

2. 应付账款

公司与供应商的结算方式为：对新冲床等大型部件及部分国外辅助设备和配件采用预付款的形式；对国内外购外协机械加工件、电气元器件、配套辅助设备、合金工具钢等一般采用月结或若干个月后结算的方式。

本公司的应付账款主要是为购买机械加工件、电气元器件、配套辅助设备、合金工具钢等的货款。2010 年年末、2011 年年末、2012 年年末、2013 年 6 月末，本公司的应付账款余额分别为 1 027.98 万元、1 112.85 万元、1 671.82 万元和 1 172.46 万元。由于冲床等大额采购多采用支付预付款的方式，故应付账款的金额较小。应付账款期末余额中无持有本公司 5%(含 5%)以上股份的股东单位及关联公司的欠款，且无账龄超过一年的大额应付未付款项。

3. 预收款项

报告期内，公司预收款项具体情况如下表所示。

项　目	2013-06-30	2012-12-31	2011-12-31	2010-12-31
预收款项/万元	18 321.66	21 557.59	8 826.44	5 908.20
增长率/%	−15.01	144.24	49.39	30.07

销售额占公司绝大部分营业收入的高速易拉盖生产设备业务的收款方式一般为：公司在收到客户预付款(一般占合同额 10%～30%)后，才开始启动设计生产工作，发货时一般合计收到合同金额 70%～90%的货款，这部分款项在设备安装调试完成前一直作为预收款项反映，基于公司的业务特点和收入确认方法，预收款项较大。预收款项的增加一定程度上反映了公司正在执行的合同订单的数量，公司正在执行的合同订单超过 4 亿元，公司预收款项的逐年增加与其业务规模的增长相吻合。

2011 年年末、2012 年年末预收款项余额分别较上期末增加，主要原因为自 2010 年起公司的业务量快速增大，预收款项亦相应不断增加。2013 年 6 月末预收款项余额较上期末略有下降，主要系 2013 年 1～6 月所签大项目河南金星啤酒集团投资有限公司项目属于公司新研发的罐线项目，给予了客户付款方面的优惠，预收款仅收了 1600 万美元的 10%，远低于通常 30%以上的预收款比例。由于新增合同较多，因此 2012 年年末预收款项较上期末增加较大，2013 年 6 月末预收款项略有减少但减少不大。

4. 应付职工薪酬

报告期内，公司应付职工薪酬的具体情况如下表所示。

项　目	2013-06-30	2012-12-31	2011-12-31	2010-12-31
应付职工薪酬/万元	513.78	621.93	319.92	213.02
增长率/%	−17.39	94.40	50.18	9.31

公司实行当月工资次月发放的政策，年末的应付职工薪酬就是当年 12 月份的工资和预

提的年终奖金、职工奖励及福利基金、工会经费和职工教育经费等。2012 年增长较大的原因是人数增加和工资水平提高，使得该项增加。2013 年 6 月末略有减少主要是由于 6 月末应付职工薪酬不含年终奖金所致。

5. 应缴税费

报告期内，公司应缴税费的具体情况如下表所示。

单位：万元

税 种	2013-06-30	2012-12-31	2011-12-31	2010-12-31
增值税	542.16	455.26	36.95	18.47
企业所得税	704.32	792.76	−150.15	450.70
其他	3.72	4.03	3.07	5.72
应缴税费合计	1 250.21	1 252.04	−110.13	474.89

公司是外商投资企业，享受“两免三减半”的优惠政策。2007 年、2008 年免税，2009 年开始适用 12.50%的税率，2012 年起开始适用 15%的高新技术企业税率。

报告期内公司能够及时交税，应缴税费占负债的比例较低。

6. 应付股利

2010 年年末、2011 年年末、2012 年年末、2013 年 6 月末应付股利均为 0.00 万元，无应付股利。

7. 其他非流动负债

2010 年年末、2011 年年末、2012 年年末、2013 年 6 月末其他非流动负债分别为 571.00 万元、335.00 万元、154.00 万元、143.50 万元，分别占负债的 6.21%、2.56%、0.59%、0.67%。

(七)所有者权益分析

报告期内，公司所有者权益科目的具体情况如下表所示。

单位：万元

项 目	2013-06-30	2012-12-31	2011-12-31	2010-12-31
股本	4 600.00	4 600.00	4 600.00	4 600.00
资本公积	232.01	232.01	232.01	232.01
专项储备	194.68	124.65	—	—
盈余公积	1 908.72	1 908.72	1 015.92	395.18
未分配利润	19 980.50	15 048.57	7 070.74	3 404.85
归属于母公司所有者权益合计	26 915.91	21 913.95	12 918.67	8 632.04
少数股东权益	3.13	5.66	8.63	7.48
所有者权益(或股东权益)合计	26 919.04	21 919.61	12 927.30	8 639.53

公司所有者权益科目主要包括股本、资本公积、盈余公积和未分配利润。2010 年年末、2011 年年末、2012 年年末、2013 年 6 月末，归属于母公司所有者权益数分别为 8 632.04 万元、12 918.67 万元、21 919.61 万元和 26 919.04 万元，2011 年年末、2012 年年末、2013 年 6 月末较上年年末分别增长 49.66%、69.56%和 22.81%，上升较快，主要系公司历年股东分配完利润后留存在公司的未分配利润的积累。

1. 股本

2008 年 1 月公司注册资本和实收资本均为 210 万美元，2008 年 10 月，引进上海弘炜，增加注册资本 2.12 万美元，2008 年年末实收资本变为 212.12 万美元，折合人民币 1 665.34 万元；2009 年 7 月，以截至 2009 年 2 月 28 日的经审计的净资产 4 832.01 万元，按 1∶0.952 的折股比例折合为股本 4 600 万股，整体变更为股份有限公司。

2. 资本公积

报告期内，公司资本公积的具体情况如下表所示。

单位：万元

资本公积	2013-06-30	2012-12-31	2011-12-31	2010-12-31
股本(资本)溢价	232.01	232.01	232.01	232.01
其他资本公积	0.00	0.00	0.00	0.00
合计	232.01	232.01	232.01	232.01

2010 年年末、2011 年年末、2012 年年末、2013 年 6 月末资本公积均为 232.01 万元，系本公司整体变更为股份有限公司时以净资产折股所致。

3. 专项储备

根据财政部、国家安全总局财企〔2012〕16 号文件的规定，公司 2012 年度根据上年营业收入总额的一定比例计提了安全生产费用 124.65 万元，2013 年 1～6 月计提了安全生产费用 70.03 万元。

4. 盈余公积

报告期内，公司盈余公积的具体情况如下表所示。

单位：万元

盈余公积	2013 年 1～6 月	2012 年度	2011 年度	2010 年度
期初余额	1 908.72	1 015.92	395.18	18.78
其中：储备基金	0.00	0.00	0.00	0.00
法定公积金	1 908.72	1 015.92	395.18	18.78
本期增加	0.00	892.81	620.73	376.41
其中：储备基金	0.00	0.00	0.00	0.00
法定公积金	0.00	892.81	620.73	376.41
本期减少	0.00	0.00	0.00	0.00
其中：储备基金	0.00	0.00	0.00	0.00

续表

盈余公积	2013 年 1~6 月	2012 年度	2011 年度	2010 年度
法定公积金	0.00	0.00	0.00	0.00
期末余额	1 908.72	1 908.72	1 015.92	395.18
其中：储备基金	0.00	0.00	0.00	0.00
法定公积金	1 908.72	1 908.72	1 015.92	395.18

报告期内盈余公积的增加数为各期利润按分配转入的储备基金和法定公积金。

5. 未分配利润

报告期内，公司未分配利润的具体情况如下表所示。

单位：万元

项　目	2013 年 1~6 月	2012 年度	2011 年度	2010 年度
上年期末余额	15 048.57	7 070.74	3 404.85	114.49
加：会计政策变更追溯调整	0.00	0.00	0.00	0.00
本年期初金额	15 048.57	7 070.74	3 404.85	114.49
加：本期净利润	4 931.93	8 870.63	6 086.63	3 666.76
减：提取储备基金	0.00	0.00	0.00	0.00
提取职工奖励福利基金	0.00	0.00	0.00	0.00
提取法定公积金	0.00	892.81	620.73	376.41
应付普通股股利	0.00	0.00	1 800.00	0.00
转作股本的普通股股利	0.00	0.00	0.00	0.00
本年期末余额	19 980.50	15 048.57	7 070.74	3 404.85

三、盈利能力分析

(一)营业收入构成分析

1. 按业务划分营业收入

报告期内，本公司营业收入按业务分类如下表所示。

单位：万元，%

产　品	2013 年 1~6 月		2012 年度		2011 年度		2010 年度	
	金　额	占　比	金　额	占　比	金　额	占　比	金　额	占　比
高速易拉盖生产设备	12 961.17	82.83	21 212.03	84.59	14 841.58	85.49	6 200.45	71.19

续表

产　品	2013 年 1～6 月		2012 年度		2011 年度		2010 年度	
	金　额	占　比	金　额	占　比	金　额	占　比	金　额	占　比
易拉盖生产设备系统改造	1 015.84	6.49	1 335.14	5.32	1 159.36	6.68	1 270.24	14.58
易拉盖生产设备零备件及其他	1 670.55	10.68	2 528.03	10.08	1 359.06	7.83	1 239.22	14.23
合计	**15 647.56**	**100.00**	**25 075.20**	**100.00**	**17 359.99**	**100.00**	**8 709.91**	**100.00**

报告期内，公司从事高速易拉盖生产设备及其相关模具、零备件的研发、生产与销售，公司的主要产品为高速易拉盖生产设备、易拉盖生产设备系统改造、易拉盖生产设备零备件及其他。

报告期内，公司主要产品的收入变化趋势如下所述。

(1) 高速易拉盖生产设备。

2010 年、2011 年、2012 年、2013 年 1～6 月，高速易拉盖生产设备销售收入占营业收入的比例分别为 71.19%、85.49%、84.59%和 82.83%。高速易拉盖生产设备单位价值较高，由于受金融危机的影响，下游客户对高价值的固定资产投资相对谨慎，因此 2010 年高速易拉盖生产设备销售收入占营业收入的比例较低。2011 年后由于金融危机影响的逐渐消除，高速易拉盖生产设备销售收入占营业收入的比例增长较大。

(2) 易拉盖生产设备系统改造。

易拉盖生产设备系统改造服务是对已有易拉盖生产设备进行改造，少则改造系统的一两个设备，多则改造绝大部分设备。公司成立伊始，就为客户提供系统改造服务。由于公司从 2006 年才开始销售成套易拉盖生产设备，国内存量易拉盖生产设备大部分是国外竞争对手提供的，故该业务主要是对国外竞争对手提供的易拉盖成套设备进行改造。系统改造业务的成功为斯莱克赢得了声誉，也为成套易拉盖生产设备业务奠定了扎实的技术基础和客户基础。该类产品在 2010 年、2011 年、2012 年、2013 年 1～6 月的销售收入分别为 1 270.24 万元、1 159.36 万元、1 335.14 万元和 1 015.84 万元，占当期营业收入比例分别为 14.58%、6.68%、5.32%和 6.49%，2011 年后系统改造所占收入比例均少于 2010 年，主要是因为随着经济形势的好转，更多的下游客户的投资偏好从系统改造向新生产线转变。

(3) 易拉盖生产设备零备件及其他。

易拉盖生产设备零备件及其他主要包括模具零备件(主要包括刻线刀、拉环模具易损件、盖模模具易损件、基本盖盖模易损件)、机械传动系统零备件、电子元器件、润滑油等。由于易拉盖生产系统速度快、产量大，一般 24 小时开机连续生产，如此高强度的作业使生产设备中的精密部件特别是模具零备件有较大的损耗率，需要经常更换易损件。国外竞争对手该类产品的销售收入占营业收入的比例可达到 50%以上。报告期内，该类产品在 2010 年、2011 年、2012 年、2013 年 1～6 月的销售收入分别为 1 239.22 万元、1 359.06 万元、2 528.03 万元和 1 670.55 万元，占当期营业收入比例分别为 14.23%、7.83%、10.08%和 10.68%。与国外竞争对手相比，公司易拉盖生产设备零配件占营业收入的比例还很低，具有很大的发展潜力。

2008 年 7 月之前，公司的易拉盖生产设备部分零备件从国外进口，国外零备件价格高，交货期长；部分零备件委托其他企业加工，零件质量往往达不到要求。易拉盖生产设备零备件市场抗周期能力强、需求相对稳定；若提供的零备件使客户满意，还促进成套设备销售；此外，易拉盖生产设备零配件本身效益很可观。综合上述考虑，公司于 2008 年 7 月成立精密制造一部，主攻刻线刀、拉环模具易损件、盖模模具易损件、基本盖盖模易损件等关键零备件的研发，同时兼顾其他零备件。截至目前，公司可提供除螺丝等标准件、大型模架外的所有模具零备件。公司所提供零备件单价从几元的垫片到上万元的刻线刀，差异很大。公司陆续购置了二十余台精密零备件生产设备，以扩大产能满足客户需求。目前，由于精密制造一部产能仍不能跟上订单的快速增长，公司自制的零件优先用于生产成套设备，因此单独销售的零备件销售收入增长不大。随着公司零备件生产产能的不断扩大，易拉盖生产设备零备件将成为公司新的利润增长点。

2. 按销售区域划分营业收入

(1) 报告期内，公司营业收入按地区划分的具体情况。

公司出口销售占总销售收入的比例较高，2010 年、2011 年、2012 年、2013 年 1～6 月分别为 58.40%、42.41%、25.93%和 29.22%，虽然销售金额整体仍较高，但是国外销售占销售收入的比例整体呈下降趋势，主要是因为国内易拉盖生产厂家从 2010 年起投资需求旺盛，公司的国内销售订单增长很快，超过了国外订单的增长。由于语言、文化、地理位置等天然的优势，公司对东南亚及东亚地区报告期内出口销售金额很高，2010 年、2011 年、2012 年、2013 年 1～6 月分别为 3 749.01 万元、3 814.84 万元、6 252.40 万元和 4 509.89 万元。

(2) 公司出口业务的会计核算流程。

公司出口业务的会计核算流程为：对于成套设备和系统改造业务，公司产品在客户现场完成安装调试前，客户预付款均计入预收款项科目，生产过程中产生的成本则计入在产品或发出商品科目；安装调试完成后，确认收入的同时结转成本，尚未收回的款项则计入应收账款科目。对于易拉盖生产设备零备件业务，公司在发货前，客户预付款均计入预收款项科目，生产过程中产生的成本则计入在产品科目；发货后，确认收入的同时结转成本，尚未收回的款项则计入应收账款科目。

3. 按客户结构划分营业收入

2010 年、2011 年、2012 年、2013 年 1～6 月本公司向前十大客户销售额占总销售额的比例较高，分别为 88.06%、73.69%、89.69%和 93.08%，主要系公司高速易拉盖组合盖生产设备、易拉盖整线设备等主要产品单位价值较大，对少数客户不存在重大依赖。经过多年的经营，公司逐渐发展和积累了一些核心客户，如广东柏华容器有限公司(国内单厂产能最大的易拉盖生产企业，加多宝易拉盖的主要供应商)、太仓仲英金属制盖有限公司(国内最大的八宝粥易拉盖供应商)、中粮包装(镇江)制盖有限公司(其母公司中粮包装控股有限公司是香港上市公司，国内最大金属包装企业)、浙江明旺乳业有限公司、泰国的 Lohakij Rung Chareon Sub Company Limited(泰国最大的铁全开盖生产企业)、Kian Joo 集团(马来西亚占垄断地位的罐盖生产企业)等。公司将不断提升技术水平和增强服务能力，进一步稳固和发展与核心客户的合作关系，并不断开拓新客户，进一步提升公司销售收入水平。

(二)营业收入变化情况分析

1. 报告期内营业收入变化情况

报告期内，公司营业收入快速增长。2010 年、2011 年、2012 年、2013 年 1～6 月，本公司分别实现营业收入 8 709.91 万元、17 359.99 万元、25 075.20 万元和 15 647.56 万元，2011 年较 2010 年增长 99.31%，2012 年较 2011 年增长 44.44%。

报告期内，公司营业收入增长趋势如下图所示。

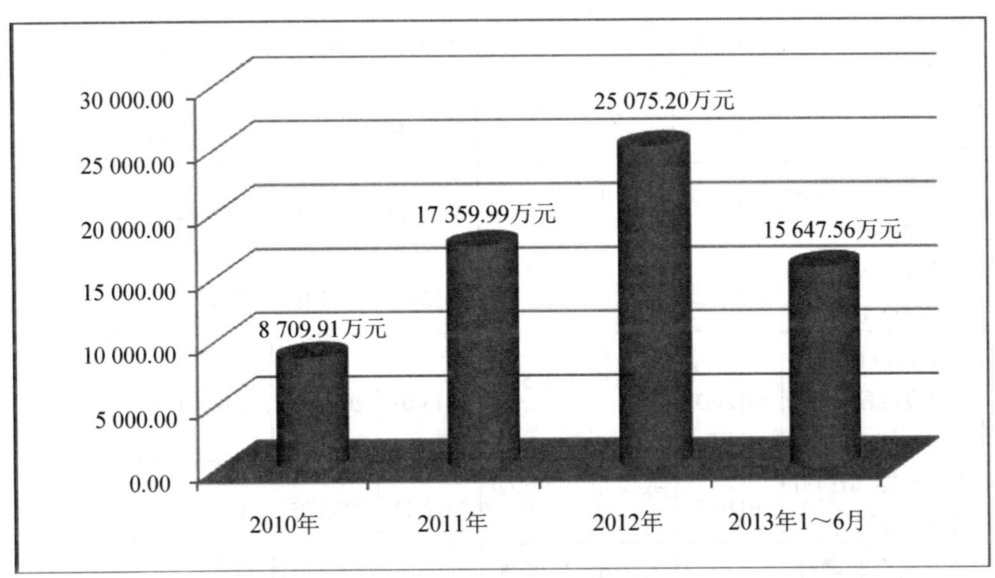

据统计公司 2010 年、2011 年、2012 年、2013 年 1～6 月签订的 100 万元以上的合同/订单数量分别为 22 份、25 份、30 份、14 份，从签订的订单数目上看，报告期内一直保持着持续增长的趋势。

公司 2011 年度收入较 2010 年度上涨 99.31%，2012 年较 2011 年增长 44.44%，主要是下游制盖企业对设备的采购需求旺盛，从而订单大幅增长所致。随着金融危机影响的逐渐消除，2010 年 2 季度以后，公司大额合同数量出现爆发性增长，2010 年公司全年签订合同(合同金额 100 万元以上)总金额约 21 490.88 万元，较 2009 年公司签订合同(合同金额 100 万元以上)的总金额 5 479.03 万元，增长 292.24%。由于公司产品属大型非标准定制化机械设备，生产和安装调试周期均比较长，因此 2010 年新签订的合同多数在 2011 年度实现销售收入，从而 2011 年度销售收入大幅增长。2011 年后公司订单继续增长，2012 年实现营业收入进一步大幅上升，目前正在执行的合同订单对应销售收入超过 4 亿元，根据目前公司签订的合同情况及公司生产计划，公司 2013 年销售收入仍将保持增长。

2. 2013 年 1～6 月已确认收入及正在履行的合同情况

2013 年 1～6 月确认收入的 100 万元以上的合同情况如下表所示。

序号	客户名称	合同签订时间	合同金额	发货时间	收入确认时间	收入/万元	2013年6月末收款比例/%
1	Asia Packaging Industries (API), Vietnam Ltd	2011-09	388 万美元	2012-11	2013-01	2 438.77	100
2	广东柏华容器有限公司	2012-03	人民币 1 280.00 万元	2012-10	2013-01	1 094.02	100
3	汕头英联易拉盖有限公司	2012-02	人民币 1 605.00 万元	2013-2	2013-04	1 371.79	90
4	广东柏华容器有限公司	2011-11	人民币 198.00 万元	2012-04	2013-04	178.20	90
5	广东柏华容器有限公司	2011-11	人民币 100.00 万元	2012-04	2013-04	85.47	90
6	山东美多包装股份有限公司	2012-02	人民币 2 700.00 万元	2012-11	2013-05	2 307.69	84
7	山东龙口博瑞特金属容器有限公司	2012-03	人民币 2 275.00 万元	2013-03	2013-05	1 944.44	80
8	中粮包装(镇江)制盖有限公司	2011-12	人民币 1 295.60 万元	2012-11	2013-05	1 107.35	80
9	上海联合制罐有限公司	2011-12	人民币 2 100.00 万元	2012-11	2013-06	1 794.87	90
10	Lohakij Rung Chareon Sub	2011-12	146.00 万美元	2013-04	2013-06	902.22	70
11	DONGWON SYSTEMS CORP	2012-07	72.50 万美元	2013-01	2013-06	448.02	90
合计						13 672.86	
占营业收入比例						87.38%	

公司的大额业务均有完整的合同支持，除个别项目外，合同均在正常的时间内履行完成。

3. 公司未来出口业务变动趋势

(1) 公司截至招股说明书签署日已签订并正在履行的金额100万元以上的成套设备及系统改造项目合同如全部实现，按现行汇率计算能产生 4.1 亿元左右的销售收入，其中出口销售收入约 2.1 亿元，所占比例为 51.22%。整体来说，未来 2～3 年公司出口销售金额将继续保持上升趋势。

(2) 全球易拉罐消费市场仍保持每年 6%左右的较快增长。公司目前主要的目标客户地区东南亚、中东、南美洲等新兴经济体国家和地区易拉罐消费市场发展尤其迅速。根据 *The*

Canmaker 统计资料，2010 年中东地区易拉罐需求增长率达到了 27.20%、亚太地区增长率达到了 11.10%。以上因素为公司出口业务的继续拓展提供了较大空间；

(3) 公司在技术创新能力、产品性价比及地域等方面的竞争优势依然较为明显，但随着公司业务的不断增加，国际市场知名度也在稳步增长。公司的总体发展战略目标是成为全球金属包装成套装备领域的领先企业，公司在保持东南亚、中东地区良好销售势头的基础上，努力开拓南美、南亚等潜力市场及对皇冠、波尔等大客户的营销。公司出口销售金额将整体呈上升趋势。

(4) 主要竞争对手美国 STOLLE 公司被日本东洋制罐收购后，此事将有利于本公司的国外市场开拓，特别是有利于对与东洋制罐同为大型国际制盖集团的皇冠、波尔等客户的营销。

4. 公司营业收入快速增长的原因分析如下

(1) 易拉盖生产设备行业的增长给企业带来了巨大的发展机遇。

近年来，全球易拉罐产量快速增长，以中国、东南亚为代表的亚洲地区易拉罐消费市场发展尤其迅速，易拉罐消费的增长必然带来易拉盖需求的大量增长，从而带动高速易拉盖成套生产设备的需求，这为公司发展创造了良好的市场环境。

① 我国消费升级催热易拉罐行业，带动易拉罐制造设备需求。

从消费总量来看，目前中国易拉罐消费占全球的 10%。从人均消费量来看，中国人均易拉罐消费量仅为美国的 1/17，世界平均水平的 1/2.4。目前中国易拉罐和易拉盖行业产值分别为 287 亿元及 79 亿元。随着我国人均消费水平的上升，即便增长到世界平均水平，易拉罐及易拉盖制造行业产值将分别达到 700 亿元及 200 亿元，还有很大的增长空间。

② 人均 GDP 超 4000 美元金属包装行业进入高增长期。

1964 年日本人均 GDP 超过 4000 美元以后，日本清凉饮料行业也进入高速增长期。1964 年日本清凉饮料产量突破 10 亿升，1967 年就翻番达 20 亿升，1977 年突破 50 亿升，一直到 1990 年突破 100 亿升进入成熟期。以上日本历史数据经验表明：当人均 GDP 达到 4 000 美元的时候，金属包装产业将进入快速增长期，而当人均 GDP 达到 2 万美元的时候，金属包装产业进入饱和期。2010 年，中国人均 GDP 首次进入 4000 美元大关，这也预示着中国金属包装产业进入快速增长期。

③ 下游食品公司扩产速度加快，带动制盖企业投资热情。

国内饮料行业竞争激烈，各大厂商都在积极扩大产能抢占市场，特别是我国植物蛋白饮料行业和啤酒行业的快速增长，国内制盖公司及制盖设备提供商也因此受益。以制盖公司为例：太仓仲英公司主要给娃哈哈和银鹭八宝粥提供易拉盖，广东柏华主要给红牛、椰树椰汁及加多宝提供易拉盖。以上制盖企业都在积极扩产，从而抢占市场。

2011 年我国酒、饮料及制茶行业固定资产投资完成额 1 903 亿元，同比增速高达 41%，2012 年我国酒、饮料及制茶行业固定资产投资继续保持高速增长，从 2008 年以来，明显呈现出投资加速的态势。从产量来看，2011 年国内啤酒、碳酸饮料及饮用水产量同比增速分别为 10.7%、26.5%和 25.7%。

(2) 与竞争对手相比，高性价比优势明显。

在产品性能方面：经江苏省科技成果鉴定，公司设备整体技术性能达到国际先进水平，部分性能已经超过国外竞争对手，如公司目前拥有的一项专利技术，通过对下料排布的优化设计和模具系统的改进，一条普通易拉盖生产线每年可为客户节约原材料 150 万～200 万人民币左右。

在产品价格方面：公司所生产易拉盖生产设备的售价比竞争对手低 20%～40%左右。首先，这主要源于国内外知识型人力资源成本的较大差异。易拉盖生产设备行业是知识密集型行业，人力资源成本在总成本中所占比重较大；其次，斯莱克部分零备件在国内采购，零备件采购成本也具备相对优势。特别是随着公司精密零部件加工项目的实施，这一优势将更为明显；最后，成套设备的自制配套比例较大，除个别辅助设备外，全部为公司自行研制，从而有效降低了成本。

高性价比的优势是近年来公司迅速抢占市场、增长速度大大高于行业增长速度的主要原因。这种优势在未来几年内不会发生重大变化，为公司今后几年的持续快速成长提供了有力的保障。

(3) 顺应行业发展趋势，推出新产品。

易拉盖整线设备由高速易拉盖基础盖生产线和高速易拉盖组合盖生产线组成，其中高速易拉盖组合盖生产线是公司报告期内的主要产品，也是易拉罐盖行业中尖端的技术。客户从经济性和兼容性等方面考虑，倾向于向同一生产商采购基础盖和组合盖生产线。为了满足客户的这种需求，公司加大了对高速易拉盖基础盖生产线的研发，于 2008 年研制成功了高速卷料送进基础盖生产设备，2010 年又研制成功了高速片料送进基础盖生产设备，成为新的业绩增长点。

公司于 2008 年 7 月成立精密制造一部，主攻刻线刀、拉环模具易损件、盖模模具易损件、基本盖盖模易损件等关键模具零备件的研制生产，除配套于自产设备及其售后零备件供应外，还逐步应用于国外厂商设备的售后零备件供应。

公司计划利用易拉罐制盖行业已形成的技术创新优势和客户资源，进一步拓展业务空间，计划未来向二片易拉罐制罐设备等其他高附加值业务延伸。募投资金的到位将加快该业务的拓展。

(4) 出口销售额增加。

近三年，本公司在国内市场已逐渐占据领先地位的基础上，大力拓展海外市场，出口销售额整体呈增长趋势。2010 年出口销售额 5 086.83 万元，2011 年出口销售额增长到 7 362.29 万元，2012 年出口销售额 6 502.25 万元、2013 年 1～6 月出口销售额 4 571.88 万元。出口业务的扩张促进公司销售收入的增长。

(5) 不断加大客户拓展力度。

目前，公司在点对点销售方式的基础上，积极参加各种展会、技术论坛和研讨会，展示自己的技术水平。如公司会参加每届全球性的金属包装或制罐行业展会，如 CANNEX 展会(每年轮流在欧洲、美洲和亚洲举办)及其高峰论坛、德国 METPACK 展会等，同时会有选择性地参加洲级的行业展会。另外，公司产品美誉度的不断提升也为公司带来大量新的客户。

5. 营业收入确认标准的合理性分析

(1) 公司销售模式及销售政策。

由于本公司主营产品属于非标准大型机械设备，客户针对性强，客户主要为国内外易拉盖生产企业，公司采用以直销为主的销售模式，销售网络由公司自己的客户服务部、海外子公司组成。公司直销主要采用直销和展会两种销售渠道，其中直销是指由公司销售人员、海外子公司直接与客户洽谈销售；展会是指公司会参加每届全球性的金属包装或制罐行业展会，如 CANNEX 展会(每年轮流在欧洲、美洲和亚洲举办)及其高峰论坛、德国 METPACK 展会等，同时会有选择性地参加洲级的行业展会。

公司主导产品易拉盖生产设备价格及系统改造均为非标准、定制化产品，由于公司销售客户相对集中，公司主要采用一对一的直销模式，同时公司主要产品价值较高，其定价主要采用竞争导向方式，在参照竞争对手定价及过去产品市场价格基础上，附加一定程度的行业合理利润，通过合同谈判或投标确定产品的最终价格。在签订合同过程中公司对于部分客户，在产品报价基础上给予一定的销售折扣以确定最终合同价格，除此以外公司未采用其他销售政策。

(2) 公司收入确认的具体标准、收入确认时点。

公司的营业收入主要为销售商品收入。根据《企业会计准则》和公司会计政策，公司严格按照销售商品收入条件予以收入确认。对已将商品所有权上的主要风险或报酬转移给购货方，不再对该商品实施继续管理权和实际控制权，收入的金额能够可靠计量，相关经济利益很可能流入本公司，相关的、已发生的或将发生的成本能够可靠计量，确认营业收入的实现。

(3) 公司收入确认标准的合理性。

由于本公司主营产品属于非标准大型机械设备，公司主导产品易拉盖生产设备及系统改造均为非标准、定制化产品。公司按合同或订单组织产品的生产，成套设备在公司生产完成后，客户来本公司对设备进行验收(验收内容包括：易拉盖产品质量、连续运行时间及运行效率、运行速度、产品合格率等)并出具验收报告，然后公司安排发货。货到买方现场后，公司委派技术人员到现场进行安装调试完毕后，公司不再保留通常与所有权相联系的继续管理权，也没有对已售出的商品实施有效控制。

综上所述，公司确认收入标准符合企业会计准则的收入确认条件。

(三)营业成本分析

2010 年、2011 年、2012 年、2013 年 1～6 月，本公司的营业成本分别为 3 486.05 万元、8 358.57 万元、12 420.40 万元、8 270.97 万元，营业成本整体呈上升趋势，和公司业务规模的扩大相对应。报告期内，本公司营业成本按业务分类如下表所示。

单位：万元，%

按业务分类	2013 年 1-6 月		2012 年度		2011 年度		2010 年度	
	成　本	占　比	成　本	占　比	成　本	占　比	成　本	占　比
高速易拉盖生产设备	7 075.54	85.55	10 718.26	86.29	7 371.94	88.20	2 551.05	73.18
易拉盖生产设备系统改造	391.06	4.73	541.47	4.36	356.85	4.27	332.64	9.54
易拉盖生产设备零备件及其他	804.37	9.73	1 160.68	9.35	629.78	7.53	602.36	17.28
合计	**8 270.97**	**100.00**	**12 420.40**	**100.00**	**8 358.57**	**100.00**	**3 486.05**	**100.00**

报告期内，高速易拉盖生产设备是公司的主要业务，在公司销售额中占有大部分的比重，也是本公司最主要的成本构成，2010 年、2011 年、2012 年、2013 年 1～6 月分别占总成本的 73.18%、88.20%、86.29%、85.55%。

1. 外购关键部件的成本情况

公司报告期内外购关键部件主要为冲床。报告期内各年结转成本的冲床情况如下：2010 年使用了 7 台冲床，其中 5 台为二手冲床。2011 年使用了 15 台冲床，其中 6 台为二手冲床。2012 年使用了 18 台冲床，其中 4 台为二手冲床。2013 年 1～6 月使用了 11 台冲床，其中 1 台为二手冲床。由于新旧冲床之间价格差异巨大，二手冲床之间由于新旧程度不同价格差异也很大，因此报告期内冲床平均单价变动较大。

随着高端客户的不断增多和公司生产规模的扩大，客户要求使用新冲床的比例整体呈增加趋势。公司 2010 年、2011 年、2012 年、2013 年 1～6 月使用新冲床台数占使用冲床总台数的比例分别为：29%、60%、78%、91%，报告期内使用新冲床比例整体呈增加趋势，成本中冲床成本占营业成本比例也呈逐年上升趋势。

2. 公司外协的成本情况

公司将一些生产难度较小的非标准件通过外协的方式获得，这部分非标准件包括：少量模具零备件(主要为模架、字模零件等)和其他机械加工件(主要为管路系统零件、机械传动辅助零件)。外协的方式主要为由公司提供图纸或者技术参数，外协生产商生产后出售给公司。外协的非标准件均为零部件，种类和数量较多，单价一般较小，难以一一统计，所以主要就外协总金额有关数据进行分析。

公司从 2008 年下半年起开始自主生产模具零备件，随着自主生产零备件的比例不断增加，与之相对应，外协部分成本占营业成本比重也整体呈下降趋势。

经核查，公司董事、监事、高级管理人员和其他核心人员，主要关联方或持有公司 5% 以上股份的股东没有在其他供应商中占有权益。公司的外协供应商绝大部分为长三角地区的机械加工能力较强的厂商，并通过长年的经营往来培养起了比较固定的商业合作伙伴关系，正常的生产经营需要得到了良好的保障。

报告期内，公司各期前十大供应商中新增供应商仅有 2010 年第二大供应商 Wing Hang Tai International Trading Co., Ltd 和 2011 年第九大供应商 Carnaudme Talbox Engineer Ltd，其中公司向 Wing Hang Tai International Trading Co., Ltd 采购产品为一条旧制盖生产线，向 Carnaudme Talbox engineer Ltd 采购产品为注胶机，上述采购均为偶发性采购。公司报告期内主要供应商较为稳定，不存在重大变化情况。

(四)毛利率变化趋势及原因分析

1. 主营业务毛利的构成

报告期内，公司各种产品的毛利及占毛利总额的比重如下表所示。

按业务分类	2013 年 1～6 月		2012 年度		2011 年度		2010 年度	
	毛利/万元	占比/%	毛利/万元	占比/%	毛利/万元	占比/%	毛利/万元	占比/%
高速易拉盖生产设备	5 885.63	79.79	10 493.78	82.92	7 469.64	82.98	3 649.40	69.86
易拉盖生产设备系统改造	624.78	8.47	793.67	6.27	802.51	8.92	937.59	17.95
易拉盖生产设备零备件及其他	866.18	11.74	1 367.35	10.81	729.28	8.10	636.86	12.19
合计	**7 376.59**	**100.00**	**12 654.80**	**100.00**	**9 001.42**	**100.00**	**5 223.85**	**100.00**

报告期内，高速易拉盖生产设备对毛利总额的贡献较大，2010 年、2011 年、2012 年、2013 年 1～6 月分别占毛利总额的 69.86%、82.98%、82.92%、79.79%。

2. 公司业务发展过程对经营业绩的影响

公司业务内容主要为易拉盖成套设备生产线各组成部分的生产制造。公司成立之初并不能提供完整的成套设备，到 2005 年才开始生产低速成套易拉盖冲压生产设备；2005 年之后开始生产易拉盖高速组合盖生产设备，这时能够生产易拉盖生产线中的大部分设备，但是其中的精密模具零备件需要通过国外及国内的外购及外协生产；2008 年下半年开始公司自主生产模具零备件，逐步替代外购和外协生产零备件，并成为全世界能为客户提供最完整的易拉盖生产线和解决方案的公司。在客户采购成套设备的保有量达到一定量，两者的市场规模大致相当。从长远看，公司从只生产成套设备到生产成套设备并兼顾零备件的方向的转变，产品结构的调整变化会影响综合毛利的波动。

3. 综合毛利率的变动趋势分析

报告期内，公司的综合毛利率和分产品的毛利率的具体情况如下表所示。

单位：%

产品分类	2013 年 1-6 月		2012 年度		2011 年度		2010 年度	
	毛利率	对综合毛利的贡献	毛利率	对综合毛利的贡献	毛利率	对综合毛利的贡献	毛利率	对综合毛利的贡献
易拉盖高速生产设备	45.41	37.61	49.47	41.85	50.33	43.03	58.86	41.90
易拉盖高速生产设备系统改造	61.50	3.99	59.44	3.16	69.22	4.62	73.81	10.76
易拉盖生产设备零备件及其他	51.85	5.54	54.09	5.45	53.66	4.20	51.39	7.31
综合毛利率	47.14	47.14	50.47	50.47	51.85	51.85	59.98	59.98

注：对综合毛利的贡献=毛利率×各产品收入占主营业务收入比重

本公司所处行业为高端设备制造业，整体毛利率水平高于其他普通机械制造业。本公司毛利率较高原因：首先，公司提供产品为非标定制化大型成套机械设备，根据客户需求提供研发、设计、制造、安装调试，其中研发、设计及安装调试环节经济附加值高，此点不同于一般机械制造行业。其次，近 20 年来，易拉盖生产设备行业基本由 3 家美国公司 STOLLE、DRT 和 STI 垄断，该市场为典型的寡头垄断市场。最后，本行业存在较高的行业进入壁垒，即技术壁垒、客户的认同度和国际范围内的营销能力方面形成的市场壁垒。目前本公司没有国内的竞争对手，行业内也基本没有强有力的竞争者新进入该市场。

公司定价主要采用竞争导向方式，在参照竞争对手定价及过去产品市场价格基础上，以及产品功能多少、冲床选择新旧程度等因素通过合同谈判或投标确定产品的最终价格，公司产品属于定制化产品价格波动较大，因此公司毛利率波动也较大。下游客户虽购买的设备单价较高，但投资回收期一般为两年左右时间，能够消化和接受现有设备报价。

(1) 2011 年较 2010 年综合毛利率分析

2011 年综合毛利率较 2010 年有较大下降，下降 8.13 个百分点，主要是受到高毛利的系统改造收入结构占比下降因素影响，其在营业收入中所占比例从 14.58%下降到了 6.68%，系统改造对综合毛利率变动的贡献为-6.14 个百分点。另外收入占比最高的成套设备毛利率也有较大下降，从 2010 年度的 58.86%下降到了 2011 年度 50.33%。

(2) 2012 年较 2011 年综合毛利率分析

2012 年综合毛利率较 2011 年略有下降，变动不大，主要是因为三类产品中毛利较高的易拉盖高速生产设备系统改造业务 2012 年有所下滑，该类业务毛利率下滑的主要原因是部分合同的履行需要外购部分金额较高的备件，从而使成本上升，毛利率有所下降。

(3) 2013 年 1～6 月较 2012 年综合毛利率分析

2013 年 1～6 月毛利率较 2012 年有所下降，主要系三类产品中营业收入占比最高的易拉盖高速生产设备毛利率在 2013 年 1～6 月下降较多，该类业务毛利率下降 4.06%，对综合毛利率的贡献为-4.24 个百分点。

4. 高速易拉盖生产设备毛利率分析(以此产品为例，后两个产品分析略)

2010 年、2011 年、2012 年、2013 年 1～6 月高速易拉盖生产设备的毛利率分别是 58.86%、50.33%、49.47%、45.41%，毛利率整体较高。

1) 毛利率 2010 年较高的原因

高速易拉盖生产设备毛利率 2010 年度为 58.86%，主要原因如下。

(1) 部分项目定价较高。

此类项目技术及服务要求高、设计难度大，公司据此提出了较高的价格，也得到了客户的认可，因此毛利率较高。

(2) 使用自产零备件比例增加。

2008 年下半年，公司引进国外高速加工中心等加工设备，选用国外优质模具材料，研究热处理及加工工艺，开始自主生产易拉盖生产设备用零备件，逐步替代外协加工零备件，其中使用自产零备件比例由 2009 年的 10.81%提高到 2010 年的 41.41%。2010 年较多零备件由外购变为自产，有效降低了成本。

2) 2011 年和 2012 年毛利率下降的原因

2011 年和 2012 年高速易拉盖生产设备的毛利率较 2010 年有所回落的主要原因系①2011 年和 2012 年项目毛利率都在正常范围内，没有类似 2010 年度毛利率很高的项目。②2011 年和 2012 年使用新冲床比例增加。③2011 年第一大客户浙江明旺为新开拓的重要客户，公司为了争取其业务而给予了价格优惠导致该项目毛利率较低，拉低了易拉盖生产设备的毛利率。

3) 2013 年 1～6 月毛利率继续下滑的原因

① 2013 年 1～6 月使用新冲床比例继续增加，2013 年 1～6 月上升到 91%。另外由于客户要求，所用新冲床的规格上升，冲床速度普遍更高。由于上述原因 2013 年 1～6 月所使用冲床平均单价由 2012 年的 306.46 万元上升到了 2013 年 1～6 月的 359.66 万元，导致毛利率有所下降；②人民币汇率上升的影响。近年来人民币相对美元币值上升明显，而公司销售合同签订时即已确定价格，从签订合同到收入确认通常超过一年，因此 2013 年 1～6 月两个国外大项目毛利率偏低，分别为 43%和 39%；③由于员工人数增加较多、人均工资水平也有一定提高，公司制造费用增加比较明显，导致毛利率水平有一定程度的下降。

5. 本公司综合毛利率与同行业公司比较

本公司综合毛利率与达意隆比较如下表所示。

单位：%

公司名称	2013 年 1～6 月	2012 年度	2011 年度	2010 年度
本公司	47.14	50.47	51.85	59.98
达意隆	23.54	27.14	29.73	29.42

从上表可知，报告期内，本公司的毛利率均大大高于达意隆。主要原因是：本公司的产品主要是高速易拉盖生产设备，而达意隆的主要产品为灌装生产线(包括全自动高速 PET 瓶灌装生产线、PET/PC 桶装水灌装生产线等)、全自动高速 PET 瓶吹瓶机、二次包装设备等。两者主营业务差别较大，综合毛利率可比性不强。本公司是江苏省高新技术企业，是全世界仅有的几家拥有成熟技术的高速组合盖设备的生产企业之一，产品附加值较高，毛利率也较高。

(五)期间费用分析

单位：万元，%

费用种类	2013 年 1～6 月		2012 年度		2011 年度		2010 年度	
	金　额	占营业收入比例	金　额	占营业收入比例	金　额	占营业收入比例	金　额	占营业收入比例
销售费用	313.64	2.00	458.03	1.83	380.41	2.19	278.09	3.19
管理费用	1 255.32	8.02	2 094.45	8.35	1 621.67	9.34	993.55	11.41
财务费用	-202.55	-1.29	42.42	0.17	161.76	0.93	32.24	0.37
合计	**1 366.40**	**8.73**	**2 594.91**	**10.35**	**2 163.84**	**12.46**	**1 303.88**	**14.97**

2010年、2011年、2012年、2013年1～6月，公司发生的期间费用分别为1 303.88万元、2 163.84万元、2 594.91万元、1 366.40万元，占当期营业收入的比例分别为14.97%、12.46%、10.35%、8.73%。随着公司规模壮大，业务量增加，期间费用随着生产规模和营业收入的增长而上升。整体来说，报告期内期间费用得到了较好的控制，有利于改善公司的盈利状况。

1. 销售费用

报告期内销售费用如下表所示。

单位：万元

项 目	2013年1～6月	2012年度	2011年度	2010年度
境外佣金	145.19	112.25	100.69	75.34
运输费	48.66	109.38	77.87	50.36
差旅及办公费	49.10	82.77	93.82	58.26
职工薪酬	56.72	96.47	59.54	39.81
其他	13.96	57.16	48.48	54.31
合 计	313.64	458.03	380.41	278.09

销售费用主要包括销售商品过程中发生的运输费、销售人员的工资、差旅费、境外佣金等费用。2010年、2011年、2012年、2013年1-6月，公司的销售费用分别为278.09万元、380.41万元、458.03万元、313.64万元，分别占营业收入的3.19%、2.19%、1.83%、2.00%，对公司经营业绩的影响较小。

2. 管理费用

报告期内管理费用如下表所示。

单位：万元

项 目	2013年1～6月	2012年度	2011年度	2010年度
职工薪酬	640.03	1 169.55	676.91	408.86
差旅及办公	250.60	366.99	288.74	231.57
技术开发费	228.41	386.54	526.48	228.76
折旧及摊销	32.29	65.60	51.22	48.98
其他	103.99	105.77	78.32	75.38
合 计	1 255.32	2 094.45	1 621.67	993.55

管理费用主要包括董事会和行政管理部门在企业的经营管理中发生的经费(包括行政管理部门职工工资及福利费、办公费和差旅费等)、折旧及摊销、技术开发费等费用。2010年、2011年、2012年、2013年1～6月，公司的管理费用分别为993.55万元、1 621.67万元、2 094.45万元、1 255.32万元，分别占营业收入的11.41%、9.34%、8.35%、8.02%。与公司业务收入的增长相对应，管理费用逐年增长。

3. 财务费用

报告期内财务费用如下表所示。

单位：万元

项　目	2013 年 1～6 月	2012 年度	2011 年度	2010 年度
利息支出	3.69	123.10	99.51	52.37
减：利息收入	74.59	36.35	32.12	22.87
汇兑损益	−137.04	−65.13	66.50	−8.70
手续费	5.39	20.80	27.86	11.43
合 计	−202.55	42.42	161.76	32.24

财务费用主要包括利息支出(减利息收入)、汇兑损益以及相关手续费等费用。2010 年、2011 年、2012 年、2013 年 1～6 月，公司的财务费用分别为 32.24 万元、161.76 万元、42.42 万元、−202.55 万元，占营业收入的比重较低，分别为 0.37%、0.93%、0.17%、−1.29%，对公司经营业绩的影响很小。2011 年财务费用相对较高主要是因为 2011 年贷款较往年增加较大，利息支出有较大上升，同时期间产生了汇兑损失 66.50 万元，也较往年增加较大费用。2013 年 1～6 月财务费用为负，较往年减少较多，主要是因为 2013 年 1～6 月人民币汇率上升明显，公司以预收款项为主的外币类负债远大于应收账款等外币类资产，导致正的净汇兑收益，同时货币资金较多带来的利息收入也有所增加。

4. 期间费用率与同行业上市公司比较情况

报告期内公司期间费用率情况如下表所示。

单位：%

项　目	2013 年 1～6 月	2012 年度	2011 年度	2010 年度
销售费用率	2.00	1.83	2.19	3.19
管理费用率	8.02	8.35	9.34	11.41
财务费用率	−1.29	0.17	0.93	0.37
合 计	8.73	10.35	12.46	14.97

报告期内达意隆(SZ.002209)期间费用率情况如下表所示。

单位：%

项　目	2013 年 1～6 月	2012 年度	2011 年度	2010 年度
销售费用率	13.38	14.57	12.30	12.74
管理费用率	7.46	7.13	6.77	6.96
财务费用率	1.14	0.33	0.46	0.55
合 计	21.97	22.03	19.53	20.25

报告期内，公司与同行业上市公司达意隆(SZ.002209)的期间费用率相比，管理费用率和财务费用率不存在明显差异，公司销售费用率报告期内均较低，主要是由于公司与达意隆(SZ.002209)虽处于同一行业，但主营业务差别较大，公司采用的销售方式主要是一对一的直销模式，公司下游客户比较集中，而且公司是全世界仅有的几家拥有成熟技术的生产

企业之一，主营业务所属领域属于寡头竞争市场，因此销售费用相对较低。同时由于公司主要产品属于中大型专业机械设备，单套设备价值较高，因此相应的销售费用率较低。

(六)净利润分析

1. 报告期公司净利润变化情况

2010 年至 2013 年 1～6 月公司净利润变化情况见下表。

单位：万元，%

项　目	2013 年 1～6 月		2012 年度		2011 年度		2010 年度
	金　额	同比增长	金　额	同比增长	金　额	同比增长	金　额
净利润	4 929.40	17.92	8 867.65	45.66	6 087.78	66.08	3 665.68
归属于母公司净利润	4 931.93	18.01	8 870.63	45.74	6 086.63	65.99	3 666.76
扣除非经常性损益后归属于母公司净利润	4 670.20	16.63	8 395.85	44.02	5 829.54	71.73	3 394.58

2. 净利润变化原因分析

报告期内，公司利润表主要项目的变动情况如下表所示。

单位：万元，%

项　目	2013 年 1～6 月		2012 年度		2011 年度		2010 年度
	金　额	同比增减率	金　额	同比增减率	金　额	同比增减率	金　额
营业收入	15 647.56	40.59	25 075.20	44.44	17 359.99	99.31	8 709.91
减：营业成本	8 270.97	58.22	12 420.40	48.59	8 358.57	139.77	3 486.05
营业税金及附加	251.97	2 220.17	140.58	38.04	101.84	1,326.33	7.14
期间费用合计	1 366.40	13.33	2 594.91	19.92	2 163.84	65.96	1 303.87
资产减值损失	225.20	803.97	32.53	-35.19	50.20	91.02	26.28
加：投资收益	—	—	—	—	—	—	—
营业利润	5 533.02	17.28	9 886.78	49.75	6 685.54	72.02	3 886.57
加：营业外收入	312.25	51.17	560.31	88.77	296.82	-6.44	317.26
减：营业外支出	11.73	114.44	6.63	-4.58	6.95	-22.35	8.95
利润总额	5 833.54	18.59	10 440.46	49.68	6 975.42	66.28	4 194.88
净利润	4 929.40	17.92	8 867.65	45.66	6 087.78	66.08	3 665.68
归属于母公司股东的净利润	4 931.93	18.01	8 870.63	45.74	6 086.63	65.99	3 666.76

(1) 营业收入的影响

2010 年、2011 年、2012 年、2013 年 1～6 月，本公司分别实现营业收入 8 709.91 万元、17 359.99 万元、25 075.20 万元和 15 647.56 万元，2010 年较 2009 年增长 12.91%，2011 年较 2010 年增长 99.31%，2012 年较 2011 年增长 44.44%，2013 年 1～6 月较 2012 年 1～6 月增长 40.59%。未来几年，易拉盖生产设备行业的快速增长和公司产品的高性价比等优势，是公司营业收入持续发展的保证。而易拉盖生产设备零备件等新兴业务的发展将为公司的发展提供更广阔的空间。

(2) 营业成本的影响

2010 年、2011 年、2012 年、2013 年 1～6 月，本公司的营业成本分别为 3 486.05 万元、8 358.57 万元、12 420.40 万元和 8 270.97 万元，2010 年较 2009 年增长了-11.55%，2011 年较 2010 年增长了 139.77%，2012 年较 2011 年增长了 48.59%，2013 年 1～6 月较 2012 年 1～6 月增长了 58.22%。2010 年营业成本增长率低于营业收入的增长率主要是因为部分项目价格较高，另外 2010 年大多数模具零备件由外协加工变为自制，有效降低了成本。2011 年和 2012 年营业成本的增长率高于营业收入的增长率是因为 2011 年和 2012 年项目的毛利率处于正常范围内，没有与 2010 年类似的毛利率较高的项目，此外 2011 年和 2012 年公司使用新冲床的比例大幅上升也使得营业成本上升较多。2013 年 1～6 月营业成本的增长率高于营业收入的增长率主要是因为 2013 年 1～6 月新冲床使用更多导致成本增加，同时人民币汇率上升导致出口项目毛利率下降。

(3) 期间费用的影响

2010 年、2011 年、2012 年、2013 年 1～6 月，本公司的期间费用分别为 1 303.87 万元、2 163.84 万元、2 594.91 万元、1 366.40 万元，2010 年较 2009 年增长了 28.31%，2011 年较 2010 年增长了 65.96%，2012 年较 2011 年增长了 19.92%，2013 年 1～6 月较 2012 年 1～6 月增长了 13.33%。

(4) 营业外收入

单位：万元

项　目	2013 年 1～6 月	2012 年度	2011 年度	2010 年度
补贴收入	312.25	558.78	292.00	316.67
其他	0.00	1.53	4.82	0.60
合计	312.25	560.31	296.82	317.26

(5) 所得税的影响

2010—2011 年公司处于“两免三减半“的减半期，适用 12.5%的所得税税率。2012 年起适用 15%的高新技术企业企业所得税优惠税率，所得税优惠政策对公司的净利润产生了一定的影响。

具体而言，报告期内公司按国家有关规定享受所得税税率优惠政策如下。

公司可享受“两免三减半“的优惠政策：2007 年、2008 年免征外商投资企业所得税，2009 年、2010 年、2011 年减半征收外商投资企业所得税；2008 年 10 月 21 日，本公司被江苏省科技厅、财政厅、国税局及地税局联合认定为江苏省 2008 年度高新技术企业，有效期三年。公司已通过高新技术企业复审，有效期三年。按照新税法的规定，2010 年、2011

年、2012 年、2013 年公司可减按 15%的税率征收企业所得税。

根据上述税法规定，2010 年、2011 年公司既可享受减半征收优惠，也可享受按 15%的优惠税率缴纳企业所得税。2010 年、2011 年公司选择最优惠的税率执行，即按 25%的税率计算的应纳税额实行减半征税。

公司作为外商投资企业所享受的税收优惠于 2011 年年底到期，因此公司从 2012 年起将不能继续享受 12.50%的优惠税率，而适用 15%的高新技术企业优惠税率，税率提高幅度很小，未对公司净利润造成重大影响；2014 年公司将重新申请高新技术企业，如果公司将来不能继续被评为高新技术企业，公司将不能适用 15%的高新技术企业优惠税率，并可能会对公司的业绩产生不利影响，因此公司存在由于税收政策变化引致的风险，同时如果未来国家对上述所得税的税收优惠政策作出调整，也将对公司的经营业绩和利润水平产生一定程度的影响。

3. 报告期内公司主要会计估计与同行业的比较情况

本公司坏账准备的计提方法与固定资产折旧年限与同行业上市公司达意隆(SZ.002209)的比较情况如下。

(1) 应收账款坏账准备的计提情况比较。

① 单项金额重大并单项计提坏账的应收款项。

项　目	公　司	达意隆
单项金额重大的判断依据或金额标准	金额 100 万元以上(含)的应收款项	单项金额重大的判断依据或金额标准应收账款余额 100 万元以上；其他应收款余额 50 万元以上
单项金额重大并单项计提坏账准备的计提方法	单独进行减值测试，根据其预计未来现金流量现值低于其账面价值的差额，计提坏账准备。经减值测试后，预计未来现金流量净值不低于其账面价值的，则按账龄分析法计提坏账准备	单项金额重大并单项计提坏账准备的计提方法期末对于单项金额重大的应收款项运用个别认定法来评估资产减值损失，单独进行减值测试。如有客观证据表明其发生了减值的，则将其账面价值减记至可收回金额，减记的金额确认为资产减值损失，计入当期损益。可收回金额是通过对其未来现金流量(不包括尚未发生的信用损失)按原实际利率折现确定，并考虑相关担保物的价值(扣除预计处置费用等)

② 按组合计提坏账准备应收款项。

组合名称	按组合计提坏账准备的计提方法	确定组合的依据	
		公　司	达意隆
组合账龄	账龄分析法	以应收款项的账龄为信用风险特征划分组合，按账龄分析法计提坏账准备	除单项金额超过 100 万元的应收账款和单项金额超过 50 万元的其他应收款外的单项金额不重大应收款项，以及经单独测试未减值的单项金额重大的应收款项一起按账龄组合计提坏账准备

组合中，采用账龄分析法计提坏账准备的比例如下：

账　龄	应收账款计提比例/%		其他应收款计提比例/%	
	公　司	达意隆	公　司	达意隆
信用期以内	5	0	5	0
信用期-1 年	5	5	5	3
1～2 年	10	10	10	10
2～3 年	50	20	50	20
3～4 年	100	50	100	50
4～5 年	100	50	100	50
5 年以上	100	100	100	100

(2) 固定资产折旧年限等情况比较。

公司和达意隆固定资产折旧均采用直线法平均计算，并按固定资产类别的原价、估计经济使用年限及预计残值确定其折旧率。固定资产折旧政策如下表所示。

固定资产类别	折旧年限/年		年折旧率/%	
	公　司	达意隆	公　司	达意隆
房屋及建筑物	20	30、35	4.5～4.7	3.17、2.71
机器设备	10	5、10	9	19、9.50
运输设备	5	5、10	18	19、9.50
电子设备	5-10	5、10	9-18	19、9.50
办公设备	5-10	5	9-18	19

综上，本公司与同行业上市公司达意隆(SZ.002209)在坏账准备计提比例、固定资产折旧年限等方面并不存在显著差异，但总体而言本公司在坏账准备计提比例、固定资产折旧年限等方面的会计估计方法更为谨慎。

(七)非经常性损益和合并报表范围以外的投资收益分析

2010 年、2011 年、2012 年、2013 年 1～6 月非经常性损益分别为 272.18 万元、257.08 万元、474.78 万元、261.73 万元，非经常性损益净额占各期归属母公司净利润的比例分别为 7.42%、4.22%、5.35%、5.31%，不构成公司盈利的主要来源，对公司盈利能力的持续性和稳定性影响较小。2010 年公司非经常性损益净额为 272.18 万元，主要是公司在 2010 年度获得计入当期损益的政府补助 316.67 万元，2010 年度公司不存在合并报表范围以外的投资收益。2011 年公司非经常性损益净额为 257.08 万元，主要是公司在 2011 年获得计入当期损益的政府补助 292.00 万元。2012 年公司非经常性损益净额为 474.78 万元，主要是公司在 2012 年获得计入当期损益的政府补助 558.78 万元。2013 年 1～6 月公司非经常性损益净额为 261.73 万元，主要为公司在 2013 年 1-6 月获得的补贴收入 312.25 万元。

(八)税项

1. 主要税项

报告期内，公司的主要税项如下表所示。

单位：万元

项　目	2013 年 1～6 月	2012 年度	2011 年度	2010 年度
一、营业税金及附加：				
营业税	0.14	0.87	0.86	0.40
教育费附加	115.80	71.90	57.89	6.72
城建税	136.03	67.81	43.09	0.02
小计	251.97	140.58	101.84	7.14
二、增值税：	1 313.62	1 773.56	876.85	557.08
三、所得税费用：	904.13	1 572.81	887.64	529.20

2. 所得税费用与会计利润

报告期内所得税费用与会计利润的关系如下表所示。

单位：万元

项　目	2013 年 1～6 月	2012 年度	2011 年度	2010 年度
会计利润总额	5 833.54	10 440.46	6 975.42	4 194.88
当期所得税费用	938.69	1 597.75	429.19	699.64
递延所得税费用	-34.56	-24.94	458.45	-170.44
所得税费用合计	904.13	1 572.81	887.64	529.20
所得税费用占利润总额的比例(%)	15.50	15.06	12.73	12.62

2010 年、2011 年、2012 年、2013 年 1～6 月所得税费用占税前利润总额比例分别为 12.62%、12.73%、15.06%、15.50%。

2010 年、2011 年公司按 25%的税率计算的应纳税额实行减半征税，税率为 12.50%。2012 年起按高新技术企业优惠税率 15%征收企业所得税。2010 年、2011 年、2012 年、2013 年 1～6 月所得税费用占税前利润比例与公司适用的企业所得税税率基本一致。

(九)汇率变动对盈利能力的影响分析

本公司 2010 年、2011 年、2012 年、2013 年 1～6 月外销比例分别为 58.40%、42.41%、25.93%和 29.22%，外销的主要市场为东南亚、中东、南美、欧洲等国家和地区，出口产品以外汇结算。汇率变动对公司的影响主要表现在两方面。

1. 汇兑损益

公司出口采用现汇结算，汇率波动可能导致公司出现汇兑损益。公司报告期内各期汇兑损益金额及占同期净利润的比例如下表所示。

单位：万元

	2013 年 1～6 月	2012 年度	2011 年度	2010 年度
汇兑损益	137.04	65.13	-66.50	8.70
汇兑损益占当期净利润比例/%	2.77	0.73	-1.09	0.24

2. 对产品售价、采购价格等方面的影响

公司出口产品以外汇结算，人民币的升值会影响到公司经营业绩，由于公司成本中有40%左右为进口件，抵消了部分汇率变动对公司业绩的影响。另外公司产品价格低于竞争对手，而公司技术水平和国外竞争对手基本相当、所提供服务优于竞争对手，因此随着公司业内口碑的不断上升，产品的议价能力增强。公司在报告期内根据人民币升值情况适当地提高了部分出口产品的价格，报告期内综合毛利率水平整体虽略有下降，但下降幅度不大，人民币的升值没有对公司经营业绩造成重大影响。

四、现金流量分析

报告期内，本公司现金流量简表如下表所示。

单位：万元

项　目	2013 年 1～6 月	2012 年度	2011 年度	2010 年度
经营活动产生的现金流量净额	5 896.60	4 266.91	2 523.36	2 170.33
投资活动产生的现金流量净额	-124.97	-1 416.12	-2 171.79	-516.26
筹资活动产生的现金流量净额	-1 009.37	-1 724.15	-292.79	-751.01
汇率变动对现金及现金等价物的影响	137.04	65.13	-66.50	8.70
现金及现金等价物净增加额	4 899.30	1 191.76	-7.72	911.74
期末现金及现金等价物余额	11 109.34	6 210.04	5 018.28	5 026.00

(一)经营活动产生的现金流量分析

报告期内，从公司的经营活动产生的现金流量净额来看，2010 年、2011 年、2012 年、2013 年 1～6 月经营活动产生的现金流量净额分别是 2 170.33 万元、2 523.36 万元、4 266.91 万元、5 896.60 万元，分别占对应期间实现净利润的 59.21%、41.45%、47.55%、119.37%。

公司净利润与经营性现金流的变动关系如下表所示。

单位：万元

净利润变更为经营性现金流	2013 年 1～6 月	2012 年度	2011 年度	2010 年度
净利润	4 929.40	8 867.65	6 087.78	3 665.68
加：计提的资产减值准备	225.20	32.53	50.20	26.28
固定资产折旧	188.02	335.09	240.17	171.14
无形资产摊销	10.09	19.32	17.90	17.90
处置固定资产、无形资产及其他长期资产	—	-1.53	—	—
财务费用	-133.35	57.97	166.02	43.67
投资损失	—	—	—	—
递延所得税资产减少	-34.56	-24.94	458.45	-170.44
存货的变动对现金流的影响	-3 829.40	-10 800.60	-2 553.24	-1 176.94
应收、预收账款变动对现金流的影响	-2 038.66	10 075.05	833.11	1 303.53
应付、预付账款变动对现金流的影响	4 915.79	-5 226.97	-1 077.50	-2 074.31
其他往来变动对现金流的影响	1 594.04	933.34	-1 699.52	363.82
经营活动产生的现金流量净额	5 896.60	4 266.91	2 523.36	2 170.33

公司 2010 年度经营性现金流小于净利润，主要原因有如下几个方面。

(1) 由于生产形势的好转导致采购量增大，使存货及预付款净增加较大。

(2) 预收款的净增加及本年新收到政府补贴金额远不足以弥补上述的负面因素。

公司 2011 年度经营性现金流小于净利润，主要原因有如下几个方面。

(1) 本期在制品、发出商品均大量增加，导致存货增量较大。

(2) 由于采购量的增大，预付款净额有一定的增加。

(3) 本期支付了较大金额的信用证保证金及 2010 年年末已提未付的企业所得税款。

(4) 预收款虽然有一定增加，但远不足弥补上述的负面因素。

公司 2012 年经营性现金流小于净利润，主要原因有如下几个方面。

(1) 本期在制品大量增加，导致存货增量较大。

(2) 由于业务量增加导致采购特别是冲床采购增加较大，预付款增加较大，预收款项的增加不足弥补上述因素。

(3) 保证金存款有一定增加。

(4) 应收票据增加较大，应收账款的减少不足以弥补。

公司 2013 年 1～6 月经营性现金流大于净利润，主要原因有如下几个方面。

(1) 本期原材料、发出商品均有增加，导致存货增量较大。

(2) 由于部分确认收入项目的公司预收款项较少，因此应收账款增加较多。

(3) 由于大量预付款对应的新冲床采购陆续交货，因此预付款减少较多。

(4) 本期收回较多的保证金。

(5) 上述后两项的增量略大于前两项的减量，因此经营性净现金流略大于净利润。

(二)投资活动产生的现金流量分析

报告期内，本公司投资活动产生的现金流量净额均为负数，主要是公司购建房产、机器设备等，不断扩大生产规模所致：

单位：万元

项　目	2013 年 1～6 月	2012 年度	2011 年度	2010 年度
收回投资所收到的现金	0.00	0.00	0.00	0.00
取得投资收益收到的现金	0.00	0.00	0.00	0.00
处置固定资产、无形资产和其他长期资产收回的现金净额	0.00	6.80	0.00	0.00
投资活动现金流入小计	0.00	6.80	0.00	0.00
购建固定资产、无形资产和其他长期资产所支付的现金	124.97	1 422.92	2 171.79	516.26
投资支付的现金	0.00	0.00	0.00	0.00
投资活动现金流出小计	124.97	1 422.92	2 171.79	516.26
投资活动产生的现金流量净额	−124.97	−1 416.12	−2 171.79	−516.26

(三)筹资活动产生的现金流量分析

2010 年筹资活动产生的现金流量净额为-751.01 万元，主要系取得借款收到的现金 1 000 万元；偿还债务支付的现金 1 000 万元，分配股利、利润或偿付利息支付的现金 751.01 万元。

2011 年筹资活动产生的现金流量净额为-292.79 万元，主要系取得借款收到的现金 2 606.73 万元；偿还债务支付的现金 1 000 万元，分配股利、利润或偿付利息支付的现金 1 899.51 万元。

2012 年筹资活动产生的现金流量净额为-1 724.15 万元，主要系取得借款收到的现金 5 929.26 万元；偿还债务支付的现金 7 530.31 万元，分配股利、利润或偿付利息支付的现金 123.10 万元。

2013 年 1～6 月筹资活动产生的现金流量净额为-1 009.37 万元，主要系偿还债务支付的现金 1 005.68 万元。

报告期内，本公司的生产经营规模迅速扩大，对资金的需求也相应地不断增加，除经营活动产生的现金流入外，公司还依靠股权融资和银行借款方式筹集营运资金。

(四)重大资本性支出情况

2010 年、2011 年、2012 年、2013 年 1～6 月，公司购建固定资产、无形资产和其他长期资产支出分别为 516.26 万元、2 171.79 万元、1 422.92 万元、124.97 万元。

(五)未来可预见的重大资本性支出计划及资金需要量

公司未来可预见的重大资本性支出主要为本次发行股票募集资金拟投资的三个项目，项目新增建设投资约 1.72 亿元。在募集资金到位后，公司将按拟订的投资计划分期进行投资。

资料来源：上海证券交易所官网(http://www.sse.com.cn)，根据《苏州斯莱克精密设备股份有限公司首次公开发行股票招股说明书》整理。

参 考 文 献

[1] 张先治，陈友邦. 财务分析[M]. 大连：东北财经大学出版社，2011.
[2] 曲绍红，郭玲. 企业财务分析[M]. 天津：南开大学出版社，2006.
[3] 财政部注册会计师考试委员会办公室. 财务成本管理[M]. 北京：经济科学出版社，2010.
[4] 夏利华. 财务报表分析项目化教程[M]. 北京：冶金工业出版社，2011.
[5] 张梅，曾韶华. 财务报告分析[M]. 上海：立信会计出版社，2008.
[6] 张新民等. 企业财务报表分析[M]. 北京：北京大学出版社，2008.
[7] 张先治，陈友邦，秦志敏. 财务分析习题与案例[M]. 大连：东北财经大学出版社，2007.
[8] 孙娟. 财务报表分析. 北京：清华大学出版社，2009.
[9] 韦秀华. 财务报表分析实训[M]. 北京：对外经济贸易大学出版社，2006.
[10] 白兆秀. 财务会计报告分析[M]. 北京：北京大学出版社，2007.
[11] 陈共荣. 财务分析学[M]. 长沙：湖南人民出版社，2008.
[12] 张利，魏艳华. 财务报告分析[M]. 上海：上海财经大学出版社，2009.
[13] 荆新，刘兴云. 财务分析学[M]. 北京：经济科学出版社，2007.